JN494579

평생교육정책론

| 최은수 저 |

THEORY
AND PRACTICE
OF LIFELONG
EDUCATION POLICY

학지사

머리말

인간은 어떠한 목적을 가지고 어느 방향으로 어떻게 살아가는 것이 최선의 선택이고 방법일까? 이것은 단지 저자뿐만 아니라 고금 이래로 모든 인류가 매일의 삶 속에서 끊임없이 자문해 왔던 질문이다. 이러한 물음은 한마디로 인간 삶에 대한 정책적 성찰이다. 우리는 이러한 삶의 정책적 사고 저변에 인간의 본성과 가치 및 윤리 의식이 자연스럽게 내재되어 있음을 충분히 알고 있다.

국가적인 차원에서도 마찬가지다. 끊임없이 일어나는 수많은 사회적 문제와 이슈 가운데에서 국가가 어떠한 방향으로 어떻게 움직이는 것이 최선의 선택이고 방법인가는 국가 운용의 기본적인 질문이다. 이 또한 한마디로 국가적인 차원에서의 정책적 철학성 내지는 이데올로기성이다. 역시 여기에는 인간 집단의 본성과 가치 및 윤리 의식이 깊게 깔려 있음을 알 수 있다.

학문적인 관점에서 제반 행동의 목적과 방향 그리고 최선의 선택과 방법은 정책의 본질을 구성한다. 결국 개인으로서 혹은 국가라는 집단 속에서의 인간의 삶과 관련된 최선의 선택과 방법은 현명한 삶을 지향하는 정책으로 표현될 수 있을 것이다. 이러한 의미에서 정책은 일종의 나침반이다. 즉, 정책은 개인이나 국가가 행위하는 데 있어 앞으로 나아가야 할 일정한 방향을 알려 주는 동시에 우리로 하여금 미래의 방향성에 대한 최선의 선택과 방법을 강구하도록 요구하는 역할을 담당하고 있다.

저자가 인간의 삶과 정책 사이의 불가분의 관계성에 대해 가진 관심의 여정은 실로 오랫동안 이어져 왔다. 미국의 대학원 과정을 거쳐 국내 대학에서 20여 년 동안 교수로서 교육정책, 행정 및 재정, 리더십, 평생교육 분야를 연구하고 강의하면서 항상 염두에 두었던 물음이 '정책이라는 것이 어떻게 인간의 삶에 나침반 역할을 담당할 수 있을 것인가'였다.

이러한 물음에 조금이라도 답하고자 노력한 결과물이 바로 이 책이다. 얼핏 보기에 딱딱하게만 느껴지는 정책의 본질을 거론하는 작업이지만, 그러나 그 기능적인 측면은 최대한 줄이고 집단 속에서의 인간적인 본성과 철학적 행동 패턴이 정책과 어떻게 어우러지는지를 좀 더 흥미 있게 분석해 보고 싶었다. 편의상 현재 저자가 탐구하고 있는 학문 분야인 평생교육을 분석 대상으로 삼아 인간의 보편적 내지 특수한 삶의 양식과 대치하였다.

원래 저자는 이 책을 총 3부로 구성하고자 하였다. 제1부는 평생교육정책 이론, 제2부는 우리나라 평생정책의 실제, 제3부는 외국의 평생교육정책을 다루고자 하였다. 그러나 이 세 영역을 한 권의 책에 다 싣기에는 분량이 지나치게 많아 불가피하게 제1부와 제2부를 묶어 우선 발간하게 되었다. 그리고 제3부는 별도의 책으로 독자에게 제시하려고 한다.

이 책의 제1부는 평생교육정책의 이론 편으로서 우선 평생교육정책의 의미와 범주를 포함한 평생교육정책의 개념을 인간의 본성과 함께 논의한다. 그리고 평생교육정책과 준거가치, 평생교육정책의 변인, 평생교육정책의 환경, 평생교육정책의 형성, 평생교육정책의 집행, 평생교육정책의 평가, 평생교육정책의 분석에 대해 설명한다. 이어 제2부에서는 우리나라 평생교육정책의 실제 편으로서 평생교육정책의 역사, 평생교육정책 추진체제, 평생학습 활성화 정책, 평생학습 결과 인증정책, 평생학습 기회 확대정책, 학교평생교육정책, 평생학습문화 확산

정책, 사회소외계층 능력개발정책, 평생직업 능력개발정책을 다룬다.

아직까지 평생교육정책을 이론적으로 논의한 책은 찾기가 매우 어려운 현실이므로 이 책은 나름대로 충분한 가치가 있다고 판단된다. 그래서 이 책은 다양한 미래의 독자층을 포용한다고 하겠다. 인간의 삶과 정책의 관계 혹은 평생교육을 연구하는 학자나 실무자, 학생, 일반인이 이 책의 잠재적인 독자층을 이룰 것이다. 다만 여기에서 한 가지 언급해 둘 것은 세상의 어떠한 책도 완벽하지는 않다는 점이다. 그러한 관점에서 이 책 역시 완성품이라고 말하기는 어렵다. 특히 저자의 주관적인 판단과 학문적 한계가 그대로 드러난 곳도 많을 것이다. 따라서 독자의 애정 어린 비평과 제안을 기대하고 부탁한다.

이 책이 세상에 나오기까지 많은 이들의 도움이 있었다. 특히 바쁜 일정 가운데에서도 새로운 아이디어와 함께 원고를 꼼꼼히 정리해 준 김민서 박사, 신승원 박사, 이미섭 박사후보생, 아울러 지면 관계상 일일이 거명하지 못한 많은 동료와 제자들에게 심심한 감사의 마음을 전한다. 그리고 학문적인 정책적 소양과 인간 삶 속에서의 따뜻함을 동시에 가르쳐 주신 저자의 박사과정 지도교수 Allan Odden 박사님께 경의와 존경 그리고 무한한 감사의 마음을 바친다.

끝으로 이 책의 출간을 맡아 주신 학지사 김진환 사장님과 편집과정에서 수고해 주신 관계자 여러분께 감사드린다.

2012년 가을
상도동 교수연구관에서
저자 최은수

차례

제7장 평생교육정책의 평가 / 127

제8장 평생교육정책의 분석 / 149

제2부 우리나라 평생교육정책의 실제

제9장 평생교육정책의 역사 / 169

제1부

평생교육정책의 이론

제1장

평생교육정책의 개념

1. 평생교육정책의 의미

평생교육정책이란 무엇인가? 평생교육정책을 비롯한 교육정책에 대하여 정의를 내리는 작업은 그리 간단하지 않다. 정책은 인간과 사회를 둘러싼 여러 가지 상황 요인과 밀접하게 결부되어 있기 때문이다. 따라서 평생교육정책을 이야기하기 위해서는 우선 인간이 사회 · 정치적 맥락에서 어떤 본성을 가지고 있는지, 그리고 이러한 인간의 본성은 정책과 어떻게 관련을 갖는지에 대하여 생각해 보아야 한다. 따라서 이 절에서는 정책의 정의와 성격, 평생교육정책과 국가의 역할, 평생교육정책과 평생교육이념 및 평생교육철학 간의 관계 등을 차례대로 살펴보고자 한다.

1) 인간, 사회집단 그리고 정책

인간의 본성을 어떻게 규정할 것인가? 이를 위해 인간이 살고 있는 집단, 사회, 인종, 민족을 규정하는 방법은 매우 중요하다. 인문 · 사회과학에서는 인간 본성의 복잡성에도 불구하고 인간의 본성을 단순화하여 모델화하고 이를 바탕으로 이해하기 쉽도록 도와주는 접근법을 제기하고 있다.

인간의 본성에 대해서는 그동안 수많은 학자가 성선설, 성악설, 혹은 백지설 등으로 주장하였다. 이와 맥을 같이하여 Trigg(1998)는 Thomas Hobbes, David Hume, Platon, Aristoteles, Karl Marx 등 여러 철학자의 사고를 비교하면서, 인간을 타인의 결함을 보고 웃는 존재(Hobbes), 이성보다는 감정에 지배되는 존재(Hume), 사회에 의해 만들어지는 존재(Marx), 어둠 속에서 빛을 추구하는 존재(Platon), 혹은 이성적 동물(Aristoteles)로 정리하였다. Trigg(1998)의 정리를 조금 더 자세하게 살펴보도록 하겠다.

인간의 본성을 부정적으로 본 시각은 Hobbes와 Hume의 경우다. Hobbes가 저서 『리바이어던(*Leviathan*)』에서 밝힌 '만인에 대한 만인의 투쟁'이라는 개념은 인간이란 그렇게 선한 존재는 아니라는 의미를 내포한다. 다른 사람에 대해 본성적으로 투쟁하는 존재가 바로 인간이라는 것이다. Hobbes는 인간이란 본질적으로 이기적이고 비이성적이고 비합리적이면서 타인의 결함을 보고 웃는 존재라고 하였다. Hume은 저서 『인간이란 무엇인가(*A Treatise of Human Nature*)』에서 인간이란 이성보다는 감정의 지배를 받기 쉬우며, 합리성을 추구하는 것 같으면서도 결정적인 순간에는 감정의 지배를 받는다고 하였다. 그는 이성은 감정의 노예라고 주장하면서 인간 이성의 역할을 격하하였다.

Hobbes나 Hume의 견해와는 달리 Platon이나 Aristoteles, Marx는 인간에 대하여 어느 정도 신뢰성을 보여 준다. Platon의 철학적 체계는 다분히 이원론적이다. 그는 두 개의 세계, 즉 감각의 세계와 불변의 객관적 진리를 보증하는 참된 형상의 세계가 있다고 믿었다. 감각의 세계는 현실의 세계인 동시에 그림자의 세계인 데 반해 참된 형상의 세계는 초월적인 세계로서 이성에 의해 주관되는 이데아의 세계이며 빛의 세계인 것이다. 그에 따르면 현실 세계에 살고 있는 인간은 이데아의 세계와 어떠한 방식으로든지 접촉하여야 하는데, 이러한 문제에 대한 해결 방안은 우리가 이미 소유하고 있는 지식을 다시 확인하는 것이다. 이것이 바로 그리스어로 아남네시스(anamnesis), 이른바 상기(想起)다. 인간은 본질적으로 빛의 세계인 이데아의 세계, 즉 진리의 세계를 항상 갈망하기 때문에 현실세계에서는 현인이나 철인의 인도에 따라 진리의 세계에 이를 수 있다. Platon의 입장에서 보면 인간은 이성적 동물로서 이성적 활동을 통해 진리의 세계로 나아갈 수 있는 희망이 있다는 것이다. 나아가 Platon은 저서 『국가론(*The Republic*)』에서 인간 본성은 권력의 유혹을 극복할 수 있다고 보았다. 자신의 영혼을 합리적으로 통제하는 통치자는 어떠한 사심도 없이 국가를 다스릴 수 있다는 것이다.

Platon에 이어 Aristoteles에게도 인간은 이성적 존재다. 개인에게 있어서 실체(substance)는 이성적 활동에 의해 획득되며, 이성적 활동을 통해 인간사회의 정의가 구현될 수 있다고 보았다. Karl Marx의 경우 인간은 그 주변 사회에 의해, 즉 더 구체적으로 말하면 사회혁명에 의해 주어진 공동체에서 만들어진다고 보았다. Marx는 저서 『공산당 선언(*The Communist Manifesto*)』이나 『자본론(*Capital*)』에서 인간 본성이란 사회 조건의 산물이며, 혁명을 통해서 인간은 변화한다고 주장하였다. 그에 따르면 인간은 이기적인 측면보다는 오히려 신뢰할 만한 측면을 갖는다. 따라서 인간은 환경에 의해 만들어지지만 동시에 인간이 환경을 만든다고 믿었다.

결국 Hobbes, Hume과 Platon, Aristoteles, Marx의 인간 본성에 대한 견해는 서로 대조적이다. 한쪽은 비이기적이고 비합리적이며 감정적인 인간이지만, 다른 한쪽은 이성적이고 신뢰한 만한 인간이다.

Trigg(1988)가 인간 본성 자체에 대한 성찰을 정리하였다면, Niebuhr(2006)는 저서 『도덕적 인간과 비도덕적 사회(*Moral Man and Immoral Society*)』에서 인간의 본성이 집단이나 사회 속에서 어떻게 달라질 수 있는가를 제시하였다. Niebuhr(2006)에 따르면, 개인과 사회의 도덕적 및 사회적 행위는 구별된다. 한 집단에 속하는 개인 간의 관계를 순전히 도덕적이고 합리적인 조정과 설득으로 확립하는 일은 비록 쉽지는 않지만 전혀 불가능한 일은 아니다. 개인은 이성적이든 비이성적이든 윤리성을 가질 수 있다. 주변에 대해 애정과 동정심을 가지기도 하고, 다른 사람을 위해 봉사 활동을 하기도 한다. 그런데 그런 사람이 모여 집단을 이루게 되면, 실질적으로 그러한 경향이 상당히 희석되거나 소멸된다. 그렇다면 개인의 도덕성이 집단적 시너지 효과를 내지 못하는 이유는 무엇일까? 예를 들어, 우리가 어려운 일을 당해 쓰러졌을 때에는 여러 사람에게 동시에 도움을 요청하는 것보다는 한 사람을 지정해서 도와달라고 하는 것이 효과적이다. 이는 Niebuhr의 개인과 도덕적 사회의 구별로도 설명할 수 있는데, 개인은 합리적, 윤리적, 이타적일 수 있지만, 그 개인들이 집단을 이루면 다분히 이기적, 위선적, 정치적으로 되기 때문이다.

결국 집단행동에서 나타나는 정치적 작용은 상황에 따라서 집단 간에 연합(alliance)하기도 하고, 거래(bargaining)하거나 타협(compromise)하기도 한다. 이는 이타적 및 윤리적 결정행위와는 아무런 상관이 없다. 특정한 상황에 따라 집단의 이익에 의해 움직이게 되면, 구성원은 양심의 가책을 받지 않고 집단행동을 그대로 따르는 경우가 발생한다. 개인적인 입장에서는 남을 도와주지 않으면 어느 정도 도덕적인 양심의 가책을 느낄 수 있지만, 공동 책임이라고 하면 무책임하게 임하게 되는 것이 그 좋은 예다.

정책과 관련된 우리의 관심은 집단에서의 도덕성과 사회정의 구현에 있다. 즉, 집단이 어떻게 도덕성을 회복하고 정의를 구현하는가에 관한 문제인 것이다. 이러한 문제를 해결하기 위해서는 결국 국가 차원에서의 선의적 강제력의 표현인 정책에 의존할 수밖에 없다. 국가 강제력의 범주에는 관습, 습관, 도덕, 윤리 등의 제반 사회규범은 물론 보다 더 강력한 규제력을 가진 법률, 헌법 등이 포함된다. 따라서 정책의 존재성은 위선적이고 비합리적인 요소가 만연한 사회

집단이나 국가집단에서 필수불가결한 것으로서 정치와 밀접한 관계를 맺는다. 즉, 정치적 힘에 의한 정의를 정책을 통하여 실현하는 것이다.

2) 평생교육정책의 정의

그렇다면 정책을 어떻게 정의할 것인가? 흔히 일컫듯이 '최선의 정책은 정직이다.'라고 할 때의 정책은 개인적 차원에서의 행동 패턴이라고 볼 수 있다. 그러나 정책의 통상적인 의미는 개인적인 행동 패턴이라기보다 집단적, 국가적인 차원에서의 기본 방침을 말한다. 그리고 정책은 그 자체에 내포된 가치관이나 목적에 따라 국가 · 정부로 하여금 사회정의를 실현하고 공익을 구현하기 위한 역할을 수행하게끔 만들어 준다. 사회정의란 그 자체로서 다분히 개인적인 이익보다는 공익을 수반한다. 결국 어떤 공익을 위해서나 혹은 사회나 집단에 속하는 대부분 구성원의 이익을 위해서는 국가적 차원에서의 정의가 이루어져야 한다는 의미를 내포한다.

정책(policy)의 그리스어 어원은 'polis'로서 원래 도시국가를 뜻하는 말이었다. 산스크리트 어원인 'pur'도 도시를 의미하는 말이다. 이것이 후에 라틴어에 와서 국가(politia)를 의미하는 것으로 변화되었으며, 중세영어에서 공공문제에 대한 처리(conduct of public affairs) 또는 정부의 운영(administration of government)을 의미하는 'policie'가 되었다. 근대에 들어와서 그 뜻은 '공사에 대한 처리', '공사 문제에 대한 신중하고 현명한 관리'와 같은 일상 용어적 의미에서부터 '정부, 단체, 집단, 개인 등에 의해 여러 가능한 대안 중에서 선택된 일정한 행동 경로 또는 방법으로서, 현재와 미래의 세부 결정을 정해 주는 지침', '그러한 선택된 행동 대안을 달성 또는 집행하기 위해 취해지는 단일 결정 또는 결정의 집합', '바라는 목적과 그것을 달성하기 위한 수단으로 구성된 계획안'과 같은 특정한 의미에 이르기까지 다양한 의미로 쓰이게 되었다(안해균, 2001).

학자마다 정책에 대하여 다르게 정의하고 있어서 정책을 한마디로 정의하기란 쉽지 않다. 정의는 정책이 지니는 속성 가운데 어느 면을 강조하느냐에 따라 달라지는데, 예를 들면 정책의 권위성과 강제성에 주목하여 Easton(1965)은 정책을 정치체제가 내린 권위적 결정이라고 정의하였고, Salisburg(1968)는 정책을 정부 행위자에 의한 권위적 또는 강제적 결정이라고 정의하였다. 한편 Lindblom(1968)은 정책 결정 주체의 범위를 넓히고 상호 간의 협상과 타협 과정을 중시하면서, 정책이란 상호 타협을 거쳐 여러 사회 집단이 도달한 결정이라고 정의하였다. Dror(1968) 역시 정책을 일컬어 매우 복잡하고 역동적인 과정을 통해 주로 정부기관에 의하여 만들어진 미래 지향적인 행동지침이라고 정의하였다(김종철, 1989, pp. 667-668에서 재인용). 김종철(1989, p. 673)은 정책을 "국가와 공공단체가 공공복리에 영향을 주는 주요 관심사에 관하여 정치적 과정을 거쳐 내린 일련의 결정으로서, 강제성을 가지고 추진되는 가치 지향적 집단행동의 기본 지침이며 문제 해결을 위한 대안 선택을 의미하는 것"이라고 정의하였다. Bell과 Stevenson(2006, p. 14)은 정책을 "주어진 특정 상황에서 어떻게 시행해야 할 것인가에 대한 조치(action)나 일련의 지침(guideline)" 이라고 하였다. 또한 Hogwood와 Gunn(1984)은 정책에 대한 정의를 확대하여 정책을 특정 활동 영역에서의 정부의 제안(proposal), 결정(decision), 프로그램(programme), 산출(output), 성과(outcome), 이론(theory)이나 모델(model)로 제시하였다. 이와 같이 정책에 대한 다양한 정의에 기초해 볼 때, 정책이란 '특정 영역과 차원에서의 공익을 위한 정부 통치행위의 기본 방침(direction)'이라고 할 수 있을 것이다.

교육정책 역시 정책의 정의와 맥락을 같이하여 '교육 영역과 차원에서 공익을 위한 정부 통치행위의 전반적인 방향'이라고 할 수 있을 것이다. 정일환(2003)은 교육정책의 기본 속성을 교육활동을 위해 봉사하는 수단, 교육활동과 내용의 지침 제공, 교육문제 해결을 위한 합리적인 의사결정과 최적의 대안 탐색과정, 국가나 지방자치 단체가 설정한 교육이념을 구현하는 수단과 집행 성격으로서의 교육행정에 대한 기본 지침 또는 방향 제시 등으로 설명하였다. 따라서 평생교육정책 역시 "평생학습 구현을 위한 평생교육 분야에서의 국가적 차원의 공공정책"이라고 할 수 있을 것이다(Edwards, Miller, Small, & Tait, 2002).

3) 정책의 성격

정책의 개념 속에는 여러 가지 성격이 있으나 그 가운데 주요한 것은 다음과 같다(김종철, 1989).

(1) 목표 지향성

정책은 어떠한 사회를 어떻게 만들겠다고 하는 내용을 미리 결정해 놓은 것이기 때문에 이상적으로 설정해 놓은 사회, 혹은 바람직한 상태를 실현하려는 목표 지향성을 내포한다. 정책이 갖는 이러한 목표 지향적 성격 때문에 정부 간여의 목표를 정책이라 부르는 경우도 있다. 우리나라 평생교육정책의 목표 중 하나는 소득, 사회적 지위, 거주지에 관계없이 모든 성인학습자에게 평등한 교육기회를 제공하는 것이다. 이것이 바로 교육목표가 교육정책으로 불리는 예다.

(2) 수단 지향성

정책은 다분히 목표 지향적이기 때문에 그러한 목표를 실현할 구체적인 수단과 방법을 내포한다. 정책이 갖는 이러한 성격 때문에 정책목표를 달성하기 위해 정부가 동원하는 수단을 정책이라고 부르기도 한다. 예를 들어, 정부는 평생교육기관에 학점은행제를 실시할 수 있도록 각종 법규 및 재원을 지원하고 있는데, 이것이 바로 정부의 평생교육 활성화 정책이다.

(3) 변동 대응성

정책은 어떤 원인에 의해 야기된 바람직하지 않은 사회문화, 구조, 가치관, 규범, 행태, 물리적 환경 등을 더 바람직한 상태로 바꾸겠다고 하는 정부의 의도를 내포한다.

(4) 가치 배분성

정책의 결정과 집행에 의하여 어떠한 사회가 만들어지는가, 그리고 그러한 사회를 만들어 가는 과정에서 어떠한 수단과 방법이 동원되는가에 따라 사회구성원 가운데 일부 사람이나 집단은 혜택을 보는 반면, 다른 사람이나 집단은 손해를 볼 수도 있다. 그래서 정책의 결정과 집행은 결과적으로 사회적 가치 배분 기능을 가진다.

(5) 문제해결 지향성

정책은 바람직하지 않은 사회 상태를 바람직한 사회 상태로 만들어 사회가 당면하고 있는 문제를 해결하려는 문제 해결 지향적 성격을 가진다. 여기서 정책이 대상으로 하는 바람직하지 않은 사회 상태는 그 자체가 정부가 해결하고자 하는 사회문제인 경우가 대부분이다. 소외계층에 대한 평생교육 기회 제공의 차별이나 실업문제에 대처하기 위한 직업능력개발 교육 등은 평생교육정책적인 문제의 예다.

(6) 공식적 성격

정책은 어떠한 사회를 어떻게 만들겠다고 하는 내용을 정부가 공식적으로 결정하여 공표한 것이다.

(7) 의사결정망의 포괄성

정책은 의사결정망(decision-making network)에 따라 어떤 행동이 산출되거나 의사 결정이 이루어지는 일련의 과정이며, 아울러 시간이 지남에 따라 변화하는 특성도 있다. 그렇기 때문에 정책은 하나의 산출물인 동시에 과정의 성격을 지닌다.

(8) 강제성과 제약성

정책이 다른 형태의 집합적 의사결정과 다른 점은 정책이 그것을 채택한 조직의 구성원에게 강제나 제약을 가한다는 것이다. 물론 그 강제나 제약의 정도는 정책에 따라 달라질 수 있다. Hogwood와 Gunn(1984)은 정책의 특성을 다음과 같이 열거하였다.

① 정책은 일반적인 결정(decision)과 구별된다.
② 정책은 의도(intentions)와 행위(behavior)를 동시에 포함한다.
③ 정책은 활동(action)과 비활동(inaction)을 동시에 포함한다.
④ 정책은 예견할 수 있거나 예견할 수 없는 성과(outcome)를 가진다.
⑤ 정책은 목적 지향적 활동과정이다.
⑥ 정책은 오랜 시간에 걸친 과정을 통하여 일어난다.
⑦ 정책에 대한 정의는 주관적으로 이루어진다.

여기에서 정책과 관련된 개념으로서 의사결정(decision-making), 정책 결정(policy-making), 기획(planning), 계획(plan)이라는 용어도 명시화할 필요가 있다. 의사결정은 일정 영역에서 나타난 문제에 대처하거나 목표를 달성하기 위해 마련된 대안 중에서 일정한 준거에 맞추어 최선의 대안을 선택하는 것을 의미한다. 정책결정도 일종의 의사결정 중의 하나다. 다만 의사결정은 일상적인 수준에서 시작하여 국가적인 차원에 이르기까지의 문제나 목표에 대한 최선의 대안을 결정하는 것이지만, 정책결정은 이보다 협소한 의미로서 정책에 관한 대안의 결정일 뿐이다. 기획은 정책을 더 구체화하여 계획을 만들어 가는 과정(process)이며, 계획은 기획의 산물(output)이다. 계획은 단기 혹은 장기 계획으로 나누어지는데, 때때로 규범적이고도 목적 지향적인 장기 계획은 정책의 방향을 유도하기도 한다.

4) 교육정책과정의 단계

어떠한 국가적 문제가 발생하거나 정책목표가 설정되면 그 문제가 해결되거나 목표가 달성될 때까지 정책은 일련의 과정을 거치게 된다. 이것이 바로 정책과정(policy process)에서의 단계(stages)다. Harmon(1984)은 정책과정에 대한 4단계를 다음과 같이 제시하였다.

① 이슈 제기 및 문제 규정(issue emergence and problem identification): 정부가 주의를 기울여야 할 문제나 사건 인식, 공공 의제 확인 단계
② 정책 형성과 합법화(policy formation and authorization): 정책 대안의 탐색, 더 나은 행동과정의 형성, 합의나 타협을 이루기 위한 노력, 법제화 등과 같은 특정 전략에 대한 공식적 인정 단계
③ 집행(implementation): 정책의 해석과 측정 사례에 적용, 정책 프로그램 개발 단계
④ 종결 혹은 변화(termination or change): 정책의 폐기 또는 수정 등을 결정하는 단계

Anderson(1979)은 정책과정을 ① 정책의제 설정, ② 정책 형성, ③ 정책 채택, ④ 정책 집행, ⑤ 정책 평가의 5단계로 구분하였고, Jones(1977)는 ① 문제의 정의, ② 형성 및 합법화, ③ 집행, ④ 평가, ⑤ 종결 등 5단계로 구분하고 있다.

교육정책과정의 단계는 크게 교육정책 문제를 발견하여 그것을 정책의제화하는 정책 형성과정, 정책의제를 해결하기 위하여 정책 대안을 형성하고 결정하는 정책 결정과정, 결정된 정책 대안을 실천에 옮기는 정책 집행과정, 그리고 정책 성과를 파악하여 평가하는 정책 평가과정으로 나눌 수 있다(허범, 1991). 우선 평생교육정책 형성과정에 있어서 평생교육 문제는 정부 또는 정책 결정체제에 의하여 이슈화되어 정책적 고려의 대상이 되면서 정책문제로 전환되고, 정책문제

가 다시 구체적 정책논제로 채택되면서 정책의제로 변하게 된다.

정책 결정의 과정은 정책의제를 해결하기 위하여 실현 가능한 정책 대안을 개발하고, 개발된 대안 중에서 최선의 것을 선택하여 이의 정당성을 확보하고, 이를 합법화하는 등 정책실현 수단의 제반 보조 장치를 마련하는 단계다. 여기에는 합법화 과정, 예산 배분과정, 정보 관리과정 등의 하위 과정이 포함된다.

정책 집행과정은 정책의 실행 또는 계획의 실천과정이라고 할 수 있다. 목표와 수단이 결정되고 합법화 과정을 통하여 정당성이 확보되면 정책은 문제 해결을 위한 집행의 절차를 거치게 된다. 따라서 정책 집행과정은 결정된 정책을 해석하고, 효율적인 집행을 위한 계획과 전략을 세우며, 정책 내용과 수단을 현실에 적용한다.

마지막으로 정책이 집행되면 정책결과를 원래 의도했던 정책목표에 맞추어 검토하고 수정하는 과정을 거치게 되는데 이러한 과정을 정책 평가라고 한다. 정책 평가에서는 결과 중심의 효과성 평가뿐만 아니라, 과정에 관련된 능률성 등에 대한 평가까지도 포함한다. 그리고 정책 평가는 정책결과로 나타난 영향을 측정하고 성패의 원인을 판단하는 피드백 기능까지 수행한다.

5) 평생교육정책과 국가의 역할

평생교육정책을 위한 국가의 기능과 역할은 현대 국가에서 점점 더 증대되어 가고 있다. Griffin(1999)은 사회주의 민주주의적 진보주의(social democratic progressivism)의 입장에서 평생교육정책에 영향을 미치는 국가의 역할을 기술하였다. Griffin(1999)에 따르면, 역사적인 관점에서 교육과 관련된 국가는 적극적인 정책적 관여를 통한 사회복지 기능과 정책의 목표와 수단을 통제하는 기능을 담당해 왔으며, 국가 그 자체는 사회주의 민주주의적 진보주의의 핵심에 있다. UNESCO는 *Faure Report*(1972), *Delore Report*(1996), *Learning to Be*(1996) 등 일련의 보고서를 통하여 교육을 단순히 시장의 힘(market forces)에만 남겨 두어서는 안 될 총체적 자산이라고 보았다. OECD 역시 동일한 입장에서 있다. OECD 보고서인 *Lifelong Learning for All*(1996)에 따르면, 정부는 제반 평생학습에서의 교육 기회가 시장에 의해서 제공되는지 혹은 정부가 직접적으로 제공되든지 상관없이 교육 기회 접근성이나 공정성 담보를 위한 일차적인 책임은 정부에 있다고 주장하였다(Griffin, 1999).

6) 평생교육정책, 평생교육철학, 평생교육이념 간의 관계

우리는 흔히 교육철학과 교육이념이라는 말을 혼용해서 사용하는 경우가 많다. 그러나 이 두 용어는 서로 구별된다. 우선 이 두 용어에서 교육이라는 단어는 유보한 채 철학과 이념이라는 용어에서부터 그 차이점을 살펴볼 필요가 있다. 철학과 이념의 차이를 알게 되면 자연히 교육철학과 교육이념의 차이를 알 수 있기 때문이다.

먼저 철학은 인간의 삶에 대한 진리(truth), 실제(reality), 가치(value)에 관한 기본 질문에서 시작한다. 우리 삶의 목적은 무엇이며, 그 내용은 무엇으로 구성되고, 그리고 어떠한 삶이 가치 있는 것인가에 대한 문제다. 이렇듯 철학이라는 것은 개인적인 차원에서 인생에 대한 기본 질문을 담고 있다. 이상주의, 실용주의, 실존주의 등이 바로 철학의 대표적인 예다. 반면에 이념은 그 시대, 그 지역에 사는 대중에게 있어서 어떤 식으로 변화를 유도해 나갈 것인가에 대한 특정한 상황 속에서의 사유 활동이다. 철학은 시공간을 뛰어넘는 항구적인 성격을 띤다. 예를 들면, 미국의 실용주의 사상이 시공간을 초월하여 영향을 미치는 것도 그것이 시공간의 제약에 구애받지 않고 개인에게 있어 삶의 목적과 내용이 그대로 적용될 수 있는 철학이기 때문이다.

하지만 이념은 시공간을 초월하지 못하기 때문에 일정한 장소에서 일정한 시기를 지나면 역사의 뒤안길로 사라져 버린다. 공산주의나 민주주의가 이념의 대표적인 예다. 공산주의(communism)나 이상주의(idealism)의 단어 끝에 공통으로 어떤 '사고체계'를 의미하는 '-ism'이 붙기 때문에 철학과 이념 간에 그 차이를 확실하게 구분하기가 어렵고 동시에 의미상 상호 교차되는 부분이 있기도 하지만, 본질적으로 철학과 이념은 분명히 다르다. 결국 교육철학은 시공간을 초월한 교육의 목적과 실재, 그리고 가치관을 포함하는 개인적인 사유체계인 반면에, 교육이념은 특정한 시기의 특정한 사회 구성원을 교육적인 차원에서의 일정한 방향으로 변화하도록 이끄는 사유체계라고 할 수 있다.

그렇다면 교육철학과 교육이념 및 교육정책 간의 관계는 어떠한가? 여기에 대한 설명은 언어학자 Noam Chomsky가 주장한 두 가지 언어 구조론이 도움을 줄 것 같다. Chomsky(1976)에 따르면 언어는 두 가지 구조를 가진다. 하나는 표층 구조(surface structure)로서 음성학적 해석을 결정하는 것이고, 다른 하나는 심층 구조(deep structure)로서 의미론적 해석을 결정하는 것이다. 쉬운 예로 "Do your feel good?"이라고 묻는 것은 일종의 표층 구조라고 할 수 있다. 그러나 이 의문문의 심층 구조는 평서문인 "You feel good."이다. 결국 표층 구조는 심층 구조에서 변형(transformation)된 것이라고 볼 수 있다. 교육철학과 교육이념 그리고 교육정책 역시 이와 유사한 구조를 이룬다. 철학이나 이념은 일종의 심층 구조이며 정책은 표층 구조이다. 겉으로 나타난 일련의 정책은 그 저변에 철학과 이념의 심층 구조를 반드시 갖고 있는 것이다.

평생교육 분야에서의 정책 입안자는 교육의 목적, 내용, 가치에 대하여 근본적으로 생각해야 하며, 이는 평생교육 담당자가 자신만의 평생교육철학을 갖는 것을 의미한다. 따라서 평생교육 담당자는 인문주의(liberalism), 진보주의(progressivism), 행동주의(behaviorism), 인본주의(humanism), 급진주의(radicalism) 등의 평생교육철학적 접근방식을 가지고 있으며(Elias & Merriam, 1995), 그들은 또한 민주주의, 사회주의, '21세기 한국의 민주시민 양성' 등과 같은 교육이념을 공유할 수 있다.

이와 같은 논리로 평생교육정책 역시 구조적인 측면에서 평생교육철학이나 평생교육이념과 밀접한 관계가 있다고 볼 수 있다. 따라서 우리가 평생교육정책을 분석할 경우에는 표면적으로 나타나는 내용은 물론, 해당 정책의 심층 구조인 평생교육철학적 관점, 즉 이 정책의 목적이 무엇인지, 이 정책이 시대적으로 어떤 내용을 구성하고 있는지, 그리고 이 정책의 가치관은 무엇이며, 이 정책이 어떻게 만들어진 것인가를 신중하게 분석해 보아야 한다. 그리고 평생교육이념에 따라 특정한 시대의 특정한 사회의 사람들에게 필요한 평생교육 사유체계에 대해서도 분석해 보아야 한다. 그런데 평생교육철학과 평생교육이념의 양자 간에 있어서 국가적 차원에서의 정책적인 측면에서는 주요 관심사가 교육철학보다는 교육이념에 주로 초점이 맞추어지는 것이 사실이다. 왜냐하면 국가정책은 국가 및 사회 체제의 변화를 선도하고 사회 구성체를 변화시켜야 하기 때문에 이러한 변화와 직접 관련을 맺는 것은 다분히 교육이념이기 때문이다.

따라서 교육정책은 교육을 위하여 다음과 같은 여러 가지 중요한 기능을 한다(김종철, 1989).

첫째, 교육정책은 교육이념을 구현한다. 국민 개개인에게 평등한 교육 기회를 제공하고 국민 각자가 자아실현을 할 수 있도록 주춧돌 역할을 해 주는 교육이념이 구체적으로 실현되려면 교육정책의 작용에 따라 교육제도를 마련하고 교육활동을 전개하여야 한다.

둘째, 교육정책은 교육계획을 구체화하는 기능을 가진다. 교육정책과 교육계획의 관계는 서로 선후관계가 바뀔 수도 있으므로 그 순서가 일정하지는 않다. 그러나 교육계획이 장기일 경우 그것을 교육의 실천을 위한 결정으로 연결해 주는 것은 교육정책이다. 이때의 교육계획은 주로 지적 및 합리적 사전 준비과정이며, 교육정책은 보다 더 현실적인 정치적 판단인 동시에 결정이다.

셋째, 교육정책의 핵심 기능은 교육활동에 대한 조성 작용이다. 교육정책을 통하여 국가와 공공단체는 교육 프로그램과 인적 · 물적 자원 그리고 재정 등의 구체적 조건을 정비해 주고, 교육제도 및 교육행정 활동의 조직을 위한 기본 틀도 마련해 준다. 이러한 관점에서 교육정책은 교육을 위한 조성에 주안점을 두는 조장적 성격을 가진다.

넷째, 교육정책은 교육활동에 대하여 규제 기능을 수행한다. 교육에 대한 규제는 공공성을 보장하기 위하여 반드시 필요하다. 교육의 수월성과 효율성을 신장하면서 동시에 교육의 공익성과 공공성을 추구하기 위해서는 교육의 규제가 반드시 필요하며, 이러한 조치는 교육정책을 통하여 가능하다.

2. 평생교육정책의 범주

평생교육정책과 관련된 범주에는 평생학습과 평생교육정책의 관계, 평생교육의 정책적 환경 변화와 평생교육정책의 목표, 평생교육정책의 영역 등이 포함된다. 이 절에서는 이에 대해 구체적으로 살펴보고자 한다.

1) 평생학습과 평생교육정책

우리나라뿐만 아니라 전 세계의 여러 나라는 이미 저출산 고령화 사회에 진입하였다. 노인 한 명 부양에 필요한 생산 가능 인구수가 점차 줄어 경제 성장률의 지속적인 하락이 전망되고, 빈부 차이에 따른 양극화 현상은 소득에 따른 인적 자본 투자의 격차를 심화하고 있다. 이와 같은 현상을 결코 간과할 수 없는 이유는 평생학습이 일반적인 모든 사람에게 적용되는 보편성과 개인적, 사회적, 경제적인 모든 부문과 연계성을 가지기 때문이다. 이에 따라 평생학습은 1990년대 이래 해당 정책 개발에 있어서 하나의 중요한 부분이 되었다(Edwards et al., 2002).

평생학습 내지 평생교육과 관련하여 지식 및 인적자원개발에 힘을 쏟는 것은 20세기부터 시작된 세계적인 흐름이다. 세계은행(World Bank)은 평생학습이 개인, 지역, 국가 번영에 큰 영향을 주는 요인으로 보았고, 평생학습을 통해 인적자본을 형성하고 사회 응집력 향상을 통하여 사회적 자본을 개발해야 한다고 제시하였다(Belanger, 1995). EU는 평생고용 가능성의 제고와 사회통합 증진을 통한 유럽 경제의 경쟁력 향상 의지를 표명하였다. 1996년 EU는 '유럽 평생학습의 해' 를 선포하였고, 2000년 발표한 평생학습 각서에서 평생학습은 모든 학습을 제공 참여하는 핵심 원리가 되어야 함을 밝혔다(Hasan, 2001). OECD는 평생학습 기초강화 및 학습과 일의 유기적 연계 증진을 위해 교육훈련 제공자에게 인센티브를 지급토록 하여 만인을 위한 평생학습을 통해 경제적 경쟁력 제고와 사회통합을 강조하였다(Belanger, 1995).

평생학습의 궁극적인 목적은 삶의 질을 유지하고 향상하는 데 있다. '개인적 성장, 자아실현 및 자기충족' 이라는 평생교육의 이념은 기본적으로 강조되는 측면이고, 경제적 성장과 발전을 위한 수단적 가치 및 사회적 결속, 사회적 포용, 사회통합 및 적극적 시민의식의 고양은 최근에 와서 강조되고 있는 평생교육이념이다. 이러한 특징은 상호 연계되어 있으며, 보완적 상호작용을 통해 보다 더 충족된 삶이라는 평생교육이념을 지향하는 것으로 보인다(교육인적자원부, 한국교육개발원, 2006).

우리나라 평생교육법(1999)에 명시된 평생교육은 학교교육을 제외한 모든 형태의 조직적인 교육활동으로 정의하고 있다. 우리나라 평생교육의 법적 · 제도적 기반을 살펴보면, 1980년대에 헌법에 국가의 평생교육진흥 의무 조항을 명시하였고, 사회교육법 제정으로 법과 제도의 기반을 마련하였다. 이 시기에 한국방송통신대학 및 개방대학이 확충되었고, 독학에 의한 학위 취득제도도 개설 · 운영되었다. 1990년대에는 열린교육사회, 곧 평생학습사회 건설이 제시되었다. 교육부에 평생교육국이 설치되고 평생교육법이 제정되었으며, 1999년 기존의 사회교육법을 전문 개정하여 평생교육법으로 변경하면서 국민의 평생교육 활성화를 위한 다양한 정책을 추진하였다. 2000년대에는 평생학습 추진을 위한 인프라를 구축하고 맞춤형 평생직업교육을 추진하였으며, 평생학습진흥종합계획을 발표 · 시행하였다. 2007년의 평생교육법 개정은 열린학습사회의 실현을 위한 법제적 기반을 조성한 것으로서 평생교육 진흥을 위한 제도적 기반을 확고히 한 중요한 시도라고 볼 수 있다.

앞으로 평생학습정책 개발은 질 높은 평생교육의 접근성을 확대하고, 사회적 소외계층의 평생교육 기회를 확대하는 방향으로 나아가야 할 것이다. 또한 생애 단계별 및 직업주기별 평생직업능력 개발에 적절한 정책 개발과 지역 인적자원 개발과 연계한 평생학습 기반 조성 정책 및 노령화 사회를 대비한 노인의 적절한 평생학습을 제공하는 정책이 필요하다 하겠다.

2) 평생교육의 정책환경 변화와 평생교육정책의 목표

Chapman과 Aspin(1997)은 평생교육 현장에서 정책이 왜 필요한가에 대하여 20세기 후반의 세계 경제 및 사회 환경 변화를 통하여 설명하였다. Chapman과 Aspin(1997)에 따르면, 인적 자본을 중시하는 지식기반사회가 되면서 지식의 생산과 관리는 더욱 중시되고, 업무능력의 부족으로 인하여 취업률이 낮아지고, 기술적 비문해력과 세계경제시장이 증가하고 있으며, 이것이 우리 사회의 변화 속도를 가속하고 있다. 또한 핵가족화 현상이나 주류 사회에서 제외된 사회경제적 소외계층의 발생, 그리고 조기 은퇴 등에 따른 사회 변화 등이 평생교육정책의 방향 수립에 영향을 미치고 있다.

평생교육정책은 평생교육 분야에서의 국가적 차원으로 정부 행위의 기본 방침이나 방향이다. 평생교육의 목적, 내용, 방법, 조직, 경영의 모든 부분에 걸친 시책이 포함되며, 종합적으로 '어떤 교육이어야 하는가'의 문제를 밝히는 것이 교육계획 수립의 방침이 되고 있다. 또한 교육계획 활동의 한계를 제시함으로써 교육목표를 효과적으로 달성하는 수단이 되기도 한다.

평생교육정책에 있어서 항구적이고 고정적인 내용은 실제로 존재할 수 없다. 물론 궁극적인 목표는 장기간 존속할 수도 있겠지만, 그 외의 것은 국가와 사회의 환경, 이념 등과 병행하므로 교육정책의 내용도 변하게 된다. 상황이 다른 사회, 국가 간에는 교육목표나 이해를 뒷받침하는 교육정책도 서로 다르게 나타남을 전제할 수 있다.

1997년부터 발간되기 시작한 우리나라 『평생교육백서』에 나타난 평생교육정책의 기본 방향을 비교해 보면 평생교육정책 목표의 변화상을 살펴볼 수 있다. 1997년의 평생교육정책은 제1차 교육개혁방안(1995. 5. 31.)에서 지향하는 인간상을 구현하기 위하여 학습자 중심교육, 교육의 다양화, 자율과 책무성에 바탕을 둔 학교운영, 자유와 평등이 조화된 교육, 교육의 정보화, 질 높은 교육 등 여섯 가지 교육체제 구축을 목표로 한다(교육부, 1997).

1998년에는 신지식인의 양성을 평생교육정책의 기본 방향으로 정하고 교육의 틀을 21세기형 평생학습체제로 바꾸어 누구나, 언제, 어디서나 원하는 교육을 받을 수 있는 '열린교육사회 · 평생학습사회'를 건설하고, 학교와 일터를 오가며 평생에 걸쳐 받는 직업교육체제로 전환하고자 하였다. 신인간자원 개발을 위한 새로운 형태의 평생교육 모델을 개발하고, 평생교육사 자격제도 활성화 등을 통한 평생교육 담당자의 능력 향상과 전문성 제고를 통해 평생교육의 질을 높이고자 하였다. 그리고 지식정보사회를 대비한 초고속 정보통신망 확충으로 교육정보화 기반을 구축하고 학술 및 연구정보 제공과 다양한 형태의 원격교육을 확대하여 성인교육 기회를 확대하였다(교육부, 1998).

1999년에는 지식기반 사회의 패러다임이 우리 사회의 새로운 발전상을 수립하고 가치창출을 위한 지향 목표가 되고 있다. 구체적으로 열거하면, ① 모든 국민이 평생에 걸쳐 학습 기회를 누릴 수 있는 각종 평생교육 기회 제공체제를 구축하고, ② 모든 국민이 평생교육 기회를 가질 수 있도록 이를 지원하는 체제를 갖추도록 하며, ③ 모든 국민이 평생에 걸쳐 습득한 교육의 결과를 평가하고 인정할 수 있는 체제를 구축하는 것인데, 이러한 평가체제에는 학위나 수료증, 자격 등과 같은 다양한 제도가 포함되었다(교육부, 1999).

교육부의 2000년도 평생교육정책은 새로운 평생교육체제를 구축함으로써 열린학습사회를 구현하는 것이었다. 이를 위한 8대 방향과 과제는 ① 평생학습 진흥을 위한 제도적 기반 조성, ② 방송정보통신 매체를 활용한 원격교육 활성화,

③ 고령화 사회를 대비한 노인교육 활성화, ④ 성인학습자를 위한 학점은행제 운용, ⑤ 자율학습자를 위한 독학학위제 운용, ⑥ 전통문화의 계승 발전을 위한 문하생 학력인정제 도입, ⑦ 학교시설을 이용한 평생교육 기회 확대, ⑧ 학원 설립 · 운영제도 개선 등이었다(교육부, 2000).

교육인적자원부(현 교육과학기술부) 평생직업교육국의 평생학습정책과는 2001년도 평생교육정책의 기본 방향을 '국가인적자원개발을 촉진하는 열린 평생학습사회의 구현'으로 설정하였다. 인적자원개발을 통한 국가경쟁력 강화에 기여하기 위하여 ① 모든 국민이 평생 언제든지 자유롭게 학습 기회를 선택하여 배울 수 있고, 그 성과가 적절하게 평가되는 평생학습체제의 구축, ② 교육 기회를 상실한 근로 청소년, 정규학교 중도탈락자, 고령자 등 교육소외계층에 대한 교육 기회의 확대 지원, ③ 평생교육센터 등 평생교육 전담 지원기구의 운영 활성화를 기반으로 평생교육에 대한 국가적 지원체제 강화를 중점 방향으로 정하여 2000년 3월부터 시행된 평생교육법체제의 조기 정착을 위한 후속 조치를 마련하는 데 중점을 두었다(교육인적자원부, 한국교육개발원, 2001).

2002년 평생교육정책은 평생학습사회로의 전환을 촉진하는 평생직업 능력개발체제 구축이라는 추진 방향에 따라 ① 평생학습을 위한 중등단계의 직업교육 강화, ② 전문대학의 현장밀착형 직업교육 기능 강화, ③ 성인의 평생학습 활성화를 위한 지원 확대 등의 목표를 수립 · 시행하였다(교육인적자원부, 한국교육개발원, 2002). 이는 주민의 연대활동, 사회개발 활동, 이웃형성 활동을 통해 학습 실천운동으로 나아갈 수 있는 환경을 조성함으로써 사회통합을 위한 평생학습 정책으로서 의의가 있었다.

2003년에는 '평생학습진흥 5개년 종합계획'의 수행을 위한 누구나, 언제, 어디서나 원하는 학습이 가능한 능력중심의 평생학습사회 구현을 정책목표로 설정하고, 개인적으로는 취업 가능성 제고를 통한 삶의 질 향상, 국가적으로는 경쟁력 제고를 통한 지식강국 건설, 사회적으로는 학습 공동체 형성 및 사회통합을 실현하기 위해 인적자원개발과 연계된 전략적 평생학습체제 구축을 위한 정책을 추진하였다. 중점적으로 추진한 내용은 ① 평생학습사회를 만들어 나가기 위한 기반 조성, ② 성인을 위한 대안적인 고등교육 기회 제공, ③ 교육격차를 완화하는 소외계층 평생교육 지원 강화 등이었다(교육인적자원부, 한국교육개발원, 2003).

2004년 역시 '평생학습진흥 5개년 종합계획(2002-2006)'을 지속적으로 수행하기 위하여 다양한 교육 기회 확대를 통해 함께 참여하는 평생학습사회로의 대전환을 목표로 ① 범국민 평생학습운동을 통한 학습참여 확대, ② 성인을 위한 대안적인 고등교육 기회 제공, ③ 교육격차를 완화하는 소외계층 평생교육 지원 등을 중점적으로 추진하였다(교육인적자원부, 한국교육개발원, 2004).

평생교육이 대두된 초기에는 '존재를 위한 학습', '자아실현을 위한 평생학습'이 많이 강조되었다면, 2006년부터는 국가경쟁력과 사회통합을 위한 평생학습정책이 더 많이 강조되었다. '제2차 국가인적자원개발 기본계획(2006-2010)'에 의거하여 제시된 4대 핵심 사업 목표로는 ① 교육안전망 구축을 통한 사회통합, ② 생애주기별 일-학습-삶을 연계하는 교육, ③ 인적자원 경쟁력 제고를 통한 성장동력 창출, ④ 학교교육의 내실화를 통한 공교육 신뢰 회복을 내걸었다. 이들 중에서 평생학습 관련 정책은 두 번째의 생애주기별 일-학습-삶을 연계하는 교육으로서 생애설계 인프라 구축, 전 국민의 인적자원개발, 고등학교 직업교육 혁신, 전문대학 위상 재정립이 제시되었다(교육인적자원부, 한국교육개발원, 2006).

2007년 교육정책 중 평생학습 관련 주요 정책은 ① 범국민의 평생학습 참여를 통한 평생학습문화 확산, ② 사회통합을 위한 소외계층 및 성인의 평생학습 기회 확대정책, ③ 열린학습사회 실현을 위한 평생학습 결과 인증정책, ④ 국가경쟁력 강화와 인적자원개발을 위한 평생직업 능력개발정책 등으로 구분·시행되었다(교육인적자원부, 한국교육개발원, 2007). 2008년과 2009년의 평생교육정책 역시 2007년의 평생교육정책을 승계하여 지속적으로 추진하는 것이었다(교육과학기술부, 평생교육진흥원, 2008, 2009). 2010년에는 그전까지의 평생교육정책 기조에 맞추어 평생학습계좌제 도입, 대학 평생교육 활성화 지원, 평생학습 도시사업이 중점적으로 이루어졌다(교육과학기술부, 평생교육진흥원, 2010).

앞으로 평생학습국가의 비전과 목표 및 정책과제의 실현을 위해서는 첫째, 평생학습 추진체제의 지속적 개선 및 강화, 둘째, 양극화 해소를 위한 평생학습 정책의 개발, 셋째, 고령화 사회를 대비한 평생학습정책의 개발이 필요하다. 그리고 마지막으로 평생학습의 중요성 제고정책이 개발되어야 하는데, 이를 위하여 평생학습의 즐거움과 필요성에 대한 홍보정책이 개발되어 국내외의 평생학습 교류 등 좀 더 내실화된 평생교육정책이 실시되어야 할 것이다.

3) 평생교육정책의 영역

평생교육의 필요성이 국가적으로 제창된 이후에도 여전히 교육제도의 많은 부분이 학교를 중심으로 운영되고 있지만, 최근에는 학교 이외의 다양한 교육기관과 단체가 점점 중요시되고 있다. 정보화 사회가 도래하고, 여가시간이 증대되며 노령화 사회로 진행하면서 청소년 중심의 제한된 공간에서의 교육이 아닌 모든 연령, 모든 계층, 모든 인종과 신분을 초월한 모두를 위한 교육의 필요성이 제기된 것이다.

평생교육으로의 이행이 진행되면서 개인 및 사회적으로 커다란 변화가 일어날 뿐만 아니라, 제도의 범위나 성격도 변하고 있다. 이제까지 없었던 새로운 교육기관을 사회적으로 인정하고 적절히 관리하기 위한 새로운 법률이 제정되고, 다양하게 전개되는 학습활동을 지원하고 인증하기 위한 제도적 장치가 출현하고 있다. 평생교육에 대한 국가정책의 방향에도 변화가 일어났다.

우리나라 평생교육정책의 역사는 그리 길지 않으나, 평생교육법의 개정, 평생교육 추진기구의 구성, 평생교육전문가 양성체제의 수립, 평생교육 국제협력체제 수립 등과 관련하여 정책 영역이 확대되고 있다. 우리나라의 주요 평생교육정책에 나타난 구체적인 영역은 다음과 같다.

우선 평생학습 활성화 정책으로는 평생학습도시 조성, 평생학습대상, 평생학습축제 등을 들 수 있고, 평생학습결과 인증정책으로는 학점은행제, 독학학위제, 교육계좌제, 학력인정평생교육시설학교, 평생학습결과 표준화 시범운영 등을 들 수 있다. 평생학습 기회 확대정책으로는 성인문해교육 활성화, 교육소외계층 지원 등을 들 수 있고, 평생학습문화 확산정책으로는 학교평생교육, 문화예술시설평생교육, 지역평생교육기관 교육 등이 있다. 평생직업 능력개발정책에는 여성능력개발, 중장년 및 중도퇴직자 능력개발, 생산적 노인인력 양성, 군인적자원개발과 군 평생학습체제, 성인직업평생교육학원 운영, 기업에서의 평생교육 등이 속하고, 평생교육 통계 · 정보화정책에는 평생교육통계와 평생교육 DB 및 정보 네트워크 구축 등이 속한다. 이러한 다양한 영역에 대한 구체적인 정책 내용은 이 책의 제2부에서 다룰 것이다.

제2장

평생교육정책과 준거가치

어떤 정책이건 그 정책을 이끌고 나아갈 방향 제시와 함께 그 정책의 개발과 결정단계, 집행단계 그리고 사후에 그 결과를 평가하는 단계에서 어느 것이 바람직하고 당초에 의도한 대로 이루어졌는지를 평가할 기준이 필요하다. 이때 사용하게 되는 중심적인 가치를 준거가치라고 한다. 준거가치는 오랜 기간 다양한 시대적 및 역사적 연륜을 거쳐 적용됨으로써 정립되는데 평생교육정책에도 이러한 준거가치가 필요하다. 이 절에서는 평생교육정책에 있어서 준거가치의 필요성을 알아보고, 그동안 논의되어 온 다양한 교육정책의 주요 준거가치를 기술하고자 한다.

1. 평생교육정책의 준거가치 필요성

교육과정은 우선 특정 준거가치에 근거하여 교육이 의도하는 목적이나 방향을 정하고, 그것을 실현하기 위해 가치 있는 교육 내용을 선정하고 조직하며, 교육적으로 바람직한 방법을 선택하여 적용하고, 교육의 결과를 특정 기준에 따라 평가하는 과정이라고 할 수 있다. 이 모든 과정은 가치 판단과 선택을 포함한다. 그러므로 교육은 준거가치를 판단하고 선택하고 추구할 뿐만 아니라 준거가치에 의해 평가되는 가치 작업이라 할 수 있다(이돈희, 조화태, 1998). 평생교육 역시 예외가 아니다. 평생교육은 성인학습자에게 삶의 가치를 전달하고, 사람들을 의미 있는 활동에 참여시킨다. 따라서 평생교육은 삶의 가치와 의미를 추구하는 일련의 활동이라 할 수 있다. 이 과정에서 평생교육정책에 내재된 준거가치는 평생교육정책 과정에서 정책 담당자가 의도하는 대로 나아갈 수 있도록 정책의 목적이나 방향을 제시하고, 타당성 있고 합리적인 기준을 제시하며, 교육적으로 바람직한 방법과 수단을 선택 적용하게 하고, 평생교육 과정을 평가하는 역할을 하게 된다.

2. 평생교육정책에 적용되는 준거가치

평생교육정책과 관련된 주요 준거가치로는 교육정책의 윤리성, 정의, 자유성, 효율성, 평등성, 공정성 등이 있다.

1) 윤리성

윤리성(ethics)은 평생교육정책이 특정 집단의 이익을 대표해서는 안 되며 정책의 보편성을 추구해야 함을 의미한다. 교육의 가치 측면에 있어서 경제적 성과 등을 중시하는 외재적 가치와 교육의 본질과 목적 등을 중시하는 내재적 가치 측면 중에서 어떤 측면을 강조해야 하는지에 대한 논란이 있다. 교육정책의 준거가치인 윤리성은 교육정책이 도덕적 가치와 도덕적 원리를 내포하고 있지 않을 때 교육활동의 모든 영역에서 윤리적 문제가 제기된다. 구체적으로 어떤 집단의 교육적 이익의 희생을 초래하면서 특정 집단의 교육적 이익을 증대한다거나, 교육의 외재적 가치에 의해 교육의 내재적 가치가 희생될 때에는 심각한 윤리적 문제가 제기된다. 또한 교육정책의 이념이나 가치가 건전한 공공철학을 추출해 내지 못하고 편협한 공공철학을 받아들였을 때 교육정책의 윤리성에 의문이 제기된다. 교육정책 담당자의 윤리성이 결여될 때에도 교육정책의 윤리성이 훼손될 수 있다(하인호, 1989; Bagnall, 2004).

2) 정의

평생교육정책은 그 목적이나 형성 및 집행을 포함한 제반 정책과정에서 정의(justice)가 실현되어야 한다. 정의에 입각하지 않은 정책은 사회구성원에게 받아들여지지 않을 뿐만 아니라 그 생명도 오래지 않아 소멸되기 때문이다(Avis, 2007).

정의의 개념에 대한 내용은 역사적으로 수많은 자료에서 다양하게 살펴볼 수 있다. 우선 구약성서(Old Testament)나 고대 함무라비 법전(Codex Hammurapi), 그리고 우리나라의 고조선 시대의 팔조법금(八條法禁) 등에서는 보응적 정의(retributive justice)가 강조된다. 이들의 기본 정신은 살인이나 도둑질 등 개인의 위법행위에 따른 몇 배의 보응적 처벌 규정을 통해 정의를 실현하는 것이었다(박봉목, 1984).

그러나 신약성서(New Testament)에서의 정의란 고대 법전의 보응적 정의에서 나타나는 합리적인 이상을 넘어선 초월적 의미를 포함한다. 이러한 정의관은 신약성서에 제시된 포도원 일꾼의 비유에서 잘 나타난다(마태복음 20:16). 그 비유는 이렇다. 한 포도원 농장 주인이 새벽 인력시장에 모여 있는 일꾼 중 몇 명을 1데나리온씩 주기로 약속하고 포도원 농장에 데려와 일을 시킨다. 1데나리온은 일반 노동자의 하루 품삯이다. 농장 주인은 점심때 다시 몇 명을 1데나리온씩 주기로 약속하고 농장에 데려온다. 저녁때쯤 농장 주인은 동일한 조건으로 일꾼을 데려와 일을 시킨다. 해가 저물고 일이 끝났을 때 농장 주인은 새벽에 온 일꾼이나, 점심때 온 일꾼이나, 심지어 저녁때 온 일꾼에게도 똑같이 1데나리온씩을 품삯으로 지급한다. 이에 새벽에 온 일꾼이 농장 주인에게 어떻게 저녁 늦게 일을 시작한 사람들과 자신들이 동일한 임금을 받아야 하는가에 대해 불평을 하자, 농장 주인은 자신은 이미 그들과 계약한 대로 시행하였으니 이유 없다며 그만 돌아가라고 한다. 이러한 포도원 일꾼에 관한 비유는 분명히 구약성서의 보응적 정의관에는 맞지 않는다. 하지만 좀 더 깊이 생각해 본다면, 이 같은 비유는 보응적 정의관을 초월하는 신약성서의 정의관을 잘 보여 주는 것이다. 이른바 인력시장에서 새벽에 선택될 수 있는 일꾼은 상대적으로 건강해서 일을 잘할 수 있는 사람인 데 비해 저녁때까지도 인력시장에서 뽑히지 않는 사람은 신체가 약한 사람이거나 사회적 소외계층일 가능성이 높다. 따라서 사회적 약자층에게도 동일한 보수를 제공하는 포도원 농장주의 행위가 오히려 정의롭다는 것이다.

다음으로 Platon의 정의관은 일종의 이상주의 정의관으로서 그림자 세계인 이 세상의 정의롭지 못한 것이 두 번째 삶의 시작인 이상국가에 가서는 반드시 보수를 받게 된다고 하며 또 다른 보응적 정의관을 주장하였다.

근대에 들어와 Jeremy Bentham과 John Stuart Mill은 공리주의(utilitarianism) 정의관을 정립하였다. Bentham(1789)은 도덕의 최고 원칙은 행복을 극대화하는 것이라고 주장하며 옳은 행위는 유용성(utility)을 극대화하는 행위라고 하였다. 이러한 공리주의에서는 한 사람의 최대 행복 또는 최대의 쾌락보다는 사회 전체의 최대 쾌락, 즉 최대 다수의 최대 행복을 추구하는 것을 사상적 근간으로 삼고 있다. Bentham에 따르면, 정부는 법과 정책을 만들 때 공동체 전체의 행복을 극대화하는 일은 무엇이든 해야 하며, 국가는 사회 전체의 행복의 총량이나 유용성에 관심을 가져야 한다. Mill(1992)은 Bentham보다는 다소 인간적인 면을 보인다. Mill은 인간은 남에게 해를 끼치지 않는 한 원하는 것은 무엇이든 자유롭게 할 수 있어야 하며, 정부는 개인의 자유를 간섭하면서 개인을 보호하거나 다수가 믿는 최선의 삶을 개인에게 강요하지 않아야 한다고 주장하였다. 나아가 Mill은 오랜 세월 개인의 자유를 존중하다 보면 인간의 행복이 극대화된다고 하였다. 결국 Bentham이나 Mill은 공통적으로 공리주의의 기본 개념을 국가 전체의 유용성 및 최대 다수의 최대 행복 추구에 두었다. 이를 바탕으로 한 공리주의적 사회정의란 집단의 복지 내지 행복이라는 집합적 개념에 따른 합리적 타산(rational prudence)의 원칙으로 규정된다(Rawls, 1999). 결국 공리주의적 정의론의 핵심 특징은 사회 · 국가적 행복이나 만족의 총량에만 관심을 두고 이러한 총량이 개인에게 분배되는 방식은 직접적으로 문제 삼고 있지 않으며, 아울러 개인이 자신의 만족을 어떻게 분배할 것인가에 대해서도 관심이 없었다. 공리주의는 최대의 만족만 산출된다면 올바른 분배가 이루어진다고 보면서 개인적 차이는 심각하게 다루지 않았다. 따라서 공리주의에 치우치게 되면 개인이나 소수의 행복은 전체를 위하여 희생될 가능성이 많으며, 결과적으로 정의에 위배될 가능성이 농후하다.

그러므로 정의에 위배되는 이러한 최대 다수의 최대 행복은 과연 모든 면에서 합리화되고 정당화될 수 있을 것인가 하는 의문이 논쟁의 중심에 남는다. 평생교육정책의 측면에서도 마찬가지다. 어느 특정한 평생교육정책을 시행한 이후에 그 결과의 파장이 크다고 해서 그 속에 존재하는 집단 간 차이를 심화한다면, 그러한 평생교육정책은 결국 행복의 총량이나 영향력이 크다고 할지라도 결코 올바른 정책이라고 할 수 없을 것이다.

다음은 자유지상주의적 정의관이다. Milton Friedman은 국가의 일 중 상당수, 예를 들면 사회보장제도나 정부퇴직 프로그램이 개인의 자유를 침해하는 위법행위라고 지적하면서, 진정한 정의란 재화의 분배과정에서 개인의 자유를 철저히 보장하는 것이라고 하였다(Friedman, 2007). 이와 맥을 같이하여 Robert Nozick도 자유지상주의 원칙을 철학적으로 옹호하고 분배정의라는 익숙한 개념에 이의를 제기한다. 그는 개인의 권리가 근본적으로 강력하고 광범위하므로 국가가 해야 할 일은 거의 없으며, 오로지 국가의 기능은 계약을 집행하고 개인을 폭력과 사기에서 보호하는 것뿐이라고 주장하였다. 나아가 그는 개인의 권리를 침해하는 국가는 결코 정당화될 수 없다고 하였다(Wolff, 2006). 따라서 Nozick은 유형화된 정의론은 거부하고, 자유시장에서 사람들의 선택을 존중하는 이론을 옹호한다(Sandel, 2010). 평생교육정책을 개발하고 집행하는 과정에서 자유지상주의 관점이 그대로 반영된다면 정부의 기능은 최소화되고 개인의 평생교육 기회는 자신의 사회경제적 지위에 의해 좌지우지될 가능성이 높다. 사회 강자층의 교육 기회 선택은 증대하겠지만, 반대로 사회 약자층이나 소수 계층의 평생교육 기회 보장은 상대적으로 줄어들게 될 것이다.

Immanuel Kant는 정의를 논함에 있어서 공리주의를 거부하고 인간의 존엄성 존중을 역설하였다. 그는 인간의 도덕이란 행복의 극대화를 비롯한 어떤 목적과도 무관하다고 하면서 도덕은 인간 그 자체를 목적으로 여기고 존중하는 것이라고 주장한다. Kant는 인간의 존엄성을 존중한다는 것은 인간을 목적으로 취급한다는 것을 의미하고, 인간의 행동은 가언명령이 아닌 정언명령에 따라 이루어질 때 정의가 실현된다고 역설하였다. 가언명령은 인간의 어떤 행동이 조건부로 다른 것의 수단으로 사용될 때 행해지는 명령이다. 이와는 반대로 정언명령은 인간의 특정 행동이 조건 없이 그 자체로 바람직할 때, 즉 인간의 이성적 판단에 부합될 때 행해지는 명령이다. 이러한 정언명령은 그 자체로 절대적이며 다른 어떤 동기도 포함하지 않은 채 명령을 내리는 실천법칙이다(Pasternack, 2002). 평생교육정책 과정이 Kant의 정언명령에 따라 이루어진다면, 그 정책은 그만큼 목적과 과정에 있어서 이상적인 가치를 포함하고 결과적으로 바람직한 정책의 성과를 거둘 수 있겠지만, 그러나 현실적으로 얼마만큼의 가능성이 있는 것인지에 대하여는 재론의 여지가 있다. 왜냐하면 인간은 과연 도덕적으로 정언명령에 따를 만한 이성으로 무장되어 있는가, 특히 집단적인 결정을 내리는 과정에서 정언적인 도덕적 기초가 제대로 기능을 발휘할 것이라는 신념은 인간 이성에 대한 지나친 신뢰라고 판단되기 때문이다.

20세기에 들어와 정의의 개념은 행동 준칙으로 확대된다. Niebuhr는 정의 실현을 위한 적극적인 국가의 개입을 주장한다. Niebuhr(2006)는 사회정의와 관련하여 사람의 본성은 이기적 및 이타적인 양면성을 가지고 있으나, 그중에서도 이기적인 본성이 우세하기 때문에 인간은 본질적으로 순수한 이성적 활동이 불가능하다고 보았다. 따라서 모든 사회에서 정의를 바로 세우기 위해서는 정부가 강제력을 행사하는 이른바 기능적 불평등성(functional inequalities)을 통해 사회적 약자를 강자가 누리는 혜택 수준에 가깝게 끌어올림으로써 그들을 보호하고 힘의 균형을 이루는 데 더 많은 관심을 가져야 한다고 주장하였다. 정부가 추진하는 근로기준법, 역진세(regressive tax) 제도, 고소득자가 더 많은 돈을 지급하는 의료보험 제도 등이 그 예다.

Niebuhr에 이어 Rawls(1999)는 정의론의 개념 속에 분배 기준으로서의 평등성을 포함하고 있다. 그는 출생하면서부터 야기되는 인간의 불평등성이 도덕적으로 결코 정당하지 않기 때문에, 기회나 재원 분배에 있어 공정한 평등성 원리로서 차이 원리(difference principle)를 든다. 이 차이 원리에 따라 사회 및 경제적 불평등으로 인하여 가장 불리한 사람들에게 가장 유리한 편의를 제공하고 공정하고 평등한 조건하에서 직책과 지위를 주어야 한다고 주장하였다. 따라서 그는 어떠한 불평등을 허용함으로써 평등이 주는 것 이상의 이익이 보장되는 경우, 그러한 불평등을 받아들이는 것을 합리적인 절차로 보았다. Ralwls(1999)의 정의론은 행복 총량주의에 입각하는 공리주의적 정의론을 비판하고, 불평등을 허용하는 평등주의 입장에서 정의의 두 가지 원칙을 제시하였다. 정의의 제1원칙은 평등한 자유의 원칙으로서 일명 개인적 자유주의를 의미한다. 이 원칙에 입각하여 모든 사람은 자신의 자유와 유사한 다른 사람의 자유와 상충되지 않는 한 가장 광범위한 자유에 대하여 동등한 권리를 갖는다. 정의에 의해 보장되는 이러한 기본권이 정치적 흥정이나 사회적 이득 계산에 의하여 희생되어서는 안 된다는 것이다. 정의의 제2원칙은 사회복지 사상을 근간으로 하는 차등의 원칙이다. 이 원칙에 입각하여 사회 및 경제적 불평등이 조정되어 ① 모든 사람에게 합리적으로 이익이 되게 하거나, ② 모든 사람에게 직위나 직장이 공평하게 주어져야 한다는 것이다. 이와 같은 Rawls의 정의론은 전반적으로 합리적 이상주의에 입각하고 있다고 볼 수 있다.

사회적 약자층이나 소외계층에게 평생학습 기회를 제공하고자 하는 각종 평생교육정책, 예를 들어 가난한 사람을 위한 교육계좌제(educational accounts)나 경력단절 여성 혹은 실직자를 위한 직업교육훈련 보조금 제도 등은 Niebuhr의 불평등 기능주의 그리고 Rawls의 차이원리 등을 소극적 혹은 적극적으로 반영한 것이라고 볼 수 있다.

3) 자유성

자유성(liberty)은 개인이나 기관이 자율적으로 결정을 내릴 수 있는 자기 규율과 자기 통제의 폭을 의미한다(김신복 외, 1996). 자유성은 개인적 차원과 교육기관 조직단위 차원으로 구분할 수 있다. 교육은 본질적으로 개인적 차원에서 자율과 자유 속에서의 자기실현과 창의적인 활동을 추구한다(Knapper & Cropley, 1999). 개인적 차원에서의 자유성은 교육을 원하는 사람 모두에게 원하는 만큼의 교육을 제공해야 한다는 당위성을 가진다. 교육기관 조직단위 차원에서의 자유성은 일정 단위의 기관이 교육 프로그램을 운영함에 있어서 외부의 지도와 간섭을 배제하고 최대한 자율성을 확대해야 한다는 것을 내용으로 한다. 따라서 평생교육정책에서도 개인이 평생교육 기회를 원하는 만큼 제공하거나 교육기관 조직단위가 자율적으로 평생교육을 실현해 나가도록 제반 여건을 마련해 주는 것을 기본 목표의 하나로 삼아야 한다.

4) 효율성

효율성(efficiency)은 교육정책을 실현하여 목표를 달성하는 과정에서 소요되는 비용을 최소화하는 경제적 원리가 적용되는 가치다. 효율성은 능률성이라는 개념으로도 자주 혼용되는 용어다. 효율성은 20세기에 이르기까지는 성과를 달성할 때의 개념인 효과성과 동일한 것으로 간주되어 그것에 소요되는 경비에 대해서는 전혀 고려되지 않았다(구영철, 1997). 만일 정책이 성과를 만들어 내거나 성과를 산출할 준비가 되어 있는 경우에는 이를 효율적인 정책이라고 하는 반면에, 산업이나 공공관리에 있어 노력, 시간, 돈의 불필요한 지출을 수반하는 경우에는 비효율적이라고 한다. 과학적인 분석을 통해 직무의 효율성을 꾀하고자 하였던 Taylor(1911)는 과학적 관리이론을 바탕으로 경제적 효율성을 주창하였다. 과학적 관리론의 기조는 표준화된 시간에 가장 빨리, 그리고 표준화된 제품을 단위 시간에 가장 많이 생산해 냄으로써 미리 설정된 생산성 목표를 극대화하며 결과적으로 조직의 효율성을 높이고자 하는 것이었다. 이를 종합해 보면 효율성은 최소한의 자원을 가지고 최대의 성과를 거두는 것을 의미한다.

5) 평등성

평등성(equality)은 '인간은 평등하게 태어났다'는 명제를 바탕으로 그 개념이 형성된다. 문제는 인간은 현실적으로 불평등한 존재인데, 왜 평등하게 태어났다는 것일까? 이는 현실적인 면에서는 인간은 불평등할 수밖에 없지만, 그러나 인간의 존엄성은 평등하기 때문에 평등한 대접을 받아야 한다는 당위성이 있다는 것이다. 평등성은 두 사람 이상의 개인이나 집단 또는 지역이 동등하게 취급받는 것을 의미한다. 평등성에서 한 가지 유의할 점은 평등성에는 포괄적 평등성(inclusive equality)과 배타적 평등성(exclusive equality)이라는 개념이 있으므로 이를 구분해서 적용해야 한다는 점이다. 여기서 포괄적 평등성이란 보다 더 넓은 범주의 범위에 속하는 사람들이 모두 동등하게 취급되어야 한다는 원칙이다. 반면에 배타적 평등성은 어떤 자격 조건을 가진 사람 가운데에서의 평등한 취급을 의미한다(노화준, 2007).

평등성이 교육정책에 적용될 때에는 대체로 교육 기회의 균등성 개념과 결부된다. 즉, 모든 국민에게 교육 기회를 균등하게 부여하고 교육의 여건에 있어서도 평등을 추구해야 한다는 것이다. 교육 기회의 균등성에 대한 개념의 정의는 여러 가지로 내릴 수 있으나, 여기에서는 크게 다섯 가지로 나누어 기술한다(최은수, 1992: Nordhaug, 1989).

첫째, 교육 기회와 부(富)의 중립적 관계를 위한 기회균등의 정의다. 이 정의에 따르면, 교육 기회가 학습자의 부모의 재산, 거주지, 종교, 사회경제적 계층 등 평등성을 저해하는 의심스러운 양태(suspect classification)로부터 조금이라도 영향을 받아서는 안 되며, 아울러 세대 간의 교육격차도 전승되어서는 안 된다는 것이다.

둘째, 동등한 기초재원을 기반으로 하는 기회균등의 정의다. 이 정의에 따르면, 학습자에게 필요한 최소한의 교육재원 소요 비용이 미리 정해져서 제공되어야만 교육 기회의 균등성이 이루어질 수 있다는 것이다. 즉, 모든 학습자는 교육혜택을 받는 데 있어서 최소한의 적정선만큼은 화폐 가치로 환산된 교육비용에 의해 보장이 되어야 한다는 것이다.

셋째, 학습자의 다양한 능력의 분류를 기반으로 하는 기회균등의 정의다. 이 정의에 따르면, 학습자는 매우 다양한 특성과 능력을 갖추고 있기 때문에 그 능력과 특성에 따라 별도로 집단화되고 필요한 교육혜택도 달리 정해져야 한다는 것이다. 최소한의 적정 교육혜택은 일부 집단의 학습자에게는 충분할지 모르나 다른 집단에 속한 학습자에게는 불충분할 수도 있기 때문에, 최소한의 적정 교육혜택만으로는 교육 기회의 균등성을 보장한다고 볼 수는 없는 것이다. 이러한 학습자의 다양한 능력에 대한 분류를 기반으로 한 기회균등의 정의에서는 특수한 학습자를 대상으로 하는 보상교육 프로그램에서 적절히 반영될 수 있다.

넷째, 동등한 성취 결과를 기반으로 하는 기회균등의 정의다. 이 정의에서는 모든 학습자가 기본적 혹은 최소한의 적정 수준의 기술이나 성취 수준에 도달할 때까지 교육 기회를 계속 제공해야 한다는 것이다. 그렇게 함으로써 국가는 필요한 교육재원이 얼마가 되든지에 상관없이 성취 결과가 동일하도록 책임질 필요가 있다. 따라서 이러한 정의는 교육의 책무성과 맥을 같이한다.

다섯째, 학습자가 교육 기회를 얻을 수 있는 능력과 교육요구(educational needs) 사이의 평형 관계를 위한 기회균등의 정의다. 이 정의에 따르면, 교육혜택을 받을 수 있는 학습자의 기회 능력과 반비례하여 혜택을 받을 수 있는 학습자의 기회 능력은 차이가 나기 때문에 학습자에게 주어지는 교육재원의 제공도 차이가 나기 마련이며 결과적으로 교육적인 성취 결과도 차이가 나게끔 되어 있다.

이상과 같이, 여러 가지 정의를 통해서 살펴본 교육 기회 균등성의 개념은 학습자 개개인에게 제공되는 동일한 교육혜택, 학습자의 개인 능력 차이에 맞도록 고안된 다양한 교육 프로그램을 위한 충분한 교육혜택의 확보 제공, 그리고 부(富)의 교육요구 및 교육재원의 차이를 없애 주는 것으로 정리된다.

6) 공정성

교육 기회의 평등성은 교육재화 분배과정에서의 공정성의 개념으로 확대된다. 공정성(equity)이란 일반적으로 어떠한 재화나 용역 혹은 부담을 배분함에 있어서의 공평함(fairness)이라고 할 수 있다(Psacharopoulos & Woodhall, 1985). 따라서 공정성을 결정하는 데 있어서는 재원이 어떻게 배분되었는지, 혹은 한 사회가 그 재원을 어떻게 배분해야 할 것인지에 대한 명목적인 판단의 기초가 된다. 공정성의 개념은 수평적 공정성(horizontal equity)과 수직적 공정성(vertical equity)으로 나누어 의미를 고찰해 보면 좀 더 쉽게 이해할 수 있다(MacRae & Wilde, 1979; Monk, 1990). 수평적 공정성이란 동일한 종류의 사람에게 동등한 대우를 해 주는 원칙(principle of equal treatment for equal people)을 의미하며, 수직적 공정성이란 능력이나 특성이 다른 사람에게 다른 대우를 해 주는 원칙(principle of unequal treatment for unequal people)을 의미한다. 이러한 공정성 원칙은 앞서 언급한 사회정의의 기초가 되는 가치로 인정되고 있다. 평생교육 현장에서 공정성의 준거가치를 살리기 위해서는 학습자의 신체적 혹은 외적 능력, 학습자가 접근하는 평생교육기관의 지리환경적 여건의 차이를 인정하면서 그러한 차이에서 초래될 수 있는 불평등이 발생하지 않도록 정책적인 배려를 해야 한다(Chapman, Cartwright, & Mcgilp, 2006). 2000년대 들어서면서부터 정부에서 추진하고 있는 소외계층 및 저소득층 특별 지원, 교육 기회 제공의 격차 해소정책, 지방균형발전정책 등은 이러한 공정성을 확보하기 위한 노력의 일환이다.

3. 평생교육정책 준거가치 추구의 균형성

이상에서 열거한 준거가치는 규범적이고 이상적인 개념이기 때문에 이들을 실제로 추구하는 데에는 상호 간의 균형성이 필요하다. 그것은 하나의 가치를 강조하면 또 다른 하나의 가치가 희생되는 동전의 양면과도 같은 성격을 가지고 있기 때문이다. Okun(1975) 역시 평등성과 효율성은 최적의 정책 결과를 가져오는 데 있어 상충되는 준거로서 상호 교환적(tradeoff) 관계이기 때문에, 이 두 가지 가치를 동시에 충족하기는 어렵다고 하였다.

평생교육정책의 준거가치 중에서 효율성은 경제성의 원리를 적용하여 최소비용으로 최대 효과를 얻는 것을 원칙으로 한다. 따라서 효율성은 제한된 자원의 최적 배분을 통하여 최대한의 성과를 도모해야 한다. 이러한 효율성의 한계점은 물리적 낭비를 극소화하는 데 초점을 맞추어 왔기 때문에 수치로 계산하기 어려운 인간적인 가치가 상당 부분 간과되기 쉽다. 단기적 측면에서 현실적인 경제적 가치로만 따질 때에는 효율적인 것 같지만 장기적 측면에서는 비효율적일 수 있으며, 수단적 측면에서는 효율적이지만 목적적 측면에서는 비효율적인 경우가 많다. 특히 평생교육정책은 그 특성상 그것이 추구하는 성과가 단시일 내에 나타나기보다는 오히려 장기간이 필요한 경우가 많다. 또한 그 추구하는 효과를 기업처럼 화폐로 표시하기가 쉽지 않다. 그렇다고 해서 평생교육정책을 통한 각종 투자가 비효율적이라고 단정 지을 수는 없다. 따라서 지나친 효율성의 추구는 평등성이나 자유성을 훼손할 가능성이 농후하다. 예를 들어, 효율성을 추구하기 위하여 특정 계층에 한정된 재원으로 교육 기회를 대폭으로 제공할 경우, 나머지 계층은 상대적으로 교육 기회를 박탈당함으로써 균등한 교육 기회를 가질 수 없을뿐더러 학습자가 원하는 만큼의 교육 기회를 제공할 수도 없기 때문이다.

평등성은 기본적으로는 모든 사람이 정책과정상에서 그리고 정책결과 면에서 균등한 교육 기회를 갖는 것을 대전제로 한다. 그러나 이러한 평등성의 추구는 그것이 지나치게 강조될 때 오히려 효율성을 훼손할 가능성이 높다. 모든 사람에게 균등한 교육 기회를 제공하는 것은 때로는 교육비 낭비를 부추기고 교육정책이 목표로 했던 기대 효과를 보이지 않는 경우도 야기하기 때문이다.

제3장

평생교육정책 변인

교육정책 변인이란 교육정책을 하나의 산물(output)로 생각할 때 이러한 산물을 만들어 내는 과정에 영향을 미치는 외적 변인을 의미한다. 교육정책 형성과정을 분석과제로 탐구할 때 교육 철학이나 이념과 같은 내재적 측면도 중요하지만, 그에 못지않게 중요한 것이 교육정책 변인(variable)과 같은 외재적 측면이다. 이러한 교육정책 변인에는 정치적 과정, 입법과정, 사법과정, 행정과정, 언론, 싱크탱크 등이 있다. 일반적으로 이러한 교육정책 형성과정에 영향을 주는 변인은 한 가지만 따로 영향을 끼치는 경우도 있지만, 대개는 두세 가지가 복합적으로 작용한다.

1. 정치적 과정

정치적 과정은 주로 정치적 주체(political agents) 간의 연합(alliance)과 협상(bargaining) 및 타협(compromise)에 의해서 이루어진다. 교육정책과 관련되는 정치적 과정은 교육에 관여하는 압력집단과 이익집단이 그들의 이익을 위한 단체 활동을 통하여 교육정책 형성과정에 영향을 미치는 행위를 의미한다(하인호, 1989).

평생교육정책의 형성과정에서도 가장 중요한 변인이 정치적 과정이다. 평생교육정책의 특성과 내용에 따라서 결정의 주요 주체가 다르게 작용하지만, 그렇다고 정책이 어떤 특정 상황에서만 이루어진다고 보기는 어렵다. 정책이 결정되는 과정에서 참여 주체는 다양하기 때문에 참여자의 이해관계와 정책에 대한 책임과 영향력 등에 따라 관심도와 참여도 등이 다르게 나타난다(노화준, 2007). 특히 평생교육은 국민 개개인의 관심사이면서도 국가 대사의 주요 사업 중 하나이기 때문에, 이러한 과정에서 공동의 관심과 이익이 좌우될 수 있는 이슈에 대하여 민감한 반응과 활동을 보이는 집단이 증가하고 있다.

평생교육과 관련된 압력집단 또는 이익집단 중에는 전문가 학회나 협회를 비롯한 전문직 집단, 평생교육기관을 중심으로 하는 기관연합회, NGO와 같은 압력집단, 평생교육 관련 사업체나 학원연합회와 같은 이익집단, 소비자와 학습자 집단 등이 있다.

첫째, 주요 전문직 집단은 한국성인교육학회, 한국평생교육학회, 한국평생교육협회, 인력개발학회, 기업교육학회 등이 있다. 이 집단들은 집단의 활동과 관계되는 평생교육정책이 거론될 때 평생교육정책의 형성과정에 영향을 끼치려고 노력한다. 그러나 실질적인 이익 획득은 거의 없는 편이다.

둘째, 평생교육기관을 중심으로 하는 학원연합회나 평생교육강사협의회 등은 집단의 이익에 관계되는 평생교육정책이 거론될 때 집단의 이익을 위하여 단체 행동을 벌인다.

셋째, NGO는 가치를 공유하는 시민이 사회공익을 증진하려는 목적으로 특정 이슈에 대한 시민의 의사를 정부에 전달하여 정책 입안에 반영하게 하는 기능을 수행한다. NGO는 시민의 자발적 정치과정 참여를 가능하게 하며, 개인의 다양한 의사 표현을 하나로 통합해서 정치적 의사표현을 가능하게 한다. 많은 NGO

가 환경문제, 사회문제, 인권문제, 행정문제 등 사회 여러 분야의 개선을 위한 정책문제에 관련하여 활동하고 있으며, 시민교육 및 환경 등 각 부문에서 정부 정책에 큰 영향을 미치고 있다.

압력집단 또는 이익집단은 정책 형성과정에 압력을 가하고 나아가 이익 획득을 위하여 모든 지원체제를 동원한다. 각 집단의 이익 획득은 정책 형성과정에 대한 압력과 지원의 정도에 달려 있기 때문에 정책 형성 영역에서 공통 가치를 추출해 내기가 곤란한 경우가 있다. 그리고 각 집단의 다양한 특성은 정치적 과정을 통하여 제공되는 가치를 복잡 다양하게 하여 정책 형성 영역에 많은 혼돈을 불러일으키기도 한다(하인호, 1989). 하지만 이러한 정치적 과정은 교육 기회의 확대, 특히 고등교육과 평생교육 기회 확대에 크게 기여하여 왔다.

2. 입법과정

입법과정은 국회에서 진행되는 과정이다. 국회는 법률안 제안권과 법률안 심의권, 예산심의와 의결권, 국정감사와 조사권 등의 권한을 통해 행정부의 정책의제 결정과정과 집행과정에 영향을 미친다. 입법과정은 주요 정책의 경우 대개 입법 형태로 규정되며, 행정입법이나 의원입법을 통한 법률안의 심사나 정책집행에 소요되는 예산 심사과정에서 각 정치세력 간에 협상, 조정, 타협 등이 이루어지고 있다. 정책과정 전반에 영향을 미치는 국회 국정감사, 공청회와 같은 토론, 여론조사 등과 같은 절차를 거쳐 법률이 제정 또는 개정된다.

법은 특수한 사회규범에 대한 형식적인 표현이라고 할 수 있다. 모든 사회 규범이 형식적인 법 속에 포함되어 있지는 않다고 할지라도 법은 광범위하게 모든 규범을 포용하고 있다. 헌법과 아울러 제반의 관련된 법은 교육정책의 결정과정에 법적 가치를 제공한다.

교육에 관한 모든 문제는 입법과정에서 토의, 비판, 입법화되어 교육정책으로 나타나게 된다. 입법부는 정당에 의하여 운영되는 조직이기 때문에 교육정책에 필요한 가치는 입법과정에서 다수결의 원칙에 입각한 의회정치에 의해 결정되는 정당적인 것이다(하인호, 1989). 정치적 과정에서의 이익집단은 특정 정책 이슈에 영향을 미치려고 노력하는 반면, 입법과정에서의 정당은 소속 당원이 정책결정의 주도권을 확보하도록 하기 위해 노력한다. 그리고 정당은 이슈 강령을 발전시키고, 후보를 내세우며, 후보를 위하여 캠페인을 하고, 표를 얻기 위해 노력한다. 요컨대, 정당은 공동의 가치하에 시민을 모으려고 노력한다. 선거 캠페인 과정에서 공약한 정책은 정책의제로 설정되고 정책적으로 형성될 가능성이 높다. 특히 정당이 집권하는 경우에는 정책에 지대한 영향을 미친다(노화준, 2007).

1980년 10월 23일에 헌법 제29조(현행 헌법 제31조) 제5항에 "국가는 평생교육을 진흥해야 한다."라고 규정하였다. 그 결과 1982년 사회교육법이 제정되고 1983년과 1985년에 각각 사회교육법 시행령과 사회교육법 시행규칙이 공포되어 사회교육의 법적 체제가 구축되었다. 1999년에 사회교육법이 평생교육법이란 새로운 법명과 함께 전면 개정되었으며, 이후 2008년에 평생교육법이 전면 개정되었다.

3. 사법과정

사법과정은 입법된 내용이 규정에 맞지 않게 집행되었을 때 법률에 대한 해석을 통해서 정책에 영향을 미치는 과정이다. 정책과정에서의 사법부 역할에 대한 인식은 일반적으로 낮지만, 그럼에도 판사의 법률에 대한 해석을 통해 정책에 큰 영향을 미친다. 그리고 사회가 복잡해짐에 따라 모든 구체적인 사항을 법조문에 포함하기 어렵기 때문에 정책을 집행하는 과정에서 발생하는 문제에 대해 법원이 판결을 내리곤 한다. 그 과정에서 정책을 구현화하는 경향이 크기에 정책과정에서 사법부의 역할은 크게 증대되고 있다. 선진국일수록 사법부의 역할이 교육정책 결정에 중요한 부분을 차지한다(Hooker, 1978). 사법과정은 다음 세 가지 절차에 따라 교육정책에 영향을 미친다(하인호, 1989).

① 교육정책에 대한 불만이나 저항은 법원에 제소된다.
② 제소에 따른 법원의 판결은 이익집단의 저항을 완화하고, 판결은 교육정책 결정 영역에 법적으로 공정한 가치를 제공해 준다.
③ 법원의 판례는 교육정책 결정의 지침이 되어 새로운 판례가 나올 때까지 효력을 발생한다.

우리나라에서 사법과정과 관련해 평생교육정책에 미치는 파장이 컸던 예는 2004년 학력인정학교 형태 평생교육시설의 설치자에게 교사 및 교지를 소유할 의무를 부과하는 것이 과연 직업선택의 자유를 침해하는지의 여부와 더불어 학력 인정시설의 지정 기준을 대통령령에 위임하고 있는 평생교육법 제20조 제2항 및 제3항이 포괄위임 입법금지 원칙에 위배되는지의 여부에 대해 학력인정 설치자가 원고로서 제소한 소송 건이다. 이 소송에서 법원은 입법 취지가 교육시설의 부실 또는 교육환경의 불안정을 방지하고 학습자의 학습권을 지속적으로 안전하게 보호하는 데 있다는 것을 확인하고, 이러한 입법 취지가 그 목적에 있어서 정당성이 인정되고, 학력인정시설의 설치자로 하여금 교사 및 교지에 대한 소유 의무를 부과하는 것은 적절하다고 판시하였다. 그리고 사건 청구인이 직업선택의 자유를 제한받게 된다 하더라도 이는 교육시설의 부실을 방지하여 학습자의 학습권을 지속적으로 안전하게 보호하고, 궁극적으로는 국가 전체적으로 평생교육을 실현한다는 공동체 이익을 능가할 정도로 심각하다고 판단되지 않기 때문에 결코 직업선택의 자유를 제한한다고 볼 수 없다고 판시하였다.

우리나라에서는 사법과정이 그리 빈번하게 일어나지는 않지만, 미국의 경우에는 사정이 다르다. 특히 교육과 관련한 판례가 많으며, 이러한 판례는 교육정책에 크게 영향을 미친다. 대표적인 판례로 1954년의 브라운 판례(Brown vs. Board of education of Topeka)를 들 수 있다. 당시 캔자스 주법은 1만 5000명 이상의 인구를 가진 주 내 도시가 공립학교에서 흑인학생과 백인학생에 대해 각각 분리된 교육시설을 설치할 수 있도록 규정하고 있었다. 이에 캔자스 주 내의 토페카(Topeka)시 교육위원회는 교과과정, 통학 교통수단, 학교시설, 교사와 학생을 분리하는 초등학교를 운영하고 있었다. 당시 캔자스 주에 살고 있던 흑인 목사 브라운의 딸 린다(초등학교 3학년)가 집 근처 백인학교에 다니지 못하고 1.6km나 떨어진 흑인학교에 다녀야 하는 데서 이 사건이 시작되었다. 이에 브라운은 집에서 가까운 학교에 딸을 등록하려고 하였으나 학교 측은 입학 허가를 거부하였다. 이에 브라운은 해당 지방교육구를 상대로 제소하였다. 브라운 판례는 흑인학교와 백인학교의 분리정책을 법적으로 부인한 최초의 판례로서, 한마디로 '분리하지만 평등한(separate but equal)'이라는 정책행위가 과연 헌법적인 것인가에 대한 논란이었다. 브라운 판례의 법률문제는 물리적인 학교시설이나 모든 유형의 요소가 동등하다면 흑인과 백인 사이의 인종차이에 따른 학교의 분리 운영은 연방헌법의 평등권 정신을 위반하는가에 대한 것이었다. 연방대법원은 오직 인종을 근거로 흑인 아동을 다른 아동과 분리하여 학교를 운영하는 것은 그들의 지위에 대하여 열등감을 갖게 한다는 전문가의 증언에 기초해 분리된 교육시설은 본질적으로 불평등하다고 원고 승소판결을 내렸다. 브라운 판례는 학교 영역을 넘어 그동안 여러 형태로 정부가 지원 내지 방조한 흑인차별정책을 재검토하는 촉매제 역할을 하였으며, 미국 헌법의 14번째 수정안(Clause of 14th Amendment of the as constitution)을 만드는 계기를 마련해 주었다.

1972년과 1976년의 세라노 판례(Serrano vs. Priest Case)는 교육정책과 관련한 사법과정에서의 또 다른 기념비적인 예다. 원고인 세라노는 부유한 지역인 캘리포니아 주의 비벌리힐스(Beverly Hills)에서 살다가 평범한 서민 동네인 볼드윈파크(Baldwin Park)로 이사를 왔다. 그가 새로 이사한 지역에서 발견한 사실은 아들의 교육비 혜택이 전에 살던 지역보다 훨씬 못하다는 것이었다. 세라노는 단순히 거주지 때문에 교육비 혜택에 차별을 가져오는 것에 대하여 부당하다고 생각하고 이를 캘리포니아 최고 법원에 제소하였다. 결국 세라노 판례는 교육자치 구역 간의 빈부 격차에 따른 학생 1인당 교육지출비 차이가 헌법상의 평등권 위반이라는 이슈를 제기한 최초의 도전이 되었다. 세라노 판례에서 캘리포니아 최고법원은 지방 재산세에 근거한 기존의 교육재정 제도는 캘리포니아 주 헌법의 평등권 조항(Equal Protection Clause of the State Constitution)을 위반했으므로 헌법을 위배한다고 판시하였다. 실제 부유한 지역은 학생 1인당 교육지출비가 2200달러였고, 가난한 지역의 학생 1인당 교육지출비는 270달러였다. 동 법원이 지방 재산세에 근거한 캘리포니아 주의 학교재정 계획을 무효로 한 주요 근거는 다음과 같았다.

> 가난한 교육자치 구역은 재산의 부족으로 교육비에 대한 재정적 선택 능력을 사실상 빼앗기고 있다. 학교재정 계획은 학생의 기본적인 이익(fundamental interest)과 명백히 관련되어 수립되고 있으며, 이에 따라 교육의 질도 학교자치 구역의 부, 궁극적으로는 부모의 재력에 전적으로 의존하고 있다. 이러한 주 정부의 학교재정 계획은 주의 주요 이익(compelling state interest)을 달성하는 데 있어 미흡한 사항이기 때문에 평등권의 엄격한 기준을 충족하지 못하고 있다.

결국 세라노 판례는 미국 교육에서의 평등한 법 원리의 엄격한 검열(strict scrutiny)이 가능하게 하였으며, 모든 주의 공립학교 재정 계획을 개혁하는 데 중요한 촉진제가 되었다. 이후 1976년에 미국에서 성인교육법이 최초로 통과하였다. 이는 사법과정이 하나의 교육정책을 형성해 가는 중요한 밑거름이 된다는 사실을 보여 준 것이다.

4. 행정과정

행정과정은 집행 능력이 뛰어나며 실제 권한을 많이 가진 행정부를 중심으로 이루어지는 과정이다. 교육정책은 외부의 요구에 의해 시작되는 경우도 있지만, 종종 정부 내에서의 권한과 능력에 의하여 결정되기도 한다. 그 예로 교육과학기술부의 평생학습정책과나 평생교육정책자문위원회의 활동, 지방자치단체의 평생교육 관련 부서 등의 활동을 들 수 있다. 즉, 교육과학기술부 각 부서의 자료수집, 교육정책 자문기구나 전문위원회의 설치, 인적 및 물적 자원 투입을 통하여 정책을 결정한다.

대부분의 교육정책 집행은 행정적 권한과 권력에 의하여 수행되며, 어떤 경우에는 행정이 정책 결정행위를 하기도 하는데, 행정과정이 교육정책에 영향을 미치는 데에 있어서 다음과 같은 이유로 유리한 입장에 서 있다(하인호, 1989).

① 교육정책의 목표 설정에 앞서 필요한 자료를 수집 분석하는 것은 대개 행정과정 업무에서 수행된다.

② 행정과정에서 교육정책 기능의 강화를 위하여 자문위원이나 전문위원 또는 각종 자문위원회를 설치함으로써 교육정책 결정 영역에 가장 전문적인 지식을 제공할 수 있다.

③ 행정과정은 교육정책의 목표 설정을 위한 전제로서 자료 수집 · 분석을 위한 각종 인적 및 물적 자원을 동원하고 모든 연구 방법을 채택하는 행정적인 권한과 능력을 가지고 있기에 실질적인 과학적 방법으로 분석한 결과의 가치를 교육정책 결정 영역에 반영할 수 있다.

대통령은 헌법 제78조에 의거해 부여된 공무원 임면권을 통하여 행정부의 정책 결정과정 전반에 큰 영향을 미친다. 이에 더하여 정보의 통제는 대통령이 가진 가장 핵심 자원 중의 하나다. 대통령과 행정부는 정보의 보유, 공개, 조직화 등을 통하여 여론에 영향을 미치고, 재정과 예산권을 통하여 선호하는 정책에 우선순위를 두어 추진할 수 있다. 또한 관료의 자문을 구하고, 결정된 정책을 집행하도록 인사권을 비롯한 각종 권한을 행사할 수 있다. 대통령은 정보와 자원을 활용하여 이익집단, 매스미디어, 싱크탱크 등에 영향을 미칠 수 있으며, 이를 통하여 자신이 선호하는 방향으로 정책을 추진할 수 있다. 대통령은 행정부의 정책의제 설정에도 막강한 통제력을 행사한다. 대통령은 또한 국회에서 의결한 법률안에 대해 이의가 있을 경우, 그에 대한 재결정을 요구하여 국회의 법률안 형식의 정책 결정에 영향을 미칠 수 있다.

우리나라에서 평생교육정책을 포함한 주요 정책 결정과정에는 실제적으로 대통령 비서실, 여당, 교육과학기술부 장관 등 수뇌부 정치집단의 역할이 행정과정에 큰 영향을 미친다. 그것은 수뇌부 정치집단이 요구하는 정책을 행정부에서 거부하기는 현실적으로 불가능하기 때문이다. 특히 평생교육체제의 구축과 관련한 작업은 평생교육을 둘러싼 국민적인 요구 등에 의하여 촉발되는 경우도 있지만, 그보다는 오히려 시대적 흐름에 따라 중앙집권적인 정치체제의 평생교육 정책 추진이 많았기 때문이다.

5. 언론

언론 역시 교육정책 형성과정에서 주요 변인 중 하나다. 노화준(2007)에 따르면, 대중매체는 사회 현실을 정의하는 데 도움을 주어 정책 결과에 영향을 미친다. 방송매체, 신문, 인터넷 기사 등은 교육 문제를 단순히 보도하는 데 그치지 않고 불분명했던 문제의 소재를 깊이 있게 다루며 해결방안을 제시하기도 한다. 이러한 과정은 언론 등 대중매체가 교육정책 과정에 있어서 중요한 역할을 담당하고 있다는 의미다. 그리고 언론은 압력집단이나 이익집단의 정책이슈 제기,

정책대안 선정, 정책 평가과정 등을 통하여 교육정책 결정에 영향을 미친다. 기사의 확대와 축소를 통하여 압력집단이나 이익집단의 의견이 언론에 투입되어 자신들의 입장을 대변한다.

6. 싱크탱크

싱크탱크(think tank)는 정책에 영향을 미치기 위하여 학제 간 연구를 수행하는 독립된 조직이다. 이러한 조직은 광범위한 정책문제에 관심을 가지고 좀 더 종합적인 관점을 발전시킬 수 있도록 다양한 전문가를 채용한다. 싱크탱크는 기초 자료, 논리 개발, 정책 평가 등 입법 및 행정 기관의 미약한 전문성을 뒷받침해 주는 기능을 수행한다. Smith(1991)에 따르면, 아이디어는 강력한 정치 도구 중 하나로, 대중은 아이디어에 의하여 움직여질 수도 있고 잘못 인도될 수도 있으며, 반대로 움직이지 않을 수도 있다. 이러한 주장은 정책과정에서 정책 아이디어의 중요성과 정책 아이디어를 창안해 내는 새로운 정책 엘리트와 싱크탱크가 등장하는 이유를 설명해 준다. 그것은 정책 엘리트 집단과 싱크탱크는 정책 결정자가 정책 아이디어를 중시하거나 정책 아이디어 창안자나 아이디어 브로커(idea broker)를 우대하여 생기기 때문이다(노화준, 2007). 이들은 공공문제에 대한 실무적인 해결 방안을 탐색하기 위해 연구하기도 하고, 그들이 창도하는 이념 지향적인 입장(ideology-driven position)을 옹호할 수 있는 증거를 찾아내는 연구를 하기도 한다. 이러한 점에서 싱크탱크의 연구자들은 정책문제에 대한 실무적인 해결 방안의 탐색에 주력하기 때문에, 어느 한 분야에만 관심을 집중하는 대학 연구자와는 다르다(노화준, 2007).

미국의 싱크탱크는 다른 나라에 비하여 월등하게 많다. 예를 들면, 대표적 싱크탱크로서 미국진보센터(Center for American Progress), 브루킹스연구소(Brookings Institution), 헤리티지재단(Heritage Foundation), 랜드연구소(RAND

Corporation), 미국기업연구소(American Enterprise Institute) 등이 있다. 이 중에서 특히 헤리티지재단은 보수주의를 대변하면서 『인사이더(*The Insider*)』 등과 같은 각종 정책 저널과 보고서를 통하여 수많은 국내외 정치 지도자에게 영향을 끼치고 있다. 반면에 브루킹스연구소는 비교적 진보적인 성향을 가지며 민주당의 주요 싱크탱크 역할을 담당하고 있다. 이들 대부분은 수천 만 달러에 이르는 1년 예산과 수백 명의 상근 연구자 및 행정요원을 둔 초대형 싱크탱크다.

한국의 경우, 한국개발연구원이나 삼성경제연구소, 산업연구원, 한국행정연구원 등이 대표적인 싱크탱크다. 교육정책과 관련한 주요 싱크탱크 가운데에는 정부출연연구기관에서 출발한 것이 많다. 한국교육개발원(KEDI), 한국직업능력개발원(KRIVET) 등이 여기에 속한다. 이들은 과다한 수주과제 수행에 따른 연구의 질적 수준 저하, 대학에 비해 상대적으로 낮은 봉급 수준, 우수 인력이 대학으로 옮기는 데에 따르는 연구의 계속성 단절 등으로 상당한 어려움을 겪고는 있으나, 여전히 중·단기 정책개발에 많은 노력을 기울인 결과 정책과정에 큰 영향을 미치고 있다.

앞서 언급하였듯이, 지금까지 열거한 정책 변인인 정치적 과정, 입법과정, 행정과정, 사법과정, 언론, 싱크탱크 등은 단독으로 정책 결정에 영향을 미치기도 하지만, 대부분의 경우에 두세 가지가 어우러져서 영향을 미친다. 고학력 경력단절 여성의 평생교육정책 결정은 정책 변인으로서의 행정과정, 언론, 싱크탱크 등의 역할을 잘 나타내는 예 중 하나다. 2006년 당시 교육인적자원부는 고학력 경력단절 여성의 능력개발 및 재취업을 지원하기 위하여 고학력 경력단절 여성의 재취업 지원과 진로개발을 돕는 교육 프로그램(총 32시간)을 개발하였으며, 2007년부터는 새롭게 '고학력 경력단절 여성 커리어 코칭 사업'을 시작하였다. 이를 위해 교육 프로그램 개발하고 대전, 충북, 전북, 부산의 4개 지역에 5억 원의 예산을 지원하여 맞춤형 직업교육을 제공하였다.

2004년 당시 여성가족부 역시 여성 잠재인력의 활용도 제고 및 주요 기업의 인력난 해소를 도모하고자 전업주부 및 재취업훈련 지원사업을 지속적으로 추진하였다. 2006년에는 1157명을 대상으로 실시하였고, 수료율 93.4%, 취업률 68%의 실적을 보였다(교육인적자원부, 한국교육개발원, 2007). 2007년에는 전업주부 재취업훈련 지원사업을 위해 총 4억 5000만 원의 예산 규모로 1000여 명을 대상으로 45개 여성인력개발센터에서 중소기업 분야 취업 유망 직종 50여 개 과정을 실시하였다. 이 외에도 경력단절 여성 및 능력개발 후 취업하고자 하는 중·고령 여성을 대상으로 사회서비스 일자리 취업지원사업을 지원하였는데, 100시간 이상의 직업교육과 6시간 이상의 취업대비교육으로 이루어졌으며 직업교육 수료 이후에는 6개월까지 취업이 지원되도록 하였다.

이를 통해 고학력 경력단절 여성의 평생교육정책 결정에 OECD 조사 결과의 언론 보도 및 행정부처의 적극적 개입이 있었음을 알 수 있다. 즉, 이 정책은 이익집단이나 압력집단의 영향력은 다소 미미하였으나, 언론 보도 및 행정부처의 적극적 관여가 눈에 띄었으며 특히 여성가족부의 적극적 개입이 주목할 만하였다. 또한 이 정책이 결정될 당시 정책 결정의 근거 자료로 경기개발연구원 등의 싱크탱크 연구 결과가 쓰였다. 이와 같이 고학력 경력단절 여성에 대한 평생교육정책은 여성 인력자원개발의 필요성을 절감한 정부 행정부처의 영향력 및 언론의 보도 그리고 싱크탱크의 연구 결과물 등이 바탕이 되어 수립되었음을 알 수 있다.

제4장

평생교육정책 환경

교육정책 환경이란 일종의 유기체로서의 교육정책체제를 둘러싸고 있으면서 교육정책의 형성과 집행 및 평가과정에 영향을 주는 외적 요소를 총칭한다. 다시 말해, 교육정책이 일련의 상호작용을 하는 부분으로 구성된 전체가 하나의 체제(systems)를 이룬다고 보았을 때, 그 체제를 둘러싸고 있는 외부 요소가 곧 교육정책 환경이다(김종철, 1989). 정책 환경은 정책체제에 대한 자극의 근원이기도 하며 동시에 정책체제의 반응 대상이 된다는 견해에 따라서 정책 환경과 정책체제의 관계를 기본적으로 자극-유기체-반응으로 규정하고 있다(정태범, 1999). 이러한 교육정책 환경에는 크게 정치체제 환경, 경제체제 환경, 사회문화적 분위기와 기풍 등이 있으며, 이들은 거시적인 측면에서 교육정책체제 환경을 구성한다고 볼 수 있다. 여기에는 평생교육정책도 예외가 아니다. 평생교육정책 환경이란 평생교육 분야에서의 개방체제하에 평생교육정책의 형성과 집행 및 평가를 담당하는 개인이나 조직체를 둘러싸고 있는 외적 조건이나 요인을 뜻한다. 평생교육정책은 정치체제, 경제체제, 사회문화적 환경 등의 환경 요인과 밀접한 관련이 있다.

이 장에서는 평생교육정책 과정과 환경을 하나의 전체적인 체제로 설명해 주는 체제분석이론(systems analysis theory)을 먼저 기술하고, 다음으로 교육정책 환경과 교육정책의 관계, 교육정책 환경의 유형, 교육정책 환경의 변화, 평생교육정책 환경과 정책 사례에 대해 차례대로 설명한다.

1. 체제분석이론

체제분석이론은 Easton(1969, 1975)과 Sharkansky(1972)에 의해 제시된 정책결정과정 모델을 기반으로 한다. Easton(1969)에 따르면, 하나의 체제(system)는 그 생명력을 유지하기 위해 개방체제(open system)를 유지하면서 환경(environment), 요구(demand), 지원(support), 투입(input), 전환과정(conversion process), 산출(output), 집행(implementation), 성과(outcome), 환류(feedback) 등 제반 하위 체제(subsystems)를 차례로 거치면서 시너지 효과를 갖는다. 이러한 성격의 체제를 분석하는 이른바 체제분석이론이란 전체 및 하위 체제를 유기적 관점에서 분석하는 것을 의미한다.

Easton(1975)은 정책을 전체 사회를 위해 희소한 사회적 가치가 권위적으로 배분되는 상호작용이라고 정의하였다. 여기서 권위적 배분이란 정치체제 구성원의 생각과 행동을 강제한다는 뜻으로, 가치의 배분이 절차적 정당성과 도덕성 및 타당성을 가지고 이루어지기 때문에 그러한 정책이 수용되고 강제되어야 한다는 것을 의미한다. 그는 정치체제를 전체적인 사회체제를 구성하고 있는 몇 개의 하위 체제 중의 하나로 파악하면서 사회적 환경과 정책이 어떻게 서로 관련되는가를 분석하였다. 이러한 정치체제 모델의 핵심 요소는 정치체제와 다른 하위 체제로서 상호 의존하면서 작용을 한다.

[그림 4-1]에서 보는 것처럼, 사회 환경의 다른 하위 체제에서 발생한 긴장(stress)이 정책 시스템에 대한 투입 또는 요구 및 지원을 발생시킨다. 이어서 전

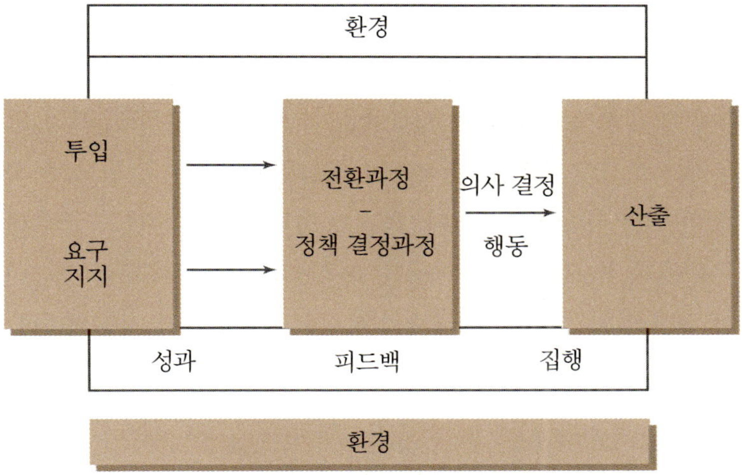

[그림 4-1] 체제분석 모델

출처: Easton(1965), p. 32.

환과정에서는 환경으로부터의 긴장을 완화하거나 투입이 정책 결정과정(policy making process)을 거쳐 산출로 전환하며, 나중에 환류를 통해 정책성과로 나타나게 된다.

정치체제를 둘러싼 외부 환경은 국내 환경과 국외 환경으로 구분된다. 국내 환경은 경제, 문화, 사회구조와 같은 것으로 정치체제에 대한 잠재적 투입의 원천이며, 국외 환경은 국제사회의 환경으로서 그 사회의 상위 체제를 형성한다. 이것은 국제사회의 정치적, 경제적, 문화적 체제로 구성된다. 이와 같은 환경 요소는 국내외적 변화로 인하여 불협화가 발생하고, 결국 정치체제의 기본 역량에 심각한 위협을 주는 긴장을 형성하게 된다. 어떤 점에서 볼 때, 이러한 불협화는 일종의 긴장을 형성하면서 정치 시스템의 경계를 침범하여 교환이나 거래의 형태로 전환된다.

환경적 산출이라고 할 수 있는 이와 같은 긴장은 이제 정책 시스템에 대해서는 투입으로 바뀐다. 그것이 요구든 지원이든, 이러한 투입은 환경적 영향과 조건이 정책 시스템의 운영을 수정하고 결정하는 주요한 방법적 지표라 할 수 있다.

요구는 흔히 정부에 대한 압력으로 작용하는데 정의나 지원, 보상 또는 인정 등을 요구하는 것이다. 이러한 다양한 요구 이면에는 공통의 필요, 부족한 공급에 따르는 인적 요망 사항이 존재한다. 하지만 어떤 사회도 모든 요구에 대하여 충분히 만족하게 해 줄 수는 없다. 이러한 요구는 하위 체제의 모든 부문에서 대단히 중요한 현상이다. 그와 같은 요구의 형성은 정치체제의 성격에 영향을 주기를 바라면서 다른 사적인 집단에 영향을 주기 위하여 공공 차원의 지원책을 동원한다.

지원은 체제 자체와 체제가 만든 결정을 수용해 주기를 바라는 형태를 띤다. 어떤 정책 시스템이 사회 구성원에게 정당성을 획득하기 위해서는 안정적인 지원이 반드시 필요하다. 지원은 정치집단, 정권, 정부라는 세 가지 대상과 관련되어 정책 시스템에 주입된다.

정책 결정과정은 투입 요인을 결합하여 정책 산출로 전환하는 전환과정을 수행한다. 전환과정에 의해 산출된 정책은 긍정적 혹은 부정적인 정책성과를 낳게 되면서 또 다른 하위 체제에 대해 투입 요인이 되기도 한다.

이상에서 설명한 체제분석이론은 본질적으로 역동적인 성격을 가진다. 정책 결정과 집행이 일회성으로 끝나는 것이 아니라 계속해서 새로운 요구가 생겨나고, 새로운 요구는 정책 결정과정에 반영되어 정책 산출물과 그 집행에 잠재적으로 영향을 미친다. 체제분석이론의 가장 중요한 장점은 복잡한 정책과정을 한정된 몇 개의 단계와 하위 단계로 나누어 정책 결정에 대한 이해를 촉진하며, 각 단계가 독자적으로 탐구되거나 정책과정에서 여러 행위자와 기관의 상호관계를 파악할 수 있다는 것이다. 아울러 정책과제를 공식적으로 책임진 정부기관뿐만 아니라 정책을 다루는 모든 행위자와 기관의 역할에 대한 검토를 가능하게 한다는 장점도 있다. 하지만 이 접근방법의 주된 단점은 의사 결정과정에 대하여 설명력이 부족하다는 것과 정책 결정자가 공공문제를 체계적이고 선형적 방식으로만 해결하는 것으로 잘못 해석할 수 있다는 점이다(노화준, 2007; 최희선, 2006).

앞에서 이론적으로 고찰한 시스템 분석이론은 평생교육정책 과정 측면을 이해하는 데에도 매우 유용하다. 시스템 분석 모델의 각 요소를 평생교육 관점에서 순서대로 기술하면 다음과 같다. 평생교육체제에서는 평생교육 문제를 완화 또는 해결하려는 요구 및 인적 · 물적 · 재정적 자원이 조직에 투입된 후 전환과정을 거치게 된다. 전환과정은 평생교육정책 환경의 요구에 대응하기 위한 평생교육정책 의제 수립과 정책 분석과정으로 설명되며, 이러한 전환과정을 거쳐 평생교육정책이 산출된다. 평생교육정책이 산출되면 집행과정을 거쳐 성과로 나타나는데 그 성과가 긍정적이면 해당 정책은 유지 또는 확산되지만 부정적 성과가 나타나게 되면 소멸되거나 전면 개정되는 과정을 거친다.

체제분석이론적 관점에서 평생교육정책을 분석해 보면 다음과 같은 예를 들 수 있다. 우리나라에서는 1980년대부터 생활 수준이 급격히 향상되었다. 사회 · 경제적 환경 면에서 여성이나 노년 인구의 증가와 같은 사회적 이슈가 부각되면서 다양한 성인평생교육 프로그램이 시작되었고, 정치 · 교육적 환경 면에서 1995년 5 · 31 교육개혁에 의한 '개방교육사회'로의 움직임은 평생교육을 보다 공고히 확립하였다(교육인적자원부, 한국교육개발원, 2001). 이 당시의 주요 교육개혁은 기존에 제정되었던 평생교육법을 한 차원 발전시켜 광범위한 성인평생교육을 관리하고 지원할 수 있는 새로운 평생교육법의 개정에 대한 요구를 낳았고, 평생교육법의 제정과 개정 과정에는 정치적 지원체제가 중추 역할을 담당하였다. 평생교육법은 이러한 정책과정을 거친 산출물로서 전체가 5장 32조로 구성되었고, 평생교육의 전 영역에 영향을 미치면서 집행되어 왔다. 평생교육법은 시행 이후로 몇몇 성과로 나타나기도 했고, 새로운 정치체제에 대한 새로운 요구를 낳기도 했다. 무엇보다 새로운 법률체제의 영향하에 평생교육체제는 순차적으로 제도화되었고 효율적으로 집행되기에 이르렀다.

2. 교육정책 환경과 교육정책

평생교육정책 환경이 평생교육정책에 영향을 미친다는 것을 경험적 근거로 제시한 것이 평생교육정책 산출 연구다. 평생교육정책 산출 연구의 기본 논리는 조직을 둘러싸고 있는 환경의 요구와 더불어 자원이 조직에 투입된 후에 조직은 이것을 평생교육정책으로 전환하여 평생교육정책을 산출한다는 것이다. 그러므로 이것은 정치, 경제, 사회 환경이 달라짐에 따라 산출되는 평생교육정책의 내용이 달라짐을 의미한다. 김종철(1989)은 교육정책 환경과 교육정책의 관계를 논함에 있어서 가치체계, 자원, 사회풍토 등 세 가지 측면을 제시하였다.

1) 가치체계로서의 교육정책 환경

교육정책 환경은 일련의 가치체계로서 교육정책의 형성, 집행, 평가 과정에서 막중한 영향을 미치게 된다. 인간의 행위는 개인적이든 사회적이든 상관없이 가치 지향성을 가진다. 가치는 모든 인간행위의 가장 중요한 심층적 동인이기 때문이다. 따라서 교육정책 환경은 그것이 정책 형성자, 집행자, 평가자 등의 가치체계에 직접 영향을 주든지, 혹은 그들을 둘러싼 제도 속에 내면화된 가치를 통하여 영향을 끼치는 것과는 상관없이 부단히 압력을 가하여 영향을 미친다.

2) 자원으로서의 교육정책 환경

교육정책 환경이 교육정책 과정에 있어서 중대한 영향을 미친다는 사실은 그것이 교육정책을 위한 자원을 제공해 준다는 사실과 관련된다. 그리고 그 자원은 크게 인적 자원, 물적 자원, 시간으로 나누어진다. 자원은 교육정책의 수단으로서 그 성패를 좌우하는 관건이다. 성공적인 교육정책의 결실을 가져오기 위해서는 인적 자원은 물론 재정과 시설을 포함한 물적 자원의 중요성을 간과할 수 없다. 그리고 모든 정책의 성패와 관련하여 시간 요인을 배제할 수 없다.

3) 사회풍토로서의 교육정책 환경

교육정책 환경을 논함에 있어서 간과하기 쉬운 것이 사회풍토다. 그것은 사회문화적 분위기이며 사회적 기풍이다. 그것은 구체적으로 정의하기도 어렵고, 정확하게 포착하기도 어렵다. 그러면서도 그것이 교육정책의 수행에 있어서 중대한 영향을 미치는 것만은 확실하다. 예를 들면, 21세기에 들어 다문화 가정이 늘어나면서 문화적 이질성에 대한 개방과 포용이 사회풍토의 흐름으로 자리 잡게 되었다. 이에 따라 다문화 가정을 위한 평생교육적 현지 적응교육에 정책적으로 큰 영향을 미치고 있다.

3. 교육정책 환경의 유형

1) 정치행정체제 환경

교육정책의 형성, 집행, 평가 등 제반 과정은 정치행정체제의 일환으로서 그 속에서 추진된다. 여기에서 정치행정체제는 정치행정의 조직과 운영에 중점을 두고 사용하는 개념이다(김종철, 1989). 정치행정체제는 교육정책의 환경 중에서 가장 영향력이 크다고 할 수 있다. 그것은 정치행정체제가 다른 여타의 정책환경에 미치는 영향력 역시 크기 때문이다. 정치행정체제는 다음과 같은 네 가지 차원에서 그 특성이 구분된다.

첫째, 중앙집권제인가 혹은 지방분권제인가다. 이것은 정치행정체제에 있어서 권한과 책임의 집중과 분산에 기준을 두고 구분하는 개념이다. 이러한 유형

구분은 어느 한 국가가 전적으로 중앙집권제인가 혹은 지방분권제인가에 대한 기준을 두고 하는 말은 아니다. 그것은 상대적으로 특정 경향이 더 강하다는 것뿐이다. 미국이나 스위스 같은 국가는 지방분권적 특성이 강한 반면에, 프랑스나 한국의 경우는 중앙집권적 성격이 강하다. 정치행정체제가 중앙집권적이냐 혹은 지방분권적이냐라는 분류가 교육정책 형성이나 집행에 있어서 직접적인 영향을 미치는 것은 자명하다. 이제까지의 한국의 평생교육정책 과정은 다분히 중앙집권체제하에서 이루어진 것이 사실이다.

둘째, 권위주의인가 혹은 평등주의인가다. 권위주의 정치행정체제하에서는 교육정책의 형성, 집행, 평가 과정에서 정치권의 최상위자에 의한 지시와 명령이 일방적으로 강요되는 것이 관례가 되어 전제주의와 독재에 빠지는 경향이 농후해진다. 평등주의는 조직 성원의 평등한 위치와 권한을 강조하게 되며 자유와 창의성을 신장할 수 있는 장점이 있는 반면에, 협동과 질서 등이 결여되면 조직의 혼란과 비능률성을 초래할 여지가 있다.

셋째, 정치적 안정기인가 혹은 격동기인가다. 정치적 안정기는 정치체제가 일관성을 유지하는 기간을 의미하며, 반면에 격동기는 그것이 급격한 변동을 일으키는 기간을 의미한다. 정치체제의 안정은 행정체제의 안정을 위한 기본 전제조건이 되며, 정치적 안정은 교육정책의 일관성 확보를 위한 필수조건이 된다. 하지만 전쟁이나 혁명기에 볼 수 있는 정치적 격동기에는 행정체제 역시 불안정하며, 교육정책도 이에 따라 가변적일 수밖에 없다. 다만 정치적 안정이 일관성 있는 교육정책의 필수조건은 되지만 결코 충분조건이 되지는 않는다(김종철, 1989).

넷째, 폐쇄적인가 혹은 개방적인가다. 폐쇄적인 정치행정체제란 체제를 이루는 하위 체제가 환경으로부터 봉쇄됨으로써 체제가 경직화되고 유연성 있게 환경의 변화에 적절하게 대응하지 못하는 경우를 의미한다. 결국은 정보의 흐름이 단절되고 공정한 피드백이 이루어지지 못하게 된다. 이와는 반대로 개방적인 정치행정체제는 환경으로부터의 정보가 윤활하게 소통됨으로써 체제 자체가 사회

환경의 변화에 적절히 대응할 수 있는 유연성을 지니게 된다. 폐쇄적인 정치행정체제 속에서의 교육정책 형성은 사회적인 변화에 따른 요구를 제대로 반영할 수 없으며, 집행상의 시행착오나 성과에 대한 판단에 있어서도 공정한 평가를 얻을 수가 없다. 반면에 개방된 정치행정체제 속에서의 교육정책은 변화하는 환경에 유연하게 대응할 수 있기 때문에, 그 형성과정이나 집행 및 평가과정에서 올바른 방향으로 나아갈 수 있는 것이다.

2) 경제체제 환경

경제체제는 교육정책의 형성, 집행, 평가에 이르는 전 과정에 걸쳐 막대한 영향을 끼친다. 미시적 및 거시적 경제 여건, 국민소득 상태, 산업 인프라 구조, 부의 창출 및 분배 방식 등을 포함한 제반 경제 상황은 경제체제의 특성에 따라 달라진다. 경제체제는 다음 몇 가지 측면에서 교육정책에 영향을 미친다(김종철, 1989).

첫째, 정부주도인가 혹은 민간주도인가다. 경제체제가 정부 주도로 이루어지는 경우 권한이 정부에 집중되고, 정부에 의한 통제가 강화된다. 반면에 민간주도로 이루어지면 경제적 활동 권한이 기업체에 나누어지면서 정부의 역할이 기업체의 경제활동을 위한 지원과 조정에 초점이 맞추어진다. 경제활동의 주도권이 정부의 손에 달린 경우, 정치행정체제도 분산보다는 중앙집권체제로 나아가기 쉬우며, 이와 함께 교육정책 과정에 있어서도 권한과 책임의 집중 현상으로 연결될 가능성이 높다. 반면에 민간주도의 경제체제는 분권적인 정치행정체제와 자연스럽게 부합되면서 교육정책 과정에 있어서도 권한과 책임이 분산되는 경향을 띠게 된다.

둘째, 계획경제인가 혹은 자유경제인가다. 경제 운용에 있어서 정부가 장단기적인 경제발전의 목표와 수단 및 과정을 직접적으로 기획하고 계획안으로 창출하는 체제에서는 경제 발전에 대한 의사결정권이 정부 관료나 고위 기술직

(technocrafs)에 의하여 좌지우지된다. 이때에는 생산성의 향상과 효율성의 추구에 초점이 맞추어진다. 반면에 자유경제일 경우에는 사기업 간의 자유경쟁원리가 존중되며, 경제활동의 창의와 다양성이 특징을 이루게 된다. 경제적 환경의 변화가 어떠하든지 상관없이 그것은 정치와 밀접한 관련을 맺을 뿐만 아니라 교육정책 과정에서도 중요한 환경 요인으로 작용한다.

셋째, 경제적 안정기인가 혹은 경제적 격동기인가다. 경제적 안정은 노동, 자본, 자원, 경영 등의 내적 요인과 더불어 정치, 사회, 안보, 국제관계 등 외적 요인의 상호작용에 의하여 이루어진다. 반면에 경제적 격동은 정치 및 사회적 변동에 따른 경제체제의 개편, 불경기, 물가변동, 노사분규, 실업 등의 내적 요인에 따라 야기되면서 경제가 그 안정 기조를 잃고 흔들리게 된다. 이러한 경제적 안정성 여부는 정치사회적 안정과 직결되며 그것이 교육정책의 재정적 기초를 확보하는 문제뿐만 아니라 교육정책 과정 전반에 걸쳐서 막중한 영향을 주는 것이 당연하다.

넷째, 경제적 저개발 상태인가 혹은 개발된 상태인가다. 경제적 저개발이라 함은 1차 산업의 비중이 높고, 노동인력의 기술 수준이 낮으며, 자본이 영세하고 자원의 활용이 미흡하며, 경영능력이 저조하여 경제 여건이 열악하게 됨으로써 빈곤의 악순환을 면치 못하는 상태를 의미한다. 경제 개발이 이미 이루어진 상태는 경제 성장이 이미 높아진 단계를 뜻한다. 풍부한 경제 여건하에서는 교육정책의 재정 확보가 용이하여 정책을 집행하는 과정이 유리하게 진행될 수 있다. 물론 교육정책을 위한 재정능력이 높다고 해서 교육정책 자체의 타당성과 공정성이 보장되는 것은 아니다.

평생교육정책에 미치는 주요 경제적 변화 지표에는 인구통계적 변화 및 직업과 고용의 본질과 패턴의 변화, 실업률의 증가, 여성 노동인구의 증가, 지식경제에 따른 직장에서의 기술과 역량의 변화, 테크놀로지의 발전과 글로벌화를 들 수 있다. 특히 청년 및 중장년 장기 실업률의 증가에 따른 경제적 역기능 등의 영향은 다양한 직업교육 훈련 및 삶의 질을 높이는 평생교육 프로그램의 방향

정립과 질적 중요성 및 관련 정책 수립의 필요성을 더욱 부각하고 있다.

3) 사회문화적 환경

교육정책의 사회문화적 환경은 사회 규범, 가치관, 언어, 예술, 종교 등의 다양한 요소로 구성되며, 정치행정체제, 경제체제 등과 상호작용하면서 교육정책 과정에 중대한 영향을 끼친다. 그 가운데서 사회 전체를 둘러싼 사회 분위기(social melieu) 혹은 사회 기풍(social ethos)이 매우 중요하다(김종철, 1989). 그것은 특정 사회의 주된 가치관과 사회 구성원의 가치 성향을 가리키는 것으로서 구성원의 사회행위 유형에 대하여 큰 영향을 미치며, 나아가 교육정책도 영향을 받는 것이 당연하다. 교육정책에 영향을 미치는 사회문화적 환경은 다음 몇 가지 차원에서 논의될 수 있다.

첫째, 사회문화적 풍토가 통합적인가 혹은 분화적인가다. 이것은 사회문화 전반의 기풍이 어떠한 구심점을 향해서 통합되어야 한다는 인식이 보편화되어 있는 경우와 원심점을 향하여 분화와 확산을 지향하는 경우가 있다는 것이다. 예컨대, 통합의 사례는 서울 중심 문화의 극대화인 반면에, 분화의 경우에는 지방문화가 발전하는 양상일 것이다. 사회문화적 통합과 분화는 정치행정체제와 문화 및 경제체제의 통합과 분화, 집중과 분산의 작용에 관련되어 있다. 사회문화 풍토의 전환이 교육정책 과정에 있어서 지방교육자치의 발전을 촉진하고, 지역단위의 교육정책 개발에 새 전기를 마련할 수 있다.

둘째, 사회문화적 풍토가 획일화를 지향하는가 혹은 다원화를 지향하는가다. 획일화는 사회구성원을 어떤 표준에 맞추어서 행동하게 하고자 하는 데에 기반을 둔다. 그것은 보편적인 기준을 강조함으로써 사회를 동질화로 이끌어 갈 가능성을 내포한다. 반면에 다원화는 인간의 다원적 가치와 다양성을 인정하는 것을 전제로 하며, 개개인의 창의성을 개발하는 방향으로 유도한다. 따라서 획일화가 보편론의 토대 위에서 그 명분을 찾는다면, 다원화는 선택론에 의거하여 그 명분을 세우고자 하는 것이라고 볼 수 있다(김종철, 1989). 획일화는 또한 교육정책 과정에 있어서 평등성을 강조함으로써 학습자에게 균등하게 교육 기회를 제공해 주고자 하는 반면에, 다원화는 학습자의 학습 선택권에 있어서 자유성을 보장하려는 노력이 중시되기도 한다. 예를 들어, 다원화된 사회라고 한다면 평생학습에 대한 교육적 욕구도 다양할 것이고, 그러한 욕구를 충족하고 정책적 효과를 내기 위해서는 획일화된 국가의 정책과는 달라야 할 것이다.

셋째, 사회문화적 분위기가 안정지향적인가 혹은 변화지향적인가다. 이것은 사회구성원의 기풍과 더불어 여러 가지 환경 요인에 의하여 결정된다. 일반적으로 사람들은 현실에 대한 불만과 비판이 고조될 때에는 변화지향적이 되며, 그 요인이 클수록 더욱 급격한 변화를 원하지만, 반면에 현실에 대한 만족감이 클수록 안정을 바라게 된다. 그뿐만 아니라 사회구성원 사이에 갈등이 심화되고 계층 간에 불균형이 심화될수록 급격한 변혁에의 요구가 강하게 된다. 하지만 사회 각 분야가 조화와 균형이 유지될수록 안정을 유지하고자 한다. 사회적 안정성이나 변화성이 정치행정체제나 경제체제에 의하여 크게 영향을 받는 것은 자명하다. 그러나 정치행정체제나 경제체제뿐만 아니라 모든 요인이 복합적으로 작용하여 사회의 안정이나 변화를 직간접적으로 유도해 나가기도 한다. 사회적 안정과 변화가 교육정책의 환경으로서 중요한 의미를 갖는 것은 그것이 교육정책의 형성, 집행, 평가 등의 제반 과정 요소를 촉진하거나 지연할 수 있고, 심지어는 여러 가지로 변질시킬 수도 있기 때문이다. 때때로 교육정책이 졸속으로 이루어진다는 비판을 받게 되는 이면에는 사회격동기에 있어서 충분한 검토 없이 시류에 따라 교육정책이 결정되고 집행되기 때문이다.

넷째, 사회문화 분위기가 귀속주의인가 혹은 업적주의인가다. 귀속주의는 개인이 혈연, 지연, 학연 등 자신의 귀속적(ascriptive) 요인에 의해서 평가받는 것을 의미한다. 반면에 업적주의란 개인이 스스로의 노력으로 이룩한 성취(achievement)에 의하여 평가받는 것을 뜻한다. 후진사회나 근대사회에 있어서는 귀속주의가 당연시되었으나, 합리성과 평등성을 앞세우는 선진사회나 현대

사회에 있어서는 업적주의가 우선시된다. 귀속주의는 일부 특권층에는 유익한 것이 될지 모르나 일반 대중에게는 사회정의나 평등 의식에 어긋나는 경우가 허다하게 적용되기 때문에 현대적인 사회윤리 의식에는 맞지 않는다. 평생교육정책 과정에 있어서도 마찬가지다. 귀속주의가 현실적으로 작용하는 한에 있어서 평생교육정책의 과정 가운데에서 공정성이 손상을 입거나 제한을 받기 마련이다.

지금까지 교육정책 환경의 주요 요소인 정치행정체제, 경제체제, 사회문화적 환경 등에 대하여 기술하였다. 이러한 환경 요인은 그 환류과정에서 안정된 사회일수록 천천히 변화하고, 교육정책 과정에서 산출물과 이에 따른 결과가 크지 않은 것이 특징이다. 반면 불안정한 격동기 사회일수록 환류과정은 빨리 일어나며 산출물과 결과는 심각하게 발생한다.

평생교육정책 환경에 대한 연구 역시 정책 환경, 특히 사회경제적 요인과 정치적 요인이 정책 산출에 미치는 영향의 상대적인 크기와 경로에 초점을 맞추고 있다. 정치적 환경을 살펴볼 때 정부의 형태가 중앙집권적인지 또는 지방분권적인지, 폐쇄적인지 개방적인지, 정치적 안정기인지 격동기인지, 통제적인지 민주적인지를 고려해야 한다. 경제 환경 역시 정부주도형인가 혹은 민간주도형인가, 선진국인가 혹은 개발도상국인가, 계획경제체제인가 혹은 자유기업체제인가, 마지막으로 경제적으로 안정기인가 혹은 격동기인가를 고려해 행정체제의 효율성을 높여야 한다. 사회 환경 역시 평생교육정책의 개발과 집행 시 반드시 고려되어야 하는데, 사회 분위기가 통합적인지 또는 분화적인지, 획일적인지 혹은 다원적인지, 연고주의인지 혹은 업적 지향적인지, 온정주의인지 혹은 합리주의 지향적인지, 안정기인지 격동기인지에 대한 정확한 통찰과 이해가 필요하다(노화준, 2007).

이상과 같은 정치행정체제, 경제체제, 사회문화적 분위기와 기풍은 평생교육정책 과정에서도 다양하게 영향을 미치게 된다. 평생교육정책은 이러한 환경을 고려하여 수립되고 집행되어야 한다. 특히 오늘날처럼 외부 환경이 급변하는 상황에서는 평생교육정책의 수립과 집행이 빠르게 진행되어야 하며, 기대했던 효과가 미진할 경우에는 정책의 포기도 빨라야 한다. 그러나 집행했던 정책을 갑자기 종결한다는 것이 쉽지 않다. 따라서 정책에 관계된 이해관계자의 조정과 협력으로 환경변화에 적극적으로 대응해 나가야 한다.

4. 교육정책 환경의 변화

1) 교육정책 환경과 사회변화

정치행정제제, 경제체제, 사회문화적 분위기 및 기풍 등의 교육정책 환경은 지속적으로 변화하고 있다. 환경의 변화는 여러 가지 요인의 복합작용에 의한 것으로 설명되며, 그것은 넓은 의미의 사회변화이기도 하다. 사회변화와 관련하여 특히 두 가지 중요한 사실에 주목할 필요가 있다(김종철, 1989). 그 하나는 변화의 속도에 완급이 있다는 것이다. 속도가 느린 것은 사회진화(social evolution)이고, 속도가 빠른 것은 사회혁명(social revolution)의 성격을 띤다.

다른 한 가지는 사회변화가 사회의 특정 분야에 따라서 그 속도가 다르다는 사실이다. 사회변화의 속도가 부문에 따라서 다르다는 사실은 지역 간 및 계층 간 격차, 문화실조 현상 등에서 볼 수 있듯이, 지역 간이나 계층 간에 변화의 차이가 생기는 점에서도 찾아볼 수 있다. 또한 정치는 후진화되어 있지만 경제는 선진화되고 있다든지, 경제는 선진화되었는데 문화적인 측면에서는 경제 발전에 상응되는 발전이 이루어지지 않을 수도 있다. 이처럼 사회변화의 여러 부문에서 변화의 속도와 양상에 차이가 있을 수 있다. 이와 같은 사실은 교육정책 환경이 끊임없이 변화하고 있을 뿐만 아니라, 그 변화가 특정 부문 간, 지역 간, 계층 간에서 서로 다른 속도로 일어나고 있어서 교육정책 과정을 다양하게 전개한다는 점을 인식시켜 준다.

2) 환경변화에의 대응

사회변화는 자연적인 추세뿐만 아니라 인위적인 노력에 의해서도 일어나고 있으므로 이러한 환경변화에 대한 대응도 자연스럽게 상황적인 의미를 띠게 된다. 즉, 인간은 개인적 차원이나 집단적 차원에서 계획적인 변화를 설계함으로써 주변의 환경을 바꾸고 결과적으로 사회변화를 능동적으로 촉진할 수 있다는 것이다. 변화의 속도를 인위적으로 조절하거나 지역 간, 계층 간, 부문 간에서의 변화를 조절함으로써 보다 더 큰 조화와 균형을 가져올 수도 있다. 인간은 변화에 적응하면서도 변화를 가져올 수도 있기 때문이다. 교육정책 환경이 변화하고 있다는 사실은 교육정책의 형성, 집행, 평가에 이르는 제반 과정에 참여하는 관계자에게 중대한 의미를 갖는다. 변화에 적응하면서 교육의 발전을 위한 변화를 창조해야 한다. 동시에 교육정책을 통하여 질을 향상하고 사회 전체의 발전에 기여를 해야 한다. 예컨대, 교육정책을 통하여 교육의 내실화와 수월성 제고, 교육환경의 개선과 인간화의 목표를 실현하고, 나아가 사회 전체의 평등성과 공정성을 진작하는 것이 필요하다.

5. 평생교육정책 환경과 정책 사례

정책과 환경 사이의 관계를 설득력 있게 설명하는 이론 중 하나가 체제분석이론이다. 앞서 기술하였듯이, 체제분석이론은 환경, 요구, 지지, 투입, 과정, 산출, 성과 등의 하위 체제가 전체적으로 유기적인 체제를 이루는 환류 작용에 대한 분석을 통해 정책을 포함한 제반 사회 현상을 설명하고자 시도하는 이론이다. 이러한 체제분석이론은 변화보다 안정을 강조하기 때문에, 본질적으로 보수적 모델이라고 볼 수 있다. 그러나 체제분석이론 접근방법은 정책을 연구하는 사람들이 정책과정에서 여러 행위자와 기관 간의 상호 관계를 볼 수 있게 하는 유용성이 있다. 체제분석이론에서는 정책과정을 신중하고 단계적인 순환적 행정 주기로 본다(Hogwood & Gunn, 1984). 그러므로 정책 결정은 학습체제로서 정책의 중요성을 확인하는 동태적인 계속적 과정으로 간주된다.

우리나라의 평생교육정책도 교육정책 환경과 관련하여 수없이 많은 변화의 과정을 겪어 왔다. 우리나라의 평생교육 발달사를 중심으로 평생교육정책에 영향을 미치는 정치, 경제, 사회 환경의 상호 역동적인 작용을 살펴보면 다음과 같다. 평생교육정책의 변천과정에서 제1단계를 1945년부터 1950년대까지인 성인기초교육의 형성기, 제2단계를 1960년대부터 1970년대까지인 정부 주도의 평생교육 형성기, 제3단계를 1980년대부터 1990년대까지의 평생교육체제의 확립 조성기, 제4단계를 2000년 이후부터 현재까지로 평생교육체제 확립기로 구분할 수 있다(교육인적자원부, 한국교육개발원, 2007; 최은수, 2008).

제1단계는 1945년 광복과 미군정, 대한민국 정부 수립 등 정치 및 경제적으로 급변하는 격동기 단계다. 이 시기에는 모든 면에서 매우 낙후된 상태였으며 사회적으로도 좌우 이념 대립이 극심했던 혼란기였다. 이러한 정치적, 경제적, 사회적 상황은 1949년 말에 공포된 교육법에 반영됐으며, 이 법에 근거하여 평생교육정책은 교원의 양성과 재교육, 성인교육을 통한 문맹 퇴치와 한글 보급, 공민학교와 고등공민학교의 제도화 등 여러 가지 제도로 정착되었다.

제2단계는 경제개발계획이 활발히 진행된 시기로서 산업화 · 근대화를 추진하기 위해 양질의 인력 충원이 절대적으로 필요한 상황이었다. 이에 평생교육정책은 인력양성과 인력의 질적 고양을 목적으로 향토학교와 새마을교육운동을 기반으로 한 지역사회학교 프로그램의 시행, 도서관의 법제화와 정비, 교육 기회를 갖지 못한 산업체 근로자를 위한 방송통신대와 산업체 부설 중 · 고등학교와 야간 특별학급의 설치 등을 확대하였다.

제3단계는 문민정부 시대로서 대통령의 교육개혁에 대한 의지가 상당히 높았던 시기로 경제적으로는 세계화의 흐름 속에 세계경쟁체제가 구축되기 시작하는 단계이면서 산업구조의 고도화에 따라 고급 인력의 수요가 증대되었다. 이러한 정치 · 경제 · 사회적 상황에서 평생교육은 열린교육사회, 평생학습사회의 이념하에 방송통신대학의 발전과 개방대학의 신설, 독학에 의한 학위 취득제 시행, 대학에서의 사회교육 확장, 도서관 · 박물관 · 문화원 등 기타 사회교육시설 확충정책으로 나타났다.

제4단계는 고령화와 경제성장의 가속화 과정에서 발생된 사회 양극화 현상이 심화되며 지방 분권화 등으로 중앙정부의 많은 권한이 지방자치단체로 이행되었다. 기술의 발달 속도는 더욱 빨라졌으며 경기 악화로 인한 실직으로 유휴 노동력이 증가하였다. 국민의 삶의 질 향상을 위한 평생교육적 욕구와 수요는 점차 다양화되고 고도화되어 정치적 변인의 작용이 크게 부각되었다. 이러한 정치, 경제, 사회 문제의 해결을 위하여 1982년에 제정되었으나 제 기능을 제대로 하지 못하던 사회교육법을 1999년 평생교육법으로 전면 개정하게 되었다. 아울러 국가적 차원에서 2002년 1월 평생학습진흥 종합계획을 수립하고, 평생학습도시정책의 일환으로 각 지방자치단체에 평생교육센터와 평생학습관을 운영하며, 그동안 산발적으로 운영되던 평생교육 관련 제도를 총괄적으로 운영할 평생교육진흥원을 2008년에 설립하기에 이른다.

우리나라가 21세기에 접어들면서 새롭게 선보인 이른바 '직장 내 평생학습 활성화 지원사업' 정책도 교육정책과 교육정책 환경의 밀접한 관계를 엿볼 수 있는 대표적 사례 중의 하나다. 직장 내 평생학습 활성화 지원사업은 경제가 물적 자원 경쟁에서 기술 경쟁에 바탕을 둔 인적 자원 경쟁시대와 신뢰를 기반으로 하는 사회자본 경쟁의 시대로 변화하는, 즉 경제체제 및 사회문화적 환경에 영향을 받은 것을 반영한 것이다. 이러한 환경적 여건에 맞게끔 기업 차원에서는 근로자의 직무성과를 높여서 고부가가치를 창출하면서 조직헌신을 이끌어내야만 하고, 근로자의 차원에서는 자기 계발 및 재충전을 통해 삶의 가치를 높이고 생산성을 강화해야만 한다. 국가적인 차원에서는 직장 내 평생학습 활성화

지원사업을 통하여 평생학습 확산을 촉진하고, 국가 차원에서 선도할 수 있는 관련 정책과제를 개발하고 시행해야 한다.

이와 같은 취지하에 2004년 3월 유한킴벌리 혁신경영 모델의 사회적 확산을 위한 뉴패러다임 포럼이 창립되었고, 2004년 5월 정부 주도하에 뉴패러다임을 실천할 수 있는 일종의 정책제안 조직으로서 사람입국 신경쟁력 특별위원회가 발족되었다. 뉴패러다임의 핵심 사업은 직장을 평생학습을 통한 자기계발의 교육기관으로 전환함으로써 근로자가 자신의 삶을 즐기면서 동시에 역량이 출중한 인재가 되어 기업의 경쟁력에 기여할 수 있도록 직장의 인적 자원을 개발하는 것을 목적으로 하였다.

2005년 2월에는 대통령에게 보고하는 사람입국 신경쟁력 특별위원회의 신경쟁력과 일자리 창출을 위한 사람입국 전략 및 평생학습 정책과제의 주요 추진과제로서 기업 내 학습조직 도입을 통한 조직학습 활성화, 기업 및 산업 간 학습클럽 활성화, 직장 내 평생학습 추진체 구축, 국가산업 학습 인프라 구축 지원을 위한 재정 확보, 기업의 인적자원개발 투자에 대한 세제 지원 확대, 사회적 취약계층 대상 개인학습 계좌제 도입 등 여러 가지 제도가 도입 · 운영되었다. 사람입국특위는 2005년 10월 대통령 자문 사람입국 일자리 위원회로 승격되어 사람입국 일자리와 관련된 중장기적 정책 수립 및 개발과 여성, 장애인, 고령자의 고용 여건 개선, 평생직업 능력개발을 위한 체제 개선 및 인프라 확충, 노동시장 구조 분석 및 근로자 격차 해소 등의 기능을 맡았다.

이와 같이 경제체제 및 사회환경에 부응해 도입된 직장 내 평생학습 지원 사업은 뉴패러다임 포럼과 사람입국특위라는 기업과 국가적 차원의 평생교육 및 인력개발정책으로 발전하게 되면서 평생교육정책을 통한 여러 가지 가시적 혹은 비가시적 성과가 도출되었다. 예컨대, 직원의 평생교육을 지원하며 지속적 성장을 추구하는 기업 분위기가 확산되었고, 여성인력의 활용에 대한 적극적이고도 체계적인 연구와 지원이 가속화되었으며, 직업훈련과 고용안정 및 평생직업교육 상담이 더욱 효과적으로 이루어지게 되었다.

이상에서 보았듯이 대내외적인 정치, 경제, 사회문화체제 등의 교육정책 환경은 상호 역동적으로 작용하여 평생교육정책체제에 직간접적으로 영향을 미치는 것을 알 수 있다. 그러나 교육정책 환경은 늘 변화하는 속성을 가진다. 따라서 교육정책 결정자나 집행자 또는 평가자는 교육정책 환경의 변화에 대응해야만 한다. 때로는 적극적으로 수용하고 혁신하려는 태도를 보이거나, 현 정책을 포기하고 과거로의 회귀를 선택하거나, 소극적인 자세로 고수 또는 절충하여 수용하는 등의 대응방식을 선택해야 한다. 무엇보다 수요자의 욕구에 대하여 효용성을 높이고, 이슈화된 사회문제를 적극적으로 해결할 수 있는 평생교육정책이 수립될 수 있도록 평생교육 관련자는 교육정책 환경에 대하여 관심을 두고 과학적인 분석과 적절한 대응 능력을 갖추도록 노력해야 할 것이다.

제5장

평생교육정책의 형성

정책문제는 집단 혹은 다수의 사람이 외적인 조건이나 상황에 대해 갖는 불만족 또는 요구로 공적인 행위를 통해 실현되어야 하는 가치나 필요성, 혹은 기회로 정의된다(노화준, 2007). Hogwood와 Gunn(1984)은 해결해야 할 문제라는 측면에서의 정책문제와 활용할 수 있는 기회라는 측면에서의 정책문제를 모두 포함하는 개념으로서 정책 이슈라는 용어를 사용하고 있다.

정책문제에 대한 정의는 당면 이슈에 대한 개인이나 집단의 영향력 및 관심과 이해관계에 의해 크게 영향을 받는다는 점에서 고도의 정치적인 과정으로 볼 수 있다(Hogwood & Gunn, 1984). 정책 이슈가 무엇이 될지를 결정하는 힘은 정책 형성과정의 핵심으로서 다양한 이해집단, 정책기획 부서, 입법부, 정부 관료, 매스미디어, 싱크탱크 등이 이슈를 창조하고, 각색하고, 관심을 집중시키고, 정부에 압력을 가하는 정책의제 수립의 전략을 취하게 된다(Dye, 2008).

정책 형성은 정책문제를 해결하기 위한 정책 대안을 개발하고 결정하는 과정이다. 따라서 정책 형성에 관한 연구는 정책의 내용이나 원인 및 결과보다는 어떻게 정책이 만들어지는가에 대해 더 많은 초점을 맞추는데, 정책 형성에 대한 연구는 정치체제 안에서 벌어지는 일련의 행위 또는 과정에 주목한다(Dye, 2008). Simon(2007)에 따르면, 정책 형성은 규범적이고 실증적인 방법을 통해 정책 목표를 규명하고, 목표 달성을 위한 대안을 탐색하고, 공공 정책의 기획에 기초가 될 수 있는 우선순위의 정책 대안을 선택하고 개발하는 세부 과정이다. 그리고 정책 형성은 정부가 당면한 가장 복잡하고도 도전적인 문제로 공공 정책을 통해 정부가 해야만 하는 것과 하지 말아야 할 것, 그리고 하는 것과 하지 않는 것에 초점을 맞추는 것이다(Simon, 2007).

평생교육정책 분야도 이러한 관점에서 예외가 아니다. 평생교육정책 형성은 평생교육을 추진해 나가기 위한 기본 방침으로서의 평생교육정책을 개발하고 결정하는 과정이며, 정책 개발과정과 결정과정은 논리적인 일련의 절차를 밟게 된다. 평생교육정책이 어떻게 형성되는가에 따라 평생교육정책의 성과가 달리 나타나듯이, 평생교육정책 형성에 대한 연구는 평생교육정책 이론을 발전시키고, 평생교육정책 집행을 개선한다. 또한 평생교육정책 형성에 대한 분석을 통하여 얻은 정보는 평생교육정책을 설계하고 수립하는 데 도움이 된다(Dye, 2008). 정책집행을 보는 패러다임이 종전의 검은 상자 패러다임(black box paradigm)에서 투명상자 패러다임(transparent box paradigm)으로 변화하면서, 평생교육정책 집행에 대한 해석도 평생교육정책 형성의 책임이 있는 개인이나 집단이 평생교육정책 설계를 실천해 가는 동태적인 과정과 활동으로 확대되고 있다(정일환, 2003).

이 장에서는 평생교육정책의 개발과정과 결정과정을 논리적 순서에 따라 기술하고자 한다.

1. 평생교육정책 개발의 논리

정책 개발에 대한 관심은 1970년대 이후부터 미국에서 크게 성행하였는데,

정책 개발이 활발히 연구되었던 이유는 정책 개발을 성공적으로 하기 위한 조건과 전략을 알아내고, 정책의 형성이 어떤 요인에 의해, 어떤 과정을 거쳐서 전개되는지를 파악하기 위한 것이었다. Elmore(1979-1980)는 정책이 개발되는 과정에서 실제 일어나고 있는 상태를 기술하고 설명하는 것을 기본 목표로 삼고 정책 개발의 분석방법으로 하향식 설계 접근법(forward mapping approach)과 상향식 설계 접근법(backward mapping approach)을 제시하면서 그 특성과 유용성을 비교 분석하였다. Elmore(1979-1980)가 제시한 이 두 가지 접근 방식은 평생교육정책 개발을 설명하는 데 있어 통찰력과 시사점을 제공해 준다.

1) 하향식 설계 접근법

하향식 설계 접근법은 '가장 높은 곳으로부터 가장 낮은 곳까지(from top to bottom)' 내려오는 접근 방식으로서, 논리적으로는 정책 수립자로부터 시작하여 일선의 정책 집행 단위로 내려오면서 영향력이 행사되는 것을 미리 고려한 정책 설계 방식이다. 하향식 설계 접근법에서는 우선 정책 결정자로부터 시작되어 정책 결정자의 정책에 대한 의지와 목표를 명확히 기술하고, 다음으로 정책 결정자가 정책 형성과정과 결정과정에 영향을 미치게 된다.

하향식 설계 접근법에서는 정책이 집행된 후에 각 집행 단계별로 나타나는 성과를 예견한다. 평생교육 분야에서는 정책 설계의 가장 높은 곳은 교육과학기술부이며, 가장 낮은 곳은 학교, 문화센터, 평생교육기관 등 평생교육 서비스가 제공되는 일선 교육 현장이다. 예컨대, 평생학습도시 구축을 위한 정책을 설계함에 있어서 교육과학기술부의 의도와 목적, 지방정부 수준의 지원책, 정책 집행으로 인한 기대 효과가 반영된 정책이 제시된다.

이러한 하향식 설계 접근법은 정책 형성을 정책목표의 달성을 위한 수단적 행위로 파악하며, 고전적 행정이론에서와 같이 계층적 조직구조와 기술적인 효율성의 개념을 중시하는 방식이다. 하향식 설계 접근법은 상의하달의 명령구조에 따라 진행되므로 정책 결정자가 형성과정에 절대적 영향력을 가지며, 정책 형성에 영향을 미치는 조직적, 정치적, 기술적 과정을 통제해야 한다는 가정에 기초한다(Elmore, 1979-1980). 그러나 하향식 설계 접근법은 명령 체계, 명확한 목적, 충분한 자원 및 커뮤니케이션 등의 필요 조건이 잘 갖추어진 상황에서도 정책 결정자가 의도한 대로 정책이 집행되지 않는 경우가 많다(정일환, 2003).

앞서 기술하였듯이, 하향식 설계 접근법은 일종의 처방적 방식이다. 이 방식에서는 효과적 정책 형성을 위해 맨 위 단계에서는 정책 수립자의 명확한 정책 목표나 의도를 제시하고, 집행 단계의 하부로 내려가면서 단계별로 해야 할 일을 세분화하고 상세하게 기술하며, 맨 아래 단계에서는 정책이 의도하는 만족스러운 성과가 무엇이며, 결정된 것이 성공적으로 수행되거나 그렇지 못한 정도를 어떻게 측정할 것인가를 상세히 명시하여야 한다. 따라서 하향식 설계 접근법의 주요 요소에는 정책 목적의 명료화, 각 집행 단계별 권한과 책임의 상세한 기술, 성공 여부의 평가를 위한 평가지표의 제시 등이 포함되어야 한다(Elmore, 1979-1980).

하향식 설계 접근법 관점에서 볼 때 평생교육정책이란 최상위 부서의 정책 결정자에 의해 만들어져서 정책 집행 담당자에게 내려지는 지침이며, 일종의 '초기 조건과 예측하는 내용을 포함하는 하나의 가정'으로 정의 내릴 수 있다. 초기의 조건, 즉 평생교육법안의 통과 및 예산의 확보가 충족되었을 때 구체적인 평생교육사업이 확정되며, 그 후 예측된 결과가 발생하는 것을 정책 집행으로 간주할 수 있다. 결국 평생교육정책의 형성이란 평생교육정책에 대한 목표 설정과 그 목표를 달성하기 위해 조성된 활동과의 상호작용 과정인 것이다.

평생교육정책 형성에 대한 하향식 설계 접근법의 구체적인 사례 중 하나로 '원격대학 설치 정책'을 들 수 있다. 원격대학 설치는 1996년 9월에 대통령 자문 교육개혁위원회에서 교육개혁 방안의 한 가지로 제시되었다. 원격대학 설치는 첨단 정보통신 기술을 활용한 교육 기회 확대 및 기회 균등화를 목적으로 하고 있다. 최고 지도자가 명령하고 지시하는 형태로 장기간의 의견 수렴과정을 거쳐 입법예고, 국회상정, 시행령 제정 등 정책과정을 거쳐 구체화되었다. 이 사례는 하향식 설계 접근법의 장점인 명확한 정책 방향 설정, 분명한 행정기관의 책임 부여, 상세한 성과 기술로 정책 일관성을 가지면서 효과적인 결과를 얻은 것으로 평가되었다(교육인적자원부, 한국교육개발원, 2004).

2) 상향식 설계 접근법

상향식 설계 접근법은 '가장 밑에서 위로(bottom-up)' 향하는 방식으로 정책 형성에 참여하는 참여자 사이의 갈등 협상 및 합의 형성을 포함하는 상호작용의 과정이다. 이 접근법은 정책의 필요성을 제기하는 최하위 단계의 관점, 즉 정책이 집행되는 가장 밑바닥 국면에서 분석하고 조직화한다는 접근법이다. 이것은 정책 결정자가 정책 형성과 정책 결정의 성과에 대하여 강력한 영향을 미치는 요인이라고 생각하는 관점에서 하향식 설계 접근법과 동일하지만, 정책 결정자가 형성과정에 대하여 결정적 영향력을 행사해야 한다는 가정에 대해서는 의문을 제기한다(김소영, 2006).

상향식 설계 접근법은 정책 집행에 참여하는 일선 공무원과 민간인, 교육 담당자, 정책 서비스 제공 단위(service delivery unit: SUD)가 안고 있는 문제의식에서 시작하여 개인과 조직의 목적과 전략에 대해 상호 검토한 후에, 정책을 설계하고 정책 형성에 관여하는 각 단계 단위의 효과적인 조치를 상향적으로 추적한다(Elmore, 1979-1980). 예를 들면, 중장년 및 중도 퇴직자의 평생직업능력개발 정책의 집행 시에 현장에서의 낮은 참여율과 교육 기회 불균등 현상의 문제를 지적한 후, 일선 기관에서부터 맨 위 단계에 이르기까지 효과적인 교육 기회의 공정성 및 평등성 확보 방안을 수립해 가는 것이다.

상향식 설계 접근법은 분권화 및 민주성과 정책 집행자의 전문 경험을 강조하는 개념으로서 정책의 실제 내용이 정책 형성과정을 거치면서 결정되며, 정책의 형성 활동이란 기관 내 개인의 활동을 출발점으로 하면서 문제 상황에 대응하여 일어나는 것이라고 본다. 이 방식은 정책 결정자의 의도보다는 일선 기관이나 일선 관료의 행태에 중점을 둔다(노화준, 2007).

상향식 설계 접근법에 의한 분석적 해결은 통제력의 분산을 강조하고, 정책 결정자가 간접적으로 영향을 미칠 수 있는 요인에 집중한다. 즉, 정책 형성에 대한 연구를 정책 결정이 아니라 정책문제에 초점을 맞추도록 함으로써 정책문제와 관련된 모든 행위자를 연구할 수 있게 해 준다는 장점이 있다. 또한 일선 정책 집행자를 비롯한 정책대상 집단이 감지하고 있는 문제의 성격과 해결 전략을 파악할 수 있게 해 줄 뿐만 아니라, 정책이나 사업 중에서 어느 것이 더 효과가 있는지도 파악할 수 있게 해 준다. 이러한 상향식 설계 접근법은 요구분석 및 설문지 분석 등 다양한 절차가 필요하지만 문제를 해결하는 데는 하향식 설계 접근법보다 상대적으로 더 효과적이다(노화준, 2007).

지금까지 기술한 하향식 설계 접근법과 상향식 설계 접근법을 비교 정리하면 〈표 5-1〉과 같다.

표 5-1 하향식 설계 접근법과 상향식 설계 접근법의 비교

구분	하향식 설계 접근법	상향식 설계 접근법
설계 접근법의 논리적 과정	• 정책 설계는 가장 높은 단계에서 시작한다. • 정책 결정자의 의도와 목표를 명확히 기술한다. • 각 하부 조직 단계로 내려가면서 정책 집행에 필요한 특정 조치를 기술한다. • 마지막으로 가장 아래 단계에서의 기대되는 효과를 제시한다.	• 정책 설계는 가장 낮은 단계에서 시작한다. • 정책 서비스 제공 단위에서의 문제점을 제시한다. • 가장 아래 단계에서부터 시작하여 위 단계로 상향 이동하면서 정책의 효과적인 조처와 재원에 관하여 기술한다. • 정책 결정 조직 단계까지 계속적으로 상향 이동한다. • 가장 높은 단계에서 SDU의 바람직한 문제 해결책을 유도하면서 전반적인 정책을 제시한다.

논리적 근거	• 정책 결정자로부터 시작: 정책 결정자가 정책 설계과정과 집행에 영향을 미친다. • 정책 집행과정에서 조직 단위는 실제적으로 위계관계를 가진다. 따라서 정책의 출발점에 가까이 있을수록 권위와 영향력이 크다. 문제 해결 능력은 명확한 권위와 통제 라인의 형성에 달려 있다. • 중앙통제의 집중화 경향과 정책 결정자의 용이한 조치(예산 배정, 공식적 구조 조직, 규정, 행정적 통제) 등을 통한 문제 해결이 강조된다. • 정책 성공 요인은 집행의 충실성 또는 정책성과에 있다.	• 문제의 근원에 가까울수록 문제 해결에 영향력이 크다. • 복잡한 행정기관 구조 속에서의 문제 해결 능력은 관료적 통제에 달린 것이 아니라 문제와 가장 가까이 있는 민간과 접촉하는 일선 행정직의 극대화된 재량권에 있다. • 권한위임, 통제의 분산, 하부 기관에 대한 재량권 보장 등이 성공적인 집행 요인이다.
약점	• 정책 결정자가 정책 집행에 영향을 미치는 조직의 정치적 및 기술적 과정을 통제할 수 있다는 맹목적인 가정을 제시한다. • 정책 결정자는 정책 집행에 대하여 모종의 직접적이고도 결정적인 통제를 행사한다. • 정책 설계과정에서의 정책 집행자의 참여가 제한된다. • 현실은 정책 결정자의 의향이나 목적과 다른 상황이 벌어지는 것이 다반사다. • 중앙집권적으로 정책이 집행되므로 문제의식이나 문제 해결력, 정책 수용성이 저하된다.	• 정책 집행과정이 행정 부서 간에 통일을 기하기 어렵고, 성공적인 정책 집행에 많은 시간이 소요된다. • 정책 목표가 불명확해 수정이 잦다. • 정책과정상에 비효율성이 초래될 가능성이 높다.
장점	• 명확한 정책 방향 설정, 명확한 행정기관에의 책임 부여, 상세한 성과 기술로 정책 효과성을 높이는 데 기여한다. • 목표가 명확하여 수정이 적다.	• 다차원적인 정책 집행자의 참여가 가능하다. • 문제 해결 능력이 강하다.
공통점	• 정책 결정자가 정책 집행과정이나 정책 결정의 결과에 지대한 관심을 가진다.	

출처: Elmore(1979-1980), pp. 601-616.

〈표 5-1〉에서 보듯이, 하향식 설계 접근법은 '정책의 원천(source of policy)'에 가장 가까이 있는 정책 결정자의 능력과 영향력 그리고 이를 토대로 한 위계적 조직관계를 중요시하는 반면, 상향식 설계 접근법은 '문제의 원천(source of problem)' 에 가까이 있는 일선 관료의 지식과 능력을 강조하며 통제보다는 재량의 확대를 선호한다(정일환, 2003). 이처럼 상반된 성격을 지닌 양자는 같은 문제에 대한 해결책의 제시에서도 서로 다른 입장을 취할 수밖에 없다. 결국 성공적인 정책 집행을 위해 권한 집중과 권한 분산의 구조 중 어느 것을 택할 것인가에 그 초점이 있다고 하겠다. 어떤 방식을 선택하든 동전의 양면처럼 장단점을 가지게 된다. 그러므로 정책 개발자는 정책의 목표와 정책 집행 현장에서의 정책 효과를 신중히 분석하고 검토한 후에 두 가지 접근방식을 효율적으로 통합하고 적용해야 할 것이다. 이러한 점에서, Elmore(1979-1980)는 정책 결정자가 정책을 설계할 때에 하향식 설계 접근법에 따라 정책목표를 명확히 설정하되, 상향식 설계 접근법에서 제시하는 방법을 수용하여 가장 효과성이 높고 집행 가능성이 높은 정책수단을 선택하는 방안을 이상적인 것으로 제시했다.

평생교육정책 형성에 대한 상향식 설계 접근법의 예로 '사회통합을 위한 소외계층 평생학습 기회 확대정책'을 들 수 있다. 사실상 지금까지의 한국 평생교육정책의 대부분이 중앙정부로부터 각 지자체로 하달되는 하향식 설계 접근법을 취했기 때문에 상향식 설계 접근법을 적용할 수 있는 평생교육정책을 찾기는 쉽지 않다(최은수, 2008). 다만 평생교육시설이나 평생교육과 관련된 업무에 종사하는 일선 관료가 장에서 발생하는 문제에 접할 때에 그것을 해결하기 위해 정책 형성과정이나 집행과정에 영향력을 행사함으로써 중앙정부에서 현장의 요구를 반영하는 정책을 수립할 수 있는 개연성을 가정해 볼 수 있다. 예를 들어, 평생교육 참여율이 낮은 지역주민이나 소외계층에게 어떻게 하면 평등한 기회를 부여해 줄 수 있을까 하는 문제의식에서 출발하여 그러한 요구를 반영할 수 있도록 의견을 개진하고 이들에게 유리한 방향으로 정책을 형성하고 집행할 수 있도록 압력을 행사할 수 있다.

실제로 소외계층 지원사업은 특정 집단에게만 열려 있는 배움의 기회를 누구에게나 균등하게 제공해 평생학습사회를 구현하는 것을 목적으로 하고 있다. 소외계층으로는 저소득자, 저학력자, 장애인, 노인, 다문화 가정, 조손 및 한부모 가정, 외국인 근로자, 노숙인, 새터민 등이 있다. 이들은 교육 참여 기회에 제한적일 수밖에 없기 때문에 지역의 민간기관과 지방자치 단체 등은 이러한 문제를 인식하고, 이들을 위한 사업을 산발적으로 시행하고 있다. 이들에 관한 문제가 사회적 의제로 형성되면서 중앙정부의 관심을 촉구하게 되었으며, 중앙정부는 2001년부터 구체적인 소외계층을 위한 프로그램을 지원하는 사업을 집행하게 되었다.

소외계층 지원사업은 최하위 행정단위에서 시작하여 상향식으로 정책이 형성된 것이며, 성공적인 집행 요인을 권한 위임과 재정지원 등 수혜 대상자와 접촉하는 정책 집행의 하부 구조에 두고 있다. 소외계층 지원사업은 정책 부처 간의 불균형과 비효율적인 집행 상황을 문제로 확인할 수 있으나, 그럼에도 문제의 해결을 중앙정부의 관점이 아닌 지역 당사자의 관점에서 찾고 있기 때문에 지역적 특수성을 잘 반영함으로써 원래 의도했던 정책 효과의 향상과 더불어 수혜자의 요구와 문제 해결 능력이 강하다는 장점을 갖고 있다.

2. 평생교육정책 개발과정

Hogwood와 Gunn(1984)이 제시한 정책과정에 대한 분석 틀을 살펴보면, 정책이 어떻게 만들어지는지를 제시하는 기술적(descriptive) 측면과 정책이 어떻게 만들어져야 하는지를 제시하는 처방적(prescriptive) 측면이 혼합된 형태로 정책 이슈가 거치는 여러 단계의 견지에서 정책과정을 유용하게 분석하고 있다. 평생교육정책 개발과정도 이러한 견해에서 예외는 아니다. Hogwood와 Gunn(1984)이 제시한 정책 개발과정은 이슈 탐색, 이슈 여과, 이슈 정의, 예견,

목표와 우선순위 선택, 대안 분석 등의 제반 단계로 이루어진다. 이 단계들은 평생교육정책 개발과정의 단계별로 이루어질 수 있는 다양한 형태의 분석을 이해하는 데 도움이 되며, 각 단계를 실행에 옮기기 전에 각 단계에 대한 시사점을 미리 분석할 수 있다는 점에서 중요하다.

1) 이슈 탐색

이슈 탐색(issue search) 또는 문제 탐색(problem search)은 평생교육의 정책적 차원에서 행동을 취해야 할 필요가 있는 평생교육 차원의 문제나 기회를 규명하고 예측하는 과정을 거치면서 평생교육 이슈가 평생교육정책 의제가 되는 단계를 의미한다. 평생교육정책 개발과정에서는 잠재적인 평생교육정책 문제나 기회 및 위기가 언제, 어떻게 적절하게 분석되고 규명되는가에 대한 문제의식이 특히 중요하다. 즉, 잠재적인 평생교육정책 문제를 초기에 또는 적당한 시기에 규명하지 못할 경우, 시간적인 제약 때문에 다수의 평생교육정책 대안을 포기할 수도 있거나 혹은 그렇지 않을 경우라도 적지 않은 비용을 치를 수도 있기 때문이다(Hogwood & Gunn, 1984).

실제로 평생교육 이슈가 평생교육정책 의제로 상정되는 경우는 다음의 상황에 해당될 경우일 것이다.

① 저출산 및 고령화의 가속화나 환경문제 등과 같이 특정한 이슈가 심각한 위기로 발전해서 미래 사회를 위협할 잠재성이 있는 경우
② 비정규직의 고용 안정화 문제와 같이 일반적인 경우보다 특별하게 부각되는 이슈의 경우
③ 인권이나 건강 등과 같이 인간의 관심사나 감정에 호소하는 것에 초점이 맞추어져 대중매체의 주목을 받는 이슈의 경우
④ 중고령자 퇴직교육이나 경력단절 여성을 위한 직업교육 등과 같이 이슈의

영향력이 광범위하고 그 이슈가 중요하게 될 경우

⑤ 소외계층에 대한 평생교육 기회 확대와 같이 이슈가 사회 권력의 정당성 및 정의성에 대한 문제를 부각할 경우

물론 이러한 상황에 처해 있는 이슈가 모두 평생교육정책의 의제가 되는 것은 아니고, 정책 수립과 집행에 관련된 이익단체, 압력단체, 정당의 리더, 대중매체 등과 같은 의제 수립자(agenda setters)의 행위나 영향력 행사과정을 거쳐 정책의제가 된다(Hogwood & Gunn, 1984). 평생교육 이슈 탐색과정에서는 특별히 평생교육정책 이슈가 되는 평생교육 트렌드의 가속화나 트렌드의 변화, 평생교육 수요층의 변화를 예견하고, 주요 변화에 대해 주목해야 한다. 또한 새롭게 부각되는 평생교육 문제를 가능한 한 초기에 판단해서 이러한 이슈를 처리할 별도의 장치를 설계하는 것이 적절하며, 이런 새로운 이슈를 처리할 새로운 해결책에는 인식의 변화가 요구된다는 점이다. 평생교육 이슈 탐색을 위한 적절한 방법에는 사회 지표(social indicators)를 개발하는 것을 포함해서 다양한 형태의 요구 분석과 수요 예측 및 기술적 예측방법 등이 있다(Hogwood & Gunn, 1984).

앞에서 Hogwood와 Gunn(1984)이 제시한 정책 개발과정의 첫 번째 단계인 이슈 탐색 단계를 교육 소외계층을 위한 평생교육정책에 적용하여 정책집행 가능성과 제한성을 살펴보면 다음과 같다. 이슈 탐색 단계는 교육 소외계층에 대한 평생교육정책 논의가 나오게 된 배경과 원인에 해당된다고 할 수 있다. 정부에서는 사회 양극화 현상의 심화에 따라 빈곤계층이 확대되고, 저소득층의 능력개발을 위한 불충분한 교육 기회 제공의 문제가 제기되면서 개인의 학습 기반도 소득 수준에 따라 큰 차이를 보이고 있다는 문제에 직면하게 된다. 이로 인해 평생교육 기회 제공에서의 공정성과 평등성의 문제가 제기된다.

2) 이슈 여과

이슈 여과(issue filtration)는 평생교육 이슈 탐색 단계에서 수집된 많은 평생교육 이슈를 내용별로 분류하고 나아가 중요성에 따라 선별하는 단계다. 이 단계에서는 평생교육 이슈가 정상적인 정치 및 행정적 절차를 거치게 될 것인지, 혹은 보다 더 근본적이고 객관적인 분석과정을 거치게 될 것인지의 여부가 결정된다. 평생교육 분야에서 정책의제로 상정될 수 있는 이슈의 예로서 평생교육 기회의 평등성과 공정성의 문제, 미약한 평생교육 재정, 낮은 평생교육의 질적 수준, OECD 국가 중 가장 낮은 성인교육 참여율 등을 들 수 있다.

평생교육정책은 이런 문제점에서 시작하여 주어진 시간과 재원, 문제의 긴급성, 이슈의 내용과 중요도에 따라 우선순위에 맞추게 될 이슈를 선택하게 되는데, 이러한 과정을 Hogwood와 Gunn은 이슈 여과라고 정의했다(Hogwood & Gunn, 1984). 이슈 여과는 어떠한 이슈가 선별되는지를 결정하는 메타 정책 결정(meta policy-making) 과정으로 이해될 수 있는데(Hogwood & Gunn, 1984), 이러한 이슈의 여과는 의회나 행정부의 관료에서부터 일선 공무원에 이르기까지 일상적으로 처리되는 과정이다.

특히 정책 결정자는 추상적 이슈가 아닌 실용적 이슈를 분석하는 방식에 초점을 맞추어야 하는데, 이러한 이슈를 분석하고 선별하는 기준은 다음과 같다(Hogwood & Gunn, 1984).

첫째, 평생교육 이슈를 둘러싸고 있는 상황(issue's context)에 대한 고려다. 이슈에 대해 분석할 수 있는 시간이 충분히 있는가? 이슈가 어느 정도 정치적인 중요성과 민감성을 함축하고 있는가? 이슈에 대한 분석방법에 대해 주요 정당이나 평생교육정책 결정자의 정해진 입장이 있는가? 이슈가 조직의 목적이나 가치 면에서 볼 때 중요성을 띠는가?

둘째, 평생교육 이슈의 본질적인 특징(issue's internal characteristics)에 대한 물음이다. 이슈와 이슈의 해결책에 대한 사회합의가 어느 정도까지 이루어져 있는가? 이슈에 대한 원인과 결과, 이슈의 특징이나 다양한 해결책에 대한 실행 가능성이 어느 정도 확실성을 띠고 있는가?

셋째, 평생교육 이슈의 영향력(issue's repercussions)에 대한 고려인데 다음과 같은 질문이다. 이슈에 대한 해결 결과가 사회적, 정치적, 군사적, 경제적, 기술적인 측면에 어느 정도의 영향력을 미치는가? 이슈가 여러 집단의 사람들에게 중요한 영향을 미치는가? 이 이슈가 다른 평생교육 이슈를 파생하거나 다른 평생교육 이슈에 영향을 미치는가?

넷째, 평생교육 이슈에 대한 실행과 분석을 위한 비용(costs of action and analysis)에 대한 고려다. 이슈를 실행하고 분석하는 데 금전적 측면뿐만 아니라 인력이나 물질, 토지 등과 같은 실제 자원을 포함한 비용이 어느 정도로 소요될 것인가에 주목하는 것이다.

이러한 분석 기준은 특정한 이슈가 어떻게 처리되는지에 대한 체크리스트로 특별한 경우에만 활용되지만, 우선순위 매트릭스(priority matrices)나 의사결정나무(decision tree) 기법 등과 같은 좀 더 체계적인 기준은 광범위한 이슈의 여과과정에 일관되게 적용되고 있다(Hogwood & Gunn, 1984).

앞서 Hogwood와 Gunn(1984)이 제시한 정책 개발과정의 두 번째 단계인 이슈 여과 단계를 교육소외계층을 위한 평생교육정책에 적용하여 실행 가능성과 제한성을 살펴보면 다음과 같다. 이슈 여과 단계는 첫 번째 단계에서 이슈가 된 평생교육에서의 공정성과 형평성의 문제가 소외계층 지원이라는 이슈로 구체화되는 단계로 볼 수 있다. 평생교육은 특정 집단에게만 열려 있던 배움의 기회를 누구나 참여할 수 있도록 제공하고, 인생의 어느 한 시기에 편중되어 있던 '배움'이 전 생애에 걸쳐서 계속적으로 이루어질 수 있도록 지향하는 것이다. 그러나 학력에 따른 평생학습 참여율 비례 현상은 평생교육이 사회적 계층화와 양극화를 조장할 수 있다는 우려를 낳고 있다. 따라서 평생교육의 공공성 제고를 위하여 소외계층을 위한 평생교육 강화의 필요성이 제기되는 것이다(교육인적자원부, 한국교육개발원, 2001).

3) 이슈 정의

이슈 정의(issue definition)는 선별된 평생교육 이슈를 주관적인 정치적 용어로 정의하거나 객관적인 분석의 요소를 동원해 정의하는 단계다. 종종 하나의 문제로 정의된 것은 실제로 여러 문제의 복합체로 그 문제에 포함된 다양한 요소를 분리해서 규명할 필요가 있다. 평생교육정책 과정은 '문제'에 대한 인식에서 출발하는데 특히 기존의 평생교육정책이 최소한의 필요조건을 충족하는 수준으로도 대처하기 어려운 문제 등에 적용된다.

이슈 정의란 이슈가 문제, 기회 또는 사회·정치적 동향의 측면에서 주목받으며 그 원인과 구성요소, 결과가 다양한 이익집단에 의해 탐구되고, 표현되고, 계량화되면서 평생교육정책 의제로 부각되는 과정을 의미한다. 대부분의 사례에서 이 단계를 거친 이슈는 정당성이 부여되며 잠정적으로 인정을 받는다(Hogwood & Gunn, 1984).

이슈 정의에 대해 접근하는 방법적 물음은 다음과 같다. 첫째, 사회적으로 문제를 제기한 자가 누구인가? 왜 문제를 제기하였는가? 둘째, 현실적이고 중요한 문제인가? 정부가 다룰 수 있는 문제인가? 사회 문제에 대한 태도는 더 많은 사실이 드러나거나, 가치가 변화하거나, 권력의 분포가 이동하면서 변화할 수 있는가? 셋째, 그 문제에 대해 어느 정도의 합의가 이루어지고 있는가? 합의 정도를 결정짓는 요소에는 그 문제에 관련된 여러 기관이나 이익집단, 적합한 정보에 대한 이용 가능성과 신뢰성, 그 문제가 안고 있는 가치와 견해 정도 등이 있다. 넷째, 그 문제에 대한 특정한 정책 틀 혹은 대안적인 정책 틀이 마련되어 있는가? 다섯째, 문제에 대한 시사점과 의미를 구체화하고 계량화할 수 있는가? 여섯째, 언제 그리고 어떤 방법으로 이 문제가 재검토될 것인가(Hogwood & Gunn, 1984)?

이슈 정의가 중요하면서도 어려운 이유는 이슈 정의가 사실에 대한 심각한 선별뿐만 아니라 가치 판단에 의해서도 영향을 받는 정책과정이기 때문이다. 즉,

정책 결정자가 문제로서 규정하는 것과 그 문제를 어떻게 정의하는지는 그들이 평생교육정책 결정과정에 표명하는 가치에 의해 깊이 영향을 받는다는 것이다(Hogwood & Gunn, 1984).

앞서 Hogwood와 Gunn(1984)이 제시한 정책 개발과정의 세 번째 단계인 이슈 정의 단계를 교육 소외계층을 위한 평생교육정책에 적용하여 실행 가능성과 제한성을 살펴보면 다음과 같다. 이슈 정의 단계에서는 우선 소외계층을 위한 지원정책이 현실적으로 정부에서 다룰 수 있는 문제인가, 그리고 그 문제에 대한 대안을 마련할 수 있는 정책 틀이 갖추어져 있는가를 점검한다. 다음으로 소외계층 지원정책에 대해 정교하게 규정하고 각종 교육 기회에서 이중적으로 소외되고 있는 성인(저학력, 저소득, 장애인), 노인, 비문해자, 여성, 외국인 근로자를 소외계층으로 정의하면서 소외계층에 대한 지원정책에 대해 심층적으로 탐구하고 현실적이고 구체적인 대안을 추구하는 과정을 거친다.

4) 예견

예견(forecasting)은 평생교육정책의 미래에 대해 예측하는 것으로서 현재 상황이 앞으로 어떻게 전개될지를 예측하는 단계다. 예견은 지금까지의 흐름, 즉 과거와 현재를 기반으로 하여 미래를 내다보는 단계로서 문제와 정책, 이 두 가지의 인식과 개발에 대한 다양한 가정을 내리고 대안적인 가능한 미래에 대해 조망하기 때문에 유용하다(Hogwood & Gunn, 1984).

예견에 대한 정책분석 접근법은 정책을 분석함에 있어서 사용 가능한 기술과 더불어 그 접근법의 이론과 실제적인 한계점에 대한 지식이 필요하지만 방법론이나 수치에 얽매이지 않아야 한다는 점을 강조한다. 평생교육정책 예견자는 미래를 예견한다기보다 평생교육정책 결정자가 불확실성과 변화에 대처하고, 평생교육정책 대안에 대한 시사점을 탐구할 수 있도록 돕는 데 의미를 둔다. 다시 말해, 평생교육정책 분석에서 예견은 미래를 예견하는 데 관심을 갖기보다는 여러 가지 다른 가설에 대한 시사점을 평가하는 데 초점을 맞춘다(Hogwood & Gunn, 1984).

예견을 하는 데 있어서의 어려움으로는 유용한 데이터의 부족, 사회적 또는 경제적 상황에 대한 이해 부족, 비용과 시간의 문제 등을 들 수 있다. 특히 대량의 데이터를 분석하는 예견 기법은 데이터의 수집과 분석 비용, 분석에 대한 프레젠테이션 비용 등을 포함한 제반 비용이 필요하다. 그러므로 예견을 통해 얻을 수 있는 이익과 예견을 시행하는 데 드는 비용 간의 균형을 고려해야 한다(Hogwood & Gunn, 1984).

예견의 형태로는 평생교육정책 프로그램의 기획 단계 이전에 이루어지는 일회성 예견과 평생교육정책 과정에 지속적인 정보를 입력하는 반복성 예견이 있다. 일회성 예견은 현재 상태에 대한 종합적인 정보와 이해가 있고, 예측이 가능하며, 평생교육정책 목표에 대한 합의가 이루어진 경우에만 적합하다. 반복성 예견은 정책이 변화하는 사회 · 경제에 대처하는 경우를 대비한 정보에 대한 지속적인 수정과 피드백의 중요성을 강조한다(Hogwood & Gunn, 1984).

직관적 판단에 기초해 미래에 대해 예견하고 판단하는 대표적 기법으로는 델파이 기법(Delphi technique), 브레인스토밍(brainstorming), 시나리오 작성(scenario writing) 등이 있다. 델파이 기법은 이 분야의 전문가에게 직관적 판단을 통해 미래에 대한 유용한 예견을 하게 하는 방법으로서 평생교육 전문가가 평생교육의 미래를 내다보는 것이라 할 수 있다. 브레인스토밍은 실행 가능성에 대한 판단이나 평가를 유보한 채 단시간 내에 많은 아이디어를 생성해 내는 방법이다. 시나리오 작성은 시뮬레이션과 유사한 방법으로 가상의 사건을 연속적으로 구상해 냄으로써 어떤 상황이 단계별로 펼쳐질 가능성과 그러한 상황을 예방하고 피하거나 도울 수 있는 어떠한 대안이 있는지를 찾아낼 수 있는 방법이다. 이에 따른 다양한 시나리오는 의사 결정자의 지평을 넓히고 행동의 범위를 제시해 주는 데 도움을 준다.

앞서 Hogwood와 Gunn(1984)이 제시한 정책 개발과정의 네 번째 단계인 예견 단계에 대하여 교육 소외계층을 위한 평생교육정책은 좋은 예가 된다. 즉, 예견 단계에서는 소외계층을 평생교육에 참여시키게 되면서 학습 격차가 좁아지고 그 결과에 따라 사회통합과 형평성 실현이 이루어짐으로써 사회비용이 줄어들게 되리라는 것을 예상하는 것이다.

5) 목표와 우선순위

평생교육정책 대안을 통해 달성하려고 하는 목표와 우선순위(objectives and priorities)가 무엇인가를 규명하는 단계다. 평생교육 목표수립 단계는 예상되는 미래에 초점을 맞추는 예견의 단계에서 발전되어 바람직한 미래에 대한 기술에 관심을 갖는 평생교육 목표 수립의 국면으로 이어진다. 평생교육정책 개발과정에서 명확한 목표 설정은 종종 기피되거나 모호한 상태로 기술되는데, 제한된 자원을 두고 경쟁하는 다양한 목표 중에서 상대적인 우선순위를 조사하는 것은 대단히 중요하다(Hogwood & Gunn, 1984).

평생교육 목표를 규명하기 위한 질문 체크리스트는 다음과 같다. 당신의 조직이 현재 어디에 있는가? 어느 수준까지 도달하고 싶은가? 목표달성의 장애요인은 무엇인가? 다른 조직에서 얻을 수 있는 자원은 무엇인가? 우리 조직에 필요한 것은 무엇인가? 조직의 궁극적인 목표를 규명하기 위해 다수의 목표를 어떻게 다룰 것인가? 무엇을 성공으로 간주할 것인가? 성공을 계량화할 수 있는가? 어떤 조건하에서 성공이 예견되는가? 목표가 달성되지 못할 때는 무엇을 할 것인가? 이처럼 체크리스트를 통해 규명된 다수의 목표는 우선순위를 결정하는 내부의 본질적 기준, 수요, 요구, 실질적인 사회 · 경제적 이익, 지리적 조건이나 인구 집단과 같은 선택의 범위, 자원 형태 등의 기준을 통하여 우선순위가 정해진다(Hogwood & Gunn, 1984).

6) 대안 분석

대안 분석(option analysis)은 여러 평생교육 대안에 대한 최종분석을 시행하는 단계로서 다수의 대안 중에서 최선의 선택은 평생교육정책 분석의 핵심이라고 할 수 있다. 이 단계에서는 기존의 대안과 추가로 가능한 대안을 규명하고, 그러한 대안에 대해 신중하게 정의한 다음, 광범위한 기준과 분석 기법을 통해 대안을 평가하고 비교한 후, 선호되는 대안이나 실행 가능한 대안이 무엇인지 평생교육정책 결정자에게 제시하게 된다(Hogwood & Gunn, 1984).

대안을 평가하고 비교하는 데 있어서는 후원자 또는 비용-효과 분석, 비용-수익 분석, 의사결정 분석, PAR(프로그램 분석과 검토)과 같은 분석의 종류에 무게가 실릴 수가 있다. 대안 규명(identifying options)은 평가와 비교를 위해 기존의 대안이나 조직 내의 후원자를 보유하고 있는 대안을 수집하는 비교적 수동적인 과정이다. 이에 비해 대안 생성(generating options)은 기존의 후원자를 보유하고 있지 않으며, 조직에조차 알려지지 않은 대안을 찾는 등 좀 더 능동적인 과정이다. 대안 생성은 창의적인 사고를 요구하는 활동으로서 이슈 탐색과 예견 단계에서와 마찬가지로 브레인스토밍 기법을 통해 효과적으로 대안이 생성된다(Hogwood & Gunn, 1984).

평생교육정책 개발자가 가장 관심을 갖는 것은 대안에 대한 실행 가능성이다. 예를 들어, 어떤 대안은 기술적 혹은 경제적 측면에서는 실행 가능하지만 정치적 측면에서는 그렇지 못할 경우도 있다. 그 밖에도 대안을 채택했을 경우 어떤 수익과 결과가 수반되는지, 그 수익을 받는 수혜자가 누구인지, 손해를 보는 사람이 있는지, 비용과 수익에 대한 가정이 얼마나 정확한지에 대해서도 정책 개발자는 관심을 집중한다(Hogwood & Gunn, 1984).

대안을 평가하고 선택하기 위해서는 다양한 대안을 생성하고, 각 대안을 정확히 규명하고, 각 대안에 대한 찬반 여론을 명확히 파악하고, 대안 선택을 효과적으로 할 수 있는 여러 기법을 활용한다. 특히 정책 개발자가 자신들의 목적에 가장 잘 부합되는 대안을 선택하기 위해서는 다양한 기법을 활용하는데, 대표적인 기법에는 선형 프로그래밍(linear programming), 역동적 프로그래밍(dynamic programming), 수익 매트릭스(pay-off matrix) 등이 있다.

선형 프로그래밍 기법은 성과물이나 목표에 똑같은 재원이 필요하고 이러한 재원의 공급은 엄격히 제한된 경우에 재원을 할당하는 연구 기법이다. 이 기법은 제약조건에 대한 충분한 지식이 필요하며 관계들이 일직선으로 된 경우에만 적용 가능한데, 자원이 제한적일 때 어느 대안을 채택해야 생산성을 최대화할 수 있는지를 결정하는 데 효과적이다.

역동적 프로그래밍 기법은 복잡하고 연속적인 의사결정의 문제 상황에서 컴퓨터 소프트웨어를 이용해 최적의 정책을 찾아내는 방법이다. 역동적 프로그래밍 기법은 처음의 결정이 후속 결정에 영향을 미치거나 시간적, 논리적, 인과적으로 관련이 매우 밀접한 결정의 연속일 때 사용하는 프로그램으로서 모든 단계에서 최상의 정책을 선택하도록 프로그램이 구성되어 있다.

수익 매트릭스 기법은 연속적인 결정을 돕는 역동적 프로그래밍 기법과는 달리 일회성 결정에 적당한 프로그램으로 불확실한 상황에서의 여러 가지 다른 대안에 대한 결과를 보여 주기 위해 사용된다. 이 기법은 위험한 상황이나 모험이 필요할 때 사용하며 다목적 대안을 분석할 때에도 사용 가능하지만, 항상 같은 분석이 나오는 것은 아니며 최적의 선택은 목적에 따라 달라진다. 이 기법은 위험에 대한 여러 가지 다른 태도가 선택된 대안을 통해 어떻게 반영되는지를 판단할 수 있게 한다. 이 외에도 의사결정나무 기법, 대기행렬이론(queuing theory), 위험분석, 재고목록 모델과 각 프로그램을 적용하기에 적합한 상황 등이 있다.

앞서 Hogwood와 Gunn(1984)이 제시한 정책 개발과정의 마지막 단계인 대안 분석 단계를 교육 소외계층을 위한 평생교육정책에 적용하여 실행 가능성과 제한성을 살펴보면 다음과 같다. 우선 대안 분석 단계에서는 소외계층을 지원하는 다양한 프로그램 중 적절한 대안을 규명하고, 각각의 대안에 대해 신중하게 분석한 다음, 대안을 평가하고 비교하여 우선순위가 높은 대안이나 실행 가능한 대안이 무엇인지 정책 결정자에게 제시하게 된다. 우선 소외계층에 대해서 타 부처 및 지방자치단체 지원사업과 중복을 배제하여 교육과학기술부의 특성 및 장점을 활용할 수 있는 프로그램을 분석한다. 다음으로 취약계층의 직업경쟁력 또는 사회적응력을 증진할 수 있는 프로그램을 중심으로 문해교육, 장애인 직업 적응 교육 등 사회적 필요성이 있는 프로그램이나 수익성 문제로 민간부문에서 자발적으로 참여하지 않는 프로그램을 평가하고 선정한 후 지원할 것을 결정한다. 따라서 Hogwood와 Gunn(1984)이 제시한 정책 개발과정의 논리적 절차는 평생교육 이슈가 평생교육정책으로 개발되는 과정에도 무리 없이 적용될 수 있음을 보여 준다.

물론 이들의 개념과 이론을 소외계층을 위한 평생교육지원정책에 적용할 때에 다음과 같은 몇 가지 점이 지적될 수 있다. 첫째, 1단계인 이슈 탐색 단계, 2단계인 이슈 여과 단계, 3단계인 이슈 정의 단계는 명확하게 구분하기가 어려울 수 있으며, 동시다발적으로 진행될 수도 있고, 때로는 정책의 성격에 따라서 그 순서가 뒤바뀌어 진행될 수도 있다. 둘째, 6단계인 대안 분석의 단계에서 가능한 모든 대안을 제시하고 각 대안의 장점과 단점을 분석하여 어떤 대안이 우선순위를 갖는지를 비교하고 분석하는 작업은 시간과 비용이 많이 든다. 셋째, 비교하고 분석하는 작업에는 가치평가가 개입될 수 있기 때문에 가능한 대안을 객관적이고 공정하게 비교하고 분석하여 우선순위를 도출한다고 하지만 가치중립적인 결정을 내리기가 쉽지 않다. 따라서 이렇게 시간과 비용이 많이 드는 비교분석작업을 하기보다는 목적을 규명할 때 명확한 지향점과 가치관을 분명히 하고 그에 따른 대안 선택을 하는 것이 더 합리적일 수도 있다.

3. 평생교육정책 결정과정 모델

정책 결정(policy making)이란 여러 가지 정책 대안 중에서 최선의 것을 선택하여 결정하는 일을 의미한다. 즉, 문제 해결 및 변화 유도를 위한 공적 수단으로서 정부의 제반 활동 방향을 만들어 내는 것이다. 이처럼 정책 결정은 해결하고자 하는 문제나 달성하고자 하는 목표를 가장 잘 구현해 줄 수 있는 정책 대안을 선택하는 동태적인 과정이다. 따라서 그 과정을 규범적으로 처방하거나 실증적으로 기술하려는 이론 모델 역시 다양하다(최봉기, 2004).

이러한 정책 결정의 과정을 좀 더 실제적인 사실에 입각해 설명한 모델로 Allison 모델과 Wallace S. Sayre 모델을 들 수 있다. Allison은 1960년대 초 '쿠바의 미사일 위기(the Cuban Missile Crisis)' 사건과 관련된 미국의 외교정책 과정을 분석한 뒤, 정부의 정책 결정과정을 설명하고 예측하기 위한 분석 틀로서 세 가지 모델을 제시하였다. 그는 과거에 논의된 정책 결정에 관한 여러 가지 모델을 '모델 I: 합리적 행위자 모델 또는 고전적 모델(rational actor or classical model)', '모델 II: 조직과정 모델(organizational process model)', '모델 III: 관료정치 모델(governmental politics model)'로 제시했다. 이 세 가지 모델은 응집력과 정책 결정권을 기준으로 하여 과거의 모델을 재정리한 것이다(Held, 1979).

1) 합리적 행위자 혹은 고전적 모델

Allison(1971)의 합리적 행위자 또는 고전적 모델(rational actor or classical model)에서는 인간의 합리성을 기반으로 하는 합리적 모델의 기본 개념과 궤를 같이하면서 정책 결정과정을 정책 결정자의 기대가치나 기대효용을 극대화하고 최적화해 주는 대안으로 본다. 이 모델의 가장 근본 전제는 정책 결정자가 장기나 바둑을 두듯이 성취하려는 목적이 무엇인지 명확히 파악하고 있으며 아울러 목적 달성을 위한 모든 대안을 알고 있다는 것이다. 즉, 정책 결정자가 고도의 합리성에 따라 행동하고 결정한다고 가정하고, 선택될 대안의 장점과 가치를 완벽하게 파악하여 그중 최적의 합리적인 대안을 선택한다는 것이다.

합리적 행위자 모델은 정부를 잘 조직된 유기체로 가정하고, 정부에 의해서 합리적으로 선택된 행위가 분석대상이다. 합리적 행위자 모델은 개인뿐만 아니라 국가나 정부가 제한된 여건하에서 최대한의 합리적인 선택을 한다는 전제를 내세운다. 즉, 정부가 무엇을 해 왔는지, 또는 앞으로 무엇을 할 것인가의 활동은 특별한 목적을 달성하기 위해 합리적으로 계산된 최선의 대안으로 간주한다. 따라서 정책 결정에 참여한 사람들은 모두 개인적 이해관계를 떠나 오로지 국가의 이익을 위해 합리적으로 사고하고 행동하게 된다. 결국 정부의 결정은 반드시 인과관계에 따르는 것이어서 어떤 상황에서 행동하고 선택했는지 면밀한 검토가 필요하다는 것이다. 실제로 정책 결정 시에 시뮬레이션이나 비용 수익분석(cost-benefit analysis) 등의 정책분석 방법론이 이러한 합리적 행위자 모델에 기반을 둔 것이다(Allison, 1971).

이 합리적 행위자 모델은 최고 지도자가 정책 결정을 위한 권력을 보유하기 때문에 목표의 공유와 응집성이 매우 강하고 국가 전체의 이익이 개인의 이익보다 앞서며 정책의 일관성도 강하다. 조직은 오히려 결정된 정책을 유기적이며 합리적이면서도 가치 극대화가 가능하다.

합리적 행위자 모델에서는 정책 결정자가 뚜렷한 목적의식과 추진전략을 가지고 합리성에 바탕을 두고 정책 결정을 한다고 하지만, 합리적 행위자 모델에는 다음과 같은 문제점이 수반된다. 첫째, 이 모델은 현실적으로 존재하기가 어렵다. 그것은 실제 정책 결정과정에서 존재하는 많은 정보의 충돌과 집단의사결정의 갈등을 설명할 수 없기 때문이다. 둘째, 정책 결정자가 뚜렷한 목적의식에 따라 행동을 한다고 했지만 현실에서는 이러한 전제가 성립되기 어려운 경우도 있다. 즉, 많은 경우에 여러 가지 목적을 가지고 행동할 수 있고, 다양한 목적 상호 간에 일관된 기준과 질서가 없어 행동에 일관성이 없는 경우가 많다. 셋째,

합리적 행위자 모델에 따르면 목표달성을 위한 대안의 결과를 확률적인 의미에서 정확하게 알 수 있다는 것을 전제로 하고 있지만, 인간의 능력으로 그 결과를 정확하게 예측할 수 없는 경우가 대부분이다. 넷째, 목표달성을 극대화한다는 점에서도 그 목표가 여러 차원으로 존재할 경우 우선순위를 객관적으로 정할 수 없기 때문에 이상론에 치우칠 수 있다.

2) 조직과정 모델

조직과정 모델(organizational process model)은 조직을 이해하는 관점이 합리적 행위자 모델과는 다르다. 합리적 행위자 모델은 다분히 진보적이고 혁신적인데 비해 조직과정 모델은 과거의 규칙적인 행동 패턴에 따르면서 안전성을 추구하며 점진적으로 변화 개선되도록 정책을 결정하는 모델이다. 이 모델 하에서의 정부는 독자적인 결정 주체가 아니라 하위 조직의 내부 절차에 의해 이해관계가 타협되거나 조정된다. Lindblom(1959)은 이 모델을 점진적 모델(incremental model)로 명명하면서 소위 '그럭저럭하는 과학(the science of muddling through)'의 틀을 제시하였다. 이 모델은 다분히 보수적인 성격을 띠면서 정책의 핵심 부분에는 변화를 주지 않고 정책의 주변적인 것만 변화시키는 과정이라고 할 수 있다.

조직과정 모델에서는 정책을 조직과정의 산물로 보는데, 이러한 개념화를 구체적으로 살펴보면 다음과 같다(최봉기, 2004).

첫째, 조직과정 모델에서의 정책 결정자는 완전한 유기체로서의 국가나 정부가 아니라 느슨하게 연합된 조직이며, 그 상층부에는 정부 지도자가 있다. 이들 조직은 정부 지도자에게 상당한 영향을 받으나 이 조직들이 관례에 따라 작성한 문제 해결 방안은 그 내용이 정부 지도자에 의해 크게 수정되지 않은 채 정책으로 채택되기 때문에 실질적인 결정자는 하부 조직이라고 할 수 있다.

둘째, 정책을 통해 해결을 모색하는 문제는 대부분 복잡한 측면을 내포하기 때문에 그 문제를 각 하부 조직 단위가 취급하기 적당한 정도로 분류하여 배분해 주어야 하고 권한도 배분해 주는 것이 좋다. 각 하부 조직은 이에 따라 반독립적인 상태에서 문제를 받아들이고 정보를 처리하며 대안의 범위를 결정하게 된다.

셋째, 전체 조직의 입장에서 문제가 발생하면 갈등관계에 있는 제약조건을 동시에 해결하려 하지 않고 각각의 목표를 차례대로 고려함으로써 문제를 해결하게 된다.

넷째, 정형적인 상황에 쉽게 대처할 수 있도록 표준운영 절차와 프로그램을 운영하고, 새로운 문제가 발생하여 이를 해결해야 할 경우에 현존하는 관행에 따르거나 기존 정책에 기반을 두고 수정함으로써 새로운 정책을 결정하는 경우가 많다.

이 모델은 반독립적인 하부 조직이 권력을 분점하고 있어 목표의 공유 및 응집성이 약하고, 정책의 일관성도 약한 편이다. 또한 이해관계와 관련하여 여러 조직의 갈등이 불가피한데, 정부 지도자에 의한 개입으로 인한 변화 가능성은 상당히 제한적이며 조직 학습과정을 통한 점진적 변화만이 가능하다고 본다. 이 모델에서의 정책분석은 조직 내 권한, 표준 운영 절차(standard operating procedures: SOP), 조직 내 프로그램 목록(repertoires)에 초점을 둔다(장욱민, 2004).

평생학습도시 조성사업은 조직과정 모델을 통해서도 설명될 수 있다(교육인적자원부, 한국교육개발원, 2007). 평생학습도시 조성사업이 처음에 정책으로 형성될 때에는 합리적 행위자 모델을 적용하여 설명할 수 있지만, 정책이 유지되고 개선되는 시점에는 조직과정 모델을 적용하는 것이 더 타당하다고 할 수 있다. 2007년도 평생학습도시 선정과 지원은 그동안 제기되어 온 문제점을 개선하고자 하였고, 몇 가지 특징적 변화가 있었다. 2006년까지의 평생학습도시 선정 현황을 살펴보면 시 · 도별로 평생학습도시 비율에 큰 차이가 있었으며 지역별로 편중되는 상황이 전개되었다. 이에 대해 2007년의 평생학습도시 선정과정에서는 시 · 도의 규모에 따라 최종심사 지역 수를 조정하여 재정 여건이 열악한 지역에 대해 일정 수를 별도로 선발하면서 지역 간 형평성 문제를 해결하였다. 또한 이전까지 신규 선정된 평생학습도시에 대한 지원을 1년간의 예산지원에 국한하였던 것에서 벗어나 지원 규모와 기간을 늘려야 한다는 현장의 주장을 반영하여 신규 선정된 평생학습도시에 대해 3년 동안 매년 최대 2억 원씩 지원하기로 하였다. 이상에서 본 것처럼 조직에서 지금까지 행해졌던 관례에 기반을 두고 조금씩 개선하고 발전해 나가는 측면은 조직과정 모델에 기초하여 설명할 수 있는 부분이다.

3) 정부 관료적 정치 모델

정부 관료적 정치 모델(governmental [bureaucratic] politics model)에서는 정책결정체로서의 정부를 서로 독립적인 정치적 참여자의 집합체로 파악하고 있다. 합리적 행위자 모델에서처럼 단일한 전략과 일관된 목표를 갖고 하나의 유기체로서 행동하는 것이 아니라 국가적, 조직적, 개인적 목표에 따라 각기 달리 행동하면서 정치적 연합(alliance), 협상(bargaining), 타협(compromise)에 의해서 정책을 결정하게 된다. 정부 관료적 정치 모델은 정책이 문제 해결을 위한 최선책이라기보다는 다양한 이해관계와 균등하지 않은 영향력을 행사하는 정부 관료 사이의 연합, 협상, 타협에 의한 정치적 게임의 결과로서의 정책을 분석 대상으로 삼는다. 따라서 이 모델에 의해 나타난 결과는 때때로 혁신적이거나 오히려 보수적일 수도 있다.

정부 관료적 정치 모델 하에서의 의사 결정 참여자는 국가의 목표, 자기가 소속된 조직의 목표, 개인적으로 가지고 있는 이해관계 및 자신의 역할에 대한 인식에 기초해 자신의 포괄적인 이해관계를 설정해 놓고 정책 결정에 참여하게 된다. 이러한 정책 결정과정의 참여자는 각 계층의 권력자일 뿐만 아니라 집단의 이해관계자로 의제가 부각될 때마다 참여하는 형태를 취하게 된다(장욱민,

2004).

정부 관료적 정치 모델은 의회주의 국가에서 많이 사용되는 모델로서 정부 내 정치에 초점을 맞춘다. 이 모델은 개인적 행위자가 정치적 지원에 의존하기 때문에 정책 목표의 공유 및 응집성과 일관성이 매우 약하다. 따라서 구성원의 인지, 동기부여, 권력, 전략에 관심을 둔다.

Allison의 세 가지 모델을 정리하면 〈표 5-2〉와 같다.

표 5-2 Allison의 세 가지 정책결정 모델 비교

구분	합리적 행위자 모델	조직과정 모델	정부관료적 정치 모델
조직관	조정과 통제가 잘되는 유기체	느슨하게 연결된 하위조직 집합체	독립성을 가진 개인적 행위자의 집합체
정책 추진 동기	최고 책임자의 의지	실무진의 제안과 최고 정책 결정권자의 수렴	이해관계자의 이해관계 및 권력관계의 변화
정책 결정 권한의 소재	조직 두뇌에 해당하는 최고 지도자 혹은 최고 정책 결정권자가 보유	반독립적인 하위 조직이 권력을 분할 소유하며 정책의 주요 내용을 결정함	독립적 자유재량을 가진 결정 참여자의 정치적 자원에 의존, 수평적으로 분포
목표의 구조와 공유도	목표 공유도가 높음	하위 조직이 자체 목표 보유, 목표 공유도가 약함	정책 결정권자와 하위 조직이 각기 목표 보유, 목표 공유도가 매우 약함
대안 작성	전문가에 의한 대안 검토	기존 대안과 유사한 대안 선택	이해관계가 반영된 대안 선택
정책 결정의 형태	책임자의 명령이나 공식 지침	표준 운영절차에 따름, 프로그램의 목록에서 대안 선택	정치적 게임의 규칙에 따라 연합, 협상, 타협에 의해 정책 결정
정책 결정의 일관성	일관성 유지	자주 바뀜	거의 일관성이 없음

출처: 최봉기(2004), p. 289.

Allison의 세 가지 모델 간의 기본 차이점은 정책개념의 차이로 요약해 볼 수 있다. 즉, 합리적 행위자 모델에서는 국가정책이 국가나 정부의 행동이나 선택에 의하여, 조직과정 모델에서는 정부의 하위 조직의 조직적 산출물로서, 정부관료적 정치 모델에서는 정치적 게임의 결과로서 정책이 개념화될 수 있다.

평생교육법 전면 개정과정은 Allison의 정부 관료적 정치 모델의 적절한 예가 될 수 있다. 정책 추진 동기가 평생교육계 관계자의 이해관계 및 권력관계의 변화에서부터 시작되었으며, 정책 결정 권한의 소재가 최고 책임자의 일방적 권한이 아니라 의회를 중심으로 수평적으로 분포되었으며, 정책 결정권자와 하위 조직이 각각의 목표를 보유한 상태에서 연합과 협상, 타협의 결과로 이해관계가 반영된 대안을 선택되었다는 면에서 정부관료적 정치 모델로 정책 결정과정을 설명할 수 있겠다.

4) Wallace S. Sayre 모델

Wallace S. Sayre의 모델(Held, 1979)은 정책 결정에 참여하는 모든 이해관계자가 어떻게 역동적으로 작용하는지를 설명하고 있다. 이 모델은 정책 결정에 참여하는 모든 주체가 영향력을 행사하려고 노력하는 과정에서 나온 산물이 정책이라고 보는 것이다.

[그림 5-1]에서 보듯이, 정부의 의사 결정은 매우 복잡한 과정인데, Sayre는 이러한 의사 결정과정에 대한 더욱 정확한 모델을 통찰력 있게 정립하였다. 의사 결정체제에서의 권력구조를 9개 세트의 행위자로 분류했는데, 이들을 관료리더(bureau leader)라고 칭했다. 또한 각 행위자의 동기, 가치, 주요 관심사를 설명하고, 정부의 정책이나 프로그램의 수립, 채택, 집행과정에서의 각 행위자의 상호 역할을 제시하였다. 이는 국가적 차원에서의 정책 분석에 대한 권력구조라고도 한다(Held, 1979).

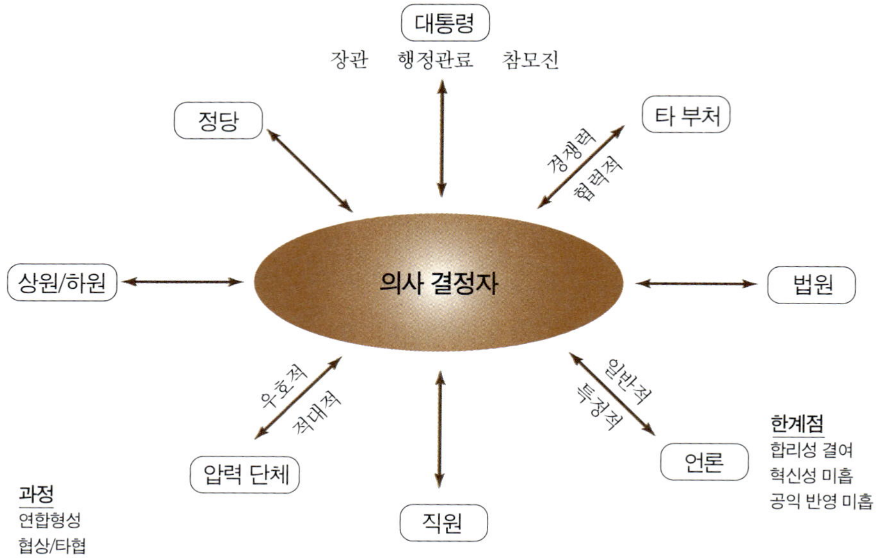

[그림 5-1] 연방정책 결정체제에서의 Wallace S. Sayre의 모델

출처: Held(1979), p. 2.

Sayre는 정부의 의사결정 시스템에 영향을 미치는 요소(이해관계, 동기부여, 가치 등) 또는 권력구조를 제시하고, 그들이 정책 형성과 채택, 집행과정에서 어떻게 상호 작용하는지를 정책 결정자를 중심축으로 이루어진 모델을 발전시켰다(Held, 1979). 각 조직은 상대적인 영향력의 차이는 있지만 각자 영향력을 행사하려는 경향이 있으며, 이들 간의 연합, 협상, 타협의 결과가 정책으로 결정된다. 그러나 이 모델은 사회적, 정치적 상황이 안정된 국내 경우에는 설명이 가능하지만, 그러나 국제 상황에서는 설명력에 있어서 한계가 있다. 또한 이 모델에 따라 정책 결정이 이루어질 경우에는 합리성의 결여, 공공의 이익 반영 미흡, 혁신적인 결과 도출이 어렵다는 한계점도 존재한다.

제6장

평생교육정책 집행

1. 평생교육정책 집행의 정의

정책과정(policy process)은 정책이 개발되고 결정되는 정책 형성 단계를 거쳐 정책 집행 및 정책 평가 단계로 구성된다. 이 장에서는 이와 같은 정책과정 중 집행에 대해 설명하고자 한다.

정책의 집행(implementation)을 Simon(2007)은 자동차의 타이어가 도로를 접하는 순간으로 비유하였다. 즉, 정책 집행이란 정책 결정이 이루어진 후에 현실로 적용되는 과정이다. Pressman과 Wildavsky(1973)에 따르면 집행이란 수행하고 달성하며 완성하는 행위이며, Nakamura와 Smallwood(1980)에 따르면 집행은 권위 있는 정책 지시를 실천하는 과정이다. 또한 Dye(2008)는 정책 집행을 입법부에 의해 채택된 정책을 수행하는 모든 종류의 활동이라고 정의하였다. 평생교육정책 집행을 개념화하기 위해서 우선 교육정책 집행에 정의를 내릴 필요가 있다. 김종철(1989)은 교육정책 집행을 교육정책의 하나의 과정으로서 정책 형성 다음에 오는 구체적 실천의 과정이라고 정의하였다. 이러한 정의는 교육정책 산출을 위한 인적 및 물적 자원의 동원과 조직화, 그리고 동기 부여화 등 좀 더 구체적인 대안을 산출하는 과정과 함께 구체화된 대안을 실천함으로써 의도된 성과를 나타내고자 하는 과정을 의미한다. 체제분석이론의 관점에서의 교육정책 집행은 정책의 산출물(policy output)에서 정책의 성과(policy outcome)에 이르기까지의 중간과정으로서 교육정책 형성 이후 후속되는 일련의 행정과정이라고 할 수 있다. 이상의 정책 집행에 대한 정의를 종합해 볼 때, 평생교육정책 집행이란 평생교육정책 집행의 책임이 있는 개인이나 집단이 결정된 평생교육 정책 산출을 갖고서 차후 정책 성과에 이르기까지 정책 내용을 실천해 가는 능동적인 과정이자 활동이라고 할 수 있을 것이다.

정책 집행이 정책의 결정과 정책 산출에 대한 평가 연구 사이의 연결고리라는 관점에서 노화준(2007)은 정책 이슈에서 출발하여 정책이 산출되기까지의 과정에 대한 연구가 정책 형성에 대한 연구이며, 정책 산출이 사회에 미친 영향과 목적 달성에 기여한 정도에 대한 연구가 정책 평가 연구라고 규정하였다. 그리고 그는 정책 결정 연구와 정책 산출에 대한 평가 연구 사이의 연구가 바로 정책 집행의 연구라고 하였다. 1970년대 이전까지 정책 연구가들은 정책의 효과성에 미치는 관료와 서비스 제공자의 영향에 대해서는 관심이 없었다. 즉, 정책을 결정하고 나면 바로 정책의 효과 또는 영향이 나오는 것으로 가정하였다. 교육정책은 국가 및 지방정부 관료 일선에서의 효과적인 아이디어에 대한 집행보다는 의사 결정의 관점에서 판단되었다. 그러나 정책이 어떻게 집행되느냐에 따라 정책의 효과가 달리 나타나게 된다. 그것은 정책 집행자도 정책 결정자가 정책 결정에 사용했던 것과 같은 유사한 아이디어, 가치, 신념과 이해관계를 맺으며 능동적으로 정책을 수행하기 때문이다(Parsons, 1995).

성인직업교육을 포함한 다양한 평생교육정책이 경제 발전 및 인간의 삶의 질 향상에 미치는 영향력이 증대됨에 따라 정책 개발자와 시민의 평생교육정책에 대한 관심도 점차 증가하였다. 하지만 정부가 시행하는 정책이라고 해서 모든 정책이 반드시 성공하는 것은 아니다. 정책이 어떻게 집행되느냐에 따라 정책의 효과가 달리 나타나게 된다. 원래 의도했던 정책의 목표를 달성하지 못하거나 목표가 희석되는 경우, 새로운 문제의 제기 등으로 인해 정책이 표류되거나 수정, 변경, 폐기되는 경우도 적지 않다. 예를 들어, 영국의 개인학습계좌제(Individual Learning Accounts)는 정책 결정 당시에 예상하지 못했던 상황이 도래하게 되면서 정책이 집행되던 중에 폐기되었다. 정책 집행은 정책 개발과정이나 정책 결정과정 못지않게 복잡하고 동태적인 과정이다. 다시 말해, 경제발전과 자아실현 그리고 사회통합의 목적을 위해 다양한 평생교육정책을 결정하는 것도 중요하지만, 결정된 정책을 결정자의 의도대로 집행해 나가기 위해 각종 어려움을 극복해야 하는 정책 집행과정은 무엇보다도 중요한 과정이라고 할 수 있을 것이다.

2. 평생교육정책 집행의 특성

교육정책 집행의 특성은 크게 세 가지로 구분하여 설명할 수 있다. 첫 번째 교육정책 집행의 특성은 교육정책 형성자와의 상호작용 속에서 이루어진다는 것이다. 이러한 특성은 구체적으로 충실성(fidelity)과 허용성(latitude)으로 설명된다. 정책이 어느 정도 본래의 목표에 충실하게 집행되었는지는 정책 집행과정에서의 정책 형성자 간의 역동성에 의해 결정된다. 그러나 정책 집행과정에서 집행을 분담하는 조직과 담당자의 재량권에 따라 정책 불응(non-compliance)의 문제가 제기될 수 있다. 이와 같이 집행과정에서는 정책 이념의 희석, 성과의 약화, 새로운 문제 제기 등과 같이 원래의 정책목표와 동떨어진 방향으로 갈 수 있다. 허용성이 너무 지나치게 되면 결국 정책에 대한 충실성이 약화되는 결과를 가져올 수 있다.

두 번째 교육정책 집행의 특징은 관료조직 속에서 관료제(bureaucracy)의 역동성을 통해 교육정책 집행이 이루어진다는 것이다. Max Weber는 관료제에서는 합법적이고도 합리적인 권위가 효율적으로 행사될 수 있음을 강조하였다. 구체적으로 Blau(1970)는 Weber가 주장한 관료제의 특징을 다음과 같은 여섯 가지로 요약하였다.

① 공식적인 직무에 따라 직책을 나눈다.
② 위계적 권위 조직을 가진다.
③ 조직이 움직이는 데 있어 필요한 것은 규칙과 규정이다.
④ 조직을 유지하기 위해 전문화된 직원이 필요하다.
⑤ 비개인적 관계에 입각한 조직 운영이 필수적이다.
⑥ 고용이나 승진은 기술의 질과 같은 객관성에 의해 이루어져야 한다.

세 번째 교육정책 집행의 특징은 교육정책 집행에 있어서 권한과 책임의 배분 형태는 관료제에만 돌릴 수 있는 것이 아니고, 행정 제도와 체제, 행정문화, 정치체제와 정치문화에 기인되는 면이 적지 않다는 것이다. 교육정책 집행과정은 프로그램을 실행하는 데 필요한 자원의 획득, 법률에 기술한 정책과 프로그램의 목적과 설계 및 달성해야 할 결과에 대한 해석, 이것을 실행에 옮길 행동 기획, 각종 활동의 조직화, 정책이나 프로그램 대상자에 대한 편익과 서비스 제공 등을 포함한다. 이러한 교육정책 집행은 앞서 언급한 관료조직 내에서 관료제의 역동을 통해 중앙정부, 지방정부 및 일선기관 등 계층에 의한 구조를 통해 이루어진다. 교육과학기술부의 평생교육정책 역시 지방자치단체와 각 평생교육기관을 통하여 집행된다.

3. 정책과정에서의 평생교육정책 집행

1) 정책 집행과정

정책 집행과정이란 아이디어와 가치, 신념과 이해관계를 맺은 사람들 간의 일종의 상호작용 과정이다. 정책 집행과정은 프로그램을 실행하는 데 필요한 자원의 획득, 법률에 기술한 정책과 프로그램의 목적과 설계 및 달성해야 할 결과에 대한 해석, 이것을 실행에 옮길 행동 기획, 각종 활동의 조직화, 정책이나 프로그램 대상자에 대한 편익과 서비스의 제공 등을 포함한다.

2) 성공적인 집행

성공적인 정책 집행의 세 가지 주요 요소는 정책의 생산성 확대, 일을 진척하는 데 있어서 과도하게 지연되지 않는 집행 소요일의 준수, 그리고 논란이 적은 가운데에서의 업무처리의 진행 등이다(Ripley & Franklin, 1982).

여기에서 성공적인 집행이란 과연 무엇인가에 대해서는 중요시하는 관점에 따라 달라진다. 집행과정을 중요시하는 사람들은 순응, 일상적인 원활한 기능과 논란 없는 집행, 집행 소요 시간의 준수 등의 요소를 강조하지만, 집행의 결과를 중요시하는 사람들은 정책목표의 달성 또는 높은 정책성과와 생산성 등을 강조한다.

3) 정책 집행의 관련 요인

성공적인 정책 집행에 영향을 미치는 요인은 그 성격상 정책의 내용과 성격, 집행환경과 맥락, 집행기관 등 세 가지 범주로 분류해서 다음에서 간략하게 살펴보기로 한다.

(1) 정책의 내용과 성격

정책의 내용과 정책문제의 성격이 어떤가는 정책 집행에 커다란 영향을 미친다. 정책이 규제하고자 하는 행태나 변화시키려고 하는 행태가 다양할수록 효율적인 집행은 어려워진다. 따라서 규제 대상이나 변화 대상의 행태가 단순하고 가벼운 것일 때 집행은 용이해진다.

잘 짜인 정책의 내용 구성이란 명확성, 용이성 및 엄격성의 정도가 높은 경우를 말한다(최성모, 1991). 명확성이 높다는 것은 정책목표가 명확하고, 정책목표와 정책수단 간의 관계가 구체적이며, 정책목표와 하위 목표 간의 인과관계 및 하위 목표와 수단 간의 인과관계가 적절한 것을 말한다. 정책 내용의 용이성이란 정책의 집행 가능성을 말한다. 정책 집행의 대상 집단이 규모가 클수록 정책 집행의 효율성은 낮아진다. 즉, 정책 대상 집단이 작고 격리되어 있는 경우 그 정책에 대한 정치적 지지를 얻기가 용이하며, 그에 따라서 해당 정책이 이루고자 하는 목표 달성이 쉬워진다. 정책 내용의 엄격성에 있어서는 일반적으로 엄격성의 강도가 강할수록 정책 집행이 용이해질 수 있다. 그러나 정책 내용의 엄격성이 높을 때 정책 집행의 효율성이나 성공 가능성이 더 높아질 수 있느냐의 여부는 정책에 따라 달라진다(김종철, 1989).

(2) 정책 집행의 환경과 맥락

정책 집행에 영향을 미치는 주요 환경 요인 중 하나로 사회환경 요인을 들 수 있다. 정치·행정적 분위기, 사회·경제적 조건과 기술, 언론의 관심, 대중의 관심과 지지, 국회와 같은 집행 상위기관의 지원 등이 그것이다. 즉, 정책에 대한 종래의 인지 태도가 바뀌거나 정책 집행 대상 집단 간의 경제적 능력, 사회·문화적 수준의 차이가 있을 때, 동일한 정책이라도 시기나 지역에 따라서 그 정책에 대한 집행이 바뀔 수 있다. 예컨대, 1950년대 우리나라 평생교육은 의무교육

완성 6개년 계획, 문맹퇴치 5개년 계획 등의 시행을 통한 문해교육 및 성인기초교육에 초점이 맞춰졌으나, 1980년대 이후 정규 중 · 고등학교의 취학 기회 확대와 산업구조의 고도화에 따른 고급인력의 수요가 증대되어 방송통신대학, 독학학위제 등을 통해 고등교육의 기회 확대 중심정책이 집행되었다.

정책의 성공적 집행을 위해서는 정책의 내용을 국민에게 전파하는 매스컴의 지지와 협력이 절대적으로 필요하다. 우선 정책 집행은 일반 국민의 관심과 지지의 정도에 따라 많은 영향을 받는다. 한 예로, 새마을운동은 전 국민의 관심과 지지로 성공한 대표적인 정책이라 할 수 있다. 또한 정책 집행은 신문, 잡지, TV, 라디오 등 대중매체에 의해 많은 영향을 받는데, 이러한 대중매체의 관심 정도가 깊고 지속적일 때 그 정책의 집행에 크게 기여하기도 하고, 경우에 따라서는 그 관심의 정도가 낮아서 문제를 취급하는 빈도가 비지속적이고 단편적으로 되어 정책 집행에 많은 지장을 주기도 한다.

(3) 집행기관

집행기관과 관련된 요인은 정책 집행에 가장 직접적으로 영향을 미치는 요인이다(노화준, 2007). 집행기관과 관련된 요인의 구체적인 예로는 첫째, 집행기관의 내부 구조가 계층적으로 잘 통합되어 있는지의 여부는 집행에 영향을 미치는 주요 요인이다. 둘째, 집행 담당기관의 성격은 집행의 효율성에 직접적인 영향을 미친다. 이를 위해 특정한 정책목표에 합치되는 정책 성향을 가지고 새로운 사업에 우선순위를 부여할 용의가 있는 기관에 집행을 맡기든지, 아니면 새로운 집행기관을 우선 신설하는 방법이 있다. 우리나라의 경우, 평생교육정척 실현의 조직적 역량을 높이고 정책의 분석 · 평가 시스템을 체계적으로 수행하기 위해 평생교육진흥원을 설립한 것이 그 예가 되겠다. 셋째, 정책 집행 담당기관의 책임자가 해당 정책에 대하여 적극적인 관심이나 정책적인 힘을 갖고 있을 때 정책 집행의 성공 가능성은 높아진다. 넷째, 정책 집행과 관련된 중앙정부기관 및 관련 기관의 협조관계가 원만할 때 정책 집행의 성공 가능성은 높아진다. 다섯째, 일선 행정기관의 집행 담당자가 정책에 순응할 수 있도록 하는 유인책의 존재 여부, 정책에 대한 일선 정책 집행자의 신념 정도, 그리고 명확한 업무수행 지침에 기초하여 일선 정책 집행자가 불확실한 상황에서 일상적으로 업무를 수행할 수 있는지의 여부도 업무의 성공적인 집행에 영향을 미친다. 여섯째, 민간인 또는 민간기관이 얼마나 충실하게 정책에 순응하여 업무를 수행하느냐 하는 것이 정책 집행의 성공 여부에 큰 영향을 미친다.

4. 평생교육정책 집행의 유형

정책 집행의 유형은 크게 재량권의 성격 및 정책 형성자와 집행자 간의 관계에 따라 구분할 수 있다. 평생교육정책 집행의 유형도 여기에 따른다.

1) 재량권의 성격에 따른 유형 분류

Radway와 Mass(1949)는 정책 집행의 과정에서 행사할 수 있는 재량권의 성격에 따라 교육정책 집행의 유형을 다음과 같이 세 가지로 구분하였다(김종철, 1989에서 재인용). 첫 번째는 기술적 재량(technical discretion)이다. 이는 정책의 내용이 명확하여 집행자는 다만 기술적 전문성에 입각하여 약간의 재량이 허용되는 경우다. 따라서 기술적으로 협소한 것만 조금씩 바꿔 나가며 근본 체제는 그대로 해 나가는 것이다. 두 번째는 사회기획적 재량(discretion in social planning)이다. 이는 정책의 내용이나 정책 형성자의 지시 내용이 매우 포괄적이고 모호하며 정책 집행자의 재량이 매우 큰 경우다. 집행에서 정책의 목표 및 방향만 제시되고 실질적인 정책 내용은 정책 집행자에 의하여 결정되는 것과 다름없는 집행 유형이다. 마지막 재량권의 성격에 따른 정책 집행의 유형은 이해 조정적 재량(discrition in reconciliation of interests)이다. 이는 정책의 내용이나 정책 형성자의 지시 내용이 집행자의 재량에 더 많은 여지를 남겨 주고 있으며, 집행자는 집행과정에서 관련자 간의 이해관계를 조정할 수 있는 여지가 있다. 이는 현실 상황을 충분히 반영하면서도 정책의 본질적인 방향은 바꾸지 않는 유형이다.

Radway와 Mass의 재량권의 성격에 따른 정책 집행의 세 가지 유형은 평생교육정책의 집행에 있어서도 의미 있는 분류 틀을 제시해 주고 있다. 예를 들어, 청와대와 정부 여당과의 관계에 있어 교육과학기술부가 얼마나 평생교육정책 집행상의 재량권을 갖느냐, 또한 지방자치단체의 평생교육 행정부서는 지역적인 평생교육정책에 대하여 어느 정도의 집행 재량권을 가질 수 있을 것인가 등의 문제를 검토하는 데 있어 재량권에 따른 유형 분류는 좋은 개념 틀을 제시할 수 있다.

2) 정책 형성자와 집행자 간의 관계에 따른 유형 분류

McLaughlin(1976)은 정책의 집행과정에 관한 유형을 분석하면서 정책 형성자와 정책 집행자 간의 관계를 규명하였는데, 그 관계를 상호적응, 호선, 비집행 등 세 가지로 구분하였다. 상호적응(mutual adaptation)이란 정책 집행의 과정에서 정책 형성자나 집행자가 모두 서로의 조건 변화에 적응해 나가는 것을 의미한다. 즉, 교육정책의 목표를 원만히 이루기 위해 교육정책 집행과정에서 계획이 수정되는 경우다. 호선(互選, cooptation)은 교육정책 집행자가 집행과정에서 사업계획은 수정되지만, 그것을 수행할 수 있는 조직이나 인력 면의 변동은 이루어지지 않고 행·재정 지원의 미흡으로 정책이 공전하기 쉽고 형식만 갖추어 나가는 경우다. 비집행(non-implementation)이란 정책 형성자와 집행자 간의 상호 부적응 작용을 인하여 정책의 집행이 중단되거나 사업 참여자에게 외면당하는 경우를 의미한다.

McLaughlin의 정책 집행 개념화는 정책 집행을 구체적으로 분석하여 일반화한 것으로서 우리나라 평생교육정책의 집행에도 적용이 가능한 것임을 시사해 준다. 즉, 평생교육정책 형성자와 집행자가 서로 적응하고 평생교육 환경에 적극적으로 대응해 나가며 정책의 목표를 달성해 나가는 경우가 있다. 반면에 정책 환경의 변화 속에서 집행 면에서의 적응이 필요할 때 사업계획의 수정은 이루어지나 재정 등의 자원이 부족하여 정책목표를 원활히 성취하지 못하는 경우도 있고, 정책 집행이 전혀 이루어지지 못하는 경우 등으로 구분할 수 있다. 이와 같은 개념 틀은 우리나라 평생교육정책 집행의 사례 분석에도 적용할 수 있을 것이다.

5. 평생교육정책 집행의 순응과 불응

1) 정책순응과 불응의 개념

정책 집행에 있어서 순응이란 정책의 행동 규정에 일치하는 정책 행위자의 모든 행동을 말하며, 불응이란 순응과 대비되는 용어로서 그러한 규정과 일치하지 않는 행동을 의미한다(Young, 1979). 정책 집행과정에 참여하는 사람들에게는 정부의 권위를 지키고 정책 집행의 성공을 기하기 위하여 지켜야 할 행동 규정이 있기 마련이다. 이러한 행동 규정에 일치되는 행동을 하게 되면 순응이고, 일치되지 않은 행동을 하게 되면 불응인 것이다.

행동 변화와 관련하여 노화준(2007)에 따르면, 순응(compliance)은 정책 결정자의 의도나 정책 내용에 포함된 행동 규정에 대해 정책 집행자나 대상 집단의 일치된 행동을 뜻한다. 이는 단순히 행동 변화라는 관점에서 외적 행동 변화뿐만 아니라 내적 가치관의 변화까지 요구하는 수용(acceptation)과 비교된다. 반면에 불응(non-compliance)이란 그러한 정책 의도나 규정과 일치하지 않은 행동을 의미한다. 따라서 순응 또는 불응이란 정책이나 법규의 요구 사항을 정책 집행자나 정책 대상 집단이 어느 정도까지 따르는가의 문제이며, 현실적으로 완전한 순응인가 또는 완전한 불응인가의 양자택일의 문제가 아니라 연속 선상에서 순응 정도의 상대적인 차이라고 할 수 있다.

어떠한 정책이 형성된 다음 그것을 집행하는 단계에서 관료 조직 구성원을 포함한 정책 집행자가 정책의 취지를 이해하고 마음으로부터 그것을 받아들이면서 적극적으로 정책을 추진하는 것과 그렇지 않은 경우가 있다. 실제로 단순한 상하관계나 지배복종관계에서 형식적으로만 집행하는 경우가 많다. 결과적으로 집행과정에서의 순응과 불응은 종종 정책의 성패를 좌우하는 요소로 등장할 수 있다.

2) 정책 순응과 불응의 요인

Anderson(2003)에 따르면 다음과 같은 경우 집행자는 정책에 순응하게 된다.

① 정책 집행자는 정책의 정당성에 대한 믿음이 확고히 서 있다. 권위에 대한 정통성은 정부의 행정과정이 올바르고 정당하게 진행되는 경우에 부여되며, 이러한 정통성에 대한 존경은 정부의 권위에 복종하게 만들어 정책에 순응하도록 한다.

② 성공적인 합리적 및 의식적 설득이 성과를 거둔다. 자신의 이익과 정부의 정책이 상호 배치된다고 느끼는 사람도 다른 사람의 설득을 통해 그 정책이 합리적이고 필요불가결하여 정당한 것이라고 이해하게 되면 기꺼이 순응할 수 있다.

③ 집행자의 개인적 이득이 수반되어 있다. 정부가 추진하려고 하는 정책이 자신의 이해관계에 손해를 가져올 우려가 있을 경우라도 국가와 사회가 처한 상황이나 정책환경이 그 정책의 추진을 불가피하게 할 경우 순응하게 된다.

④ 강제성이 수반되며, 정책에 불응하면 처벌 또는 제재를 받게 될 가능성이

있다. 특정 정책에 복종하지 않으면 벌금이나 기타 여러 가지 처벌을 받기 때문에 순응하게 되는 경우가 많다.

⑤ 정책의 집행이 장기간에 걸쳐 지속적으로 이루어지는 경우에 순응하게 된다.

한편 Anderson(1979)과 Coombs(1981)는 다음과 같은 경우에 집행자가 불응하게 된다고 하였다.

① 새로운 정책의 집행이 사회나 집행자 자신의 기존 가치 체계와 대립된다.
② 정책에 불응함으로써 금전적 이득을 얻을 수 있다는 타산이 앞선다.
③ 정책의 목표나 내용이 모호하거나 그 집행 기준의 일관성이 없다.
④ 집행상의 기술적인 제약성, 정책목표 개념의 복잡성, 집행과정상의 의사 전달 미흡 등으로 정책 형성자의 의도가 제대로 전달되지 못한다.
⑤ 집행자의 능력에 결함이 있거나, 자원이 부족하거나, 불신 풍조가 만연하거나 하는 등 집행자 자체나 정책 집행의 환경에 문제가 있다.

이러한 정책 불응의 결과는 다음과 같은 양태로 나타난다(김종철, 1989).

① 집행과정에서 의사 전달에 대한 고의적 조작을 가한다. 정책 집행자가 선별적으로 내용을 전달하거나 그 시기를 늦춤으로써 고의적인 훼방을 가할 수 있다.
② 정책 결정자는 집행자에 비하여 재임 기간이 짧다는 것을 이용하여 집행을 유보하거나 고의로 지연함으로써 결정권자가 바뀌면 그 정책이 유야무야 되도록 한다.
③ 주어진 집행재량권을 이용하여 정책의 목표나 내용 일부를 임의로 변경하여 정책을 특정 방향으로 유도한다.

④ 여러 가지 구실을 대어 정책에 불응한다.
⑤ 형식적으로는 순응하는 체하면서 실제적으로는 불응한다.
⑥ 집행자가 전문 기술을 동원하여 정책 집행에 전념하는 대신 전문 지식과 기술을 이용하여 전문적 판단 또는 기술상의 난점 등을 근거로 정책을 취소하도록 행동을 취한다.

이처럼 여러 가지 형태로 불응을 나타냄으로써 교육정책의 집행이 실패로 끝나게 할 수 있다. 따라서 불응 요인을 제거 완화하고, 순응을 촉진할 필요가 있다. 완벽한 순응을 위해서는 다음과 같은 선행 조건이 필요하다(Hogwood & Gunn, 1984).

① 집행에 필요한 환경을 위해 제약 조건이 없어야 한다.
② 적절한 시간과 충분한 자원이 활용 가능해야 한다.
③ 필요한 자원이 적절하게 배합되어야 한다.
④ 정책 집행은 인과관계의 타당한 이론에 근거해야 한다.
⑤ 정책 목적이나 목표에 대한 이해와 합의가 있어야 한다.
⑥ 집행 과업이 정확한 순서로 명시화되어야 한다.
⑦ 완전한 의사소통과 협조가 있어야 한다.
⑧ 권력자는 완전한 순응을 요구할 수 있는 힘이 있어야 한다.

지금까지 살펴본 대로, 정책 내용이 제대로 설계되었다 하더라도 정책 집행과정 중에 문제에 부딪히는 경우도 많다. 따라서 정책 형성자 및 집행자, 정책 대상 집단의 긴밀한 관계 조성 및 이들의 동의와 이해를 구하는 순응과정은 정책의 성공적인 집행을 위해서 필수적이다.

3) 평생교육정책의 순응 확보 방안

노화준(2007)에 따르면, 정책 순응의 확보 방안은 정책문제별로 불응의 원인에 대해 체계적으로 분석함으로써 강구될 수 있으며, 이러한 분석 결과는 정책의 개발 및 결정 단계와 정책 집행의 효율화를 위한 개선 방안의 제시 단계에서 활용될 수 있다. 실제로 학교 내의 평생교육정책뿐만 아니라 학교 외의 다른 평생교육기관, 예를 들어 학력인정 평생교육시설학교에서 집행되는 정책의 완벽한 집행을 위한 선행 조건은 불응 원인별로 분석하여 처방할 수 있다. 평생교육정책 집행의 순응을 증가시키기 위한 방안을 몇 가지 제시해 보면 다음과 같다.

첫째, 불분명한 의사전달에 기인한 불응은 비교적 쉽게 극복될 수 있다. 공문서 외에 매뉴얼을 보급하는 등 더욱 분명하고 효과적인 전달수단을 사용하여 정책 내용을 이해하기 쉽게 전달해야 할 것이다.

둘째, 부족한 자원에 기인한 불응에는 좀 더 구체적인 지원이 필요하다. 예를 들어, 정규 학교에 비해 학력인정 평생교육시설학교의 경우 개인설립자에 대한 지원이 열악하여 재정적인 어려움을 가진다. 그리고 임대시설로 인해 교육이 불안정하고 유해환경에 노출되어 있으며, 공공성과 투명성도 취약한 상태다. 또한 시 · 도 교육청의 규제로 학생모집의 어려움을 가지고 있으며 법체계의 이원성도 가지고 있다. 평생교육법상 설립 조항만 있고 운영에 대한 구체적인 규제 조항이나 적용 조항이 없는데다가 초 · 중등교육법을 적용할 수 있는 것도 아니므로 지도감독에 한계가 있다. 이러한 불응을 유발하는 상황은 국회에서 필요한 자원의 조달 능력을 고려하지 않고 대상 집단에 의무를 부과하는 법률안을 제정하는 경우에 발생한다. 따라서 학력인정 평생교육시설학교에 대한 평생교육법 관계 법령의 보완이 필요하다. 자금이 불충분한 경우에는 충분한 예산을 지원하며, 인력이 부족한 경우에는 적절한 훈련 대책을 세워야 한다. 그러나 이와 같은 자원을 공급할 수 없을 경우에는 정책 자체를 좀 더 현실을 반영하여 수정하여야 할 것이다.

셋째, 부적절한 정책에 기인한 불응은 정책목표의 타당성을 재검토하여 수정하고, 국민의 가치관 변화를 유도하여 정부에 대한 신뢰를 높임으로써 정부가 하고자 하는 일이 옳고 정당하다는 확신을 가지도록 홍보를 강화하여 정책목표에 대한 긍정적 가치를 부여하도록 해야 한다. 예를 들어, 학력인정 평생교육시설학교의 경우 설립운영에 대한 법체계 정비와 학교 특성과 성격을 명료화하여야 한다. 만일 건전하고 투명한 운영이 목적이라면 법인화함으로써 초·중등학교법에 의한 각종학교로 흡수하는 방안도 고려해 볼 수 있다. 만일 규정된 행태의 효과에 대한 믿음이 문제가 된다면 새로운 증거를 제시하거나 전문가의 설득을 통하여 목표와 수단 간의 인과 관계에 대한 신뢰를 높여야 한다. 때로는 정책수단에 대한 수정 또는 새로운 관행을 채택함으로써 순응에 기여할 수도 있다.

넷째, 순응에 수반되는 부담에 기인하는 불응은 순응의 편익이 불응에 따른 비용보다 더 크도록 하는 유인체제나 제재의 체제를 수정·보완하여 정책 내용에 반영할 수 있을 것이다. 또한 권위에 대한 불신에 기인한 불응은 장기적으로 정부의 권위를 높일 수 있는 전략을 모색하여 시행하는 한편, 시민과 공직자 모두가 정책이 정당하기 때문에 복종한다는 믿음을 가지도록 하는 정교하고도 효율적인 사회화 과정을 개발하여야 할 것이다.

제7장

평생교육정책의 평가

1. 평생교육정책 평가의 의미

평가(evaluation)란 일반적으로 어떠한 사물이나 사람, 행위 등의 장점, 가치, 영향력 등에 대해 특정한 준거를 적용하여 체계적으로 검증하는 과정을 의미한다. Wholey 등(1979)은 국가의 정책이 목적을 달성했는지에 대한 전반적인 효과성을 검증하는 것을 정책 평가라고 정의하였다. Dye(2008)는 정책 평가를 어떤 정책의 과정이나 내용을 이해하고, 그 가치를 판단하는 사회적인 과정이라고 정의했다. 그는 정책의 영향력은 실생활에 미치는 모든 효과를 의미한다고 하면서 평가 영역을 다음과 같이 다섯 가지로 구분하였다.

① 목표 상황 혹은 목표 집단의 영향력을 측정한다.
② 목표 상황이나 목표 집단 외의 다른 상황 혹은 집단에의 영향력을 검증한다.
③ 근시적 및 거시적 상황에 대한 영향력을 평가한다.

④ 정책을 수행하는 데 있어서의 직접적인 비용을 평가한다.
⑤ 기회비용 등의 간접적인 비용을 측정한다.

이상의 다섯 가지는 정책 평가의 과정에 참여하거나 그 평가의 결과를 활용하는 사람들이 처한 입장과 관심에 따라서 정책 평가라는 용어는 여러 가지 의미로 사용된다. 정책 평가의 또 다른 정의는 Anderson(1979)이 제시한 대로 정책의 내용, 집행 및 그 영향 등을 추정하거나 측정 또는 평정하기 위하여 체계적 연구방법을 응용하는 것이라 할 수 있다.

이러한 다양한 정의를 종합해 보면, 정책 평가란 바람직한 사회를 만들기 위한 정부 개입의 과정, 정부 개입에 의하여 산출되는 산출물 및 그 결과의 장점, 유용성, 가치 등을 정책의 집행과정과 집행이 이루어진 후에 사회과학적인 방법을 포함한 다양한 방법으로 정밀하게 사정하여 미래의 정책 결정 및 집행에 반영하려는 회고적 작업이나 활용이다(노화준, 2007).

특히 교육정책 평가에 대해서 정일환(2003)은 교육정책 과정에서 교육정책 집행이 일어난 이후에 집행과정이나 정책 결과를 대상으로 정책 평가의 준거를 바탕으로 분석하고 판단하는 지적 활동이라고 하였다. 한편 김종철(1989)은 교육정책의 평가를 사회적, 공공적, 조직적 활동으로서의 교육에 대한 기본 지침에 관하여 합리적인 준거를 바탕으로 그 합리성을 점검하는 일련의 과정이라 하였다. 그에 따르면, 이러한 교육정책 평가는 다음과 같은 성격이 있다.

① 교육정책 평가는 교육정책의 형성, 집행 및 집행 후 등 다양한 과정에 대하여 평가를 실시할 수 있다.
② 교육정책의 평가는 어떠한 준거에 의한 가치판단의 뜻을 내포한다.
③ 교육정책의 평가는 다른 일반적 평가활동과 마찬가지로 합리적 과정이며, 과학적인 문제 해결방식과 반성적 사고방식을 그 본질로 한다.
④ 교육정책의 평가는 본질적으로 하나의 사회적 과정이라 할 수 있다. 그것

은 교육정책이 하나의 사회적 · 정치적 과정을 거쳐서 형성되고 집행되는 과정에서 어디서 무엇이 잘못되고 무엇이 제대로 이루어졌는가를 주로 사후적, 회고적으로 검증해 보려는 것이다. 그것은 일련의 가치와 인간관계 속에서의 가치의 서열화와 선호도를 변별하는 작업의 과정이다.

⑤ 교육정책의 평가에서는 교육정책의 과정을 하나의 순환과정으로 파악하려는 입장을 취한다.

평생교육정책 평가 역시 특정의 평생교육정책이 형성되고 집행된 후까지에 이르는 제반 정책과정에 있어서 정책 평가자의 일정한 준거가치 기준에 얼마나 부합된 성과를 거두었는가를 사회과학적인 기법을 활용하여 측정하는 일련의 과정이라고 정의할 수 있다.

2. 평생교육정책 평가의 준거

교육정책이나 프로그램을 평가하는 데 사용되는 기준은 평가자에 따라서 그리고 강조하는 바가 무엇이냐에 따라서 다양할 수 있다. Schuman(1967)은 정책 평가의 기준을 노력(effort), 성과(performance), 충족성(adequacy), 능률성(efficiency), 과정(process) 등으로 나누어 분류하였다. 여기서 노력은 결과를 고려하지 않고 사업활동에 투자한 질적 혹은 양적 투입이나 에너지를, 충족성은 성과가 전체적인 요구를 어느 정도 충족하였는지를, 능률성은 투입과 관련지어 본 경제적 효율을 의미한다(김종철, 1989). Nakamura와 Smallwood (1980)은 목표달성(goal attainment), 능률성, 주민 만족도(constituency satisfaction), 수혜자의 대응성(clientele responsiveness), 체제 유지(system maintenance) 등을 정책 평가의 기준으로 제시하였다.

이렇게 앞서 제시된 여러 기준을 종합할 만한 기준은 Dunn(1981)에 의해 정리되었는데, 그는 정책 평가의 기준으로 효과성, 효율성, 충족성, 대응성, 공정성, 적절성 등 6개 기준을 제시하였다. Dunn(1981)이 제시한 기준에 대하여 간단히 설명하고자 한다.

1) 효과성

효과성(effectiveness)이란 가치 있는 결과가 성취되었는가, 즉 목표성취 정도에 초점을 둔 정책 평가의 대표적 기준이다. 이는 노력 그 자체보다 노력의 결과를 중시하며, 바로 한 단계 상위에 있는 목표를 달성하기 위하여 어느 정도의 활동이 실제로 이루어졌는지, 이러한 변화는 원래 의도했던 것인가 등에 초점을 둔다. 평생교육정책의 평가에 있어서 정책목표가 효과적으로 달성되었는지를 검토하는 것은 논리적으로 당연하다. 교육정책의 목표가 구체적이거나 명료하지 못한 경우에도 일단 평생교육정책 목표의 성취 정도를 검토해 보는 것이 순리다. 따라서 효과성은 정책 평가에서 우선으로 고려되어야 할 준거라 하겠다.

2) 효율성

효율성(efficiency)이란 정책목표를 달성하거나 혹은 의도한 정책 영향에 투입된 것을 산출된 비율로 판단하는 것이다. 즉, 비용과 관련지어 본 정책 대안에 대한 평가로서 투입과 산출의 비율을 의미한다. 따라서 수단의 극대화를 강조하며, 기술적 · 양적인 방법을 중시한다. 그 예로 단위비용, 순수익, 비용-수익률 등을 들 수 있다. 일반적으로 평생교육정책에서의 산출은 뚜렷하지 않기 때문에 효율성을 평가 · 분석하기에는 많은 어려움이 따른다. 따라서 효율성의 산출 대안으로 지표를 사용하기도 한다. 효율성은 평생교육정책을 평가하는 데 있어서 사람, 돈, 시간 등의 자원을 좀 더 절약하여 활용하고자 하는 것이 당연하며, 그러한 경제적 효율성이 정책 평가의 주요 준거 가운데 하나가 되는 것도 당연한 일이라고 할 수 있다.

3) 충족성

충족성(adequacy)은 평생교육정책의 목표와 성과의 달성이 문제의 해결에 충족했느냐의 여부와 목표달성의 과정, 즉 집행과정에서 동원된 정책수단이 목표를 성취하는 데 있어서 충족하였느냐의 여부와 관련하여 중요한 기준이 된다. 정책수단의 충족성은 주로 사람, 돈, 시간 등 자원 면에서의 충족성이 주요 관심사가 된다. 성과의 정도가 전체 욕구 수준에 어느 정도 부합하느냐 하는 기준의 충족성은 평생교육정책 결정자나 집행자가 그들의 목표를 얼마나 높이 설정하느냐에 따라서 달라질 수 있는 상대적인 측정이다. 이는 가치 있는 결과가 어느 정도 문제를 해결할 수 있는가에 초점을 둔다.

4) 공정성

공정성(equity)은 교육비용과 수익이 여러 집단 사이에 공정하게 배분되었는가를 문제 삼는다. 교육정책 집행이나 운영에 있어서 남녀 간, 지역 간, 계층 간에 균형이 이루어져야 하며, 기회균등의 원리가 보장되어야 한다는 것이다. 교육의 기회균등은 교육에 접근할 수 있는 기회의 균등, 교육 여건 면에서의 기회균등 보장 등으로 교육의 혜택 면에서도 남녀 간, 계층 간, 인종 간에 불평등이 배제되어야 한다고 본다. 이와 같은 교육 기회균등의 원리를 평생교육정책의 목표 설정, 정책수단의 동원 등에서 보장함으로써 평생교육정책의 성과 면에서 균형의 원리가 보장되어야 한다는 것이다(김종철, 1989).

5) 대응성

대응성(responsiveness)은 성취된 평생교육정책 결과가 교육과 관련된 집단의 요구, 선호, 가치 등을 어느 정도 만족시켜 주었는가를 문제 삼는 것으로서 평생교육정책이 수혜자에게 실제로 얼마나 대응하느냐에 초점을 둔다. 즉, 수혜자라는 특정 집단을 대상으로 실제로, 그리고 정책적으로 어떤 혜택을 받았으며 그 혜택이 이들의 인지된 욕구에 얼마나 잘 대응하였는가가 핵심이다. 따라서 정책의 대응성은 주로 주민의 만족도나 수혜자의 호응이나 만족 등을 의미한다. 전체 주민의 대응성은 교육정책에 대한 민주사회의 여론을 반영하는 것이며, 학습자의 호응과 만족은 수혜집단의 대응성을 의미한다. 민주사회에서 평생교육정책이 주민의 호응과 지지를 당연히 받아야 한다는 점에서 대응성은 민주사회의 평생교육정책을 평가하는 데 있어서 중요한 기준의 하나가 될 수 있다.

6) 적절성

적절성(appropriateness)은 정책목표나 그 목표 달성을 위하여 동원되는 정책수단 및 방법이 적절한 것이냐, 사회적으로 타당하고 적합한 것이냐 하는 것을 의미한다. 즉, 적절성은 평생교육정책의 결과를 산출하기 위한 수단, 방법, 참여비율 등 여러 측면에서 사회동의를 얻을 수 있는 정도를 의미하며, 결과보다는 과정 측면을 중시하는 평가 기준이다.

3. 평생교육정책 평가의 유형

평생교육정책을 포함한 제반 정책 평가는 일반적으로 평가자가 누구인가에 따라 자체 평가, 내부 평가, 외부 평가 등으로 나눌 수 있고, 평가의 단계에 따라 사전 평가(ante-evaluation), 과정 평가(process evaluation), 사후 평가(post-evaluation) 등으로 나눌 수 있다. 또한 평가를 수행하는 횟수에 따라 종합 평가, 수시 평가, 주기적 평가 등으로, 혹은 평가 성격에 따라 형성적 평가(formative evaluation), 총괄적 평가(summative evaluation)로 나눌 수 있으며, 평가 내용에 따라 과정 평가, 평가성 사정, 정책영향 평가, 프로그램 전략 평가, 효율성 평가, 적합성 평가 등으로 나눌 수 있다. 여기에서는 평가 성격에 따른 유형과 평가 내용에 따른 유형에 대해 간단히 기술하고자 한다(김종철, 1989).

1) 교육정책 과정의 단계에 따른 유형

교육정책 과정은 크게 정책 형성과정, 정책 집행과정, 정책 집행 후 과정으로 나누어진다. 따라서 평생교육정책 평가도 이 단계에 따라 시행될 수 있다. 첫째는 정책 형성과정에서 시행되는 사전 평가다. 이것은 평생교육정책이 형성되기 이전에 정책의 수요를 분석하고, 목표를 설정한다거나 정책의 대안을 검증하고 그 실현 가능성을 검토하는 등 정책 분석의 차원에서 이루어지는 정책 평가를 의미하는 것이다.

두 번째는 정책 집행과정에서 교육정책이 애초 의도했던 대로 순조롭게 집행되고 있는가, 수혜대상이나 재정지원 등 여러 측면에서 계획대로 차질 없이 추진되고 있는가, 기타 집행과정에서 일어나고 있는 문제점과 애로점 등을 포함해서 집행의 효율성 제고를 목표로 평가활동을 추진할 수 있다. 이러한 일련의 평가활동은 집행과정에서 시행되는 만큼 정책의 집행 평가로 간주할 수 있다. 이때에 정책 형성과정에서 제시된 목표와 계획 등에 대해서도 평가가 되는 것은 당연하다.

세 번째는 교육정책의 집행 이후에 교육정책의 성과를 평가할 수 있다. 이 정책 집행 후 과정에서의 평가는 교육정책이 소기의 목표와 성과를 달성했느냐를 검토할 뿐만 아니라 교육정책의 형성 및 집행의 과정에서 무엇이 어떻게 잘못되었는가를 검토해 보는 것까지를 포함하게 된다. 따라서 정책 집행 후에 정책 형성 및 집행과정을 재검토하고 정책의 성과나 영향을 분석 검토하는 것은 평생교육정책 평가의 핵심이며, 이 단계에서의 정책 평가가 가장 중요한 것임은 분명하다.

2) 평가 내용의 성격에 따른 유형

평생교육정책 평가는 그 평가 내용의 성격이 주로 정책의 과정을 다루는 것이냐, 혹은 정책의 성과와 영향 등에 중점을 두는 것이냐에 따라서 정책과정 평가와 정책효과 평가로 구분할 수 있다.

우선 평생교육정책 과정 평가는 정책 집행과정에서 그 집행이 원래 의도대로 있는가를 알아보는 뜻에서의 집행과정 평가를 생각할 수 있다. 그리고 사후 평가로서의 정책과정 평가는 정책의 형성과정이나 집행과정에 대해서 평가하는 것이다. 하지만 정책의 형성과정이나 집행과정에 대한 평가는 그 속성상 분명하거나 구체적으로 밝히기 어려운 것이 사실이다.

사후 평가로서의 평생교육정책의 효과 평가는 정책이 집행된 다음 그 효과를 평가하는 것으로서 크게 정책의 성과가 무엇이냐를 가늠하는 성과 평가와 그 영향이 무엇이냐를 밝히는 영향 평가로 구분할 수 있다. 영향은 성과보다 넓고 긴 안목에서 본 효과를 의미한다.

3) 평가자의 구분에 의한 유형

평생교육정책의 평가는 평가자가 누구냐에 따라 자체 평가, 내부 평가, 외부 평가 등으로 구분할 수 있다. 자체 평가는 정책집행기관 자체가 평가를 담당하는 경우다. 평생교육정책 자체 평가는 교육과학기술부나 지방자치단체 등에 의하여 행해질 수 있다. 내부 평가는 자체 평가와 일치될 수도 있고, 완전히 일치되지 않을 수도 있다. 그것은 행정조직 내부의 인사에 의해서 이루어지는 평가를 의미한다. 하지만 내부 평가와 자체 평가의 한계가 분명치 않을 수도 있으므로 크게 내부 평가와 외부 평가만을 구분할 수도 있다. 내부 평가는 비교적 쉬운 방법이지만 그 전문성과 공정성이 문제시 될 수 있는 반면에, 외부 평가는 경비 등의 문제가 있고 관리상 어려운 점이 발생할 수도 있다.

4. 평생교육정책 평가의 기법

평생교육정책을 평가하는 조직적인 기법은 실로 다양하며, 실제적인 정책 평가를 위하여 각각의 정책 평가기법의 특성을 아는 것은 매우 중요하다. 여기에서는 전-후 연구, 모델링, 실험적 방법, 준실험적 방법에 대하여 기술하고자 한다(김종철, 1989; Hogwood & Gunn, 1984).

1) 전-후 연구

전-후 연구(before-and-after studies)는 정책 집행이 시작되기 전의 상황과 정책 집행 후의 결과를 비교하는 개념이다. 전-후 연구는 정책과정에서 정책 집행 결과에 어떤 요인이 영향을 미쳤는가를 조사하는 데 필요하다. 만일 정책을 평가하기 위한 과거의 자료가 없다면 평가하기 전에 정책의 타당성을 제시하기 어렵거니와 심지어 정책 전후의 단순 차이를 보여 주는 비교도 불가능하다. 이런 상황에서는 정책 참여자에게 이전 상태를 회상하도록 물어야 한다. 이러한 방법은 잘못된 회상에서 오류를 범할 수도 있지만, 이러한 상황이 불가피하다면 자료가 전혀 없을 때보다는 더 유용할 수도 있다.

2) 모델링

전-후 연구가 갖는 문제점을 최소화하기 위하여 보완적인 방법으로 활용되는 것이 모델링(modeling) 기법이다. 이 방법은 성공한 정책 프로그램을 모델링하는 것으로 모델이 되는 정책 프로그램은 프로그램 산출이나 프로그램 성과에 영향을 미치는 변화를 포함하고 있다. 이 모델링 기법은 정책이 사전에 평가받을 수 있도록 설계되어 있지 않을 때에 활용할 수 있는 가장 적합한 방법이다.

3) 실험적 방법

실험적 방법(experimental method)은 특정 정책을 평가하는데, 그 정책의 적용을 받는 실험집단과 정책의 적용을 받지 않는 통제집단 사이의 영향 차이를 검증함으로써 그 정책의 영향을 평가하는 방법이다.

실험적 방법은 특정 정책의 영향을 받는 실험집단과 영향을 받지 않는 통제집단을 설정하고 양 집단의 변화를 비교한 후에 그 변화가 특정 정책의 영향에 의한 것임을 입증하는 연구 절차다. 실험적 방법을 적용하여 평가할 수 있는 경우에는 정책의 성과를 좀 더 정확히 검증할 수 있는 장점이 있다. 그러나 이 방법의 실제 적용에는 한계가 있으며 특정 정책이 실험적으로 도입되고 있는 단계에서만 그 효용성을 평가할 수 있다.

4) 준실험적 방법

일반적으로 정책 대상 집단은 비동질적인 경우가 많고 또 실험적 방법의 적용을 허용하지 않는 경우가 더 많다. 이때에 준실험적 방법(quasi-experimental method)이 활용된다. 비실험적 방법은 크게 비교분석, 전문가에 의한 판단, 비용-수익 분석, 사회지표의 활용 등으로 나눌 수 있다.

첫째, 비교분석(comparative analysis)은 평생교육정책의 평가에 있어서 비교교육적 자료를 활용하는 것이다. 예컨대, 주요 외국과의 국제적 비교는 정책의 성과를 평가하는 흔한 방법이다. 그러나 국제적 비교 분석은 평생교육정책의 환경이나 배경이 다를 수 있기 때문에 여러 나라 사이의 비교에 한계가 있을 뿐만 아니라 비교 기준도 서로 다를 수 있어 문제점이 파생될 수도 있다.

둘째, 전문가에 의한 판단은 평생교육정책 평가에서 가장 많이 활용되는 방법이다. 전문가들은 정책의 목표와 방향, 그 성과 등에 대하여 넓고 깊은 시야와 통찰력을 갖고 있다. 전문가들의 판단은 비록 주관적이라고 할지라도 정책적으로는 의의가 있다. 특히 다양한 정책 변인과 관련하여 정책의 평가 기준과 준거에 의하여 평가하는 것은 전문가의 식견과 통찰력이 주요 역할을 담당한다고 할 수 있다.

셋째, 비용 수익 분석(cost-benefit analysis)은 특정의 정책 대안에 소요된 경비와 그 정책으로 인하여 얻어진 수익을 비교하여 수익이 비용에 비하여 얼마나 컸는가를 비교하는 방법이다. 비용 수익 분석에서 가장 중요한 것은 분석 대상이 화폐 단위로 측정되어야 한다는 것이고, 그 화폐의 가치가 시간에 따라 변화한다는 데 있다. 그러기 때문에 주로 교육투자 중심의 예산 결정 상황에서 활용되는 경우가 많다. 그리고 시간을 변수로 해서 화폐의 가치가 변화함에 따라 그 변화 정도를 정확히 파악하는 것이 평가 결과의 핵심 사항이 된다.

비용 수익 분석 방법에서의 경제성 분석은 사회 전체적인 입장에서 비용과 수익을 분석하는 경우다. 이 분석은 공공투자 사업의 경우 사회 전체에 미치는 효과를 경제적인 관점에서 분석하는 것이다. 경제성 분석이 가지는 의의는 사회 전체의 입장에서 경제성이 없는 투자사업의 억제와 투자사업의 부실을 사전에 예방할 수 있고, 투자사업에 필요한 자료를 체계적으로 분석하고 제공한다는 것이다.

넷째, 사회지표(social indicators)의 활용은 경제지표(economic indicators)와 대조되는 개념으로서 주택, 교육, 문화, 보건 등 사회발전의 정도를 나타내는 척도를 의미한다. 이 중에서 취학률, 진학률, 교사 대 학생 비율, 성인학습자의 평생교육 참여율 등의 교육지표나 교육에 관련된 사회지표는 정책의 성과를 평가하는 데 있어서 널리 사용될 수 있는 중요한 척도다. 예컨대, 어떠한 평생교육정책이 교육의 기회를 균등화하고 국민 생활의 질을 향상하는 데 기여하였다면 그 성과는 크다고 할 수 있는데, 그러한 발전의 정도는 각종 사회지표의 활용으로 입증할 수 있는 성질의 것이다.

5. 평가 수행의 주체

평가를 누가 하느냐, 즉 평가 수행의 주체에 따라 평가 결과나 영향력이 다르게 나타날 수 있다. 정책 결정자와 평가자가 같은 경우에는 평가자, 정책 결정자와 정책 집행자 사이의 충돌은 일어나지 않는다.

1) 조직 내부 직원에 의한 평가

조직 내부 직원에 의한 평가는 정책이 집행되는 조직 내에서 이루어지는 것을 말한다. 이는 정책이 집행되는 행정조직의 내부 인사에 의한 평가를 뜻한다. 부서 안의 운영 직원에 의한 평가는 평가의 결과를 이용하거나 기존의 프로그램을 바꾸는 것을 포함한다. 따라서 운영 직원에 의한 평가 결과에 대해서는 조직 내에서 책임을 질 뿐만 아니라 최종 단계에서 정책 수정도 고려해 볼 수 있다. 또한 조직 내의 운영 직원에 의한 평가는 평가 결과를 통제하기가 비교적 용이하므로 대체로 이러한 방법이 선호된다. 운영 직원이 정책과 관련된 세부 프로그램에 대하여 상세한 지식을 가지고 평가한다는 점이 이 방법의 여러 장점 중의 하나이지만, 그러나 만약 담당 직원이 평가를 위한 특성화된 기술이 부족하다든지 혹은 상당수의 조직이 정책 집행에 관여하고 있는데도 하나의 조직만의 활동 결과를 가지고 평가하는 경우에는 평가 결과의 신뢰성에 문제가 제기될 수 있다.

2) 조직 내부 전문가에 의한 평가

정책 평가에서 가장 많이 활용되는 방법은 전문가 집단의 판단에 의거하는 것이다. 전문가들은 정책의 목표와 방향, 그 성과 등에 대하여 넓고 깊은 시야와 통찰력을 가질 것이 기대되고 있다. 그들의 전문적 판단은 비록 주관적인 것이라 할지라도 정책적으로 의의를 가진다. 특히 다양한 변인과 관련하여 정책의 사회적 적합성과 그 효율성을 더욱 정확히 판단하고 평가하는 것은 전문가의 식견과 통찰이라 할 수 있다. 특히 조직 내 다양한 활동에 관하여 평가하는 경우 특정 프로그램에 대한 선입견 없이 시행할 수 있다는 장점이 있다. 하지만 정책 평가를 조직 내의 인사에게 맡기는 경우 평가에 관한 객관성이 문제될 수도 있다.

3) 외부 인사에 의한 평가

외부 평가는 외부의 학문적 집단, 비영리 조직, 경영 컨설턴트와 같은 영리단체 등 정책 또는 프로그램의 행정조직 밖의 인사에 의한 평가를 뜻한다. 이는 정책 당사자의 위촉에 의해서 이루어지는 경우 혹은 순수한 연구의 목적으로서 제3자의 입장에서 평가를 하게 되는 경우가 있다.

정책을 평가할 때에 정책을 집행한 당사자도 평가되는 입장이기 때문에 내부에 평가를 위촉할 것인가 혹은 외부에 맡길 것인가의 고민이 있다. 이때에 고위 정책 결정자의 입장에서는 평가 결과가 해당 정책 책임자에게 위험 요소로 작용할 가능성이 있을 경우를 대비하여 객관성이 보장될 수 있는 평가 결과가 나오도록 외부 인사에게 위촉하고자 한다. 외부에 의한 조직 평가는 전문 지식에 기반을 두기 때문에 평가 결과에 대한 일반 국민의 신뢰도를 더 확보할 수 있을 것이다. 왜냐하면 권위 있는 외부 기관의 결과 보고는 좀 더 객관적인 것처럼 보이기 때문이다.

그러나 이러한 결과가 반드시 더 객관적인지에 대해서는 다시 검토해 보아야 한다. 우선 조직 내의 관점에서 외부적으로 정당하게 보이기 위해 조직의 권위에 의존하여 결과를 미리 결정하고 평가 가이드라인을 제시할지도 모른다. 특히 경영 컨설턴트는 이런 종류의 합법화에 결부되는 경우가 많다. 다음으로 외부 평가기관이 후속적인 차후 계약을 염두에 두고서 정책 프로그램 결과에 대한 해석을 평가 의뢰 기관의 마음에 들도록 평가할 수도 있다.

4) 재정부서나 입법기관에 의한 평가

정책 입안자는 해당 정책의 효과를 홍보하는 데 관심을 갖거나 반대로 실패한 정책 프로그램이 외부에 드러나는 것을 두려워할 수 있기 때문에 재정 부서 혹은 입법기관에서 직접 평가하거나 외부 컨설턴트에게 평가를 의뢰하기도 한다.

6. 정책 평가의 활용

정책의 평가는 물리적 및 인적 투자에 의해 이루어지기 때문에 그 결과가 충분히 활용되어야 한다. 그럼에도 정책 평가의 결과는 그 활용도가 높지 않다. 그것은 다음과 같은 이유에서다(김종철, 1989).

① 정책을 집행하는 조직의 저항에 있다. 정책의 형성과 집행에 직접 참여했던 조직은 정책 평가를 통해서 자신들의 실책이나 책임질 수 있는 일이 드러나는 것을 꺼릴 수 있다.

② 정책 평가 방법론 자체의 미진함으로 인하여 정책 평가가 제대로 이루어지

지 않고 있다.

③ 정책 형성자와 집행자 등에게 정책 평가 결과를 주지하는 노력이 미흡할 뿐만 아니라 때로는 그러한 노력을 무산하려는 반작용이 가해지기도 한다.

④ 정책의 형성자, 집행자, 평가자가 서로 달라서 의사소통이 원활하지 않은 경우가 많다. 정책 평가자는 그 결과를 정책 형성자나 집행자에게 전달할 통로가 미진하거나 주저하는 경우가 많다. 특별한 계기가 마련되지 않는 한 평가자의 결과는 평가보고서 작성으로 그치고 만다.

⑤ 정책 평가의 결과가 부정적으로 나올 경우에는 정치적 효과 면에서 부정적으로 영향을 끼칠 수 있기 때문에, 이러한 결과는 정치권에서 환영을 받지 못하는 경우가 많다.

7. 정책 변동

1) 정책과정의 완결과 정책 변동

정책 평가의 결과에 따라 정책과정이 끝나고 이에 따라 나타나는 정책 변동 현상은 정책의 혁신, 정책의 유지, 정책의 계승, 정책의 종료 등 여러 가지 다양한 유형으로 나타난다(정일환, 2000; Hogwood & Gunn, 1984).

(1) 정책의 혁신

정책의 혁신(innovation)은 정책 평가의 결과가 완전히 부정적이어서 새로운 정책의 출현을 요구받는 경우를 의미한다. 정책의 혁신은 정책 환경이나 요구가 새롭게 조성되고 이것을 해결하기 위해 정책이 새롭게 결정되는 것으로 이를 위한 정책 자원이나 수단이 전혀 갖추어지지 않은 상태에서 새롭게 정책과정이 시작되는 경우다.

(2) 정책의 유지

정책의 유지(maintenance)는 정책 평가의 결과가 긍정적으로 판단되는 경우에 기존의 정책을 그대로 지속하는 것을 의미한다. 이는 정책의 기본 특성이 변하지 않는 것이기 때문에 정책 결정 후에 집행과정에서 일어나는 변화와 현재의 특수한 사정 등에 적응하기 위해서 일어나는 경우가 많다.

(3) 정책의 계승

정책의 계승(succession)은 정책 평가의 결과가 대부분 긍정적이지만 부정적인 요소가 나타날 경우에 현존하는 정책의 성격을 일부 바꾸는 것이다. 구체적으로 정책을 수정하고자 하는 경우 정책의 일부를 없애거나 새로운 부분을 추구하는 경우 정책을 없애고 새롭게 완전히 대체하는 것을 포함한다. 어느 경우든지 정책의 기본 목표는 변하지 않기 때문에 이를 정책의 계승이라고 한다. 정책 계승은 정책 유지와는 의미가 다르다. 이는 정책 계승이라는 관점에서 정책 목표는 변하지 않지만, 정책 수단인 집행 조직이나 예산 등이 변할 수 있기 때문이다.

Hogwood와 Peters(1983)는 정책 계승이 다음과 같은 다섯 가지 경우에서 가능하다고 하였다.

① 정부의 특정 분야 정책이 지속적으로 확장됨에 따라 이와는 완전히 다른 정책 활동이 발생할 가능성이 매우 낮아지거나 새로운 정책 제안이 현존하는 프로그램과 일부 중복되는 경우다.

② 정책 집행의 부작용으로 인하여 정책 프로그램의 변화를 요구하는 상황이 일어나는 경우다.

③ 지속적인 경제 성장과 재정적 환경으로 인하여 정책의 종료나 새로운 정책으로의 전환이 필요 없는 경우다.

④ 정책의 종료는 정책 평가의 결과가 부정적으로 판명되는 경우 현존하는 정책을 완전히 폐기하는 것으로서 정책 수단이 되는 자원과 예산을 완전히

없애고 이것을 대체할 다른 정책으로도 대체하지 않는 경우다.

⑤ 정책의 종료는 정부가 재정적 위기를 대처하기 위한 방안으로서 기존의 프로그램을 축소하거나 폐지하는 경우다.

(4) 정책의 종료

정책의 종료(termination)는 다음 몇 가지 의미를 포함한다.

① 정책의 기능적인 종식이다. 즉, 해당 정책이 더 이상 필요하지 않거나 비현실적일 경우 이로 인한 효과 발생의 종식을 의미한다.

② 구조적인 종결의 의미로 정책 집행기관의 활동을 중지하는 것을 뜻한다.

③ 정책의 종료는 의도적인 과정이다.

④ 정책의 종료는 정책과정 중에 일어나는 하나의 결정 형태다.

정책의 종료는 실제로 이를 수행하는 데 있어서 다음과 같은 이유로 적지 않은 어려움이 있다.

첫째는 지적 저항감이다. 사람들에게는 변화, 특히 축소나 소멸을 회피하려는 속성이 있다. 정책 종료의 경우 기존 정책을 지지하고 입안했던 사람들의 저항이 나타날 것이라는 것은 쉽게 예측할 수 있다. 정책의 종료란 어떤 이유에서건 기존 정책의 문제점이나 단점을 인정함으로써 시작되는 것이다. 그러나 정책이 초래한 단점의 노출은 곧 그들의 무능을 나타내거나 정책의 불필요성을 의미하는 것이기 때문에 어느 것으로도 평가받고 싶지 않은 이유로 저항감을 나타내는 것은 당연하다.

둘째는 정치적 동기의 부족이다. 정책의 종료는 과거의 잘못된 부분을 폐지하는 것인데 정치인은 과거의 잘못을 인정하기를 꺼린다. 오히려 정치인은 새로운 정책을 만들어 냄으로써 국민의 관심을 끌고 그들의 정치적 지지를 더 확고히 하려고 한다. 그러나 반대로 정책을 종결하여서 그들의 정책 의지를 과감하게 혁신하였다는 이미지를 주거나 거기에 배정되었던 예산을 감축함으로써 국민의 세금 부담을 덜어 준다는 의미에서 정책 종결은 국민의 지지를 받을 수도 있다. 하지만 그들에게는 뚜렷한 대상 집단을 목적으로 정책을 만드는 것이 훨씬 더 효과적으로 국민의 지지를 확보하는 방법이기 때문에 위험부담이 있는 정책 종결보다는 새로운 정책 형성에 더 많은 관심을 쏟을 가능성이 많다.

셋째는 조직의 영속성이다. 정책과 조직은 생길 때부터 상당 기간 지속하도록 설계된다. 더욱이 조직은 그들이 제공하는 서비스를 계속 유지하려고 하고 그들과 관련된 조직이나 정책과의 관계를 유지하려는 속성과 함께 조직이 처한 상황에 적극적으로 적응함으로써 존속하려 한다. 또한 조직은 자신의 존립에 크게 위협을 받기 전에 위협을 받는 이유를 미리 인식하고 그것에 대처하여 문제되는 부분을 해결함으로써 자진 축소되거나 종결되는 것을 방지하려고 노력한다. 한편 조직은 어떤 목적을 달성했다 해도 존속하기 위해서 또 다른 목적을 설정한다. 이와 같이 정책과 조직은 목표 달성과는 상관없이 어떤 상황에서도 스스로를 보호하고 유지하려는 속성을 가지므로 이들을 축소한다든가 종결하기가 쉽지 않다.

넷째는 조직의 역동적이고도 보수적인 경향이다. 조직과 정책은 서로 역동적으로 존재한다. 객관적으로 정책을 성공적으로 완수하는 것은 조직의 존재를 존속하게 하는 충분한 근거다. 그러나 문제를 해결하지 못하는 조직의 무능함은 정책 종료를 초래할 것 같지만 반대로 조직과 정책 사이에는 보수적인 성향을 보이게 된다.

다섯째는 정책 종료의 반대를 위한 정치적 연합 현상이다. 정책의 종료 때문에 영향을 받는 조직이나 정책으로 인해 지금까지 이익을 받아 온 사람들에 의한 정치적 연합은 정책 종료를 방해하는 요인이 된다. 정책 종료를 반대하는 사람이나 집단에 의한 정치적 연합은 정책과정의 다른 경우보다 훨씬 강력하게 나타난다. 왜냐하면 정책을 집행하던 사람들은 그들 자신의 지위에 대한 위협감 때문에 정책 종료에 반대하기 위해 강력하게 뭉칠 것이며, 정책으로 인해 이익을 보아 온 사람들은 정책 종결로 인해 당장 손해를 볼 것을 뻔히 알기 때문에 체계적이고 조직적인 방해운동을 벌이기 때문이다.

여섯째는 법적 장애물이다. 대부분의 정책과 조직은 법규에 근거하여 운영된다. 정책의 종료는 때로는 시급하게 이루어져야 할 경우도 있지만 그에 관련한 법의 폐지나 개정은 상당한 시간이 필요하며 절차를 따라야 하므로 정책 종료에 장애 요소가 된다.

일곱째는 높은 비용이다. 기존 정책에 투입된 비용은 정책을 종료하고 새로운 정책을 수립하는 데 장애 요인이 된다. 기존 정책을 수행하면서 들어간 비용이 많은 경우 새로운 정책이 이미 기존 정책에 투입된 비용을 능가할 정도로 능률적이어야 하는데 실제로 그런 경우는 그리 흔하지 않기 때문이다. 따라서 새로운 정책을 만드는 데 들어가는 비용과 노력이 정책의 종료를 반대하는 조직 집단을 설득하거나 그들과 타협하기 위해서 들어가는 것보다 더 클 경우가 많기 때문에 구태여 정책 종료를 시도하려고 하지 않는다.

여덟째는 부정적인 결과다. 정책 종료 후에 나타날 부정적인 결과는 종료의 장애가 된다. 즉, 정책 종료가 끝난 후 기존의 정책이 아무런 하자가 없음이 증명되거나, 종료한 후에 나타나는 결과가 집행하던 때보다 못한 경우에 대한 염려는 정책 종료의 방해 요인이 된다. 특히 정책 종료의 결과가 잘못된 것이라면 정책 종료에 의해 심각한 피해를 본 사람들에 대한 도덕적인 책임을 면하기 어렵다.

2) 정책 변동과정에서 고려할 문제

정책 변동, 특히 정책 계승과 종료에 있어서 우리가 신중히 검토해야 할 것은 정책이 계속되거나 종료될 시 불이익을 받는 사람에 대한 고려다. 가장 바람직한 것은 정책 종료로 인해 불이익을 받는 사람 또는 갈등이 전혀 없는 경우일 것이다. 하지만 정책 종료란 정책을 폐지하는 것이기 때문에 집행하던 관료는 자리를 박탈당하게 되며 혜택을 보던 사람들은 이익을 빼앗기는 결과가 필연적으로 초래된다. 따라서 어떻게 하면 이들에게 최소한의 충격을 주면서 정책을 종료할 것인가의 고려가 필요하다.

집행하던 정책의 계승이나 종료에 대한 필요성이 인식되어 결정되면 정책의 계승이나 종료를 실제로 어떻게 할 것인가를 우선 고려해야 한다. 즉, 정책의 계승이나 종료를 추진함에 있어서 예상되는 장애나 문제점은 무엇인가, 손실을 최소화하는 방법은 무엇인가, 가장 합리적인 방법은 무엇인가 등에 대한 검토가 선행되어야 한다. 정책의 계승이나 종료에 대한 기획 시에 우선 고려해야 할 것은 정책의 당위성, 실현성, 능률성 등에 비추어 정책이 계승되거나 종료되어야 하는 경우 혹은 그 반대의 경우를 판단할 수 있는 기준을 설정하는 것이다. 왜냐하면 전체적인 시각에서 볼 때 대상에 오른 정책 가운데 방치해도 좋은 정책을 잘못된 판단으로 계승하거나 종료하는 것을 미리 설정된 기준에 의하여 방지하는 것도 중요하기 때문이다(Hogwood & Gunn, 1984).

8. 평생교육정책의 평가 방향

정책 평가의 궁극적인 목적은 정책의 가치 창조에 대한 가능성을 높여서 더 좋은 사회를 만드는 것을 돕자는 데 있다. 평생교육정책의 평가는 국가적 차원에서 평생교육의 전체적인 방향과 실천에 대하여 구체적인 전략의 산출물 및 그 결과의 장점, 유용성, 가치 등을 정책의 집행과정과 집행이 이루어진 후에 사회과학적인 방법으로 정밀하게 사정하여 미래의 정책 결정 및 집행에 반영하려는 회고적인 활동이다. 이러한 의미에서 다원화, 민주화, 지방화 시대의 평생교육 조직에서 구성원의 역할과 참여를 증대하고 평생교육정책 관련 집단의 영향을 제대로 파악하기 위해서는 정책 결과나 성과에 의존한 평가보다는 정책이 집행되는 모든 상황을 정확히 기술하는 평가 접근이 적절하다.

또한 다양한 평생교육정책 평가 모델이 구체적인 목적에 따라 고안되어야 하며, 평가자의 과업은 적절한 평가도구를 적재적소에 적용해야 한다. 어떤 평생교육정책에는 어떤 평가 모델이 가장 적합하다고 단정적으로 말하기는 어렵다. 다양한 성격에는 다양한 방법을 적용하는 것이 바람직하지만 현실적으로 비용이나 자원 관리 면에서 실천하기에는 한계가 있다. 그럼에도 성인문예교육에서 시작하여 평생학습도시 구축 등 다양한 선진화된 모습으로 발전해 온 우리나라 평생교육정책이 가장 적합한 평가 접근 모델에 의해 평가되고 그 결과가 정책과정에 환류될 때에야 비로소 우리나라의 평생교육정책은 새로운 차원의 뿌리를 내릴 수 있을 것이다.

제8장

평생교육정책의 분석

1. 평생교육정책 분석의 개념

정책 분석에 대하여 Dye(2008)는 정부가 수행하는 정책활동이 무엇이며, 그 활동을 왜 하고, 정책 활동 후에 어떤 차이를 가져왔는가 하는 것을 규명해 내는 것이라고 정의하였다. Dye 외에 여러 학자가 정책 분석에 대한 정의를 〈표 8-1〉에서 보는 것처럼 다양하게 제시하였다. 그러나 이들의 공통된 정의에 따르면, 정책 분석이란 기술적 · 설명적이고 규범적 · 처방적이며, 다학문적인 접근이고, 문제 해결 지향적 접근의 성격을 가진 일종의 응용사회과학이다. 나아가 정책 분석은 정책 형성, 정책 결정 및 정책과정에서 활용될 수 있는 정보를 산출하는 활동이지만, 정책학이나 정책 연구와도 맥을 같이하는 의미로 사용되고 있음을 알 수 있다.

표 8-1 정책분석에 대한 정의

구분	정 의
Dror (1971)	복잡한 정책 이슈에 직면했을 때 바람직한 대안을 설계하고 선택하기 위한 일련의 접근방법과 방법론
Quade (1975)	정책 결정자가 그들의 판단력을 행사하는 데 있어서 판단의 기초를 높여 줄 수 있는 방법으로 정보를 산출하고 제공하는 모든 유형의 분석
Dye (1976)	정부가 무엇을 하고 있는지, 특히 특정 분야에 있어서 그것을 왜 하고 있는지, 또 어떤 영향력을 갖고 있는지를 알아보는 것
Quade (1982)	사회기술적인 이슈를 좀 더 심도 있게 이해하고, 바람직한 해결방안을 마련하기 위하여 수행하는 응용 연구의 한 형태
Wildavsky (1979)	그 내용이 학문적 영역에 의하여 결정되지 않고 시간적인 상황과 문제의 성격에 의해 결정되는 하나의 응용 분야
Dunn (1981)	정책문제를 해결하기 위하여 복수의 탐구방법과 분석 접근법을 사용하여 정치적 상황에서 활용 가능한 정책 관련 정보를 산출하고 전환하는 하나의 응용과학
Hogwood & Gun (1984)	정책 내용과 과정, 산출의 결정 요인과 정책 결과의 목적 달성에 관한 평가 연구이며, 사회문제를 정의하고 자료를 수집·분석하는 등 정책 결정을 위한 정보를 산출하는 활동, 정책 결정과정의 변화에 대한 창도, 정책에 대한 창도 등
Nagal (1986)	정책과 목적 간의 관계에 비추어 주어진 목적을 달성하는 데 어떤 정책 대안이 가장 바람직한지를 결정하는 것
Behn(1985) & Kaplan(1986)	고객이 공공의 난제에 대응할 수 있는 방법을 개발하는 데 도움을 주는 활동
Jenkins-Smith (1990)	공공정책 대안을 평가하고 선택하기 위하여 사용하는 일련의 기법과 평가기준

출처: 노화준(2007), pp. 184-188에서 재구성.

평생교육정책 분석의 개념도 이와 같은 정책 분석의 정의에 기초한다.

첫째, 평생교육정책 분석은 Hogwood와 Gunn(1984)이 정의하였듯이, 평생교육정책 내용과 과정, 산출의 결정 요인과 정책 결과의 목적 달성에 관한 평가활동이거나 사회문제를 정의하고 자료를 수집·분석하는 등 정책 결정을 위한 정보를 산출하는 활동, 정책 결정과정의 변화에 대한 창도, 정책에 대한 창도 등을 지칭하기도 한다.

둘째, 평생교육정책 분석은 평생교육정책 문제 해결을 위한 대안의 탐색과 개발을 통하여 최선의 방법을 선택하는 데 도움을 주는 방법론이다. Dror(1971)는 정책 분석을 복잡한 정책 이슈에 직면했을 때 바람직한 대안을 설계하고 선택하기 위한 일련의 접근방법과 방법론으로 규정하고 있다. 한편 Quade(1982)는 정책 분석의 목적이 정책 결정자가 판단력을 행사하는 데 있어서 판단의 기초를 높여 줄 수 있는 방법으로 정보를 산출하고 제공하는 모든 유형의 분석이나 응용 연구의 한 형태라고 하였다. 그리고 Nagal(1986)도 정책 분석을 정책 목적과 내용과의 관계에 비추어 주어진 목적을 달성하는 데 어떤 정책 대안이 가장 바람직한지를 결정하는 것이라고 정의하였고, Behn(1985)과 Kaplan(1986)도 정책 분석을 고객이 공공의 난제에 대응할 수 있는 방법을 개발하는 데 도움을 주는 활동이라고 설명하였다.

셋째, 평생교육정책 분석은 기법과 평가기준이 된다. 이때 기법과 평가기준은 실행 가능성이 높은 정책 대안이 채택되어 집행될 수 있는 정도를 의미한다. Jenkins-Smith(1990)는 정책 분석을 공공정책 대안을 평가하고 선택하기 위하여 사용하는 일련의 기법과 평가기준이라고 설명하고 있다.

넷째, 평생교육정책 분석은 문제 해결을 지향하는 응용사회과학이다. Wildavsky(1979)는 정책 분석이란 그 내용이 학문적 영역에 의하여 결정되지 않고 시간적인 상황과 문제의 성격에 의해 결정되는 하나의 응용 분야로 정의하고 있고, Dunn(1981)은 정책 분석을 정책문제를 해결하기 위하여 다양한 탐구방법과 분석 접근법을 사용하여 정치적 상황에서 활용 가능한 정책 관련 정보를 산출하는 응용과학이라고 하였다.

따라서 이러한 개념을 정리해 보면, 평생교육정책 분석은 더 나은 정책 대안에 대한 판단력을 제고하기 위하여 평생교육정책의 내용과 과정에 관하여 사회과학적 접근에 기초한 분석 작업을 의미한다. 따라서 평생교육정책 분석은 정부가 국민을 위하여 어떠한 평생교육정책을 펴고 있으며, 그 이유와 원인이 무엇인지, 또 어떤 영향을 미치는지를 확인함으로써 현재 집행 중인 정부의 평생교육정책에 대한 자료를 산출해 내는 활동이며, 나아가 더 나은 평생교육정책 대안을 위한 정보를 제공하는 활동이라고 규정할 수 있다.

평생교육정책 분석은 평생교육정책 문제를 정의하고, 목표를 설정하며, 대안을 개발 · 설계하고, 평가기준을 활용하여 평생교육정책이 목표로 하는 대안의 집행에 관한 것을 분석하는 핵심 부분이다. 그러므로 평생교육정책 분석은 국민의 평생교육에 대한 문제의 해결과 요구 충족을 위한 국민의 삶에 직간접적으로 영향을 미칠 뿐만 아니라 평생교육 발전을 위해서도 매우 중요한 기능을 한다.

따라서 평생교육정책을 설계하고, 평생교육정책 대안을 선택하며, 집행하고 평가하기 위해서는 각 평생교육정책 과정 및 그 실제 분야에 대한 지식에 정통하여야 한다. 또한 그러한 지식을 평생교육 분야에 대한 정책 문제의 해결과 개선을 위하여 적용할 수 있어야 한다.

우리나라의 경우 평생교육정책의 역사는 주요 외국에 비하여 다소 짧다. 1980년의 사회교육법에서 시작하여 문민정부로 일컫던 1995년 5월 31일 제1차 교육개혁에서 씨를 뿌리고, 1999년 8월 31일 평생교육법 공포로 싹을 낸 여정에 불과하다. 그렇지만 누구나, 언제, 어디서나 원하는 교육을 받을 수 있는 '열린교육사회, 평생학습사회, 에듀토피아(edutopia) 건설'을 위한 제1차 교육개혁의 목표로부터 오늘날 평생교육정책에 이르기까지 정부가 추구하는 평생교육정책이 더욱 발전할 수 있도록 지속적인 평생교육정책 분석이 이루어져야 할 것이다.

2. 평생교육정책 분석 활동의 유형

평생교육정책 분석의 활동은 평생교육정책에 대한 이해를 깊게 하고, 평생교육정책의 질을 향상하는 데 기여할 뿐만 아니라 평생교육정책학의 학문적 성격을 명확하게 이해할 수 있게끔 해 준다.

Lasswell(1970)은 정책분석 형태에 있어서 정책 내용에 관한 연구, 정책과정에 관한 연구, 정책 산출의 결정 요인에 관한 연구, 정책 평가 등은 정책 및 정책과정에 관한 지식으로 보고 있고, 정책 평가, 정책 결정을 위한 정보 산출, 과정 창도 및 정책 창도 등은 정책과정에서 사용되는 지식의 산출로 구분하였다. 이러한 분류기준에서 전자는 주로 기존 정책의 내용을 분석하거나 이들 정책의 형성과정을 분석하는 데 초점을 두는 것에 비해 후자는 정책을 개발하거나 정책에 영향을 미치는 것에 대한 분석이라고 할 수 있다(노화준, 2007).

일반적으로 평생교육정책 분석 활동은 평생교육정책 내용과 과정, 산출과 평가 그리고 평생교육정책 결정을 위한 정보와 정책 결정과정의 변화에 대한 창도, 평생교육정책에 대한 창도 등이라고 할 수 있다. 이러한 평생교육정책 분석 활동은 정책에 관한 분석(analysis of policy)과 정책을 위한 분석(analysis for policy)으로 나누어 볼 수 있는데, 〈표 8-2〉는 정책을 위한 분석과 정책에 관한 분석으로 나누어 활동별 정책 분석을 구분하여 분석 내용을 설명하고 있다(노화준, 2007; Bell & Stevenson, 2006).

이런 점에서 보면 평생교육정책 분석은 평생교육정책 분석 활동의 유형에 따라 평생교육정책 연구와 평생교육정책을 위한 분석으로 구분된다. 즉, 바람직한 정책 대안에 도움이 되는 정보를 산출하는 정책 분석은 정책 결정에 관한 형태를 연구하는 정책 분석과는 다른 것이다(Dror, 1971). 따라서 평생교육정책에 관

표 8-2 정책을 위한 분석과 정책에 관한 분석

정책을 위한 분석	정책에 관한 분석
• 정책 창도 • 정책을 위한 정보 • 정책의 모니터링과 평가	• 정책 결정에 관한 분석 • 정책 내용에 관한 분석

출처: Gordon et al. (1997), p. 5: Bell & Stevenson(2006), p. 10에서 재인용.

한 분석은 평생교육정책 연구라고 할 수 있으며, 평생교육정책을 위한 분석은 평생교육정책 정보 분석이라고 할 수 있다.

정책 창도(policy advocacy)란 단일 특정 정책이나 일련의 관련 정책을 촉진하거나 개발하기 위한 것이 무엇인가를 분석하는 것을 의미한다. 정책을 위한 정보(information for policy)는 정책 입안자에게 정보와 조언을 제공한 것에 대한 분석이다. 정책의 모니터링과 평가(policy monitoring and evaluation)는 흔히 잘 시도되는 분석 형식으로서 이미 시행된 정책을 정당화하거나 고도의 책임성을 분석하기 위한 것이다. 정책 결정에 관한 분석(analysis of policy determination)은 정책의 영향보다는 정책과정에 주안점을 두고서 정책이 어떻게 개발되었는가에 대하여 정확하게 분석하는 것을 의미한다. 마지막으로 정책 내용의 분석(analysis of policy content)은 정책의 영향보다는 오히려 학문적 관심을 더 강조하면서 특정 정책에 대한 기원, 목표와 운용에 대하여 분석하는 것이다.

이런 맥락에서 보면 평생교육정책 분석 활동의 유형이란 무엇이며, 그 내용이 무엇인지는 다음과 같이 설명할 수 있다.

① 평생교육정책 내용은 특정 정책의 내용에 대한 준거가치나 정책성과에 대하여 기술하고 설명하는 것이다.

② 평생교육정책 과정은 정책 형성과 정책 집행과정에서 영향을 미치는 여러 가지 요인을 분석하는 데 있다.

③ 평생교육정책 산출은 정책을 종속변수로 놓고 사회적 · 경제적 · 기술적 및 기타 요인이 어떻게 정책에 영향을 미치는가를 이해하는 데 초점을 둔다.

④ 평생교육정책 평가는 정책이 정책 집행 대상에 미친 영향을 분석하는 데 있다. 이를 위해 실제로 집행되고 있는 평생교육정책을 식별해 내고, 그 정책이 추구하는 목적과 그러한 목적을 달성하기 위하여 채택되었던 수단을 발견하는 과정이다.

⑤ 평생교육정책 결정을 위해 정보를 산출하는 것은 정책 결정과정에서 정책

결정자를 돕기 위하여 자료를 수집하고 정리하는 데 초점이 있다.

⑥ 평생교육정책 과정 창도를 위한 분석은 무엇이 정책 결정 시스템을 개선하였는가를 분석하는 것을 목표로 한다.

⑦ 평생교육정책 창도는 개인 혹은 압력단체 일원의 어떠한 대안이나 아이디어가 정부정책으로 촉진되거나 개발되도록 하였는가를 분석하는 데 목표를 둔다.

3. 평생교육정책 분석의 접근 방법과 절차

1) 평생교육정책 분석의 접근 방법

정책 분석을 위한 접근 방법은 경험적 사실과 평가적 가치 그리고 규범적 행동과 관련된다(Krone, 1980). 따라서 평생교육정책 분석가는 이러한 세 가지 종류의 접근 방법 중에서 어느 하나 또는 그 이상의 접근 방법을 채택하게 될 것이다.

첫 번째 경험적 접근 방법은 사실이 어떠한가 하는 것으로 정보의 유형은 사실 지향적인 것이 된다. 이것은 바람직한 가치의 성취를 제약하거나 촉진하는 것이기도 하다.

두 번째 평가적 접근 방법은 주로 어떤 정책의 값어치나 가치를 결정하고, 무엇이 가치 있는 것인가를 평가하기 위한 것이 된다. 이러한 가치의 성취는 문제가 해결되었는지를 주된 평가기준으로 삼기 때문에 정보의 유형은 성격상 평가적인 것이 된다.

세 번째 규범적 접근 방법은 공공문제를 해결하게 될 행동노선을 건의하는 것에 관심을 갖는 것으로 어떤 행동이 행해져야 하는가와 관련된다. 이러한 정보의 유형은 창도적인 것이다.

그러므로 정책분석가는 가치, 사실, 행동 등에 대한 정보와 이유 있는 주장을

표 8-3 정책 분석을 위한 세 가지 접근방법

접근방법	1차적 질문	정보의 유형
경험적	사실이 어떠한가?(사실)	사실 지향적
평가적	무엇이 바람직한가?(가치)	평가적
규범적	무엇이 행해져야 하는가?(행동)	창도적

출처: 노화준(2007), p. 212.

산출해 내기 위하여 정책 분석의 각 과정에서 사용되는 기본 논리를 이해하고 정책 분석에 이용할 수 있는 접근 방법을 활용할 수 있어야 한다. 사회과학이나 행태과학은 물론 행정학, 법학, 철학, 윤리학 등의 접근 방법을 활용하는 것이다. 〈표 8-3〉은 정책분석을 위한 접근 방법으로 세 가지 접근방법을 정리한 것이다(노화준, 2007).

2) 평생교육정책 분석의 절차

평생교육정책 분석의 절차는 기본적으로 접근방법과 분석과제 그리고 분석자에 따라 다를 수 있다. 그러나 실제로 평생교육정책 분석을 이해하고 응용하기 위해서는 합리적인 문제 해결과정을 진행하기 위한 모델이 될 수 있는 기본 절차가 있어야 한다. 기본 절차는 평생교육정책 문제를 해결하는 과정일 뿐만 아니라 목적과 추구하는 가치를 분명히 할 수 있는 토대가 될 수 있기 때문이다.

정책문제를 해결하는 과정에서는 당면 문제의 해결을 위한 행동과정을 문제의 인지 → 문제의 소재에 대한 식별과 정의 → 해결 방안의 제안 → 해결 방안의 규명 → 해결 방안의 검증 등 다섯 가지 단계로 제시하였다(Dewey, 1933, p. 77: 노화준, 2009, p. 214에서 재인용). 그러나 이 제안에는 평가기준에 따른 대안을 평가하는 단계가 없는 것이 단점이다.

한편 목표의 설정과 정책 대안의 평가기준이 평생교육정책 분석의 단계에 포함될 수 있는 것으로서 Quade(1982)가 제시하고 있는 다섯 가지 단계를 적용할 수 있다. 이것은 문제 명료화와 제한, 목표 결정 → 대안 식별과 설계 및 탐색 → 앞으로의 환경이나 정책 집행의 예측 → 효과성을 측정하기 위한 모델 구축과 활용 → 대안을 비교 분석하는 평가단계 등이다. Edwards III와 Sharkansky(1978)도 목적과 추구 가치를 분명히 하는 합리적인 정책 결정을 위해서 네 가지 단계를 들고 있는데, 문제의 식별 → 목표의 명확화와 서열의 결정 → 정보의 수집 → 각 대안의 결과 예측과 능률성이나 공정성을 높여 목표 달성에 가장 근접하는 대안 선택 등이다.

이와 같이 합리적 문제 해결과정으로서의 평생교육정책 분석 절차는 정책분석가가 복잡한 정책 이슈에 직면해서 바람직한 대안을 설계하고 식별하기 위한 분석이라 할 수 있다. [그림 8-1]은 합리적 문제 해결과정으로서 정책 문제의 정의 → 목표의 설정과 대안의 탐색과 개발 및 설계 → 효과성 측정 수단의 형성 → 효과성 측정수단에 의한 대안의 평가 → 최적 대안의 건의와 설계 등 다섯 가지 기본 절차를 잘 설명해 주고 있다(MacRae & Wilde, 1979).

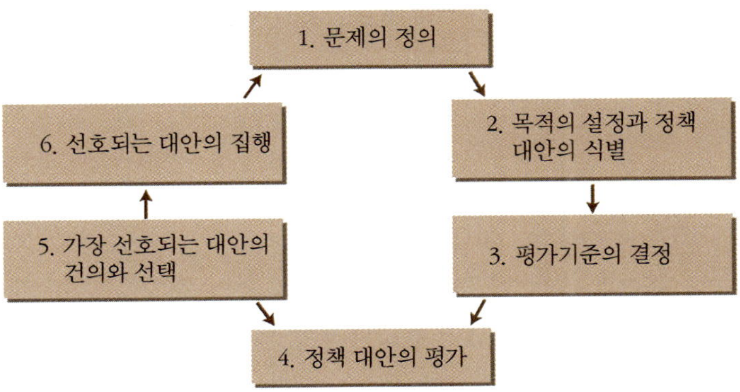

[그림 8-1] 합리적 문제 해결과정

출처: 노화준(2009), p. 215.

4. 평생교육정책 과정 단계

평생교육정책 과정은 타 정책과의 인과관계가 복잡하게 연결되어 있고, 다수의 참여자를 포함하고 있으며, 시간적으로 장기간에 걸쳐 전개되는 등 복잡성을 내포하고 있는 특징이 있다. 이러한 점은 평생교육정책을 하나의 과정으로 보면 쉽게 이해할 수 있다. 즉, 평생교육정책 과정은 평생교육정책 문제의 발생에서부터 평생교육정책이 종료될 때까지 일어나는 일련의 과정이다. 이러한 평생교육정책 과정은 일반적으로 평생교육정책 문제 채택, 평생교육정책 결정, 평생교육정책 집행, 평생교육정책 평가, 평생교육정책 종료로 구분된다. 그리고 각 단계는 독립적으로 존재하는 것이 아니고, 하나의 유기체로서 시스템적으로 사회적 맥락 속에서 살아 움직이며 피드백을 통해서 발전하고 수정하며 보완해 나가게 된다. 특히 평생교육정책은 그 영향의 범위가 넓고 사회적 관련에 따라 구조화를 이루기 때문에 그 과정은 개인 또는 기관 내부의 단순한 의사 결정과정보다는 매우 복잡한 사회 · 정치적 과정으로 나타난다.

평생교육정책 분석과정의 이해를 돕기 위해 우리나라 평생학습축제 정책을 예로 들어 보도록 하겠다.

1) 정책문제의 채택

평생학습축제를 새롭게 시작하기 위한 과정으로 이는 평생학습축제의 기원과 외국의 사례를 분석하여 봄으로써 우리나라의 현실에 맞는지를 연구해 보는 단계다. 평생학습축제는 일본이 일찍부터 시행해 온 마쯔리라는 지역축제의 전통 위에 1979년 일본의 가케가와 시가 평생학습도시를 선언한 이래로 대부분의 평생학습 마을과 도시에서 개최되어 공민관 및 사회교육센터를 중심으로 지역의 평생학습축제를 전개한 데서 유래했다. 또한 전국적인 평생학습축제는 일본 문부성과 도 · 부 · 현이 공동으로 전국평생학습축제를 개최할 것을 결의하고, 1989년 치바현에서 '만나고 싶은 것은 새로운 나' 라는 주제로 연 것이 최초의 것이 된다.

영국은 1992년부터 매년 5월을 '성인학습자 주간'으로 지정하였다. 이 기간에 평생학습문화 진흥을 위한 다양한 행사를 전국적으로 개최하고, 개인, 단체, 학습사업, 새로운 학습 기회, 노인학습자, 파트너십, 성인교육자상 등 분야별 시상과 함께 이들의 열정, 지식 및 기술을 서로 나누는 전국적인 이벤트를 지역별로 다채롭게 열었다. 아울러 매년 5000개 이상의 지역행사가 열리고, 100개 이상의 성인 학습자 및 단체에 상을 수여하였다.

2) 정책의 결정 단계

정책문제의 채택에서 볼 수 있듯이 평생학습축제가 일본과 영국 등에서 성공을 거둔 것을 거울삼아 국내에서도 추진하는 것이 바람직하다는 판단에서 평생학습축제를 개최하기로 하였다.

3) 정책의 집행 단계

우리나라 평생학습축제의 시행 내용을 보면, 첫째, 평생학습축제는 시의 모든 평생학습기관과 단체가 평생학습을 공동 주제로 참여하고, 학습 성과는 물론 평생학습기관, 단체의 활동과 실태를 널리 홍보하고 상호 교류한다. 둘째, 평생학습과 관련한 주제를 택해 각계각층이 참여하는 예술 작품을 공모하고 이를 전시한다. 셋째, 평생학습활동을 통해 만들어진 작품, 활동 내용을 전시 발표하고, 각 학습동아리의 활동발표, 체험교실, 바자회, 가장행렬 등의 활동을 전개한다.

사업의 구체적인 추진은 축제의 기본 시행계획 수립에서부터 실행, 평가에 이르기까지 5단계로 추진되었다.

제1단계는 기본 시행계획 수립 단계로, 축제 추진 상황실을 본격적으로 운영하고, 전국평생학습축제 조직운영위원회를 구성하며, 축제의 주제 및 기본 방향을 설정하며, 축제 프로그램 운영을 위한 아이디어 회의를 거쳐 프로그램 및 운영기관을 1차 확정하고 전국평생학습축제 기본 시행계획을 수립한다. 이 단계에서는 무엇보다도 평생학습 관계자가 다양한 의견과 관심을 확보하기 위해 평생학습 관계자 회의나 연수 기회를 통해 기본 계획을 발표하고, 각종 의견수렴을 위한 공모나 설문조사를 실시한다.

제2단계는 세부 시행계획 수립 단계로, 홍보체험관 및 프로그램 운영을 위해 전국평생학습도시, 지역평생교육정보센터, 전국단위 평생학습기관 및 학습동아리 등을 공모하고, 참여하는 기관을 대상으로 설명회를 개최한다. 또한 홍보, 자원봉사자, 교통, 숙박, 음식 등의 종합행정지원 대책을 수립하고, 축제 프로그램의 내용과 운영기관을 2차 확정하여 세부 시행계획을 수립한다.

제3단계는 축제 운영 매뉴얼 수립 단계로 축제 개 · 폐막식 운영 계획을 수립하고, 전국평생학습축제 참가 실무자 설명회를 최소 3회 이상 개최하여 행정지원 대책 및 프로그램 참가기관을 최종 확정한다. 또한 축제 행사장 구성 및 배치를 확정하고 참가기관의 지원물품, 필요사항 등을 자세하게 조사한다. 이 단계는 축제 실행 전 마지막 단계로서 무엇보다도 홍보가 극대화되어 개최지 지역민뿐만 아니라 교육과학기술부를 비롯한 주최 및 주관 기관이 적극 노력하여 전국민의 관심과 참여를 이끌어 내야 하는 시기다.

제4단계는 축제 실행 단계로, 가장 먼저 축제 운영 현황 상황실을 마련하여 실제적인 행사장 구성 및 종합행정 지원 시스템을 작동하는 시기다.

제5단계는 축제 평가 및 정리 단계로, 축제 참가자 및 방문객을 대상으로 체계적인 조사와 분석을 통해 축제에 대한 객관적인 평가를 실시함으로써 축제의 주요 성과를 진단하고 향후 전국평생학습축제의 발전 방안을 마련한다.

4) 정책의 평가 단계

평생학습축제는 교육과학기술부의 주최로 해당 지자체와 교육청, 전국 지역의 평생교육기관 및 단체가 함께 행사를 진행하였다는 점에서 민과 관이 협력하여 운영함으로써 지역평생학습 활동을 활성화하는 민·관 협력체제 구축의 기반을 마련하였다고 할 수 있다. 평생학습축제는 해를 거듭할수록 그 규모가 증대하였으며, 일반 시민의 평생학습에 대한 인식을 높이고, 평생학습 관계 기관 정보 공유 및 협력체계 구축의 계기를 마련하였다. 그러나 전국평생학습축제는 여전히 사전 관계기관과의 협조 부족, 특색 있는 프로그램의 다양성 부족, 행사장 운영의 체계성 부족 등의 문제점이 있다.

5) 정책의 종료 단계

실행과 평가 단계에서 파악된 내용과 문제점을 기반으로 향후 발전 방안 및 개선 과제를 제시해 보면, 첫째, 전국평생학습축제가 프로그램 수, 참여기관 및 홍보체험관 수, 참가자 수에 다른 양적 증대와 함께 질적 성장이 있는 축제로 성숙하기 위한 기획이 필요하다. 둘째, 축제에 대한 객관적 평가와 향후 방향을 논의하는 구조가 필요하다. 셋째, 전 국민의 평생학습 및 평생학습축제에 대한 관심과 자발적인 참여를 이끌어 내기 위한 각종 프로그램 및 시상체제 재구성, 재정적 지원, 인센티브 부여가 필요하다. 넷째, 세부 행사 진행에서의 운영상의 정비 부족이 문제점으로 지적되는데, 치밀한 준비 기간의 확보와 충분한 사전 협의 등이 보장되어야 하며, 일회성 행사로 진행되기보다는 향후 평생학습자 주간을 국가적으로 선포하는 등 국가 전체에 평생학습 붐이 일어날 수 있도록 해야 한다.

이와 같이 평생교육정책을 하나의 과정으로 보면 처음에는 하나의 어떤 이슈가 사회에 제기되고, 그 후에 문제를 부각하고, 문제를 해결하고 개선하기 위한 정책이 형성된다. 그리고 그 형성에 권위가 부여되고, 권위가 부여된 정책이 집행되며 평가가 이루어지는 과정이다.

따라서 평생교육정책 과정에서 지닐 수 있는 불확실성, 정치성, 순환성, 시간성, 다양성과 복잡성에도 불구하고 현상을 제대로 분석하고 논리적으로 탐구하며 보다 발전적 처방과 이해를 위해서는 평생교육정책 과정을 유형화하고 체계적으로 분석해야 한다. 이러한 점은 평생교육정책에 대한 이해와 연구를 종합적이고 체계적으로 수행하기 위한 전제다.

5. 평생교육정책의 분석 틀

평생교육정책 분석은 평생교육정책의 기원, 평생교육정책의 의도, 평생교육정책의 목표, 평생교육정책 프로그램의 효과 등에 초점을 두고 분석한다. 이러한 평생교육정책 내용 분석은 평생교육정책에 대해 사회과학적인 방법으로 그 내용을 기술적으로 분석하는 것이다. Taylor 등(1997: Bell & Stevenson, 2006에서 재인용)은 효과적인 정책 분석을 위한 기본 틀을 개발하여 제시하였는데, 이들에 따르면 정책 분석을 위해서는 정책과 관련된 세 가지 측면에 초점을 두어야 한다. 이러한 기본 틀은 평생교육정책 분석에도 유효한 방법으로 적용될 수 있다.

1) 상황

상황(context)이란 특정의 평생교육정책을 개발하게 한 압력과 이전의 사례를 의미한다. 여기서는 평생교육정책의 의제로 부상한 사회적 이슈의 정치적, 경제적, 사회적 발생 요인의 분석이 필요하다. 이를 위해서는 처음 평생교육정책 형성자로 하여금 평생교육 이슈에 대해 반응하게 만든 압력집단과 사회운동의 역할까지를 포함한 연구가 필요하다. 이 점에서 평생교육정책이 이전의 정책과 어떻게 연관되며, 어느 정도 그것에 기초하는지 아니면 배치되는지 등을 이해하여야 한다.

상황 분석은 어떤 수준에서도 일어날 수 있는 것으로 중앙정부나 지방정부의 평생교육정책도 각기 나름의 상황이 있기 때문에 평생교육정책 과정을 충분히 이해하기 위해서는 이를 포함하여야 한다.

2) 내용

평생교육정책 내용(text)의 분석은 간결하고 직접적인 활동이라 할 수 없다. 아무리 명확한 평생교육정책이라 할지라도 거기에는 다양한 해석의 여지가 있기 때문에, 외부로 나타난 것을 물론 숨겨진 것을 확인하는 일이 중요하다.

3) 결과

만약 평생교육정책 내용이 집행자에 의해 다양하게 해석될 수 있다면 이는 결국 다양한 집행 결과(consequence)를 가져온다. 그러한 차이는 각 기관 간의 독특한 조건이 있을 때 확대되며, 나중에 평생교육정책의 전체적인 집행 결과를 형성한다. 평생교육정책 집행 중에 다양한 왜곡과 간극이 나타나는데, 이는 결국 정책 굴절(policy refraction)을 낳게 된다.

6. 예술과 기술로서의 평생교육정책 분석

Dye(2008)는 정책분석을 예술(art)인 동시에 기술(craft)이라고 하였다. 정책분석과정이 사회문제를 파악하고 그것을 구체화하는 데 있어, 또 정책을 고안하며 고안된 정책의 사회영향력을 파악하는 데 있어, 이러한 정책이 문제점을 개선하거나 악화시키는 상황 속에서 어떻게 유지 또는 종결해야 하는지 결정함에 있어 예술에서 필요한 통찰력, 창의력, 상상력을 요구하기 때문이다. 단순한 수치만 갖고는 정책을 분석할 수 없으며 정치, 경제, 사회문화적 환경을 파악하여 정책의 성과를 볼 수 있는 통찰력이 필수적이다.

반면에 정책 분석이 정책문제를 해결하기 위하여 정치적 상황에서 활용될 수 있는 적합한 정보를 산출하고 전환하기 위하여 탐색하고 논증하는 데 복수의 방법을 사용하는 응용과학(Dunn, 1981)이라는 점 때문에 정책 분석은 곧 기술이라고 할 수 있다. 정책 분석은 순수한 이론을 형성하는 데 관심을 두는 것이 아니라 정의된 사회문제에 대한 해답을 구하기 위하여 정치적 상황에서 유용한 정보를 산출하는 데 더 많은 관심을 갖는다. 정책 분석은 문제 해결을 위해서 경제학, 정치학, 사회학, 행정학, 법학, 통계학 및 다른 관련된 분야에서 발전시킨 방법론과 도구를 활용한다.

Wildavsky(1979)는 정책 분석이란 불변의 프로그램은 있을 수 없다는 점에서 출발한 한 가지 활동이라고 정의하고, 나아가 정책 분석이란 이론에 의해 시작되지만, 실천을 통하여 정교하게 다듬어질 수 있는 창의성과 유사한 것이라고 하였다. 그리고 예술성이 없는 분석은 공허하고 기술 없는 분석은 설득력이 없으며, 결국 정책 분석에서 예술과 기술은 상호 의존적이라고 하였다.

평생교육정책 분석에서도 정책 개발자는 평생교육의 다양한 현장에 있는 성인교육자 및 다양한 상황에 처해 있는 성인학습자를 여러 사회경제적 관점에서 분석하고 통찰력을 갖고 미래를 바라볼 수 있어야 한다. 그리고 주류 교육환경에 포함되지 못하는 교육 소외계층을 찾아내어 그들이 어떠한 상황에서 어떠한 내용의 평생교육을 원하는지 등 실제 그들을 위한 정책을 개발해야 하는 창의력도 갖추어야 한다. 또한 교육 소외계층의 일부인 성인장애인을 위한 평생교육정책 개발 및 분석에서는 관계자가 장애인의 사회학, 심리학, 의학, 특수교육학 및 장애인에 대한 관련법 등에 대한 지식을 갖추어야 더욱 실질적이고 현장 적용이 가능한 정책 개발 및 분석이 가능할 것이다.

평생학습도시정책은 지역중심의 평생교육정책과 지방자치정책이 특정 지역사회에서 만나 전개되는 도시재활성화사업으로, 지방자치 행정임과 동시에 지역평생교육사업이다. 따라서 평생학습도시의 목적은 개인의 전 생애에 걸친 학습을 통한 자아실현을 목적으로 하고, 지역의 총체적 발전계획과 연계되는 지역주민의 평생학습을 통하여 해당 지역의 경쟁력을 강화하는 데 있다. 평생학습도시 정책 분석 시 정책이 종국적으로 국민에게 왜 필요한 것인지, 이 정책이 어떻게 잘 추진될 수 있을 것인지, 이를 실행했을 때 어떤 효과가 나타날 것인지 등을 기술하고 확인하는 데 통찰력, 창조력, 상상력이 필요하다. 이것이 바로 정책 분석의 예술성이다. 또한 평생교육정책 분석에서 정책 수립, 제도적 측면 검토, 성과 분석 등에 다양한 학문적 지식이 요구된다. 예를 들면, SWOT 분석, 통계적 분석, 효과성과 효율성 분석, 법적 문제, 행정절차 등 각 분야의 지식에 근거하여 정책 분석이 이루어져야 한다. 이러한 점이 바로 기술로서의 정책 분석이다. 따라서 정책 분석에서는 이러한 예술과 기술의 조화로운 작용이 필요하다고 할 수 있다.

제2부

우리나라 평생 교육정책의 실제

제9장

평생교육정책의 역사

1. 평생교육정책의 전개

평생교육정책의 전개과정에 있어서 시대 구분은 그 기준에 따라 다를 수 있지만, 여기에서는 크게 4단계로 나누어 ① 1945년부터 1950년대까지의 성인기초교육 형성기, ② 1960년대부터 1970년대까지의 정부 주도하 평생교육 구성기, ③ 1980년대부터 1990년대까지의 평생교육 확대기, ④ 2000년 이후 평생교육 발전기로 구분하고자 한다(교육부, 1997).

1) 성인기초교육 형성기(1945년~1950년대)

(1) 정책 수립 배경

이 시기 평생교육의 주요 정책적인 특징은 국가 중심으로 문맹퇴치형 국문보급사업 등을 통해 국민 기초교육 강화를 위한 평생교육정책을 추진한 것이다(변종임 외, 2006). 1945년 광복에서 1948년 정부 수립에 이르는 미군정의 3년간은 일제 식민지 교육을 불식하고 새로운 민주적 교육제도를 마련하는 과도기였다. 이 시기를 포함하여 1950년대 말까지는 학교교육제도의 정착과 더불어 성인교육인 공민교육을 실시하는 데 역점이 있었으며, 그 주요 프로그램은 문맹퇴치였다(교육부, 1997).

(2) 주요 정책 내용

① 교원의 양성과 재교육

미군정 기간 동안 남한에 기존 10개 사범학교 외에 9개교를 신설하여 정규 교사를 양성하였다. 중등교원은 전문학교 출신자, 검정고시 합격자, 초등교원에서 우수한 자를 발탁하여 부족한 교원을 메우는 정도였기에 이들에 대한 재교육 강습회가 대대적으로 열렸다.

② 성인교육을 통한 문맹퇴치와 한글 보급

미군정 기간의 사회교육은 성인교육이 주가 되었고, 그 내용은 문맹퇴치였다. 이러한 노력의 결과 광복 당시의 78%의 문맹률(798만 명)이 정부수립 당시에는 42%(540만 명)로 줄었다. 한편 문교 당국은 1947년 5월과 6월 두 달에 걸쳐 한글 계학촉진운동(皆學促進運動)을 전국적으로 전개하였다.

③ 공민학교와 고등공민학교의 제도화

공민학교가 제도상의 교육기관으로 인정된 것은 1946년 5월에 공민학교 설치령을 제정한 이후다. 이 당시 학령을 초과한 아동에게 문맹퇴치와 국민 기초교육을 실시하기 위한 학교로 소년과(13세 이상), 성인과(18세 이상), 보수과(13세 이상의 초등학교 졸업자)를 두었는데, 이 중 보수과가 설치령에 따라 고등공민학교로 개편되었다. 또한 생계를 유지하는 데 필요한 지식과 직업, 기술을 익히기 위한 중학교 단계의 기술학교와 고등학교 단계의 고등기술학교가 1949년 말의 교육법 제정을 계기로 설립 · 운영되었다.

④ 문맹퇴치 5개년 계획의 추진

정부의 제1차 과제는 평생교육정책 면에서 초등의무교육의 정착과 더불어 문맹퇴치와 국민의 계몽이었다. 의무교육완성 6개년 계획(1954~1959년)의 성안과 시행으로 초등학교 취학률을 96%까지 끌어올렸으며, 문맹퇴치 5개년 계획(1954~1958년) 성안과 시행으로 1945년 78%였던 문맹률이 1958년에는 4.1%로 격감되는 등 획기적인 성과를 가져왔다.

⑤ 농촌계몽활동과 농촌문고 설치

1950년대 중반부터 단순한 문맹퇴치뿐만 아니라 지역사회의 발전을 위한 계몽사업과 직업기술교육을 강화하는 방향으로 평생교육정책이 점차 확산되었다. 문교부는 1955년에서 1958년에 걸쳐 농촌 순회 영화 상영과 강연회 등을 통하여 생활 개선 등 계몽활동을 전개하였다. 이와 더불어 농어촌 문화 향상을 도모하고 문해자가 다시 문맹자가 되는 것을 예방하기 위해 농촌문고 설치운동을 전개하였다.

2) 평생교육 구성기(1960~1970년대)

(1) 정책 수립 배경

이 시기는 1960년의 4 · 19학생 의거와 1961년의 5 · 16 군사혁명, 1979년의 12 · 12사태 등 격동의 시기였으며, 1962년부터 시작된 경제개발 5개년 계획이 4차에 걸쳐 추진되면서 경제 제일주의, 경제발전, 조국의 근대화라는 국정지표가 시대적 사명이었다.

이 시기 평생교육의 정책적인 특징은 경제 부흥과 근대화 촉진을 위한 농촌 지역사회개발과 인력 양성을 위한 정책 및 학교 교육 보완을 위한 정책의 추진이다. 즉, 1950년대까지의 문맹퇴치나 국문 보급의 수준을 넘어 지역사회개발, 산업발전, 인력충원을 위한 인력개발로 확대되었다는 것이다(교육부, 1997).

(2) 주요 정책 내용

1 향토학교운동과 새마을교육운동의 전개

향토학교운동은 1961년 장학 방침으로 채택되었으며, 1962년 경제개발 5개년 계획이 추진되면서 지역사회의 문화·사회·경제의 발전을 위해 학교시설의 개방, 계몽지도, 노력봉사, 향토애의 함양 등을 주요 내용으로 전개되었다. 향토학교는 1970년에는 온 마을 교육으로 실시되다가 1972년부터 본격화된 새마을 운동과 궤를 같이하면서 새마을교육운동으로 전개되었다.

새마을 운동은 근면·자조·협동의 정신을 이념으로 전국적인 환경 개선과 생활 개선 및 생산 증대 운동으로 구체화되어 지역사회의 개발과 발전에 크게 공헌하였다. 이와 같은 새마을운동을 교육적 측면에서 구현하려는 것이 새마을교육이었다. 새마을교육은 미국의 지역사회학교의 이론을 배경으로 하고 있다.

2 재건국민운동과 마을문고

군사정부는 1961년 사회악을 일소하고 사회기강을 바로잡기 위해 정신혁명을 통한 인간개조를 사회교육을 통해 구현하려고 하였다. 이를 성취하기 위해 국민운동본부를 설치하고 재건국민운동이라는 이름으로 본격적인 사회적·범국민적 운동을 전개하였다. 그 주요 사업은 문맹퇴치, 향토건설 지도자 양성, 학생봉사활동의 지원, 마을문고의 보급, 생활 개선, 가족계획, 농촌개발사업 등이었다.

3 미취학 및 근로 청소년 교육의 추진

미취학이나 근로 청소년의 진학 기회를 확대하기 위해 방송통신대학과 방송통신고등학교를 설립하였으며, 산업체 부설 중·고등학교 및 야간 특별학급의 설치는 평생교육 정책상 획기적인 것이었다.

방송통신대학은 1972년 3월 한국방송통신대학 설치령에 의거 서울대학교 부설 2년제 전문대학과정으로 발족하였다. 이는 경제적, 기타 여러 사정에 의해 정규 대학에 취학하지 못한 고교 졸업생에게 방송, 통신을 통해 초급대학과정을 이수할 수 있도록 하고, 전문대학 졸업과 동등한 자격을 부여하기 위한 것이었다. 1974년 방송통신학교 설치 기준령에 따라 정규 고등학교에 진학하지 못한 성인과 청소년을 대상으로 서울과 부산의 11개 공립 고등학교에 방송통신고등학교가 부설되어 점차 전국으로 확대 · 실시되었다.

근로 청소년을 위한 산업체 부설 중 · 고등학교와 야간 특별학급이 1977년부터 시행되었다. 산업체에 근무하는 청소년의 사기 앙양과 퇴직률 감소에 기여하고 이들에게 현장에서 학교교육을 받을 수 있도록 하기 위해 취한 정책이었다.

방송통신고등학교와 산업체 부설 중 · 고등학교 및 야간 특별학급은 교육 과정이나 시설의 기준은 정규 학교만 못하지만 졸업자는 정규 학교 졸업자와 동등한 자격과 혜택을 부여한다는 점에서 1970년대 교육정책상 커다란 의의를 가진다.

④ 도서관의 법제화와 정비 확충

도서관은 문화시설 가운데 사회교육적 기능이 가장 큰 시설이다. 도서관은 도서자료를 수집, 정리, 보존하여 대중에게 이용하도록 함과 동시에 좀 더 적극적으로 도서관의 시설을 이용하여 대중의 교양과 지식, 각종 여가 프로그램을 개설하여 사회교육에 크게 기여하고 있다.

우리나라 도서관은 1955년에 창설된 한국도서관협회가 주관하여 오다가, 1963년 10월 28일에 최초의 도서관법이 제정 · 공포됨으로써 그 법적 · 제도적 장치가 확립되었다. 이를 계기로 군 단위의 도서관 설치, 고등학교 이상의 학교에 학교 도서관과 대학 도서관의 설치가 의무화되었고 이에 따라 1960년대와 1970년대에 도서관이 대폭 증설되고 장서 수와 이용객도 크게 늘었났다. 또한 전문직 사서 및 사서 교사의 자격에 대한 보장이 법적으로 확립되었다. 1961년에 공공도서관, 특수도서관, 대학도서관, 학교도서관을 합해도 291개, 463만여 장서에 불과했던 것이 1969년에는 도서관 3749개에 장서 수도 1천 285만여 권으로 크게 늘어났다.

⑤ 사설강습소

문교부는 사설강습소의 사회교육적 기능을 강화하여 성인 및 청소년의 직업 기술 교육, 각급 학교 학생들의 학교교육 보완, 성인의 외국어 교습 등 사회적 요구에 부응할 수 있도록 1961년 9월 18일 사설강습소에 관한 법률을 제정·공포하였다.

⑥ 재외동포 교육에 대한 관심의 증대

1960년대와 1970년대 평생교육정책의 특징으로서 재외동포 교육의 강화를 들 수 있다. 일본의 주요 3개 도시에 한인학교를 설치하고 일본 전역의 10개소에 한국교육문화센터를 건립하여 각종 사회교육활동과 공보 및 문화 활동을 전개하도록 하였다. 1966년부터는 여름방학을 이용하여 서울과 부산에 재일교포 학생 하계학교를 개설하여 교포 2세에게 4주간의 민족교육을 실시하였다.

1970년대에는 우리나라의 경제발전과 외국 진출에 따라 매년 9만 명 이상의 재외동포가 증가하였다. 이와 같은 추세에 부응하여 정부는 일본뿐만 아니라 북미, 중동, 중남미와 유럽 지역에 거주하는 교포 자녀를 위하여 한국인 학교와 주말을 이용하여 우리 역사와 문화, 한글을 가르치는 토요학교 등을 설립하여 운영하였다. 1973년부터는 일본에서 시행하던 하계학교를 미주 지역 교포 학생에게도 확대 실시하였다. 정부는 교포 교육을 지원하기 위해 미국, 일본, 프랑스, 서독 등지에 장학관을 파견하여 상주시키고 해외 모든 공관에 우리 교과서를 배부하여 교포 교육에 활용하도록 하였다.

3) 평생교육 확대기(1980~1990년대)

(1) 정책 수립 배경

1980년대는 그동안 이룩한 경제적 · 물질적 풍요를 바탕으로 사회가 산업화, 도시화, 개방화, 다원화되어 감에 따라 더 살기 좋은 복지사회를 건설해야 한다는 사회적 가치가 형성되던 시기다. 1990년대 들어서면서 세계는 본격적인 경제전쟁의 시대를 맞이하게 되었으며, 첨단 정보통신 기술의 발달은 국제사회의 통합을 가속화하였다. 이 시기 평생교육의 주요 정책적 특징으로는 1980년대의 인력 양성을 위한 기업체 중심의 평생교육정책과 여가 선용 및 교양 증진을 위한 평생교육 추진을 들 수 있다. 특히 이 시기는 1990년대의 평생교육법 제정과 평생교육지원 시스템 구축을 통한 학력 보완과 문화 확산을 위한 다양한 정책이 확대되었다(교육부, 1997).

(2) 주요 정책 내용

① 평생교육의 헌법 조항 신설과 사회교육법체제의 정비

이 시기 평생교육정책의 특성은 종래의 사회교육이라는 개념 대신 평성교육이라는 포괄적 개념이 확산 · 고조되고 1995년의 신교육체제 수립을 위한 5 · 31 교육개혁 방안의 비전을 누구나, 언제, 어디서나 원하는 교육을 받을 수 있는 길이 활짝 열린 '열린교육사회, 평생학습사회' 건설이라는 평생교육 이념의 구현에 두고 교육 개혁을 추진하는 데서 찾을 수 있다.

1980년 10월 23일 제정된 제5공화국 헌법 제29조(현행 헌법 제31조) 제5항에 "국가는 평생교육을 진흥해야 한다."라고 규정하였다. 이에 따라 사회교육법이 1982년에 제정되고, 1983년에 사회교육법 시행령이, 1985년에는 사회교육법 시행규칙과 사회교육법 시행업무지침이 제정 · 공포되어 학교교육 위주로 규정된 교육법과 더불어 사회교육의 법적 체제가 갖추어지게 되었다. 이로써 평생교육적 차원의 법제가 크게 보완되고, 이에 따라 사회교육이 크게 발전하게 되었다(교육부, 1997).

② 방송통신대학의 발전과 개방대학의 신설

1980년대 이후에는 정규 중·고등학교의 취학 기회 확대와 산업구조의 고도화에 따른 고급인력의 수요가 증대되어 중·고등학교 수준의 사회교육적 시설의 학생은 격감한 반면 대학 수준 취업자의 교육수요자는 격증하였다. 방송통신대학은 대학입학 수요의 증가에 따라 1981년부터 정규대학 학사과정으로 승격·개편되어 평생교육적 차원에서 열린교육 체제로서 고등교육 기회 확대에 커다란 기여를 하였다.

개방대학은 1980년 7·30 교육개혁 조치에 따라 산업사회의 요구에 부응하는 직업기술 인력을 양성하며, 평생교육 이념 구현 차원에서 계속교육 기회 부여 및 직장인의 재교육을 실시하는 한편, 학점당 등록제 시행으로 저소득 계층 및 산업체 근무자에게 대학 진학의 기회를 제공하기 위해 설립되었다.

③ 독학에 의한 학위취득제 시행

독학에 의한 학위취득제도는 고등학교를 미친 후 경제적·시간적 제약 때문에 대학에 진학하지 못한 사람일지라도 자학자습을 통하거나 다양한 교육기관과 매체를 이용하여 학습한 후 국가기관이 실시하는 시험절차를 거쳐 학사학위를 취득할 수 있도록 하는 제도다(교육부, 1997). 이는 대학진학에 대한 과잉욕구를 해소하고, 능력사회, 평등사회를 구현함과 동시에 고등교육의 대중화로 인한 고학력사회에 대비하는 데 필요한 제도이면서 평생학습사회의 구현에 기여할 수 있다는 점에서 커다란 의의가 있다.

1990년 4월 독학에 의한 학위취득에 관한 법률을 제정·공포하고 5월에는 동 시행령과 동 시행규칙을 제정·공포함으로써 법적 근거를 마련하였다. 국가기관이 실시하는 시험절차란 국립교육평가원이 주관하여 실시하는 것으로 1단계는 교양과정 인정시험, 2단계는 전공기초과정 인정시험, 3단계는 전공심화과정

인정시험, 마지막 4단계는 학위취득 종합시험의 절차를 말한다. 다만 자격 또는 면허 소지자, 7급 이상 공채 합격자, 대학 등이 실시하는 공개강좌(과정) 이수자는 일부 과정이나 과목을 면제받는다.

④ 대학의 평생교육

대학에서의 평생교육은 대학 확장, 대학 개방, 대학 성인교육이나 계속교육이란 이름으로 영국과 미국에서 널리 행해지고 있다. 우리나라는 1970년대 이래 정규 대학생이 아닌 일반 성인을 위한 프로그램을 전개했는데, 대학의 교수와 연구 기능과 더불어 특히 대학의 사회봉사 기능이 강화되기 시작한 1980년대부터 본격적으로 대학에 상설적으로 별도의 기관을 부설하여 체계적으로 평생교육을 실시하고 있다. 명칭은 사회교육원이나 평생교육원이 가장 널리 쓰이나 미술디자인교육원, 영농교육원, 국제평생교육원, 산업교육원, 여성사회교육원, 정보사회교육원 등 다양하다.

이와 같은 대학의 평생교육원 설치는 "대학에는 학생 이외의 자를 대상으로 하는 공개강좌를 개설할 수 있다."(교육법 제114조)라는 조항에 근거한다. 이를 근거로 상설 어학원이나 방학을 이용한 계절제의 각종 프로그램을 대학별로 전개해 오다가 1982년 제정된 사회교육법에 "대학, 사범대학, 교육대학, 전문대학은 당해 대학 특성에 맞는 사회교육을 실시해야 한다."(제24조 제1항)라는 규정과 "학교의 도서관·박물관 기타 시설은 학교교육에 지장이 없는 범위 안에서 사회교육을 위하여 이를 이용할 수 있다."(제25조), "사회교육사업을 위하여 필요한 시설을 부설할 수 있다."(제26조 제1항)라는 규정의 추가로 대학에서의 평생교육이 본격적으로 전개되기에 이른다.

1997년 12월 당시 대학의 사회교육원이나 평생교육원은 149개였으며 그 가운데 전문대학도 35개 포함되었다. 이후에도 대학의 평생교육원의 수는 계속 증가되었으며 그 역할은 더욱 확대되었다.

5 각종 문화센터에서의 프로그램

대학 부설의 평생교육원이나 사회교육원 이외에도 1980년대 이후 두드러진 현상은 각종 언론사나 백화점의 부설 문화센터 그리고 각종 단체나 시설 또는 회관 등에서 운영하는 평생교육 프로그램 운영이 활발히 전개된 것이었다. 각 언론사나 대형 백화점마다 문화센터를 개설하였으며, 청소년 회관, 여성회관, 사회복지관이나 근로자 복지관, 마을회관, 종교단체 부설 회관, 노인회관, 시민 회관, 구민회관 등에서 평생교육 차원에서 유아에서 노인에 이르는 다양한 연령층을 대상으로 가정생활이나 예절교육 및 시민 교양 함양의 차원뿐 아니라 예체능 실기, 체육 · 레크리에이션 활동, 직업 기술교육 등이 실제적인 프로그램을 다양하게 운영하여 국민의 삶의 질을 향상하는 데 크게 기여하였다.

4) 평생교육 발전기(2000년대 이후)

(1) 정책 수립 배경

21세기에 들어서면서 우리나라는 교육부를 교육인적자원부로 명칭을 바꾸고 교육을 통한 인적자원개발 종합 청사진을 제시하였다. 교육의 개혁 없이는 지식기반 사회를 만들어 낼 수 없다는 인식 아래 교육정책의 틀을 종래의 학교교육 중심에서 평생교육의 영역까지 확대하는 등 다양한 혁신적인 사업을 추진하게 된다.

(2) 주요 정책 내용

1 2000년: 평생학습체제 구축 원년

21세기 새로운 밀레니엄 시대의 시작과 함께 사회교육의 시대에서 평생교육의 시대로 변화되는 기점이 2000년이다. 사회교육법(1982년)이 평생교육법(1999)으로 전면 개정된 후 평생교육법 시행령이 발효(2000년)되고, 평생교육법 시행규칙이 새로 제정 · 공포(2000년)됨으로써 하나의 법체계가 형성된다.

2 평생학습 지원체제 구축

2000년 이후 평생교육은 개정된 법 조항에 따라 구체적인 제도와 정책으로 구현되기 시작하였다. 평생교육법에서는 국가 수준의 평생교육센터와 시 · 도 수준의 지역평생교육정보센터, 그리고 시 · 군 · 구 지역에 평생학습관을 설치 · 운영하도록 규정하고 있다.

2000년 중앙의 평생교육센터가 한국교육개발원 내에 설치되어 국가 수준의 평생교육전담 · 지원기구로서 기능을 수행하게 되었다. 같은 해 지역평생교육정보센터는 1차로 전국 16개 시 · 도에 23개 기관이 지정되었으며, 기초 자치단체 수준의 평생학습관 지정도 이루어졌다. 2009년에는 대부분의 시 · 군 · 구에 평생학습관이 설치되었다.

3 평생학습도시 선정 및 평생학습축제 개최

2001년부터 추진된 평생학습도시 조성사업은 지역주민의 교육 욕구 충족을 위해 지방자치단체, 학교, 공공도서관, 주민자치센터, 구민회관 등 다양한 기관에서 개별로 실시하고 있는 평생교육 프로그램을 네트워크를 통해 연계 · 운영함으로써 교육 서비스의 질을 향상하는 데 크게 기여하고 있다.

또한 2001년부터 경기 광명시, 대전 유성구, 전북 진안군을 선두로 평생학습도시를 선정하기 시작하여 2011년 현재 총 84개의 평생학습도시가 조성되어 있다. 평생학습축제사업은 학습의 즐거움과 학습 결과를 나누고, 평생교육기관 간의 연계체제 구축을 목표로 2001년 천안을 시작으로 매년 전국평생학습축제를 개최하고 있으며, 지역별로 특색을 살린 지역축제가 전국적으로 확산되고 있다.

4 평생학습진흥 종합계획 수립 · 추진

2002년 1월 29일에 확정 · 발표된 평생학습진흥 종합계획은 우리나라 평생학습의 기회 확대 및 평생학습 기반 구축을 위해 향후 5개년 동안 추진해야 할 27개 과제 및 100여 개 세부 추진방안 등을 담고 있다. 이 계획의 시행으로 ① 정부 수립 이후 최초의 평생학습에 관한 체계적 · 종합적 계획 마련, ② 지역평생교육정보센터, 평생학습관 설치 등 제도적 기반 확충과 평생학습도시 지정, ③ 성인 문해 교육 지원, ④ 소외계층 평생교육 프로그램 재정 지원 등 새로운 정책수요에 부응하였다는 긍정적인 평가를 받고 있다. 이 사업이 2006년에 종결됨에 따라 2008년도부터 2012년도까지 추진될 제2차 평생학습 진흥 종합계획이 2007년 12월 5일에 발표되었다.

5 평생교육법 개정과 평생교육진흥원 설립

2007년 12월 14일에 개정 · 공포된 평생교육법 전부 개정을 통해 평생교육진흥원을 건립하였다. 본 법안의 공포는 평생학습이 개인 및 사회발전에 필요한 인적, 문화적, 사회적 자본을 형성하는 데 있어 필수 요소임을 인식하고 학습자의 평생학습권을 다양한 차원에서 적극 보장함으로써 우리 사회가 평생학습사회에 한 발 더 다가갈 수 있는 전기를 마련한 것이다. 본 법안은 사회변화에 따른 국가 차원의 평생교육 진흥체제 마련, 평생교육의 효율화를 위한 중앙 · 광역 · 기초 자치단체 단위의 종합적 · 체계적 추진체제를 정비하고, 새로운 평생교육 영역에 대한 법 규정 마련, 일부 법적 근거가 불명확한 조문을 명확히 정리하였다는 데 의의가 있다. 또한 평생교육진흥원이란 국가 수준의 독립 기구를 설립함으로써 그동안 산발적으로 운영되던 평생교육 관련 기구를 통합하여 전 국민을 위한 평생교육의 체계적인 계획과 운영이 가능하게 되었다.

2. 평생교육정책 전개의 특징

앞 절에서 우리나라 평생교육정책의 전개과정을 크게 4단계, 즉 첫 단계는 1945년부터 1950년대까지의 성인 기초교육 형성기, 2단계는 1960년대부터 1970년대까지를 정부 주도하의 평생교육의 구성기, 3단계는 1980년대부터

1990년대까지의 평생교육 확대기, 마지막으로 2000년 이후를 평생교육 발전기로 구분하여 설명하였다. 평생교육의 발전과정은 한국 사람의 가치 시스템인 유교적인 사고가 뿌리 깊이 배어 있어 유교의 가치에서 분리해서 생각하는 것은 불가능하다. 이 절에서는 우리나라의 특별한 평생교육정책 과정에서의 특징에 대해 정책 입안과정을 중심으로 살펴보고자 한다.

1) 한국의 평생교육 정책과정

우리나라는 1948년 정부 수립 이후 교육에서도 국가의 집중화된 시스템을 구축하기 위하여 교육부를 중심으로 중앙집중식의 통제를 강화하였다. 상향식 설계(backward mapping) 방식보다는 하향식 설계 (forward mapping) 방식에 의해 평생교육정책이 집행되어 왔다. 결국 우리나라의 대부분 평생교육정책은 교육부를 중심으로 위에서부터 시작되어 정책 결정자의 의도대로 단계적으로 시달됐다. 이러한 과정을 통해서 원래 정책이 의도하였던 결과는 성공적으로 얻을 수 있었다. 이렇게 정책을 조직적이고 정치적이며 기술적으로 통제하는 것은 가능하였지만, 평생교육 현장에 존재하고 있는 문제를 효과적으로 해결할 수 있었던가에 대해서는 향후의 평가 작업이 필요하다(최은수, 2008).

2) 한국의 평생교육정책 입안과정

한국은 매우 집중화된 정부 시스템이므로 대부분의 교육정책 입안은 중앙정부 특히 교육과학기술부에 의해 통제되며, 상부 조직에 의해 중요한 행정적인 의사가 결정된다. 또한 한국 정부 설립 이후 30여 년 동안 수없이 자주 변화되어 온 교육정책은 대부분 정치 활동이 큰 영향을 미쳤음을 볼 수 있다.

그 대표적인 사례가 1999년 한국 정부에 의해 제안된 평생교육법의 입안과정이다. 이 법의 입안과정에 영향을 준 상황을 분석해 보면, 첫째, 사회 · 경제적인 환경을 들 수 있다. 1980년대 이후 생활 수준은 괄목할 만큼 향상되었으며 여가와 문화적인 활동을 할 수 있는 상황이었다. 이러한 상황은 성인교육을 위한 지속적인 교육 프로그램을 개발하는 환경이 되었다. 둘째, 정치적 교육환경이다. 평생학습의 출현은 1995년 5 · 31 교육개혁에서 모든 국민에게 계속 배울 수 있는 평생교육의 기회가 제공되어야 한다고 제안한다. 이를 기반으로 1998년 교육위원회가 설립되었고, 교육위원회는 평생교육을 포함한 교육개혁에 대하여 대통령에게 계속적인 충고와 지원을 하게 된다. 대통령의 지원하에 새로운 법이 만들어지고 평생교육 확장에 큰 영향을 주게 된다. 셋째, 평생교육에 대한 수요가 있었으며, 넷째 교육부와 교육부 장관을 의장으로 하는 중앙 조정위원회가 정치적 시스템을 지원하고 있음을 볼 수 있다. 다섯째, 1998년 10월 2일 새정치국민회의와 자민련 사이에 평생학습법에 대한 동의를 얻기 위하여 협의가 있었으며 그 후 평생학습법이 평생교육법으로 바뀌게 된다. 1998년 11월 26일 최종안이 국무회의를 거치게 되고 1998년 11월 26일 국회를 거쳐 1999년 8월 31일에 공포하게 된다.

평생교육법은 평생교육 전 분야에 영향을 미쳤으며, 새로운 법률 시스템의 영향으로 평생교육 시스템이 제도화되고 특히 전국적인 평생교육 관련 학회와 조직 사이에 상호 작용하는 동맹 네트워크를 효과적으로 조절할 수 있게 되었다.

3) 한국의 평생교육정책의 문제

한국 정부에 의해 추진된 평생교육정책 과정에는 몇 가지 문제가 있다.

첫째, 평생교육에 대한 참가율이 낮다. 한국의 평생교육 참가율은 OECD 선진국에 비해 낮다. 2003년 OECD 자료를 보면 25세에서 84세의 평생교육 참가율은 핀란드가 58.2%, 덴마크가 56. 2%, 스웨덴이 54.3%, 노르웨이가 48.4%, 영국이 44.9%인 데 비해 한국은 17.2%에 머무르고 있다. 노인의 재교육률 또한 여전히 낮은 상태다.

둘째, 학교 간의 학생 교류가 비유연적이다. 현재 교육 시스템은 한 대학에서 다른 대학으로 이동이 매우 엄격하다. 또한 전통적인 교육 시스템에 들어가는 학생은 매우 제한적이며, 또한 성인이 대학에서 학습 기회를 갖기가 매우 어렵다. 학교 간의 학생들의 학업 성적에도 큰 차이가 있다.

셋째, 학생들의 학업 성취도에 대한 사회적 인정이 약하다. 사이버대학이나 학점은행 시스템을 통해 졸업 증명서를 받는다고 하여도 사회적으로 별로 인정받지 못한다.

넷째, 평생교육에 대한 정부의 재정적 지원이 여전히 미약하다. 2003년 교육부 예산의 단지 0.038%에 머무르는 수준이다.

4) 한국의 평생교육정책의 과제

이상에서와 같이 우리나라의 평생교육정책 과정과 평생교육정책 입안과정을 살펴보면 중앙정부 중심의 상부하달적인 특징이 강함을 볼 수 있다. 열린교육체제를 지향하고 수요자 중심의 교육체계를 구축하고 국민의 학습권과 학습자의 선택권을 최대한 보장하고 성인교육을 활성화하기 위해 한국의 평생교육정책은 여전히 많은 과제를 안고 있다.

우선, 성인교육의 기회를 확대하기 위한 다양한 정책과 교육방법이 개발되어야 한다. 둘째, 평생교육 이수자의 사회적 대우가 확대되어야 하며 교육목적 성취를 위한 사회적 인프라와 유기적인 관련을 가져야 한다. 셋째, 평생교육 활성화를 위한 다양한 지원정책이 병행되어야 한다.

이러한 과제의 해결을 위하여 정책 결정과 입안 과정에서 평생교육 현장 중심의 상향식 정책 설계방식이 활성화되어야 할 것이며, 무엇보다도 학력(學歷) 중심의 사회에서 능력 위주의 학력(學力)사회로의 가치 전환에 대한 사회합의가 이루어져야 할 것이다.

제10장

평생교육정책 추진체제

1. 평생교육법 및 관계법

1) 교육관계법체계와 평생교육법

교육에 대한 최상위법은 헌법이다. 헌법 제31조 제1~3항에서는 교육받을 권리와 교육을 받게 할 의무를 구체화하기 위한 규정을 마련하고 있으며, 제5항에서는 평생교육의 진흥 의무를 규정하여 교육 적령기에 교육의 기회를 놓친 자에게 나중에라도 교육을 받을 수 있는 기회를 보장해 주고 부단한 학문적 발전에 따라 누구나 최신의 지식을 배울 수 있는 기회를 보장해 주기 위하여 국가에 책임과 의무를 지우고 있다.

이 헌법정신을 이어받아 1997년에 제정된 법이 바로 교육기본법이다. 교육기본법은 교육받을 권리, 의무교육, 교육의 전문성 · 자주성 · 중립성 · 자율성, 평생교육의 진흥정신을 이어받으면서, 교육제도 법률주의의 원칙에 의거하여 제정된 우리나라 최초의 교육에 관한 기본 법률이라는 데 의의가 있다. 또한 교육기본법은 학교교육 위주로 규정되어 있던 기존 교육법에 평생교육에 관한 규정을 보완하여 학교교육과 평생교육이 유기적인 연계를 갖추도록 함으로써 교육에 관한 실제적인 기본법이 되도록 하였다.

[그림 10-1]의 교육 관련법의 기본 구조 그림에서와 같이 교육기본법은 기존의 교육법 가운데 학교교육과 관련된 부분을 초 · 중등교육법과 고등교육법으로 분리했으며, 종래의 사회교육법은 평생교육법으로 전문 개정되어 새로운 모습으로 탄생하게 되었다.

평생교육 관계 법령은 학교교육과 관련된 법령과는 달리 전체 국민을 대상으로 하는 다양한 평생교육 활동을 규정하는 법령이다. 따라서 법규가 실제로 매우 광범위한 내용을 포괄하고 있으며 이에 따라 정부의 소관 부처도 다양하다. 각 부처별 평생교육 관계 법령은 교육과학기술부 관계 법령이 24개, 그 외 고용노동부, 보건복지부, 문화체육관광부 등 10개 부처의 관계법이 41개다.

특성별로 보면 평생교육 일반, 학위 및 학점취득에 관한 법, 시설평생교육, 기술 · 직업교육, 공무원 · 연수 · 재교육, 일반연구 · 재교육, 교정교육, 농어민교육, 아동교육, 청소년교육, 노인교육, 부녀자교육, 장애인교육, 학교 · 준학교교육, 산학협동교육, 사회생활교육, 체육교육, 저소득층교육 등으로 구분할 수 있다.

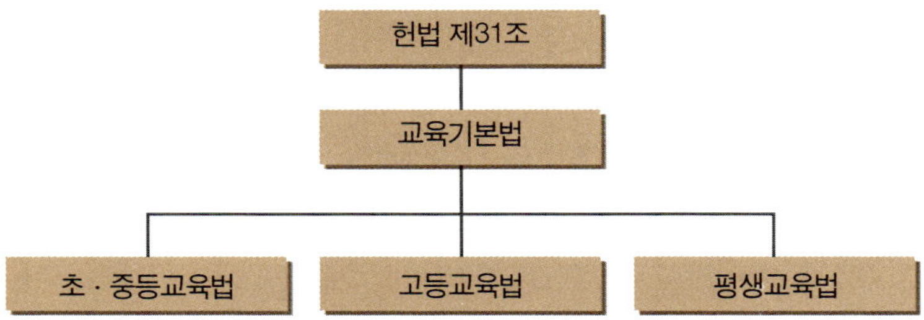

[그림 10-1] 교육 관련법의 기본 구조

또한 현행 평생교육법 제5조에서는 평생교육법 시행과 관련된 국가 및 지방자치단체의 임무에 관하여 규정하고 있다. 이에 따라 대부분 지방자치단체는 평생교육협의회 설치나 평생교육 관련 단체 · 시설 · 사업장의 설치 및 운영을 위한 조례를 규정하고 있거나 현재 추진 중에 있는 것으로 나타나고 있다. 또한 법 제16조에 의한 평생교육 진흥사업을 지원하기 위하여 지방자치단체의 조례로 정하여 실행하는 경우도 있다.

2) 평생교육법의 발전과정

우리나라의 평생교육법은 1982년 제정된 사회교육법을 근간으로 1999년에 전문 개정으로 법명이 평생교육법으로 변경되는 등 현재까지 총 8차례에 걸쳐 개정되어 왔다. 이 장에서는 〈표 10-1〉과 같이 1982년 사회교육법 제정과

표 10-1 평생교육법의 개정과정

일자	차수	법
1982. 12. 31.	제정	사회교육법 제정 [법률 제3648호] (제정 시 6장 30조로 구성됨)
1990. 12. 27.	1차 개정	사회교육법 일부 개정 [법률 제4268호]
1995. 8. 4.	2차 개정	사회교육법 일부 개정 [법률 제4964호]
1997. 12. 13.	3차 개정	사회교육법 일부 개정 [법률 제5454호]
1999. 8. 31.	4차 개정	평생교육법으로 법명 변경: 전문개정 [법률 제6003호] (전문 개정으로 법명 변경 5장 32조로 구성됨)
2001. 1. 29.	5차 개정	평생교육법 일부 개정 [법률 제6400호]
2007. 10. 17.	6차 개정	평생교육법 일부 개정 [법률 제8640호]
2007. 12. 14.	7차 개정	평생교육법 전문 개정 [법률 제8676호] (전문 개정으로 8장 46조로 구성됨)
2008. 2. 29.	8차 개정	평생교육법 일부 개정 [법률 제8852호]

제4차 개정인 1999년 평생교육법의 전문 개정 그리고 제7차 개정인 2007년 평생교육법 전문 개정의 추진 배경과 주요 내용 및 문제점 등에 대해 살펴보고자 한다.

(1) 사회교육법의 제정(1982. 12. 31. 법률 제3648호)

1 사회교육법의 제정 배경 및 추진 과정

일본은 패전 직후 교육과 관련된 법체계를 완전히 갖추었지만, 우리나라는 1980년대 초에 정치적 변혁기를 거치면서 제정된 제5공화국의 헌법 제29조 제5항에 "국가는 평생교육을 진흥하여야 한다."라는 평생교육진흥 조항을 삽입하여 국가의 최상위법인 헌법에 평생교육의 중요성을 명문화하게 됨으로써 정부가 평생교육을 법제화하는 데 관심을 갖게 되었다. 그 결과 1982년 12월 31일 법률 제3648호로 사회교육법이 제정·공포되었다.

사회교육법은 사회교육의 중심 법을 독립적으로 제정했다는 점에서는 인정받고 있으나 제정·공포 당시부터 많은 비판을 받아 왔다. 그 이유는 1950년대부터 연구되었던 사회교육법 시안이 무시되고 사회교육 관련 학자, 전문가 및 실천가 등과의 심도 있는 협의나 의견 수렴과정 없이 졸속으로 만들어짐으로써 한국의 현실 감각에 부적절하고, 최상위법인 헌법의 평생교육 진흥 및 교육의 상위법인 교육법과의 위계가 적절하지 못하며 하위 법과의 연계와 상호 보완성이 부족하다는 것 등이었다(교육부, 1997).

2 사회교육법의 주요 내용

사회교육법은 6장 30조로 구성되었으며, 제정 목적은 "모든 국민에게 평생을 통한 사회교육의 기회를 부여하여 국민의 자질을 향상하게 함으로써 국가사회발전에 기여함을 목적"으로 하였다. 사회교육법의 주요 내용은 〈표 10-2〉와 같다.

표 10-2 사회교육법의 주요 내용

장	내 용
제1장 총칙 (10개 조항)	• 사회교육법의 목적: 국민의 자질 향상, 국가사회 발전 • 사회교육의 정의: 학교교육 제외, 모든 형태의 조직적인 교육활동 • 사회교육의 기회균등 및 자율성, 중립성 • 사회교육 과정: 국민교양교육 의무화, 학습자 실용성 존중 • 사회교육의 영리 제한 • 이수자의 사회적 대우, 학력 인정(중 · 고 과정)
제2장 국가 및 지방자치단체의 임무 (6개 조항)	• 국민의 평생교육 기회 부여 • 사회교육 시설 설치, 전문요원 양성, 교육자료 개발 등 • 사회교육정책조정위원회(교육부) • 사회교육협의회(지방) • 사회교육시설단체의 지도 및 지원 • 사회교육 종사자의 연수 • 사회교육 실시자에 대한 경비보조
제3장 사회교육 전문요원 (4개 조항)	• 전문요원의 기능: 사회교육 활동의 편성 · 진행 · 분석 · 평가 · 기획 • 전문요원의 의무 배치 • 전문요원의 자격 및 신분보장 • 전문요원 양성 · 연수기관 인가
제4장 사회교육시설 (4개 조항)	• 사회교육시설 설치: 시 · 도 교육위원회 등록 • 사회교육 시설로서의 학원, 도서관, 박물관
제5장 학교 및 대중매체와 사회교육 (4개 조항)	• 대학의 사회교육 실시 의무 • 학교시설의 사회교육 기여(도서관, 박물관 등) • 학교 내 사회교육시설 부설 • 대중매체의 사회교육 기여
제6장 보칙 (2개 조항)	• 시정명령 • 벌칙: 100만 원 이하 벌금

3 사회교육법의 문제점

사회교육법은 제정 당시부터 많은 문제점이 제기되었다. 즉, 사회교육법이 학교교육법 중심이었던 교육법의 하위 법처럼 존재함으로써 법적 지위가 잘못되어 있었고, 평생교육 관련 모법으로서 충분한 기능을 발휘하지 못함으로써 평생교육 관련 제반 법규가 위계성이나 연계성을 가지지 못함으로써 정부의 각 부처에 분산되어 존재하고 있는 관련 법령을 조정 · 통괄하는 데 문제가 있었다(김신일 외, 1990; 이종만, 1992). 또한 각종 평생교육기관의 학습 이수 결과에 대한 평가 · 인정제도가 마련되지 못함으로써 개방적 교육체제로 나아가는 데 한계가 있었으며(황종건 외, 1994), 사회교육을 전담할 전문요원의 양성과 배치에 관한 규정이 미비하였고, 원격교육 · 사업장 및 직업교육과 관련된 법적 조항이 결여됨으로써 사회 전반의 평생교육 활동을 활성화하는 데 한계가 있었던 것으로 지적되어 왔다(정우현 외, 1994).

(2) 평생교육법의 전문 개정(1999. 8. 31. 법률 제6003호)

1 평생교육법의 전문 개정 배경 및 추진 과정

사회교육법은 평생교육 활성화는 물론 국민 개개인의 배울 권리를 다양한 차원에서 보장하게 되었다는 데 의의가 있다. 그런데도 사회교육법은 학교교육법 중심이었던 교육법의 하위 법처럼 존재함으로써 법적 지위가 잘못되어 있는 등 위에서 언급한 여러 가지 문제점이 야기됨에 따라 1990년대 초반의 사회교육법 개정이 본격화되기에 이르렀다(최은수, 2002).

평생교육법의 제정과정을 살펴보면 다음과 같다. 문민정부의 교육개혁위원회(1994. 2. 5.~1998. 2. 4.)에서는 신교육체제의 비전과 목표로 "누구나, 언제, 어디서나 원하는 교육을 받을 수 있는 길이 활짝 열려진 열린교육사회, 평생학습사회 건설"을 제시하였다. 이를 추진하기 위해서 4차에 걸쳐 교육개혁 방안을 제시하였으며, 그중에는 '평생학습법의 기본 방향과 시안 제정' 방안도 포함되어 있다. 교육개혁위원회가 작성한 '평생학습법의 기본 방향과 시안'에 대해 교육부는 중앙부처, 교육청, 대학, 산하기관 및 단체 등 537개 기관에 의견조회를 하고, 그 결과를 반영하여 1998년 6월 15일 교육부의 평생학습법안을 마련하였다.

그 이후 평생학습법 제정과 관련된 공청회(1998. 7. 21.)와 입법예고(1998. 9. 3.~

9. 23.)를 거치면서 일반 평생교육기관을 학원과 통합하기로 하고 이에 관한 조항을 삭제하였다. 법제처의 심의과정(1998. 9. 3.~11. 9.)을 통해 평생학습법을 평생교육법으로 명칭을 변경하고, 입법 형식도 당초 사회교육법을 폐지하고 평생학습법을 제정하는 형식에서 사회교육법을 전문 개정하여 평생교육법을 개정하는 형식으로 변경하였다. 그 후에도 여러 차례 수정을 거쳐 마련된 국회 교육위원회의 평생교육법 수정안은 제206회 국회 제3차 본회의(1999. 9. 12.)에 상정되어 가결되고 1999년 8월 31일 공포(법률 제6003호)됨으로써 기존의 사회교육법은 전문 개정에 의해 새로운 형태의 평생교육법으로 탄생되었다. 이후 평생교육법 시행령이 2000년 3월 13일, 그리고 평생교육법 시행규정이 2000년 3월 31일 제정 · 공포됨으로써 평생교육법령이 하나의 법체계를 형성하게 되었다.

2 평생교육법의 전문 개정 주요 내용

평생교육법의 법적 성격은 학교의 정규교육을 제외한 평생교육에 관련된 기본 사항을 규정하여 평생교육 관계 법령 등을 지원 · 육성하는 모법으로서의 지위를 가진다. 새로 마련된 평생교육법은 총 5장 32조로 구성되어 있으며 주요 내용은 다음과 같다.

첫째, 직장인의 계속교육 및 재교육 등을 통한 자아실현과 안정적인 교육 기회 확대를 위해 각 직장의 실정에 따라 유급 또는 무급으로 학습휴가를 실시하거나 학습비를 지원하는 유 · 무급 학습휴가제를 도입하였다.

둘째, 평생교육의 종합연수와 연구 및 정보센터의 기능 등을 수행하기 위해 민간교육 연구기관 및 단체를 지정하여 중앙단위의 평생교육센터를 운영하고, 기존의 평생교육 시설을 활용하여 시 · 도 단위 지역평생교육정보센터와 시 · 군 · 구 · 읍 · 면 · 동 단위 평생학습관을 운영하도록 하였다.

셋째, 사업장에 고용된 종업원을 대상으로 고용주의 경비부담을 원칙으로 사내 대학을 양성화하여 전문대 및 대학의 학력 · 학위인정을 부여하고, 방송, 케이블 TV, 정보통신매체센터 등을 통한 방송통신교육의 민간인 참여를 확대해 다양한 원격교육을 실시하며, 이를 산 · 학 · 연 · 관 협동학습체제와 연계하여 직장 내 학습과 재택학습 기회를 확대하도록 하였다.

넷째, 도자기(청자, 백자), 소리(창) 등 우리 민족 전래의 전통문화예술 등 인간문화재로 지정된 명인 등에게서 일정한 교육을 받은 자에게 그에 상응하는 학력을 인정하는 문하생 학력인정제도를 도입하였다.

다섯째, 민간자본의 교육훈련, 연구용역, 프로그램 개발, 평생교육기관의 경영 진단 및 평가, 지식정보 제공 등 교육훈련 산업에 투자를 촉진하여 지식인력 개발 사업을 진흥 · 육성하도록 규정하였다.

여섯째, 교육전문 인적자원 등을 대학의 시간강사, 각종 연수기관의 강사 요원, 적성특기교육활동의 강사 등으로 활용하기 위해 강사정보은행제를 신설하고 있으며, 국민의 평생학습을 촉진하기 위하여 개인의 학습 경험을 종합적으로 누적 관리하는 교육계좌제를 운영하여 효율적인 인간자원을 개발 · 관리하도록 규정하였다.

일곱째, 기존의 '사회교육 전문요원'을 '평생교육사'로 명칭을 변경하고, 그 역할과 기능도 평생교육의 기획 · 진행 · 분석 및 평가업무 전담과 교수 역할을 추가하여 전문성과 능력 있는 평생교육 담당자를 양성하여 양질의 평생교육을 실시하도록 하였다.

3 평생교육법 전문 개정의 의의 및 문제점

평생교육법 전문 개정의 의의는 개정 취지에 잘 나타나 있다. 평생교육법은 급변하는 세계화 · 정보화 사회에서 누구나, 언제, 어디서나 원하는 교육을 받을 수 있는 '열린교육사회 · 평생학습사회'를 구축하여 교육복지국가를 건설함으로써 국민의 삶의 질 향상과 사회발전에 기여하는 데 기본 목표를 두었다. 그러나 1999년 전면 개정된 평생교육법은 다음과 같은 몇 가지 구조적인 문제점을 안고 있었다(최운실 외, 2005).

첫째, 법 성격과 지위상의 문제점으로 평생교육법은 기본법과 특별법이 갖고 있는 기본계획이나 이를 뒷받침하는 기금에 대한 규정이 없고 국가와 지방자치 단체의 역할 미흡 등 기본법, 특별법, 진흥법으로서의 법제적 요소가 대단히 취약하다.

둘째, 평생교육법의 목적에 관한 문제로 목적 없는 법의 목적 진술 문제가 지적되고 있다. 사회교육법에도 있는 평생교육법 제1조 법의 목적의 상실이다. 법의 목적이 상실로 끝나는 것이 아니라 평생교육이 추구하는 궁극적 목적의 부재로 귀결된다는 점에서 문제의 심각성이 지적된다.

셋째, 타 법률과의 관계에 대한 문제점으로 제3조에는 "평생교육에 관하여는 다른 법률에 특별한 규정이 있는 경우를 제외하고는 이 법을 적용한다."라고 되어 있는데, 문제는 대부분 다른 법률에 특별한 규정이 이미 있다는 사실이다. 평생교육 관련 다른 법률이 이미 존재하므로 우선하여 적용할 대상이 거의 없다. 따라서 평생교육법은 각 부처 소관의 평생교육 관계 법령을 조정 · 통괄하는 기능조차 없다.

넷째, 평생학습조정협의회에 대한 문제점으로 국가의 종합적인 평생학습에 관한 기본 정책과 부처 간의 평생학습 업무를 심의 · 조정하기 위해 국무총리 산하에 둘 것을 제안하였으나 협의과정에서 삭제되어 국가의 역할이 축소되고 교육부 소관 평생교육 업무로 축소되는 문제를 초래하였다.

(3) 평생교육법 전부 개정(2007. 12. 14. 법률 제8676호)

① 평생교육법 전부 개정 배경 및 추진과정

헌법과 교육기본법에 명시된 평생교육 진흥을 위한 일반법으로서 평생교육법은 1999년에 구 사회교육법을 대체하여 전문 개정되었다. 이는 1995년 5월 31일 교육개혁에서 제시한 '열린교육사회, 평생학습사회'로 대표되는 평생교육 진흥 열기에 적극 부응하기 위한 조치였다. 하지만 전문 개정 이후 8년의 세월이 지남에 따라 평생교육법에서 다루고 있는 범위와 체계가 제한적이어서 지식기반사회, 창조사회, 고령사회로 대변되는 시대 상황을 포괄하여 구현하기에는 한계가 있다는 지적이 여러 차례 제기되어 왔다. 평생교육법이 평생교육에 관한 기본법으로서 제 구실을 하기 위해서는 평생교육 활동과 정책을 추진하고 제반 여건을 마련해 주기 위한 확실한 법적 기반을 갖추어야 할 필요가 있다. 이런 점에서 1999년 개정된 평생교육법은 다음과 같이 평생교육법 자체의 문제점과 평생교육법제의 환경 변화에 대하여 적극적으로 대처해야 하는 등 다시 정비할 필요성이 제기되었다.

먼저 평생교육법은 평생교육에 관한 기본법으로서의 위상 확보 미흡, 평생교육법의 내용 부실과 평생교육 관계법과의 연계성 미흡, 평생교육 관계 법령의 중복과 그로 인한 법령 적용상의 혼란 등 자체적으로 심각한 문제점을 지니고 있다(권두승 외, 2004; 이종만, 2003). 이러한 문제의식에 따라 사회 변화에 따른 국가 차원의 평생교육 진흥체제 마련, 평생교육의 효율화를 위한 중앙 · 광역 · 기초자치단체단위의 종합적 · 체계적 추진체제 정비, 새로운 평생교육 영역에 대한 법 규정 마련, 일부 법적 근거가 불명확한 조문 정리 등을 위한 목적으로 평생교육법 전부 개정이 추진되었다.

표 10-3 평생교육법 전부 개정 법률안 추진 경과

일자	추진 내용
2006. 2. 21.	평생교육법 전부 개정 법률안 이인영 의원 대표발의
2007. 4. 9.	평생교육법 전부 개정 법률안 임해규 의원 대표발의
2007. 12. 8.	평생교육법 전부개정 법률안 국회 교육위원회 상정
2007. 4. 18.	국회 교육위원회 주관 공청회 개최
2007. 6.~9.	국회 교육위원회 법안심사간담회 및 법안심사소위원회
2007. 9. 19.	국회 교육위원회 법안심사소위원회 통과
2007. 11. 16.	국회 교육위원회 통과
2007. 11. 21.	국회 법제사법위원회 통과
2007. 11. 22.	국회 본회의 통과
2007. 12. 24.	평생교육법 전부 개정 법률안(법률 제8676호) 공포

2007년 12월 14일 평생교육법 전부 개정안이 공포(법률 제8676호)되었다. 평생교육법 전부 개정안은 의원입법 형태로 발의되어 국회를 중심으로 논의되었지만, 그 논의과정에서는 교육인적자원부, 한국교육개발원, 평생교육학계 등 다양한 주체가 다양한 방식으로 참여하여 법 개정의 당위성 및 필요성을 공유함으로써 평생교육 활성화를 위한 법 개정 취지에 모두 의견을 같이하였다. 〈표 10-3〉은 평생교육법 전부 개정 법률안 추진 경과다.

2 평생교육법 전부 개정 주요 내용

2007년 개정된 평생교육법에서는 1999년 평생교육법이 제정된 이후 줄곧 제기되었던 문제점을 보완하였으며, 주요 개정 사항은 다음과 같다.

첫째, 평생교육 개념 정의를 명확하게 하였다. 기존의 평생교육 개념은 "학교교육을 제외한 모든 형태의 조직적인 교육활동"이라고 다소 추상적이며 협의적인 개념으로 정의하였다. 즉, 학교 담장을 기준으로 한 정의다. 따라서 이번 개정안에서는 평생교육 개념을 "학교의 정규교육과정을 제외한 학력보완교육, 성인기초 · 문자해득교육, 직업능력향상교육, 인문교양교육, 문화예술교육, 시민참여교육 등을 포함하는 모든 형태의 조직적인 교육활동"으로 정의함으로써 보다 구체적이고 광의적인 개념으로 접근하였다. 이는 실제 존재하고 있는 평생교육의 각 영역과 관련 기관 · 단체 등에서 실시하고 있는 평생교육을 더욱 체계적으로 활성화하기 위한 법적 기반을 마련하였다는 데 의의가 있다.

둘째, 국가와 지방자치단체의 평생교육 추진체제 개편이다. 이는 그동안 제기되었던 국가 및 지방자치단체의 임무에 대한 문제점을 보완하여 평생교육 진흥을 위한 국가와 지방자치단체의 책무성을 강화하기 위해 추진체제를 정비하였다. 국가단위로는 교육인적자원부장관 소속하에 '평생교육진흥위원회'를 설치하여 평생교육 업무의 체계적인 협력 · 조정 사항을 심의하고, 지역단위로는 시 · 도지사 소속하에 '시 · 도 평생교육협의회'를 설치함으로써 시 · 도 교육감과 협의하여 지자체 중심의 평생교육 진흥 업무를 수행하도록 하였다. 시 · 군 및 자치구에서도 지역주민을 위한 평생교육의 실시와 관련되는 사업 간 조정, 유관기관 간 협력 증진을 위하여 '시 · 군 · 자치구 평생교육협의회' 를 설치하게 되었다. 이러한 업무를 실제로 전담할 추진기구로서 광역단위에서는 '시 · 도 평생교육진흥원' 과 기초단위의 '시 · 군 · 구 평생학습관' 을 설치 · 운영하게 함으로써 해당 지역주민에 대한 평생교육 기회 확대와 정보 제공, 상담, 프로그램 운영 등을 효율적으로 추진할 수 있도록 하였다. 한편 기존 시 · 도 교육감 소관 평생교육 관련 업무는 계속 수행하도록 함으로써 학교교육과 평생교육의 연계, 일반 행정과 교육행정의 네트워킹 강화로 지역 평생교육 진흥을 위한 시 · 도 교육감의 권한과 책임은 지속적으로 유지하도록 하였다. 아울러 국가와 지자체는 평생교육진흥의 중장기 정책목표, 기본 방향, 투자 확대를 위한 평생교육진흥기본계획과 평생교육진흥시행계획을 각각 수립 · 시행하게 하였다.

셋째, 평생교육진흥원 설립이다. 그동안 학점은행센터, 평생교육센터, 독학학위검정원 등에 분산 · 운영되어 왔던 평생교육 추진체제를 통합함으로써 대국민 평생학습서비스의 전문성과 책무성 및 효율성을 확보할 수 있는 계기를 마련하였다. 그동안 전 국민의 평생교육 진흥과 성인 학습자의 교육 기회 확대를 위한 평생교육 업무는 한국교육개발원 소속의 평생교육센터와 학점은행센터, 한국방송통신대학교 소속의 독학학위검정원에 분산 · 위탁 운영방식으로 수행되어, 교육인적자원부를 제외한 타 부처의 평생교육 관련 업무와의 연계가 미약하고 지역평생교육정보센터 등 지역평생교육전담기관과의 연계가 활성화되지 못하였으며, UNESCO나 OECD 등과의 협력체제도 지속성을 가지지 못하는 한계를 보였다. 결국 국가의 평생교육 진흥 업무를 총괄적으로 수행하기 위해서는 급증하고 있는 전국 평생교육사업을 지원 · 관리하는 국가평생교육센터로서의 규모와 위상 확대, 안정적인 사업 전개를 위한 예산과 인력 확보의 필요성이 절실하였다. 따라서 이번 법 개정으로 3개 기관을 평생교육진흥원으로 통합함으로써 분산 처리되었던 평생교육 관련 지원 기능을 통합 · 운영하게 되어 시너지 효과를 얻고, 궁극적으로 국가 차원에서 평생교육 지원기관의 효율성과 전문성을 더욱 강화하는 토대를 다지게 되었다.

넷째, 문해교육을 추진하고 학력인정의 법적 근거를 마련하였다. 중학교 졸업 학력 미만의 저학력 성인이 599만 명(2005년 통계청 인구총조사)에 달하는 현실을 극복하고자 문해교육 실시와 학력인정에 대한 법적 근거를 마련하였다. 문해교육의 정의를 "일상생활을 영위하는 데 필요한 기초능력이 부족하여 가정 · 사회 및 직업생활에 불편을 느끼는 자들을 대상으로 문자해득 능력을 갖출 수 있도록 하는 조직화된 교육프로그램"으로 규정하였다. 또한 문해교육 실시와 학력인정에 관한 규정을 새롭게 평생교육법에 명시함으로써 이를 통해 사회적 약자인 저학력 성인을 대상으로 국가와 지자체가 문해교육에 관한 행 · 재정적인 지원이 가능하게 하였으며, 검정고시 없이도 일정 수준의 문해교육 프로그램을 이수하면 그에 상응하는 학력을 인정받도록 하였다.

다섯째, 지방자치단체 중심의 평생학습 추진을 더욱 활성화하기 위하여 시 · 군 · 구 기초지방자치단체를 대상으로 '평생학습도시'를 지정 및 지원할 수 있는 법적 근거를 마련함으로써 지역 평생학습 추진이 한 차원 높은 실천력을 갖고서 촉진될 수 있는 계기를 갖추게 되었다. 또한 평생학습도시 간의 연계 · 협력 및 정보 교류의 증진을 위한 전국평생학습도시협의회 운영에 관한 법적 근거도 마련하였다. 또한 2006년부터 시범적으로 추진되고 있는 평생교육통계조사의 법적 근거가 마련되어 평생교육 기관조사와 학습자의 평생교육 수요조사를 통해 과학적인 평생교육 추진을 위한 제도적 기반이 확충되었다. 평생교육사의 자격을 평생교육법에 구체화하고, 각종 학교, 시 · 도 평생교육진흥원, 시 · 군 · 구 평생학습관에 평생 교육사를 채용 · 배치하도록 규정함으로써 평생교육사 자격제도가 더욱 체계적으로 운영될 수 있게 되었다.

여섯째, 평생교육 기관의 책무성을 강화하기 위하여 평생교육기관시설의 이용자에게 발생한 생명 · 신체상의 손해배상과 관련한 보험가입 또는 공제 사업 가입 등 필요한 안전조치를 하도록 의무화하였으며, 수강료 반환제도 등 학습자의 권익을 보장하기 위한 제도적 장치를 처음으로 마련하였다. 또한 학교교육과 연계된 학교평생교육 활성화를 위한 근거 조항이 신설되었다. 기존의 학교 부설 평생교육시설과는 구분된 학교의 교육 여건을 고려한 학생 · 학부모 · 지역주민을 위한 평생교육 실시를 위해 학교에서는 평생교육의 이념에 따라 교육 과정과 방법을 수요자 관점으로 개발 · 시행하여 학교가 지역학습공동체와 지역문화개발의 중심기관인 지역사회 평생교육센터로서의 역할을 담당할 수 있게 될 전망이다. 끝으로 학력인정 평생교육시설의 공공성과 책무성을 강화하고 지방자치단체의 예산 지원을 체계적으로 수행하기 위한 근거 조항도 신설되었다.

일곱째, 학력인정 평생교육시설의 공공성과 책무성을 강화하고 지방자치단체의 예산 지원을 체계적으로 수행하기 위한 근거 조항도 신설되었다. 앞으로 학력인정 평생교육시설 설치는 학교법인 또는 공익재단법인만이 가능하며, 시설 폐쇄 시에도 설치자의 임의적인 폐쇄를 제한하여 시 · 도 교육감의 인가를 통해 학생 이동 대책 등을 수립한 후에 폐쇄할 수 있도록 하였다. 아울러 지방자치단체가 조례에 따라 학력인정 평생교육시설에 대한 보조금을 지원할 수 있는 근거 조항도 마련되었다.

3) 평생교육 관계법의 향후 과제

국가의 평생교육적 실천은 법에 근거해야 한다. 평생교육법은 헌법과 교육기본법에 규정된 평생교육의 진흥에 대한 국가 및 지방자치단체의 책임과 평생교육제도와 그 운영에 관한 기본적인 사항을 정함을 목적으로 하는 법이다. 우리나라 평생교육 관계법은 평생교육법이 제정된 이후 줄곧 제기되었던 문제점을 8차례의 개정과정을 거치면서 대폭 보완하여 비교적 짧은 기간에 수준 높은 질적 향상을 가져왔다. 특히 2007년에 개정된 법은 교육 기회의 제공과 다양한 평생교육시설에 대한 설치 운영, 평생교육 추진 기구 및 체제의 구축, 그리고 다양한 평생교육 인정을 위한 체제 구축에 크게 기여하였다.

그러나 지식정보화 사회에 있어 경쟁력 있는 인적자원개발과 개인의 삶의 질 향상을 위한 평생교육적 확장을 위해 평생교육법의 몇 가지 발전 과제를 제시하고자 한다(교육과학기술부, 평생교육진흥원, 2008; 2009).

첫째, 평생교육법은 각 부처의 평생교육 관련법을 조정 · 통괄하는 '평생교육기본법'으로서의 성격이어야 한다. 급속한 사회환경적 변화에 따라 전 생애에 걸쳐 늘어나는 교육수요자의 욕구에 대처하기 위해 더욱 복잡한 형태의 평생교육이 전개될 수밖에 없다. 따라서 평생교육기본법으로 다른 법률에 우선하여 적용할 수 있도록 전개되어야 할 것이다.

둘째, 국가 수준의 평생교육 추진체제가 독립적으로 신설되고 출범하였다. 국가와 지방자치단체의 평생학습 진흥 의무와 책무성과 공적 기반을 공고히 하기 위한 평생교육진흥위원회와 지역 내에서 평생교육 기관의 네트워크를 통한 지역기반 조성 및 정체성을 확보할 수 있도록 시 · 도 평생교육협의회와 시 · 군 · 구 평생교육협의회 간의 조정 역할을 명시하여야 할 것이다.

셋째, 평생교육법 제2조에 명시되어 있듯이 평생교육은 학교교육을 제외하며, 대부분 성인을 대상으로 교육, 복지, 노동, 행정, 문화, 환경 등이 통합된 성격으로 지방자치단체 주도로 이루어지고 있으며, 평생교육시설이 지자체장 소관과 감독하에 있음을 고려할 때 평생교육 추진과 지원에 있어서 지자체장과 교육자치장의 공동 소관 업무가 분명하다. 두 조직의 역할 분담체제를 명료화함으로써 현실적인 협조체제를 마련하여야 할 것이다.

넷째, 평생교육 관계법의 발전에 따라 다양한 형태의 시설을 통해 평생교육 기회가 제공되어 왔음에도 우리나라 성인의 평생교육 참여율은 OECD 등 선진외국에 비해 상당히 저조한 것으로 나타나고 있다. 성인학습 참여율 제고와 교육 참여 유인을 위한 방법을 모색하여야 할 것이다. 또한 여전히 남아 있는 성별 간, 학력 간, 직업 간 평생교육 기회의 불평등 현상이 극복될 수 있는 방안을 모색하여야 하며, 특히 소외계층에 대한 각종 교육 기회의 제공과 그를 위한 재정적 지원과 관련된 보완을 마련해야 한다.

다섯째, 국가와 지방자치단체는 '열린교육사회, 평생학습사회'를 건설하기 위한 통합적인 평생교육체제 기반을 구축해야 한다. 국가 차원에서 교육과 훈련의 통합, 교육과 노동의 체계적인 연계, 교육과 복지의 통합을 통한 생산적 복지의 증대 등과 같은 것을 기할 수 있는 평생교육 추진체제를 법률에 규정하여 일관성과 통합성 있는 정책을 추진할 필요가 있다.

마지막으로 교육 기회의 제공과 관련해 현재 다양한 차원에서 이루어지고 있는 각종 평생교육 시설 · 단체, 각종 학원, 전문학교 등으로 하여금 교육적 기능에 비추어 전체 평생교육체제 내에서 적절한 형태로 기여하도록 한다. 이에 대한 적절한 지원과 조성 활동이 가능하도록 관련 법제를 제도화할 필요가 있다.

2. 평생교육 추진기구

1) 평생교육 추진기구의 변화

우리나라의 평생교육 추진체제는 1982년 사회교육법이 제정되면서 법적으로 틀을 갖기 시작하였으나 제 역할을 하지 못하다가 1999년 평생교육법이 전문 개정되면서 국가 차원의 평생교육 지원체제가 마련될 수 있었다. 이 법에 근거하여 중앙 차원의 평생교육진흥원(법 제19조), 시 · 도 광역 차원의 평생교육진흥원(법 제20조), 시 · 군 · 구 차원의 평생학습관(법 제21조) 등 3대 전담기구를 설치하였다.

2000년 3월 31일 평생교육법 시행규칙이 부령 제765호로 신규 제정 · 공포되면서 중앙 차원의 평생교육센터가 한국교육개발원 부설로 조직되어 국가 수준의 평생교육 전담 기능을 수행하게 되었다. 그 뒤 16개 시 · 도에 지역평생교육정보센터와 시 · 군 · 구 차원의 평생학습관이 설치되어 운영되었다.

2008년 2월 15일 그동안 분산되어 있던 평생교육조직을 총괄하기 위하여 독립기구로 평생교육진흥원이 신설되었다. 여기에서는 평생교육 추진기구를 국가 차원과 지역단위 차원으로 분류하여 각 기관의 구조와 주요 사업에 대해 좀 더 자세히 살펴보고자 한다(최돈민, 2006, 최은수 외, 2010).

2) 국가 차원의 평생교육 전담기구

(1) 국가평생교육진흥원

평생교육진흥원은 국가 차원의 평생교육정책을 총괄하는 독립기구로 2008년 2월 15일에 설립되었다. 이 기관은 2000년 3월부터 한국교육개발원에서 운영해 오던 평생교육센터, 1998년 3월부터 한국교육개발원에서 운영해 오던 학점은행센터, 1990년 6월부터 중앙교육평가원에서 운영하다 1998년 1월부터 한국방송통신대학교로 이관하여 운영해 오던 독학학위검정원 등 3개 기관을 통합한 것이다. 평생교육진흥원은 2012년부터 국가평생교육진흥원으로 명칭이 바뀌었다.

국가평생교육진흥원의 주요 사업은 다음과 같다. 첫째, 평생교육정책사업으로 평생교육 현안에 대한 조사와 연구를 통해 국가의 정책 수립을 지원하며, 주요 평생교육정책의 현황과 성과를 평가 정리한 백서를 발간한다. 둘째, 평생학습도시 지원사업으로 주민의 학습권을 보장하고 지역의 사회통합과 경제발전 기반을 마련하는 평생학습도시 조성사업을 수행하고 평생학습도시 선정, 각종 활성화 지원 사업, 모니터링 등을 추진한다. 셋째, 대학평생교육을 지원하여 대학이 지역 평생교육 거점기관으로서 지역주민의 평생학습 기회를 확대하고자 전문 인력과 교육시설을 활용할 수 있도록 지원한다. 넷째, 평생교육연수사업을 통해 평생교육사를 비롯한 평생교육 실무자를 대상으로 전문역량 강화를 위한 연수 프로그램을 제공한다. 다섯째, 비문해 · 저학력 성인 대상 문해교육과 프로그램 운영비용을 지원하고, 성인문해 교육과정 개발 관련 연구를 수행하는 성인문해교육을 지원한다. 마지막으로 개인의 형식 · 비형식 학습 이력과 결과를 관리하고 학습비를 지원하는 평생학습계좌제를 운영한다.

(2) 시 · 도 평생교육진흥원

평생교육법 제20조에 따르면 시 · 도 지사는 교육감과 협의하여 시 · 도 평생교육진흥원을 설치 또는 지정 · 운영할 수 있다. 시 · 도 평생교육진흥원은 해당 지역의 평생교육 기회 및 정보의 제공, 평생교육 상담, 평생교육 프로그램 운영, 해당 지역의 평생교육기관 간 연계체제 구축, 그 밖에 평생교육진흥을 위하여 시 · 도 지사가 필요하도록 인정하는 사항 등을 수행하도록 하고 있다. 시 · 도 평생교육진흥원은 업무를 수행하는 데 필요한 조직과 시설, 지정 절차 등에 필요한 사항은 그 지방자치단체의 조례로 정한다.

(3) 시 · 군 · 구 평생학습관

시 · 도 교육감은 평생교육법 제21조의 규정에 따라 관할 구역 안의 주민을 대상으로 평생교육 프로그램 운영과 평생교육 기회를 제공하기 위하여 평생학습관을 설치 또는 지정 운영하여야 한다. 또한 시 · 군 · 구청장은 평생학습관의 설치 또는 재정적 지원 등 해당 지방자치단체의 평생교육을 진흥하는 데 필요한 사업을 실시할 수 있다. 평생학습관은 지역 평생교육 기회 및 정보의 제공, 평생교육 상담, 평생교육 프로그램 운영, 지역의 평생교육 기관 간 연계체제 구축, 평생교육사 등 평생교육 종사자에 대한 연수, 전문인력정보은행제 운영, 학습계좌제 운영, 평생교육 통계조사 등 관련 조사 및 자료 개발, 그 밖의 평생교육 진흥을 위하여 필요하다고 인정하는 사업 등을 수행하도록 되어 있다.

현재 대부분의 시 · 군 · 구 자치단체는 평생학습관을 지정 · 운영하고 있으며, 평생학습도시로 지정된 기초자치단체는 평생교육센터 등의 이름으로 평생학습관을 설치 · 운영하고 있다.

3) 지역단위 차원의 평생교육 전담기구

그동안 지방 정부 차원에서 평생교육 업무를 담당하는 관련 부서를 찾아보기는 쉽지 않았다. 주민의 평생교육에 대한 욕구 증가와 지역 인적자원개발 등의 환경적 변화에 따라 지역평생교육에 대한 지방 정부의 관심이 높아지고 있어 평생교육 관련 전담부서가 신설되고 있다.

(1) 광역자치단체

평생교육 관련 업무가 점차 증가하기 시작하면서 일부 광역 자치단체에 평생교육 전담부서가 신설되고 있다. 그렇지만 아직까지 광역자치단체 차원에서는 평생교육 업무에 대한 관심이 크다고 보기 어렵다. 추진 업무 또한 초·중·고등학교에 대한 지원, 대학협력 사업, 외국어 마을 조성사업 등으로 편향되는 경향이 있어 아직까지는 주민을 위한 실질적인 평생학습 추진이 미흡한 실정이다.

(2) 시·도 교육청

시·도 교육청은 지역단위의 교육에 관한 정책을 수립하고 조정하는 지방교육행정기관으로 정부의 교육정책에 따라 지역교육의 기본 지표를 설정하고 학교교육 및 학예에 관한 사무를 관장한다. 또한 평생교육 관련 부서를 설치하여 지역평생교육정보센터와 지역 평생학습관을 설치·지정·운영하고 있다.

현재 16개 시·도 교육청은 모두 평생교육을 담당하는 부서가 있어 초·중등학교 학생의 방과 후 교육활동, 학교시설을 이용한 성인평생교육, 각종 시설학교, 평생교육시설학교, 사설학원 및 강습소 등 평생교육 관련 업무를 맡고 있다.

그러나 시·도 교육청에서 추진하는 평생교육 관련 업무가 주로 초·중등학교 학생의 학교교육과 관련되어 있으므로 성인을 위한 평생교육 추진은 매우 미흡한 실정이다.

(3) 기초 자치단체

지금까지 기초 자치단체 차원에서의 평생교육은 교육지원청의 업무로 인식되어 전담부서가 있는 경우가 드물었다. 2001년부터 전국의 기초자치단체를 대상으로 심사를 거쳐 선정해 온 평생학습도시사업이 활성화되면서 점차 관련 업무를 추진하는 부서가 늘어났다.

기초자치단체의 평생교육 관련 사업은 주로 평생학습도시사업을 추진하고 있는 지역에서 활발하게 나타나고 있다. 이들은 지역 내 평생학습기관 또는 단체와 연계체제 구축, 평생학습 프로그램 개발 · 운영, 학습동아리 발굴 · 육성, 평생학습 실무자 연수, 평생학습 정보 제공, 지역평생학습축제 등 다양한 사업을 추진하고 있다.

(4) 시 · 군 · 구 교육청

시 · 군 · 구 교육청은 지역의 교육과 관련된 모든 업무를 맡고 있는 곳으로 평생교육 업무 또한 교육청의 주요 업무 중 하나다. 특히 평생학습도시로 지정된 지역은 교육청에서도 평생학습도시사업을 적극 지원하고 있다.

지역교육청 평생교육 전담부서는 학무과에 평생교육담당, 평생교육체육과, 과학평생교육과 등으로 설치되어 있다. 전담부서가 명확하게 국, 과(팀), 계 등으로 구분된 교육지원청도 있으나, 과 내에서 학원, 도서관 등의 타 업무와 통합되어 평생교육 담당으로 운영되는 곳도 있다. 대부분 시 · 군 · 구 교육청도 시 · 도 교육청과 마찬가지로 평생교육 관련 업무는 주로 학교교육과 관련된 업무가 중심이 되어 있고 성인을 위한 평생교육은 미흡한 실정이다.

3. 평생교육전문가 양성체제

2000년 이후 국가적 차원에서 평생교육사업이 전개되기 시작한 이후에 평생교육기관은 물론이고 정부, 지자체, 교육청 등 공공기관에서 교육, 문화, 복지, 행정, 노동이 통합된 다양한 형태의 평생교육사업을 전개하고 있다. 평생교육이 효과적으로 전개되기 위해서는 여러 가지 조건이 필요하다. 학습하고자 하는 욕구와 의욕을 가진 학습자를 지원하기 위한 정책과 시설 및 프로그램 등이 있어야 한다. 그러나 아무리 좋은 정책과 시설 등이 있다 하더라도 이를 운영하고 지원할 수 있는 전문적인 인적 자원이 없다면 평생교육의 활성화는 기대하기 어려울 것이다.

이렇듯 평생학습사회 도래와 국가 주도의 평생교육정책사업이 확대됨에 따라서 평생교육사의 역할이 더욱 강조되고 있다. 평생교육사제도는 평생교육 현장의 효율성과 전문화를 위한 자격제도다. 현장에서 평생교육 담당자로서 특정 직무 수행능력을 인정해 주는 것이다. 그러므로 자격은 사회공신력을 가져야 하며, 자격의 공신력을 유지할 수 있는 제도적 뒷받침이 있어야 한다. 여기에서는 평생교육의 이념 실현을 위하여 실무능력과 전문성을 가진 평생교육 담당자 양성체제에 대해 다루고자 한다.

1) 평생교육사

2000년에 시행된 평생교육법에 따라 '사회교육전문요원'의 명칭은 '평생교육사'로 바뀌게 되었다. 2007년 12월 14일 공포된 평생교육법 전부 개정안(법률 제8676호)에 뼈대를 둔 평생교육법 제24조에 따르면, 평생교육사란 대학에서 법이 정한 평생교육 관련 과목을 일정 학점 이상 이수한 자 또는 법이 정한 평생교육사 양성기관에서 소정의 과정을 이수한 자, 혹은 그 밖에 대통령령으로 정하는 자격 요건을 갖춘 자를 말한다. 즉, 평생교육사는 그동안 교육현장에서 활동해 오던 평생교육 담당자, 평생교육자, 평생교육 지도자의 역할을 담당하는 사람 중에서 법적인 자격을 갖추고 있는 전문가다.

평생교육사의 역할과 직무에 대해서 평생교육법 제24조 제2항에서는 평생교육의 기획, 진행, 분석, 평가 및 교수업무를 수행해야 한다고 규정하고 있으며, 평생교육법시행령 제17조에서는 ① 평생교육 프로그램의 요구분석 · 개발 · 운영, 평가, ② 학습자에 대한 학습정보 제공, 생애능력개발 상담 · 교수, ③ 그 밖에 평생교육 진흥 관련 사업계획 등 관련 업무로 규정되어 있다. 이러한 평생교육사의 직무는 기존 평생교육전문요원과 비교했을 때 교수업무가 추가된 것이다. 다음은 평생교육법의 평생교육사 관련 내용이다.

관련법: 평생교육법
제24조(평생교육사) ① 교육과학기술부 장관은 평생교육 전문인력을 양성하기 위하여 다음 각 호의 어느 하나에 해당하는 자에게 평생교육사의 자격을 부여한다.〈개정 2008.2.29〉 1.「고등교육법」제2조에 따른 학교(이하 "대학"이라 한다) 또는 이 법 시행 당시 종전의 제22조 제3항에 따른 원격대학형태의 평생교육시설에서 학위과정으로 평생교육과 관련된 과목을 일정한 학점 이상 이수한 자 2. 제25조에 따른 평생교육사 양성기관에서 필요한 과정을 이수한 자 3. 그 밖에 대통령령으로 정하는 자격요건을 갖춘 자 ② 평생교육사는 평생교육의 기획 · 진행 · 분석 · 평가 및 교수업무를 수행한다. ③ 제28조 제2항 각 호의 어느 하나에 해당하는 자는 평생교육사가 될 수 없다. ④ 평생교육사의 등급, 직무범위, 이수과정, 연수 및 자격증의 교부절차 등에 필요한 사항은 대통령령으로 정한다.

2) 평생교육사 양성과정

(1) 평생교육사 자격 요건

평생교육사 양성의 의미는 소정의 자격 요건을 갖춘 사람이 교육을 받음으로써 평생교육사 자격증을 부여받는 것을 의미한다. 현재 평생교육사의 자격은 1, 2, 3급으로 구분되는데 평생교육사 1급은 승급과정을 통해서 취득이 가능하며, 2급은 대학 · 사내대학 · 원격대학, 지정양성기관, 학점은행제, 승급과정을 통해서, 평생교육사 3급은 대학 · 사내대학 · 원격대학, 지정양성기관, 학점은행제를 통해서 취득이 가능하다.

승급과정 기준은 평생교육사 양성과목 이수와 실습 및 현장 경력을 중심으로 구분되었다. 2008년 개정된 평생교육법 시행령상의 등급별 자격요건은 〈표 10-4〉와 같다.

표 10-4 평생교육사의 등급별 자격 요건(제16조 제2항 관련)

〈개정 2008. 6. 5.〉

등급	자격 기준
평생교육사 1급	평생교육사 2급 자격증을 취득한 후, 교육과학기술부 장관이 정하는 평생교육과 관련된 업무(이하 "관련 업무"라 한다)에 5년 이상 종사한 경력이 있는 자로서 진흥원장이 운영하는 평생교육사 1급 승급과정을 이수한 자
평생교육사 2급	1. 「고등교육법」 제29조 및 제30조에 따른 대학원에서 교육과학기술부령으로 정하는 평생교육과 관련된 과목(이하 "관련 과목"이라 한다) 중 필수과목을 15학점 이상 이수하고 석사 또는 박사학위를 취득한 자. 다만, 「고등교육법」 제2조에 따른 학교(이하 "대학"이라 한다)에서 필수과목을 이수한 경우에는 선택과목으로 필수과목 학점을 대체할 수 있다. 2. 대학, 원격대학 형태의 평생교육시설 또는 사내대학에서 관련 과목을 30학점 이상 이수하고 졸업한 자 3. 대학, 원격대학 형태의 평생교육시설 또는 사내대학을 졸업한 자로서 다음 각 목의 어느 하나에 해당하는 기관에서 관련 과목을 30학점 이상 이수한 자 가. 대학, 원격대학 형태의 평생교육시설 또는 사내대학 나. 법 제25조 제1항에 따른 평생교육사 양성기관(이하 "지정양성기관"이라 한다) 다. 「학점인정 등에 관한 법률」에 따라 평가인정을 받은 학습과정을 운영하는 교육훈련기관 4. 평생교육사 3급 자격증을 보유하고 관련 업무에 3년 이상 종사한 경력이 있는 자로서 진흥원장이나 지정양성기관이 운영하는 평생교육사 2급 승급과정을 이수한 자
평생교육사 3급	1. 대학, 원격대학 형태의 평생교육시설 또는 사내대학에서 관련 과목을 21학점 이상 이수하고 졸업한 자 2. 대학, 원격대학 형태의 평생교육시설 또는 사내대학을 졸업한 자로서 다음 각 목의 어느 하나에 해당하는 기관에서 관련 과목을 21학점 이상 이수한 자 가. 대학, 원격대학 형태의 평생교육시설 또는 사내대학 나. 지정양성기관 다. 「학점인정 등에 관한 법률」에 따라 평가인정을 받은 학습과정을 운영하는 교육훈련기관 3. 관련 업무에 2년 이상 종사한 경력이 있는 자로서 진흥원장이나 지정양성기관이 운영하는 평생교육사 3급 양성과정을 이수한 자 4. 관련 업무에 1년 이상 종사한 경력이 있는 공무원 및 「초·중등교육법」 제2조 제2호부터 제6호까지 또는 학력인정 평생교육시설의 교원으로서 진흥원장이나 지정양성기관이 운영하는 평생교육사 3급 양성과정을 이수한 자

주: 1) 평생교육사 등급별 자격 요건에 관한 적용례(부칙 제1조): 별표 1의 개정 규정 중 평생교육사 2급의 제1호 및 제2호, 평생교육사 3급의 제1호에 해당하는 자격 기준은 2009학년도 3월 1일 이후 대학 또는 대학원에 입학하는 자부터 적용한다.

2) 평생교육사 등급별 자격 요건에 대한 경과조치(부칙 제4조): 이 영 시행 당시 대학 또는 대학원에 재학 중이거나 2008학년도에 대학 또는 대학원에 입학하는 자에 대하여는 별표 1의 개정 규정에도 불구하고 종전의 규정을 적용한다. 다만, 종전의 평생교육사 1급의 제1호에 관한 규정은 2007학년도 대학원 입학자까지만 적용한다.

(2) 평생교육 양성 기관

평생교육사는 교육기관 중심의 교육 이수를 통해서만이 아니라 현장 경력을 중심으로 취득할 수 있는 가능성을 열어 두었으며, 현장 경력이 배제된 상태에서 1급 자격증을 취득하기 어렵게 제한하고 있다. 또한 보수교육을 받지 않고서 상위급수로 이동할 수 없게 제한하고 있다.

평생교육사 양성을 크게 대학에서의 신규 인력의 양성과 현장 재직자를 위한 양성과정 두 가지 방식으로 구분할 수 있다. 대학 정규과정을 통한 양성체제는 1986년부터 본격적으로 시행되어 왔고, 양성기관의 지정을 통한 양성체제는 2002년 이후부터 이루어지기 시작하였다.

전형적인 전문인력 양성 방법인 정규대학 과정의 양성체제는 1986년 이후 전문대학 및 대학교 그리고 대학원의 정규 교육과정을 설치하여 양성하는 전문적이고 체계적인 교육과정이다. 평생교육사 양성과정 교과목은 2급, 3급의 경우 필수과목과 선택과목이 정해져 세부 과정에 따라 차등적으로 추가된다. 교육 내용이 자격소지자의 자질을 가늠하기 때문에 양성과정에서 무엇을 가르치는가는 매우 중요하다. 또한 최근 대학의 양성과정은 평생교육 시설 또는 단체에서의 실습 등 현장 직무와 관련된 지식과 자질 등을 강조하고 있다.

평생교육법 제25조에서 평생교육사 양성기관은 교육과학기술부 장관이 평생교육사의 양성과 연수에 필요한 시설, 교육과정, 교원 등을 고려하여 대통령령으로 정하는 바에 따라 평생교육사 양성기관으로 지정할 수 있으며, 양성에 관한 업무를 진흥원에 위탁할 수 있다고 규정되어 있다.

2000년부터 2009년까지 평생교육사 자격 취득 현황을 보면 1급이 234명, 2급이 2만 9451명, 3급이 2281명으로 총 3만 1966명이 배출되었다. 이들은 대학에서의 정규교육 양성과정에서 82.2%, 양성기관에서 17.8%가 배출되었다(교육과학기술부, 평생교육진흥원, 2009).

(3) 평생교육사 배치 기준 및 대상기관

평생교육법 시행령 제22조에서는 평생교육사 배치 대상 기관 및 배치 기준을 구체적으로 규정하고 있다. 이에 근거하면 진흥원 및 시·도 진흥원은 1급 한 명을 포함하여 5명 이상을 배치하여야 하며, 시·군·구 평생학습관은 정규직 20명 이상은 1급 또는 2급 평생교육사 1명을 포함하여 2명 이상, 정규직원 20명 미만은 1급 또는 2급 평생교육사 1명을 배치하여야 한다. 그리고 법 30조에서 38조에 이르는 평생교육시설 등의 교육훈련시설 및 시설, 법인, 단체에는 평생교육사 1명 이상을 배치하여야 함을 기준으로 하고 있다. 그러나 선언적인 규정만을 갖추고 있을 뿐 배치조항 위반에 대한 벌칙이나 과태료는 없다. 또한 평생교육법은 사회교육법과 비교하여 평생교육사를 배치해야 하는 평생교육기관의 조건을 더 완화하고 있다. 〈표 10-5〉는 배치 대상 기관 및 배치 기준(제22조 관련)이다.

표 10-5 평생교육사 배치 대상 기관 및 배치 기준(제22조 관련)

〈개정 2008. 6. 5.〉

배치 대상	배치 기준
1. 진흥원, 시·도 진흥원	• 1급 평생교육사 1명 이상을 포함한 5명 이상
2. 시·군·구 평생학습관	• 정규직원 20명 이상: 1급 또는 2급 평생교육사 1명을 포함한 2명 이상 • 정규직원 20명 미만: 1급 또는 2급 평생교육사 1명 이상
3. 법 제30조에서 제38조까지의 규정에 따른 평생교육시설(학력인정 평생교육시설은 제외한다), 「학점인정 등에 관한 법률」 제3조 제1항에 따라 평가인정을 받은 학습과정을 운영하는 교육훈련기관 및 법 제2조 제2호 다목의 시설·법인 또는 단체	• 평생교육사 1명 이상

평생교육사 배치를 위한 평생교육시설 및 설치 요건을 평생교육법과 관련 법규에서는 〈표 10-6〉과 같이 규정하고 있다.

표 10-6 평생교육시설 및 설치 요건

<table>
<tr><th>구분</th><th>관계법</th><th>시설 구분</th><th>유형</th><th>설치 요건</th></tr>
<tr><td rowspan="10">평생교육법에 의해 인가·등록 신고된 시설</td><td>평생교육법
(구)20조
(신)31조</td><td>학교 형태 평생교육시설 중 학력인정 시설(교육감 지정)</td><td>각종 학교, 기술학교, 방송통신대 등</td><td>교육감에 등록</td></tr>
<tr><td>(구)21조
(신)32조</td><td>사내대학 형태
평생교육시설</td><td>사내대학</td><td>교과부 장관 인가</td></tr>
<tr><td>(구)22조
(신)33조</td><td rowspan="2">원격 형태
평생교육시설</td><td>원격대학 형태</td><td>교과부 장관 인가</td></tr>
<tr><td>동 시행령
(구)46조
(신)72조</td><td>원격대학 형태</td><td>교육감에 신고</td></tr>
<tr><td>평생교육법
(구)23조
(신)35조</td><td>사업장 부설
평생교육시설</td><td>산업체, 백화점
문화센터 등</td><td>교육감에 신고</td></tr>
<tr><td>(구)24조
(신)36조</td><td>시민사회단체
부설 평생교육시설</td><td></td><td></td></tr>
<tr><td>(구)25조
(신)30조</td><td>학교 부설
평생교육시설</td><td></td><td></td></tr>
<tr><td>평생교육법
(구)26조
(신)37조
동 시행령
(구)44조
(신)61조</td><td>언론기관 부설
평생교육시설</td><td>신문 방송 등의
언론 기관</td><td>교육감에 신고</td></tr>
<tr><td>평생교육법
(구)27조
(신)38조</td><td>지식인력개발사업
관련 평생교육시설</td><td>산업교육기관
학교 실습기간</td><td>교육감에 신고</td></tr>
<tr><td>신설(29조)</td><td>학교의 평생교육</td><td colspan="2">초중등학교</td></tr>
<tr><td>다른 법령에 의한 시설</td><td colspan="2">학원의 설립운영 및 교습에 관한 법률
도서관 및 독서진흥법
박물관 및 미술관진흥법
근로자직업훈련촉진법 등</td><td colspan="2">학원, 직업훈련원, 도서관, 박물관, 문화원 등의 평생교육시설</td></tr>
<tr><td>기타</td><td>평생교육법 2조</td><td colspan="3">평생교육을 주목적으로 하는 시설 법인 또는 단체</td></tr>
</table>

출처: 최은수, 배석영(2008), p. 38.

제11장

평생학습 활성화 정책

오늘날 평생교육은 모든 사람을 위한 평생교육체제 구축이라는 정책을 내세우고 수요자 중심의 평생학습 패러다임으로 전환하고 있다. 따라서 평생교육정책도 평생교육 이념의 재정립으로서 자아실현으로서의 평생학습, 개인의 고용능력과 경제의 경쟁력 제고로서의 평생학습, 사회적 포용으로서의 평생학습, 시민정신으로서의 평생학습 등으로 누구나 학습이 필요한 사람은 배울 수 있고, 이들 배움이 차별받지 않도록 각종 제한이나 장애를 풀어 주는 것에서 비롯된다.

이 장에서는 우리나라 평생학습 활성화 정책의 대표적인 성인학습 참여율 증진을 위한 평생학습도시 조성, 평생학습대상, 평생학습축제 등에 대해 고찰해 본다.

1. 평생학습도시 조성

1) 추진 배경 및 목적

평생학습도시(lifelong learning city)는 지식기반경제 시대에서 OECD 주도하에 범세계적 학습운동으로 확산되고 있다. 평생학습도시가 지역사회에서의 학습, 생산성, 경제 등을 증진하는 데 주요 이슈가 된 것이다(변종임 외, 2005). 이는 평생학습도시가 개인의 삶의 질 제고와 도시 전체의 경쟁력을 높일 수 있도록 학습공동체 건설을 도모하는 총체적 도시 재구조화 운동으로, 그리고 지역사회의 교육자원을 네트워킹 학습공동체로 형성할 수 있기 때문이다(교육인적자원부, 한국교육개발원, 2006).

우리나라 평생학습도시 조성사업은 1999년 3월 9일 광명시가 최초로 평생학습도시를 선언한 이래, 정부정책으로 채택하여 2001년 광명시와 진안군, 유성구를 선정한 것이 그 시작이다. 이는 지역에서의 학습사회 실현을 위해 시·군·구 자치단체가 지역 내 평생학습자 간 네트워크를 구축하여 평생학습을 활성화하고 지역의 변화와 발전을 도모할 수 있도록 정부정책으로 채택한 것이다. 즉, 평생학습사회를 현실화하는 정책수단의 하나로 가장 주목받고 있는 것이 평생학습도시를 구축하는 것이었다(한숭희, 2004). 그러한 이유는 평생학습도시가 도시의 사회적 안정과 시민의 기본적 번영과 행복을 추구하고, 시민의 잠재력을 발휘하여 도시의 인적, 물적, 재정적 자원을 합리적이고 현실적으로 사용하는 데 있어서 학습은 그 기능의 핵심이 되기 때문이다(Longworth, 2006).

이런 맥락에서 평생학습도시 조성은 학습공동체 건설을 도모하는 총체적 도시 재구조화 운동이자 지역사회의 모든 교육자원을 연계하는 네트워킹 학습공동체로의 지역사회교육운동이다(한국교육개발원, 2006). 특히 행정 단위로서의 도시를 대상으로 교육과 학습에 관한 총체적 자원과 재구조화로 평생학습체제를 구축하는 것이다. 이는 궁극적으로 도시의 성장과 더불어 시민의 학습권을 확대하여 개인의 삶의 질을 향상하고 도시 전체의 경쟁력을 강화하는 것이다(이병호, 2009; 최은수, 2004).

결국 정부가 2001년부터 지자체를 중심으로 평생학습도시 조성사업을 추진하게 된 배경은 지역평생학습체제 구축을 기반으로 추진되는 것(교육과학기술부, 평생교육진흥원, 2008)으로 다음과 같다. 첫째, 시대적 변화에 대한 적극적 대응의 성격을 지닌다. 둘째, 지식기반사회, 지식기반경제 시대를 맞이하여 지역의 존속과 발전을 위해 새로운 지식과 지역문화 창달이 요청되고 있다. 셋째, 지역의 학습 자원이 급속히 확충되고 있어 이들의 효율적 활용이 중요한 이슈로 대두되고 있다. 넷째, 행정적으로는 지방자치시대에 따른 지역의 의사결정이 존중되고 있다.

따라서 평생학습도시 조성의 목적은 가정, 학교, 지역사회, 기업 등 지역의 모든 교육 기반이 하나의 종합적인 체제로 평생학습체제를 구축하여 평생학습체제 구축의 궁극적인 목적인 삶의 질 향상과 경쟁력 확보를 통한 지속 가능한 지역발전이라고 할 수 있다(교육인적자원부, 한국교육개발원, 2001, 2007). 평생학습도시와 관련한 평생교육법 및 평생교육법 시행령은 다음과 같다.

▪ **평생교육법**

제15조(평생학습도시) ① 국가는 지역사회의 평생교육 활성화를 위하여 시 · 군 및 자치구를 대상으로 평생학습도시를 지정 및 지원할 수 있다.

② 제1항에 따른 평생학습도시 간의 연계 · 협력 및 정보교류의 증진을 위하여 전국평생학습도시협의회를 둘 수 있다.

③ 제2항에 따른 전국평생학습도시협의회의 구성 · 운영에 필요한 사항은 대통령령으로 정한다.

④ 제1항에 따른 평생학습도시의 지정 및 지원에 필요한 사항은 교육과

학기술부 장관이 정한다.

▪ 평생교육법 시행령

제7조(평생학습도시협의회) ① 법 제15조 제2항에 따른 전국평생학습도시협의회(이하 "도시협의회"라 한다)는 교육과학기술부 장관이 평생학습도시로 지정한 시·군·구의 장 및 교육장으로 한다.

② 국가 및 지방자치단체는 도시협의회의 운영 및 활동에 필요한 인력 및 경비를 지원할 수 있다.

2) 추진과정

평생학습도시 조성사업은 무엇보다 지역의 변화를 도모하기 위한 자발적 의지와 노력을 강조한다. 평생교육 관련법이 제정되고 시행령이 뒤따른다고 해서 평생학습도시의 추진과정이 자동적으로 성립되지는 않기 때문이다. 따라서 지원 사업은 시·군·구 자치단체를 대상으로 공모를 통해 정부가 지원 대상을 선정하는 방식으로 전개된다. 이러한 점은 평생교육에 대한 지방자치단체의 참여를 적극적으로 활성화하여야 하는 것과 맥을 같이한다. 지역사회 발전을 위한 평생교육정책의 개발·결정·집행 과정에 지방자치단체의 적극적 참여가 중요한 이유이기도 하다(이병호, 2009).

교육과학기술부와 평생교육진흥원(2008)에 따르면 평생학습도시 지원을 위한 평가 지표는 전년도 사업성과에 대한 점검과 사업계획에 대한 점검을 중심으로 이루어져 있다. 먼저, 사업성과에 대한 점검은 평생학습도시 신규지정 신청에서 제시한 목표에 대한 달성 정도를 기준에 따라 검토하였다. 여기에는 사업목표와 사업 추진체제의 구축, 사업 추진 실적, 전년도 사업 평가와 사업 개선을

표 11-1 평생학습도시 기반조성사업 평가지표(2008년)

평가 영역		세부 내용	
사업 성과	1. 사업 목표(10)	사업 추진 목표	2007년 사업 추진 목표 달성 정도
	2. 사업 추진체제 구축(40)	조직 구성 및 운영	조직 및 추진체제 구축 실적
		전문 인력	전담 인력 규모의 적절성 및 배치 실적
		협의회 구축	평생교육협의회 개최 실적
		정보인프라 구축	정보 시스템 구축 및 활용 실적
		네트워크 추진	네트워크 구축 및 운영 실적
		주민의 참여 촉진	주민의 참여 촉진(홍보) 실적
	3. 사업 추진 실적(40)	평생교육기관	평생교육기관 설치 및 구축 실적
		평생학습 프로그램	지역 내 평생학습 프로그램 운영 실적
		평생학습 행사	평생학습 관련 행사 운영 실적
		학습자 지원	학습자 지원 실적(학습동아리 포함)
		예산 운영	2007년 예산 활용의 적절성, 효율성
	4. 사업 평가(10)	사업 평가 및 관리	사업 평가 결과 및 조치 방안의 적합성
		기대효과	지역사회 파급효과
사업 계획	1. 사업 기획의 적절성(35)	중장기 사업 목표	사업의 중장기 성과목표 수립 및 추진계획
		전년도 사업평가	전년도 사업평가의 적절성
		사업 중점 추진 사항	2008년 중점 사업의 타당성, 적절성
		사업 목표	2008년 사업목표의 구체성, 적절성
		사업 예산	2008년 사업예산 계획의 적정성
	2. 세부 운영 계획의 적합성, 실효성(45)	사업 세부 내용	사업 세부 내용의 적합성, 타당성
		기대효과	학습도시 및 주민에 대한 파급효과
		자원 활용계획	자원 활용의 적절성, 실효성
		사업 관리	사업 관리의 효과성, 실효성
	3. 사업 추진체제의 적절성(20)	조직 및 인원	추진 조직 및 전담인력, 실행기구의 체계성, 적절성
		협의회 구성 및 운영	협의회 구성 및 역할의 적합성, 실효성

출처: 교육과학기술부, 평생교육진흥원(2008), p. 67.

위한 고려사항도 포함된다.

사업성과의 첫 번째 영역인 사업 목표 영역은 사업 추진 목표에 대한 달성 정도를 확인한다. 두 번째 영역은 사업 추진체제 구축으로 조직 구성 및 운영, 전문 인력, 협의회 구축, 정보 인프라 구축, 네트워크 구축, 주민의 참여 촉진 등에 대한 실적을 확인한다. 세 번째 영역은 사업 추진 실적으로 평생교육기관, 평생학습 프로그램, 평생학습 행사, 학습자 지원, 예산 운영 등의 실적을 확인한다. 네 번째 영역은 사업 평가로서 사업 평가 및 관리나 기대 효과 등을 확인한다.

그리고 사업계획에 대한 점검은 사업 기획의 적절성, 세부 운영 계획의 적합성 및 실효성, 사업 추진체제의 적절성 등을 다루었다. 사업계획의 첫 번째 영역인 사업 기획의 적절성은 중장기 사업 목표를 수립하고 계획하며 전년도 사업평가, 사업 중점 추진 사항, 사업 목표, 사업 예산 등이 타당하거나 적절한지를 검토한다. 두 번째 영역은 세부 운영 계획의 적합성 및 실효성에 대한 것으로 사업 세부 내용, 기대효과, 자원 활용계획, 사업관리 등을 검토한다. 세 번째 영역인 사업 추진체제의 적절성은 조직 및 인원, 협의회 구성 및 운영을 검토한다.

이처럼 평생학습도시 기반 조성사업 평가지표는 사업성과 평가 4개 영역과 사업계획 평가 3개 영역으로 이들 세부 내용을 살펴보면 〈표 11-1〉과 같다.

3) 추진성과

최근 많은 지방자치단체가 주민의 평생학습교육정책에 대하여 지대한 관심을 나타내고 있다. 전국에서 처음으로 평생학습도시를 선언한 광명시의 사례를 비롯하여 창원시, 군포시 등의 평생교육센터 관련 사업 추진, 최근 부천시의 평생학습지원센터사업 등이 그 대표적인 예라고 할 수 있다. 이와 함께 서울시, 김해시, 서산시, 평택시 등에서 운영하고 있는 시민대학도 그러한 경향을 보여 주고 있다.

이처럼 많은 지방자치단체에서 시민의 삶의 질 향상을 위하여 평생교육 관련 사업에 대한 투자를 크게 늘리고 있다. 인프라 측면에서는 문화 · 교육시설, 청소년 수련시설, 스포츠 시설, 복지 시설 등 다양한 시설을 보유하고 있으며, 이러한 시설의 운영을 위해 많은 예산 투자를 하고 있으며, 최근 주민자치센터의 설치로 동 단위까지 평생학습기반시설이 갖추어지고 있다.

특히 우리나라 평생학습도시 선정은 2001년 3개의 지방자치단체인 경기 광명시, 대전 유성구, 전북 진안군에서 시작되어 평생학습도시 조성사업의 활성화로 2011년 기준 평생학습도시는 84개가 지정되어 있다. 따라서 평생학습도시 조성사업이 추진되면서 평생학습 활성화와 관련한 의미 있는 성과가 나타나고 있다. 평생학습도시에 대한 관심이 증대하면서 제도적 근거를 마련하기 위해 조례를 제정하고 있으며, 사업 추진을 위한 행정조직의 확충과 더불어 나아가 평생학습 관련 재정 투자를 확대하여 네트워크 강화와 지역 평생학습문화를 활성화하고 있다(교육인적자원부, 한국교육개발원, 2007). 또한 평생학습도시 조성사업과 관련한 논의 또한 활발하다.

양홍권(2004)은 평생학습도시사업은 그 출발점이 지역사회이므로 지역사회의 특성과 여건이 충분히 고려된 사업이 추진되어야 한다고 하였다. 이는 지역의 경제적 · 사회적 · 문화적 · 정치적 발전이 모두 고려된 지역평생학습체제가 구축되어야 함을 의미한다. 평생학습도시사업은 해당 지역의 특성과 조건, 지역의 필요와 지역주민의 요구를 고려하여 이루어져야 한다(고영상, 2007).

이희수(2007)도 평생학습도시는 총체적인 개인의 발전과 더불어 지역의 발전에 있으므로 모든 학습은 학습으로 끝나는 것이 아니라 타인과 더불어 행복한 도시를 만드는 운동으로 전개되어야 한다고 하였다. 이는 지역주민의 삶의 질 향상과 지역사회 발전을 목적으로 지역평생학습체제를 구축하여야 하기 때문이다.

이런 맥락에서 보면 평생학습도시 전략은 궁극적으로 지역의 학습공동체를 지향하고 있다. 따라서 우리나라의 평생학습사회를 활성화하기 위해서는 중앙

집중이 아닌 지역 중심의 평생학습정책이 확대되어야 한다. 더불어 평생학습도시의 도입 배경에 관한 정책에 걸맞도록 목표나 방향도 명확해야 한다(김영아, 2007).

4) 향후 발전 방안 및 개선 과제

평생학습도시 조성사업이 향후 더욱 성공적으로 추진되기 위해서는 몇 가지 과제가 선결되어야 한다(교육과학기술부, 평생교육진흥원, 2008).

첫째, 평생학습도시 조성사업에 대한 지속적인 평가 방안과 구체적 성과가 파악되어야 한다. 이러한 점은 점검 및 평가 관리의 부재와 성과에 대한 관리 강화와 관련된 것으로 이해할 수 있다.

둘째, 평생학습도시가 구축하고 있는 네트워크가 정교화되어야 한다. 이러한 점은 지역 내 평생학습 네트워크 활성화가 곧 평생학습도시 활성화로의 학습도시 시스템 구축과도 맥을 같이한다고 볼 수 있다. 그러므로 평생학습도시 내에서 네트워크는 조직 간의 수평적 관계망을 형성하여 특정한 시기에 특정한 목표를 연계하는 의미가 크다. 따라서 평생학습도시의 네트워크는 정부가 제도적으로 뒷받침하는 의지가 있어야 하며, 이를 바탕으로 각 지역에서 지역주민 간, 지역사회 집단 간 등 지역공동체가 중심이 될 수 있어야 한다. 또한 각 학습센터를 중심으로 프로그램을 통해 자율적인 참여 속에서 행정기관과 관련 조직을 하나로 연결하는 시스템이 되어야 한다.

셋째, 정부의 행정적 · 재정적 지원 강화와 인프라를 확대 구축하여야 한다. 이것은 평생학습사회를 지향하는 국민의 학습권 관점에서 보더라도 평생교육정책의 과제는 무엇보다도 효과성을 극대화하기 위해 정부의 행정적 · 재정적 지원이 강화되어야 한다. 더불어 평생교육 관련 제도 및 기구를 정비하여 대상을 확장하여야 하며, 평생학습 기회의 확대로 나아가야 한다. 그렇게 되기 위해서는 함께 참여하는 평생학습사회로의 전환과 국민의 평생학습 참여를 지원하기 위한 인프라가 확대 구축되어야 한다. 또한 평생교육 지원사업을 확대 운영하여 사회적 취약계층에 이르기까지 국민의 삶의 질 향상에 기여하여야 할 것이다.

2. 평생학습축제

1) 추진 배경 및 목적

학습의 즐거움을 함께 나누고, 격려하며, 새로운 학습의 정보를 얻고 체험해 볼 수 있는 평생학습축제가 전 세계적으로 확산되고 있다. 예를 들어, UNESCO가 주관하는 국제성인학습자주간(International Adult Learners Week) 행사에 일본, 영국, 핀란드, 호주, 뉴질랜드, 독일, 루마니아, 싱가포르 등 48개국이 '성인학습주간', '평생학습 페스티벌', '평생학습 박람회' 등의 이름으로 평생학습축제를 매년 개최하고 있다. 한편 우리나라도 제1회 전국평생학습축제(2008. 11. 8.~11. 10.)가 충청남도 천안시에서 개최되었다(교육인적자원부, 한국교육개발원, 2001).

이와 같이 평생학습축제는 평생학습에 대한 시민의 이해를 증진하고 스스로 학습 의욕을 환기함으로써 범국민적 관심과 참여의식을 높이기 위한 평생학습 문화운동이다. 또한 평생학습 활동을 실천할 수 있는 장을 제공함으로써 평생교육 시설·단체 등과 일반 학습자가 연계체제를 구축하고 평생학습의 경험과 성과를 공유하는 장이다. 그리고 학습을 통해 개인의 삶과 지역사회가 어떻게 변하는지를 널리 알리는 계기가 된다. 평생학습이 사회발전을 위한 권리이자 수단이며, 민주적이고 생산적인 지역사회를 창조하고 강화하는 주요 요소로 기능함을 보여 주는 것이다. 동시에 학습자에게 학습의 기회를 더욱 넓혀 주어 학습에 쉽게 접근하게 해 준다. 이를 통해 학습자는 평생학습 참여 의욕을 높이고, 평생교육 시설 · 단체는 양질의 교육 운영에 대한 노하우를 상호 교류하여 평생학습에 대한 사회적 인식을 확산하는 데 그 목적이 있다.

2) 추진과정

지금까지 우리나라에서 개최된 평생학습축제는 지난 2001년 이후 평생학습도시 사업과 맞물려 평생학습도시 지역을 중심으로 활성화되고 있다. 각 지역에서는 지역의 역량과 특성에 따라 사회문화적 통합과 활력을 위해 지역별 평생학습축제를 개최하고 있는데, 전국단위와 지역단위로 구분하여 볼 수 있다. 이러한 전국평생학습축제는 2001년 충청남도 천안시에서 처음 개최된 제1회를 시작으로 2003년 대전광역시 유성구에서 제2회, 2004년 제주특별자치도 제주시에서 제3회, 2005년 경기도 광명시에서 제4회를 개최하였다. 2006년에는 부산광역시 해운대구에서 제5회, 2007년에는 경상남도 창원시에서 제6회, 2008년에는 전라남도 순천시에서 제7회를 개최하였다. 이어서 2009년에는 경기도 구리시에서 제8회 축제, 2010년에는 대구광역시 동구청에서 제9회 축제가 개최되었다.

평생학습축제 주최를 보면 제1회 개최를 제외하고는 교육과학기술부와 한국평생교육총연합회의 주최로 추진되었다. 주관 또한 제3회 축제부터는 축제 개최지인 지방자치단체와 교육지원청, 한국교육개발원이 공동 주관자로 구성되었다. 이러한 점은 정부가 전국평생학습축제에 상당한 의욕을 가지고 있다는 점을 엿볼 수 있는 것이다.

한편 전국평생학습축제 개최지 선정은 공모를 통한 심사선정 방식으로 진행된다. 심사는 서류 심사와 현장 심사를 통해 진행되며, 주요 심사 항목은 평생학습축제를 개최할 수 있는 역량과 기관장의 의지 등이다.

3) 추진 성과

전국평생학습축제는 전국의 평생교육 시설 · 단체, 일반 학습자가 그간의 평생학습 경험과 성과를 공유하고 서로 격려하는 기회를 마련하고 있다. 이를 통해 학습자에게 평생학습에 대한 참여 의욕을 고취하고, 평생교육 시설과 단체에 대해서는 특색 있는 교육 프로그램을 공유함으로써 더욱더 질 높은 교육 운영의 노하우 등을 공유할 수 있게 한다. 나아가 동 축제는 궁극적으로 평생학습에 대한 사회적 인식을 확신시키는 데 그 목적을 두고 있다.

제1회에서부터 제9회에 이르기까지 전국평생학습축제는 해를 거듭할수록 그 규모가 증대하였으며, 일반 시민의 평생학습에 대한 인식을 제고하고 평생학습 관계 기관 간 정보공유 및 협력체제 구축의 계기를 마련하였다는 점에서 그 성과가 있다 하겠다. 특히 교육과학기술부의 주최하에 해당 지자체와 교육청, 전국 지역의 평생교육기관 및 단체가 협력하여 행사를 진행하는 등 지역평생학습 활동을 활성화하는 민 · 관 협력체제 구축의 기반을 마련하였다는 점에서 의의를 찾을 수 있다.

4) 향후 발전 방안 및 개선 과제

전국평생학습축제를 위한 발전 방안 및 개선 과제를 다음과 같이 제시할 수 있다(교육과학기술부, 평생교육진흥원, 2009; 제9회 전국평생학습축제운영위원회, 2010).

첫째, 전국평생학습축제가 프로그램 수, 참여기관 및 홍보체험관 수, 참가자 수에 따른 양적 증대와 함께 질적 성장이 있는 축제로 성숙하기 위한 기획이 필요하다. 전국평생학습축제 프로그램의 내용과 질, 다양한 계층의 참여 유도, 평생학습인식 확산을 위한 평생학습상담 코너 운영, 축제장에 참여할 수 없는 소외계층을 위해 찾아가는 프로그램의 운영 등 더 많은 사람에게 평생학습을 알리고 학습참여에 대한 동기를 갖게 하는 직접적 계기를 제공하여야 한다.

둘째, 축제에 대한 객관적 평가와 향후 방향을 논의하는 구조가 필요하다. 축제 성과를 단순히 프로그램 수와 참여기관 수, 관람객 수 정도로 파악하고 축제 운영 주체의 주관적 평가로 그치기보다 평생교육 및 축제 전문가 등으로 구성된 전문평가단을 조직하거나, 신뢰할 수 있는 전문기관에 평가를 의뢰하여 더 객관적이고 전문적인 평가체제를 마련해 나가야 한다.

셋째, 전 국민의 평생학습 및 평생학습축제에 대한 관심과 자발적인 참여를 이끌어 내기 위한 각종 프로그램 및 시상체계 재구성, 재정적 지원, 인센티브 부여가 필요하다. 실제로 프로그램에 참여하는 동아리나 개인 학습자의 학습 내용 및 성과 부분을 학습 영역별로 세분화하여 평가하고 수상하는 것이 필요하다. 또한 축제에 참여하는 동아리나 학습자에 대한 시상 내역을 다양하게 구성하여 학습자를 격려하고 축하하고, 때로는 위로와 용기를 북돋아 줄 수 있는 넉넉함과 풍성한 축제가 되도록 세심하게 배려해야 한다.

넷째, 전국평생학습축제의 진행이 더욱더 안정적이고 세련되게 진행될 수 있도록 하기 위해서는 치밀한 준비 기간의 확보, 충분한 사전 협의 등이 보장되어야 한다. 또한 평생학습축제는 그야말로 전 국민이 평생학습에 대한 필요성을 공감하고 참여하여, 범국민적 인식 확산 및 교육운동으로 확대하기 위한 것으로서 모든 지방자치단체와 학습기관이 최대한의 역량을 발휘하여 지역주민에게 평생학습 기회를 제공하고 지속적인 학습참여를 독려할 수 있도록 하여 국가 전체에 평생학습 붐이 일어날 수 있도록 해야 한다.

다섯째, 축제 내용과 구성에 대한 홍보와 함께 축제의 의미와 구성 방식 등이 명확히 전달될 수 있도록 추진해야 한다.

제12장

평생학습결과 인증정책

1. 학점은행제

1) 학점은행제의 도입 배경 및 목적

학점은행제는 학교에서뿐만 아니라 학교 밖에서 이루어지는 다양한 형태의 학습 경험과 각종 자격을 학점으로 인정하고, 학점이 누적되어 일정 기준을 충족하면 학위취득을 가능하게 함으로써 궁극적으로 열린교육사회, 평생학습사회를 실현하기 위한 제도다. 이는 공교육이 가진 안정적 지위를 대학 이외의 학원이나 직업훈련원 등에서도 가질 수 있고, 정규 학제에 의하여 진학하는 학습자뿐만 아니라 정규 학제 밖에서 다양한 삶의 경험을 쌓은 학습자도 학위를 받을 수 있는 동일한 학습자로 간주해야 한다는 교육과 학습자에 대한 전환된 관점에서 출발한 전 국민의 인적자원개발을 도모하기 위하여 도입한 개방형 고등교육 제도다(교육인적자원부, 한국교육개발원, 2004).

이 제도는 1995년 5월 대통령보고 교육개혁(안)에서 신교육체제의 비전을 누구나, 언제, 어디서나 원하는 교육을 받을 수 있는 길이 활짝 열린 '열린교육사회, 평생학습사회의 건설'로 설정하고, 이를 실현하기 위한 구체적인 방안의 하나로 건의되었다. 교육개혁위원회는 정보화 · 세계화 시대에 모든 국민에게 평생학습 기회를 보장하기 위한 열린교육체제를 구축하기 위해서 언제, 어디서나 개인이 이수한 과정을 평가하여 학점으로 인정하고, 학위취득을 할 수 있는 학점은행제 등을 수립한다는 도입 취지를 밝혔다(교육개혁위원회, 1995). 이후 1997년 학점은행제는 한국교육개발원에 위탁하여 시작하였고, 평생교육법 전면 개정에 따라 2008년부터 평생교육진흥원에서 위탁 운영하고 있다. 2009년 현재 학점은행제는 약 45만 명의 학습자와 503개의 교육훈련기관, 570여 개의 자격, 17개 원격대학 및 일반대학의 시간제, 독학학위제, 중요무형문화재 등이 직간접적으로 영향을 맺고 있는 제도로 성장하였다(교육과학기술부, 평생교육진흥원, 2009).

2) 학점은행제의 대상자

학점은행제의 시행으로 교육적 수혜를 받을 수 있는 사람은 다음과 같다(교육부, 2000).

① 적령기에 고등교육 기회를 얻지 못한 사람
② 대학을 다니다가 중도에 포기하였으나 계속 대학교육을 받고 싶은 사람
③ 전문대학을 졸업하고 계속하여 심화 전문 과정을 이수하면서 학사학위를 받고자 하는 사람
④ 대학 졸업장은 없지만 자격취득증을 소유하고 있거나, 전문적인 지식과 능력을 객관적으로 증명할 수 있는 사람
⑤ 이미 학위를 가지고 있지만 급변하는 사회 및 직업 환경의 변화에 따라 새

로운 분야의 전공을 학습하고자 하는 사람

⑥ 독학학위제를 통하여 단계별로 시험에 합격하였음에도 최종 종합시험에 합격하지 못했거나, 중도에 포기하여 기존 시험합격을 정당하게 사회적으로 인정받지 못해 그 결과를 공식적으로 인정받아 학점은행제로 연계학습을 하고자 하는 사람

학점은행제 대상 학습자는 학점과 학력을 인정받기 위해 학점은행에 등록해야 하며, 평생교육진흥원은 등록하고자 하는 학습자의 고등학교 이상 학력 소지나 이중 학적 보유 여부 등 위에서 설명한 대상자 심사 절차를 거친다. 학점은행제 학습자 수는 매년 증가 추세를 보이고 있으며, 2009년 11월 현재 누적 학습자 45만여 명의 수는 1999년도 등록자 수의 약 650배에 달한다(교육과학기술부. 평생교육진흥원, 2009).

3) 학점은행제의 주요 현황 및 성과

학점은행제 학점원은 평가인정 학습과정, 시간제 등록, 학점인정 대상 학교, 국가(공인 민간) 자격, 독학학위제, 중요무형문화재 등 6개 채널이다. 이들의 주관기관은 평가인정 학습과정과 독학학위제는 교과부(국가평생교육진흥원), 시간제 등록제와 학점인정 대상 학교는 각 개별대학, 국가 자격은 고용노동부 및 각 부처, 중요무형문화재는 문화재청 등이다.

2012년 6월 30일 기준으로 총 등록학습자 수는 75만 5101명, 총 학위취득자 수는 31만 1505명을 기록하였다. 연도별 등록학습자 수는 2005년에 4만 2105명, 2011년 12만 1425명으로 매년 증가하다가 2012년에 7만 8187명을 기록하였다(국가평생교육진흥원, 2012).

학점은행제의 운영 성과는 다음과 같이 정리할 수 있다.

(1) 고등교육 기회 부여 확대

학점은행제는 제2의 고등교육 기회를 얻고자 하는 국민의 여망에 부응했다는 점이다. 제도를 창설하고 국가에서 재정 지원을 거의 하지 않았음에도 2009년 11월 현재 약 45만여 명이 참여하였다는 것은 고등교육 기회 확대라는 제도의 목적이 성공을 거둔 것이라 할 수 있다. 특히 25세 이상의 학위취득자가 학점은행제에서는 약 86.1%에 달한다. 이것은 학점은행제가 성인학습자의 평생학습 참여와 고등교육 기회의 참여를 높였다는 것을 의미한다(교육인적자원부, 한국교육개발원, 2009).

(2) 주류 학력시장으로의 진입

학점은행제 학위취득자 중 상급학교로 진학하거나 편입하는 비율은 2005년 2월 기준 44.9%에 이르는 등 주류 학력시장 구조로 진입하였다(교육인적자원부, 한국교육개발원, 2006). 이는 전통적 방법으로는 학위를 취득할 수 없었던 사람들이 학점은행제를 통해 학위를 취득하고 있고, 학습을 계속한다는 의미다. 또한 학점은행제의 학점과 학위는 자격시험 취득, 직업세계에서의 승진 그리고 취업에도 유용하다. 자격시험 응시를 위한 학력 요구조건을 충족하고, 고졸자와 대학 학위취득자 간에 차이가 있어 온 호봉 산정이나 승진심사에서도 사용되고 있다.

(3) 열린학습제도로서의 만족도 상승

학점은행제에 대한 만족도 조사에 따르면, 다양한 사람에게 학위취득의 기회를 주는 제도라는 점에서 만족도가 매우 높은 것으로 나타났고, 그다음으로는 학점취득 방법의 다양성과 일하면서 배울 수 있는 제도라는 점에서 만족도가 높았다(교육인적자원부, 한국교육개발원, 2006). 이것은 열린학습제도로서의 학점은행제에 대해 만족하고 있는 것으로 판단할 수 있다.

4) 학점은행제의 특성

학점은행제는 ① 개방성, ② 네트워크형 포괄성, ③ 교육자 중심에서 학습자 중심으로의 전환 등의 특성으로 설명될 수 있다(교육인적자원부, 한국교육개발원, 2004).

(1) 개방성

기존의 전통적 교육기관에서 학점으로 인정되던 학점만을 인정하는 것이 아니라, 비전통적인 방식에 의한 학점을 다양한 기준으로 인정하고, 지역별 · 유형별 다양한 특성을 지닌 400여 개의 기관에서 학점을 인정받는 다양성을 갖고 있다. 학점은행제는 세계의 여타 제도와 비교하여서도 개방성 면에서는 앞선 제도다. 타 제도의 경우는 대체로 제도 내 개방에 국한되어 있는데, 학점은행제는 자체 제도뿐 아니라 타 제도 이수자를 포함하고 있으며, 입학 기회의 개방, 기관의 개방 등에서 선두를 달리고 있는 것으로 평가받고 있다(최은수, 1998; 최은수 외, 2007).

(2) 네트워크형 포괄성

정규대학 및 대학교, 시간제 등록제, 원격대학, 전문대학의 심화과정 및 특별과정, 독학학위제, 문하생 학력인정제, 국가기술자격제도 등 고등교육 단계의 많은 제도 및 기관과 연계되어 있으며, 각 제도 이용자의 학습결과를 인정하는 네트워크형 포괄성을 갖고 있다.

(3) 교육자 중심에서 학습자 중심으로 전환

기존의 제도와는 달리, 학습자가 하나의 기관에서만이 아니라 여러 기관을 통하여 학습하고 그 결과를 인정받을 수 있도록 학습자의 선택과 취사 가능성을 높인 제도다. 학습자는 다양한 종류의 교육훈련기관 중에서 자신에게 가장 맞는 교육기관을 선정할 수 있기 때문에 교육자 중심 교육에서 학습자 중심 교육으로의 전환이라는 특성을 가진다.

2. 독학학위제도

1) 독학학위제도의 도입 배경 및 목적

독학에 의한 학위취득제도(이하 독학학위제)는 학점은행제와 함께 고등교육 수준에서 이루어지고 있는 우리나라의 대표적인 평생교육제도다. 1989년 교육정책자문회는 일반 국민의 고등교육에 대한 수요를 해결하기 위하여 무한정 대학을 설립할 수 없다는 판단 아래 그 대안으로 독학학위제의 도입을 추진하여(교육인적자원부, 한국교육개발원, 2007), 사회적 · 경제적 · 신체적 이유 등으로 교육 기회를 놓친 성인학습자에게 고등교육의 기회를 제도적으로 보장함으로써 교육복지의 실현에 의의를 두고 있다. 시간과 경제적 여건에 구애됨이 없이 독학으로 성취한 학습 경험을 4단계의 시험과정을 통해 평가하고, 그 결과를 토대로 학사학위를 수여하는 제도다. 1990년에 독학에 의한 학위취득에 관한 법률이 특별법으로 제정되어 도입된 이후 한국방송통신대학교에 이관되었고 평생교육법의 개정에 따라 2008년부터 평생교육진흥원의 주관 아래 시행되고 있다.

2) 독학학위제도의 주요 현황

독학학위제를 이용하는 사람은 1994년을 정점으로 점차 줄어들다가 1999년에 최저점을 기록하고 그 이후 다시 늘어나는 추세에 있다. 2004년부터 2009년까지 최근 5년간 단계별 응시자 대비 합격자 비율은 제1단계 76.4%, 제2단계

74.4%, 제3단계 87.2%, 제4단계 49.6%로 시험을 통한 학습 결과의 검증이라는 객관적인 독학학위제의 특성이 반영되어 학위가 남발되지 않고 공정하게 이루어지고 있음을 알 수 있다(교육과학기술부, 평생교육진흥원, 2009). 학위취득자 수는 영어영문학 전공 학위자의 경우는 예년과 비교할 때 증가 추세나 유아교육이나 컴퓨터공학 전공 학위자의 수는 현저히 줄어들고 있다(교육과학기술부, 평생교육진흥원, 2009).

3) 독학학위제도의 특성

(1) 전공 과정

독학학위제 학습자는 전공이 제한적이고 선택의 폭이 매우 좁은 편이다. 독학학위제의 전공 분야는 2005년까지 국어국문학, 영어영문학, 중어중문학, 경영학, 법학, 행정학, 유아교육학, 수학, 가정학, 전자계산학, 농학 및 간호학 등 12개 분야였으나 중어중문학, 수학, 농학 등 3개 전공 영역은 응시 인원의 감소로 2006년에 폐지되었다.

한편 독학학위제도는 특별한 경우에 시험을 면제해 주기도 하는데 국가기술자격을 취득한 경우, 사법시험 및 공무원·군무원 공채시험에 합격한 경우, 자격·면허를 취득한 경우, 면제과정을 이수한 경우가 이에 해당한다. 이 밖에 독학학위제에서는 대학이 실시하는 공개강좌, 기능대학이 실시하는 기능장 양성과정, 정부 출연 연구기관 등이 실시하는 교육과정 및 기업체가 실시하는 연수과정 중 총장이 지정하는 강좌 또는 연구과정을 이수한 자를 면제할 수 있다. 초기에 독학사 면제과정이 설치된 기관은 전국에 13개가 있었으나, 등록하는 학생이 점차 줄어들어 현재 그것을 운영하고 있는 기관은 덕성여자대학교 평생교육원, 계명대학교 평생교육원, 우석대학교 평생교육원, 총신대학교 사회교육원, 동서대학교 평생교육원 등 5곳이다.

(2) 학사학위 취득방법

독학학위의 취득은 [그림 12-1]에서와 같이 1단계 교양과정 인정시험, 2단계 전공기초과정 인정시험, 3단계 전공심화과정 인정시험, 4단계 학위취득종합시험을 단계적으로 거치게끔 되어 있다(다만, 4단계인 학위취득종합시험을 제외한 1단계부터 3단계까지는 단계별 시험에 응하지 않고서도 다양한 방법으로 각 과정을 면제받을 수 있다). 학위취득종합시험에 합격한 사람은 독학에 의한 학위취득에 관한

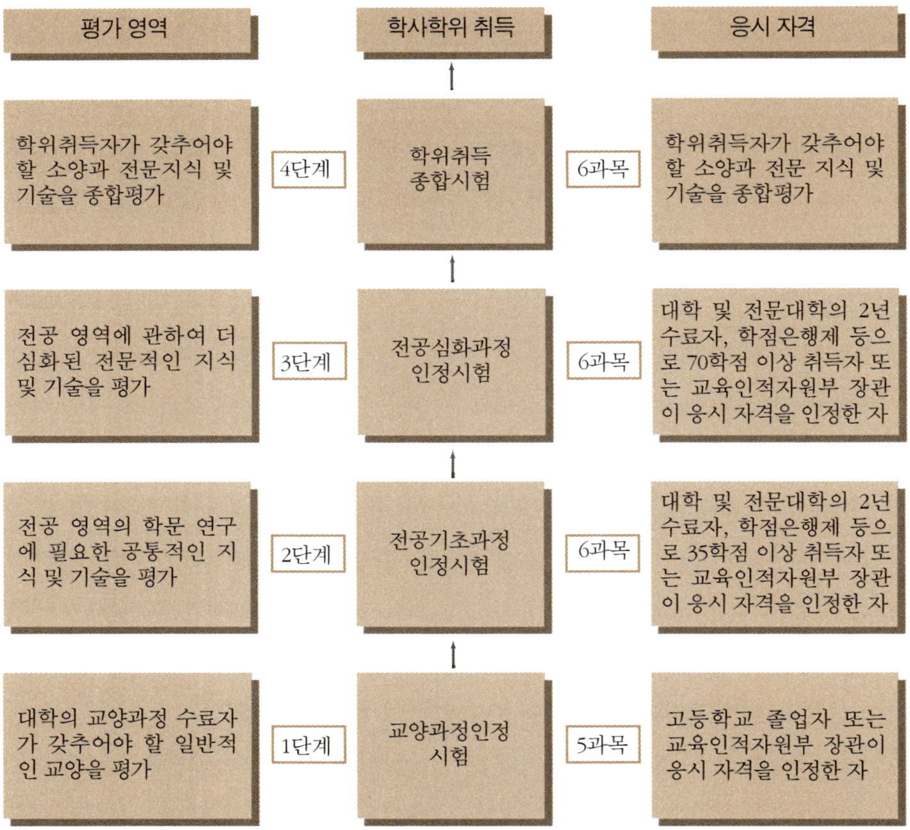

[그림 12-1] 독학학위제 학위취득 절차

출처: 교육인적자원부, 한국교육개발원(2004), p. 289.

법률이 정하는 바에 따라서 교육과학기술부 장관이 학사학위를 수여하게 되며 정규대학 졸업자와 동등한 자격을 인정받게 된다.

단계별 및 전공 영역별 시험과목은 다음과 같다. 교양과정인정시험은 국어, 국사, 외국어 등의 필수 3과목과 15과목 중 2과목을 선택하는 선택과목으로 구성된다. 전공기초과정 인정시험은 8과목 중 6과목을 선택하며, 2004년부터 필수와 선택의 구분은 폐지되었다. 전공심화과정 인정시험의 경우에도 이 점은 동일하다. 학위취득 종합시험은 교양 2과목과 전공 4과목으로 구성되며, 교양과목은 국어, 국사, 외국어 중에서 2과목을 선택하면 되고, 외국어를 선택한 경우에는 영어, 독일어, 프랑스어, 중국어, 일본어 중에서 선택할 수 있다. 시험문제는 분과위원회에서 결정한 평가 영역 내에서만 출제되며, 결정된 평가 영역은 응시자에게 미리 공지되어 응시자는 평가 영역에 맞추어 학습할 수 있게 된다.

(3) 독학학위제와 학점은행제의 비교

학점은행제와 독학학위제는 제도의 도입 배경과 목적이 유사하고 도입 주체가 국가라는 공통점을 지닌다. 이런 의미에서 볼 때, 두 제도 모두 국민의 고등교육에 대한 열망을 해소해 주고 국민의 각기 다른 상황과 요구를 반영하고 있다고 할 수 있다. 따라서 다양한 학습방법에 의한 학위취득 기회를 제공케 함으로써 열린학습사회 나아가 평생학습사회를 실현하고자 시행되었다는 점에서 볼 때 그 출발 이념과 실시 배경이 유사하다고 볼 수 있다. 그러나 두 제도는 제도와 내용 그리고 운영상 서로 다른 차이를 보인다. 이러한 차이 때문에 두 제도를 이용하는 학습자 간에도 약간의 차이가 있을 것으로 추정하고 있다. 이재력(2008)은 〈표 12-1〉과 같이 몇 가지 특성에 따라 다음과 같이 정리하였다.

표 12-1 독학학위제와 학점은행제의 비교

구분	독학학위제	학점은행제
제도적 특징	• 시험에 의한 학위취득제도	• 학교 밖 평생교육기관에서 취득한 학점의 결과 인정, 학위취득
실시 배경 및 목적	• 독학자에게 학사 학위 취득의 기회를 부여함으로써 평생교육 이념 구현	• 비정규교육기관에서의 학습 경험에 대한 사회적 인정을 통해 상호 연계체제를 구축하여 열린평생학습사회 구현
실시 연도	• 1990년	• 1998년
대상자	• 좌 동	• 고등학교 졸업자 및 기타 고등학교 졸업학력 및 자격 인정자
프로그램 내용 및 학위취득상의 특징	• 인문 · 교양계열 위주	• 직업 · 기술계열 위주
조직 운영상의 특징	• 독학학위검정원은 원장과 부원장 그리고 전문직 7명, 행정직 3명, 기능직 2명, 기성회직 2명 등 모두 16명으로 구성됨 • 주로 고연령층, 상위직의 공무원으로 구성됨	• 평생교육개발원의 연구위원 1명과 전문위원 15명, 행정원보 1명을 포함한 17명으로 구성되어 있으며, 일용직 약간 명이 함께 운영함 • 주로 저연령층, 하위직의 민간인으로 구성됨
예산	• 매년 국고 10억 원이 보조되고 있으며, 인건비는 국고와 한국방송통신대학교에서 전액 보조	• 국고의 도움이 없이 자체적으로 운영
학적 보유자 및 학위수여자 수	• 58,874명 • 10,685명	• 267,345명 • 122,091명(전문학사 포함)
주무 부서	• 교육과학기술부(평생학습정책과) • 평생교육진흥원(독학학위검정원)	• 교육과학기술부(평생학습정책과) • 평생교육진흥원(학점은행센터)
주요 업무	• 시험문제의 출제 · 운영 · 평가, 연 1회(4단계) 시험(2002년 지원자 6,172명, 응시자 4,406명 정도이나, 매년 감소하다가 최근 약간 증가함)	• 표준교육과정 개발, 학습기관의 평가인정 (매년 300여 기관) • 학습자등록 및 학점관리(2005년 학습자 등록 수는 약 42,000명 정도이나, 매년 증가 추세임)

출처: 이재력(2008), p. 22.

3. 학습계좌제

1) 학습계좌제의 도입 배경 및 목적

학습계좌는 학생에게 '종합생활기록부'가 있어 학생의 모든 학습활동을 기록하는 것과 같이 성인의 모든 학습활동을 누적 기록하는 일종의 성인용 종합생활기록부로 설명할 수 있다. 이를 통해 종합적으로 누적 관리된 개인의 다양한 학습경험을 객관적으로 인증함으로써 국민 개개인의 생애설계 및 능력개발 지원 등의 인적 자원의 효율적인 개발 · 관리에 다각적으로 활용하기 위해 입법화되었다. 더불어 평생학습계좌제는 2008년 이명박 정부가 출범하면서 국정 과제의 하나로 제기되었다. 이때 제시되었던 평생학습계좌제의 개념은 평생교육법 제23조에서 규정한 학습계좌제와는 달리 다소 포괄적인 사항으로 규정되었다. 평생학습계좌제의 개념을 이해하기 위해서는 국정 과제에서 제시된 주요 내용을 이해할 필요가 있다. 평생학습계좌제의 도입과 관련하여 제기된 주요 내용을 살펴보면 다음과 같다 (교육과학기술부, 평생교육진흥원, 2008).

① 평생학습계좌제 도입을 통해 평생학습 공급 기반을 확대하고 통합적인 교육훈련체제를 구축한다.

② 학습비 지원과 학습 이력관리를 통합하는 학습계좌제를 단계별로 도입 · 확산해 나간다. 2008년도에 시범 실시 후 2009년부터는 통합 실시해 나간다.

③ 전 생애 단계별 학습 결과의 평가인정체제를 구축한다. 이를 위하여 학습결과에 대한 학점인정 확대 차원에서 평생학습계좌제와 대학, 원격대학, 학점은행제 간 통합체계를 형성해 나간다.

④ 평생학습계좌제의 효율적 추진을 위해 행 · 재정적 지원체제를 마련해 나간다.

이상과 같이 정부가 국정 과제로서 제시한 평생학습계좌제의 개념에는 학습비 지원, 학습결과 평가인정체제, 평생학습계좌체제라는 핵심 개념이 내포되어 있다. 이에 근거하여 평생학습계좌제를 평생교육법 제23조에 근거한 학습계좌제와 노동부의 직업능력개발계좌제를 포괄하고, 제도적 연계를 시도해 나가는 것으로 설정하였다.

평생학습계좌제는 평생학습 촉진 및 지원을 위한 학습 이력관리와 학습비 지원 시스템과 함께 학력 및 자격 취득과 연계한 평생학습 결과의 사회적 인정도 제고 및 평생학습의 질 관리를 위한 평가인정 시스템이 복합적으로 구성 운영된다.

2) 학습계좌제의 대상 기관

학력인정 대상 평생교육 프로그램의 대표적인 형태는 학점은행제를 들 수 있다. 평생학습 이력관리의 내용에 있어서 학점은행제를 통해 이수한 학습 결과가 핵심적으로 기록 관리된다는 점이다. 학점은행제 이외의 학력인정 프로그램으로는 독학학위과정, 학력인정 평생교육시설학교, 최근 평생교육법의 개정으로 학력 인정이 가능하게 된 성인 문해교육이 있다.

3) 학습계좌제의 주요 현황

교육과학기술부는 2006년 7개 평생학습도시를 대상으로 교육계좌제 시행을 위한 시범 운영을 추진하게 되었다. 기존의 법에서는 '교육계좌제' 라는 용어가 사용되었으나 새로 개정된 평생학습법에는 법령용어 순화 차원에서 '학습계좌제' 로 용어가 수정되었다. 정부는 이를 위하여 기초자치단체 단위의 '평생학습결과 표준화 시범운영사업' 을 추진할 수 있도록 예산을 지원하였다.

4. 학력인정 평생교육시설학교

1) 학력인정 평생교육시설학교의 도입 배경과 목적

평생교육법 제31조에서 학교 형태의 평생교육시설(학력인정 평생교육시설 학교)은 정규 초·중등학교 교육과정의 취학 연령을 초과한 자 또는 성인이 정규 교육과정을 이수하거나, 초·중등학교 또는 전문대학 졸업학력을 취득할 수 있는 시설로 규정하고 있다. 학교 형태의 평생교육시설은 학력 미인정 평생교육시설, 초·중등 졸업학력인정 평생교육시설, 전문대학 졸업학력인정 평생교육시설로 나눌 수 있다.

평생교육시설이라 함은 평생교육법에 따라 인가·등록·신고된 시설과 학원 등 다른 법령에 따른 시설로서 평생교육을 주된 목적으로 하는 시설을 말한다. 현행 평생교육법에 의거한 평생교육시설은 사내대학 형태 평생교육시설, 학교 형태 평생교육시설, 원격 형태 평생교육시설, 사업장 부설 평생교육시설, 시민사회단체 부설 평생교육시설, 언론기관 부설 평생교육시설, 지식인력개발사업 관련 평생교육시설, 학교 부설 평생교육시설 등이다. 그리고 다른 법령에 의한 시설은 학원의 설립·운영에 관한 법률, 도서관 및 독서진흥법, 박물관 및 미술관진흥법, 근로자 직업훈련촉진법 등에 의한 학원, 직업훈련원, 도서관, 박물관, 문화원 등을 말한다. 그러므로 평생교육시설이라 함은 협의적으로는 평생교육법과 다른 법령에 의거하여 평생교육을 주된 목적으로 하는 시설을 의미하나, 광의적으로는 평생교육시설을 주된 목적으로 하는 법인·단체와 시설을 모두 포괄하는 것으로 해석된다(교육부, 2000).

평생교육시설은 학력인정 여부에 따라서 학력인정 평생교육시설과 학력 미인정 시설로 구분할 수 있다. 학력인정 평생교육시설에는 학력인정 학교 형태 평생교육시설과 사내대학 그리고 원격대학 형태 평생교육시설이 포함된다. 이 가운데 사내대학과 원격대학 형태 평생교육시설은 대학학력, 즉 고등교육 수준의 학력을 인정하는 기관이며, 학력인정 학교 형태 평생교육시설은 중등교육 수준의 학력을 인정하는 기관이다.

학력인정 평생교육시설학교는 교육과정 및 시설 · 설비 등이 중학교 또는 고등학교, 전문대학과 유사한 시설로서 경제적 이유 등 개인 사정으로 중 · 고등학교에 진학하지 못하였거나, 부득이한 사유로 학업을 중단한 청소년을 비롯하여 주부, 성인, 즉 정규학교 교육의 기회를 상실한 개인을 대상으로 평생교육법에 근거를 두고 운영되는 교육기관이다.

이들은 학교 형태를 갖추고 있으며, 학력인정을 받는 교육시설이기 때문에 정규 학교와 마찬가지로 신고제가 아닌 등록제로 인가가 되나, 엄밀한 의미에서는 정규 학교가 아니기 때문에 정규 학교의 인가절차에 비해 비교적 완화되어 있는 상황이다. 또한 학교의 운영 측면에서도 정규 학교와는 달리 유연하게 운영할 수 있는데, 평생교육법시행령 제10조 제2항에 따르면 학력인정 학교 형태 평생교육시설은 관할 관청의 승인을 얻어서 매 학년도를 3학기로 나누어 운영할 수 있다(1년 3학기제). 이 경우 수업연한은 1년 범위 이내에서 단축할 수 있어서 3년의 교육과정을 2년 만에 마칠 수 있다. 학력인정 학교 형태 평생교육시설의 1년 3학기제 운영 방안은 시간이 경과되었거나 경제적으로 어려운 상황의 평생교육시설 학생들의 특수성을 고려하여 이들로 하여금 정신적 · 경제적 손실을 줄일 수 있도록 의도된 방안이다.

그 외에 학력인정 평생교육시설학교는 교사의 가르칠 의무와 학생의 교육받을 권리가 지속적으로 보장되어야 하므로 최소한의 교육환경을 위한 시설 · 설비기준이 설정되어 있으며, 학력이 인정되는 만큼 수업의 질을 유지하기 위하여 일정 기준 이외에도 최소한의 교육환경 확보 및 교육과정 운영과 학사관리에 필요한 사항에 대한 기준을 충족하여야 한다. 이를테면, 수업연한 · 학기 · 수업일수 및 수업 시간 수, 교육과정, 학생정원, 학급수 및 학급편성, 입학자격, 교원자격, 정원, 수료 및 졸업, 시설 및 설비, 교과서 · 교재 등에 대하여는 중학교 및 고등학교에 준하는 각종 학교의 설립 · 운영기준과 동등 이상의 것이 되어야 한다고 규정하고 있다(평생교육법시행령 제10조).

2) 학력인정 평생교육시설의 주요 현황

당초 학력인정 평생교육시설학교는 배움의 시기를 놓친 성인에게 평생교육 차원에서 학습 기회를 제공하기 위해 설립되었으나 고등학교 과정의 경우 현재 근로 청소년 및 성인보다는 정규 입학 탈락자 및 학업중단자가 훨씬 더 높은 비율을 차지하고 있다.

이러한 학력인정 평생교육시설학교는 현재 다음과 같은 운영상 어려움을 겪고 있다.

학력인정 평생교육시설학교의 운영자가 느끼는 가장 큰 어려움은 재정상 어려움과 시 · 도 교육청의 규제, 학생모집의 어려움 순으로 나타나고 있다. 이는 설립자가 대부분 개인이다 보니 법인과는 달리 법인 전입금이나, 시 · 도 교육청의 재정결함보조금을 받을 수 없어 재정적인 어려움에 처해 있는 것으로 보이며, 시 · 도 교육청의 입장에서는 개인에게 보조금을 지원하다 보니 국고를 목적에 맞게 집행하는가에 대한 규제를 할 수밖에 없는 것으로 보인다. 학력인정 평생교육시설 학교의 건의 및 지원 요청 사항에서도 인건비 지원 등 재정지원 확대가 가장 많으며, 그 외 교직원 신분보장, 교육과정 편성의 자율성 확보, 법인 설립 요건을 완화하여 법인화할 수 있는 특례법 추진 등으로 나타나고 있다.

제13장

평생학습 기회 확대정책

1. 성인문해교육 활성화

1) 성인문해교육의 현실과 필요성

문해 능력은 1950년대에는 문맹퇴치(간단한 한글 편지를 읽고 쓰는 수준)의 개념이었으나 최근 들어서는 성인의 기초생애능력으로 간주하고 있다. OECD, UNESCO, EU 등은 문해능력을 포괄적이면서도 구체적인 능력으로 그 개념을 확장하고 있다. 평생교육법에 따르면, 문해교육이란 일상생활을 영위하는 데 필요한 기초능력이 부족하여 가정 · 사회 및 직업생활에서 불편을 느끼는 자를 대상으로 문자해득 능력을 갖출 수 있도록 하는 조직화된 교육 프로그램이다(평생교육법 제2조 제3항). 이러한 정의를 볼 때 문해의 개념은 시대에 따라 그 폭이 넓어진다. 지식과 기술의 수명이 급속하게 단축되는 현 상황에서는 일반화되는 현상이다. 그러므로 새로운 개념의 문해교육은 지속되어야 하며, 이에 따라 정부도 현실성 있는 정책을 수립하고 추진해야 한다.

성인의 학습권은 문해에서 출발하며, 문해능력은 모든 교육의 토대가 되는 인간 생활의 가장 기본 능력으로서 개인이 교육받을 수 있는 권리를 실현하는 기본 전제다. 이는 인간의 성장, 사회경제 발전, 민주주의의 가치 실현을 위해 반드시 갖추어야 할 기초 능력으로서 모든 국민이 가져야 하는 권리다(이경아 외, 2007).

이는 헌법에 "모든 국민은 정치 · 경제 · 사회 · 문화적 생활의 모든 영역에 있어서 차별을 받지 아니한다."(제11조)라는 조항과 "모든 국민은 능력에 따라 균등하게 교육 받을 권리가 있다."(제31조 제1항)라는 조항에 기초한다. 또한 교육기본법에서도 "모든 국민은 성별, 종교, 신념, 사회적 신분, 경제적 지위 또는 신체적 조건 등을 이유로 교육에 있어서 차별받지 아니한다."(제4조)와 "의무교육은 6년의 초등교육과 3년의 중등교육으로 한다."(제8조 제1항) 및 "모든 국민은 제1항에 따른 의무교육을 받을 권리를 가진다."(제8조 제2항) 등이 중등교육까지의 의무교육을 천명하고 있다. 따라서 성인의 문해 학습권의 보장은 헌법과 교육기본법 등에서 규정하고 있는 국민의 기본권이며 국가의 책무다. 그러나 우리나라 15세 이상 인구 중에 초등교육을 받지 못한 207만 명의 국민은 비문해 상태로 읽기, 쓰기, 셈하기 등 기초적인 문해력이 없어 일상생활에 불편함을 느끼고 있다. 또한 중학교 학력 미소지자를 포함하면 599만여 명에 이르며, 이는 전체 인구(15세 이상)의 15.74%에 해당한다(교육과학기술부, 평생교육진흥원, 2009; 통계청, 2005).

저학력 성인계층의 기초학력 부족 및 생애능력 개발 기회 부족은 사회 양극화 심화 및 빈곤의 악순환으로 이어질 개연성이 존재한다. 이는 학력 수준별 임금 격차가 심화되고 있는 사실에서도 알 수 있다. 1993년도에는 고졸 100을 기준으로 중졸 이하의 임금은 91.9에 해당되었지만, 2003년도에는 84.2에 해당하고 있다(노동부, 2005; 이경아 외, 2007). 또한 평생학습 참여율에서도 학력별 차이를 나타내고 있는데, 2005년 통계청 자료에 따르면 초졸인 경우 평생학습 참여율이 5.0%, 중졸 9.1%, 고졸 18.7%, 대졸 44.9%, 대학원졸 53.4%로서 학력에 따라 급격한 격차를 보이고 있다(이경아 외, 2007; 통계청, 2005). 그러므로 학력에 따른 격차를 해소하고 빈곤의 악순환이 반복되지 않도록 사회통합과 국가 인적자원개발에 기여할 수 있는 국민기초능력 향상을 위한 성인문해교육 지원정책을 마련해야 한다.

이러한 필요성에 따라 교육과학기술부에서는 국민기초능력 함양을 위하여 2001년부터 소외계층 지원사업의 하나로 문해교육 프로그램을 지원하였으며, 2006년부터는 성인문해교육 지원사업을 추진하고 있다. 성인문해교육 지원사업은 2006년부터 국민기초능력 향상과 사회통합을 위해 저학력 성인에게 제2의 교육 기회 제공을 목적으로 추진되고 있다. 2008년 성인문해교육 지원사업은 평생교육법을 새로이 제정(2007. 12. 14.)하여 평생교육의 범주에 '문해교육'을 포함하고 별도의 장으로 문해교육에 대한 법적 근거를 마련하였다. 동 법에서는 국가 및 지방정부 그리고 시·도 교육청 등이 문해교육에 대한 지원을 하도록 하고 있다. 또한 문해교육에 대한 학습 경험을 학력으로 인정해 줄 수 있도록 하고 있어 향후 문해교육에 대한 사회적 지원뿐 아니라 학력 인정 등 현재보다 포괄적이면서도 적극적인 관심과 지원으로 문해교육이 새로운 전기를 맞게 될 것이다. 2009년 성인문해교육 지원사업은 문해교육 관련 조항을 근거로 성인문해교육의 인프라 구축을 위해 기관운영비와 프로그램 운영비로 총 20억 원을 지원하였다. 그리고 평생교육법 개정에 따른 학력인정체제를 구축하고 제도 도입에 앞서 연수, 매뉴얼 개발 등을 주요 내용으로 추진하였다. 문해교육에 대한 인식 확산과 양질의 성인문해교육 프로그램 운영을 위한 교·강사 직무 연수를 개최하였으며, 2007년 초등과정 성인문해 교과서 개발에 이어 성인중학교 교과서 개발을 위한 기초 연구도 추진하였다(교육과학기술부, 평생교육진흥원, 2009).

우리나라의 국제결혼 건수는 2005년 4만 3121건으로 전체 결혼 건수의 13.6%를 차지하며, 이는 1990년 1.2%, 2000년 3.7%와 비교할 때 급증 추세를 보인다. 특히 농촌 지역을 중심으로 외국 여성과 한국 남성의 결혼이 급격히 늘어나고 있으며, 실제 농촌 지역에서 전체 결혼의 35.9%가 국제결혼이다(통계청, 2006). 국제결혼은 2004년 이후 급속히 확대되어 전체 결혼 건수의 11% 이상을 차지하였고, 국제결혼 가운데 약 75%는 외국인 여성과 한국 남성의 결혼이었다. 2008년 지방자치단체 외국인 주민 실태조사에 따르면, 2008년 5월 기준 전체 인구 가운데 결혼이민자는 14만 4385명이고, 국제결혼가정의 자녀는 5만 8007명이었다. 국제결혼가정의 자녀 가운데 약 90%는 12세 이하 아동이었다(교육과학기술부, 평생교육진흥원, 2008).

최근 급증하는 국제결혼과 외국인 노동자의 유입 등으로 우리 사회에 한국 문화와 외국 문화가 혼재하는 소위 '다문화 가정', 즉 국제결혼가정이 늘어나고 있다. 2007년도 기준 우리나라에 거주하는 외국인은 72만 2686명이고, 이 중에서 결혼 이주여성은 9만 7964명, 외국인 근로자는 25만 9805명, 국적 취득자는 5만 4051명, 기타는 31만 866명이다. 우리나라 남성과 결혼한 외국인 여성은 2000년 7304명에서 2006년 3만 208명으로 4배 이상 증가하였고, 외국인 근로자도 2000년 21만 249명에서 2006년 40만 4051명으로 증가하였다. 또한 새터민(북한이탈주민)도 2006년 312명에서 2006년 2021명으로 6배 이상 증가하였다(교육과학기술부, 평생교육진흥원, 2008). 새터민은 2008년 9월 현재 1만 4431명이다. 새터민은 2000년까지 남성 비중이 높았으나, 이후 여성 비중이 높아지는 추세로 전환되어 현재 남성은 전체 새터민의 38%, 여성은 62%를 차지한다. 이 가운데 12%가 19세 이하 아동 청소년이다. 새터민의 약 67%는 서울 및 경기 지역에 거주하고, 50% 이상이 제조업 분야에 단순 노무직으로 종사한다(교육과학기술부, 평생교육진흥원, 2008).

이처럼 국제결혼 여성, 외국인 근로자, 새터민 등 새로운 소외계층이 매년 증가하고 있다(〈표 13-1〉 참조). 특히 여성 결혼 이민자는 한국어가 미숙하여 그 자녀의 상당수가 한국어 능력 부족 및 한국 문화에 대한 부적응으로 언어 발달 지연 등 정체성의 혼란을 보인다. 즉, 여성 결혼이민자 자녀는 유아기에 한국어가 미숙한 외국인 어머니와 함께 생활하므로 언어 발달이 지체되는 경향을 보이는데, 특히 독해 · 어휘력, 쓰기, 작문 능력이 현저히 낮은 편이다(교육과학기술부,

표 13-1 신 소외계층 유형별 증가 추이

(단위: 명)

구분	2000년	2003년	2005년	2006년
한국 남성과 결혼한 외국인 여성수 (국제 결혼 이주여성, 통계청)	7,304	19,214	31,180	30,208
외국인 근로자 (산업연수생 포함, 법무부)	210,249	437,964	485,144	404,051
새터민(통일부)	312	1,281	1,383	2,010

출처: 교육과학기술부(2008), p. 264.

평생교육진흥원, 2008).

이들 중 대부분은 한국어를 제대로 구사하지 못하고 학습능력이 뒤떨어져 상급학교 진학률이 낮으며, 문화적 이질감으로 인해 학교생활에 적응하지 못하고 있다(보건복지가족부, 2007; 채재은 외, 2012). 국제결혼가정의 83.7%가 외국인 어머니인 현실을 고려할 때(교육과학기술부, 평생교육진흥원, 2006) 여성 결혼이민자의 한국어 능력 향상은 현실적인 과제로서 이들을 위한 문해교육 정책이 우선시되어야 한다. 또한 이들은 문화적 변방에 있을 뿐 아니라 저소득층인 경우가 많아서 경제적으로도 주변부에 있게 된다. 결과적으로 이들은 저학력 소지자가 되고, 경제적으로 빈곤하게 되어 이러한 악순환이 다음 세대로 대물림될 소지가 있다. 이처럼 부모의 낮은 문해력은 자녀의 학습력과 문해력 향상을 저해하는 직접적인 요인으로서 부모의 문해력 향상 없이는 자녀의 문해력 향상을 기대할 수 없게 된다. 그러므로 부모와 아동이 함께 문해력을 증진할 수 있는 방안을 시급히 마련해야 한다.

2) 우리나라 성인문해교육의 지원정책

(1) 성인문해교육 지원정책의 역사

우리나라의 문해교육은 한일합방 이후 1920년경부터 활기를 띠기 시작한 국문 보급 운동, 1921년 조선어학회의 창설과 문맹퇴치운동, 동아일보의 브나로드 운동을 대표적인 예로 들 수 있다. 해방 직후 우리나라의 비문해율은 12세 이상 인구의 78%에 이르렀다. 1945년 국문보급소의 교육, 1946년 공민학교를 통하여 국문보급 문맹퇴치운동을 전개하였다. 이러한 결과로 정부수립 당시의 비문해율은 42%로 감소하였다. 정부는 1954년부터 1958년까지 문교부, 내부무, 국방부가 공동으로 문맹퇴치교육 5개년 계획을 수립 추진하였다. 그 결과 비문해율을 14%(1954년)에서 4.8%(1958년)로 낮추는 큰 성과를 달성했다. 해방 후 문맹퇴치교육사업에 공헌한 민간단체로는 성인교육협회, 조선어학회, 한글문화보급회, 중앙 성인계몽회 및 종교단체 등이 있다(교육인적자원부, 한국교육개발원, 2006).

1960년대 5 · 16 군사 혁명 후 재건운동본부가 1961～1964년까지 대대적인 문해교육을 실시하였으나, 당시 문교부의 문맹퇴치사업 이관으로 문해교육이 정책적으로 축소되어 결과적으로 정부 차원의 무관심을 낳고 국가 차원이 문해 실태조사는 이루어지지 않았다. 더욱이 1970년대 학교 취학률이 100%에 이르자 문해교육은 우리의 관심에서 멀어졌으며, 1975년에 실시된 인구통계에서 문맹률 집계를 마지막으로 정부 차원의 문해조사는 실시되지 않았다. 이는 정부의 비문해 실상을 은폐하고 그 이후의 성인기초교육 및 문해교육이 거의 20년간이나 소멸될 정도로 결정적인 영향을 미쳐 왔다(황종건 외, 1994).

문해교육이 중단된 1970년대 이후의 문해교육은 민간에 의해 주도되었다. 근대화와 더불어 시작된 도시 야학이 근로 청소년과 성인을 대상으로 문해교육을 실시하기 시작하였고 공민학교, 종교단체, 검정고시학원, 민간자원단체, 복지관 등이 문해교육 운동에 참여하였다.

자원단체와 사회교육 학계는 1990년 '세계 문해의 해'를 기점으로 한국문해교육협의회를 결성하고 민간운동의 새로운 전환점을 찾으려고 시도하였다. 오랫동안 사용되던 '문맹퇴치'라는 용어를 '문해교육'으로 바꾸었다. 1990년 15세 이상 인구의 9.1%가 비문해자로 확인되었다(최운실 외, 1990). 그러나 이러한 문해교육 자원단체와 학계의 움직임은 문해운동의 힘으로 결집하는 데 실패하고

1990년대까지 사회적 관심을 끌지 못하였다.

2000년대 들어 문해교육운동은 그 체계성과 전문성을 확보하기 위하여 현장의 실천가가 전국 문해성인기초교육협의회, 전국야학협의회 등의 연대조직을 구성하는 등의 활동이 있었지만 문해교육의 전반적 영역을 포괄하기에는 미흡한 상황이었다. 이러한 한계에 직면한 현장과 학계는 정부를 상대로 문해교육 정책 제안, 연대 강화 등 다각적인 체계화 노력을 추진하였다.

이러한 결과로 정부도 문제의 심각성을 인식하고 교육과학기술부에서는 2001년부터 교육소외계층 지원 공모사업에서 우선적으로 문해교육 프로그램을 지원하였다. 또한 정보통신부도 문해교육기관에 대한 비문해자의 정보격차 해소를 위하여 지원사업을 추진하기 시작하였다. 이와 함께 국가 평생교육전담기관인 중앙평생교육센터는 비문해 실태조사와 성인기초교육 전문가 포럼을 운영하는 등 민간의 지속적인 노력과 정부의 정책적 관심을 연결하기 위하여 노력하였다. 이러한 다양한 주체의 노력은 비문해문제가 사회적 관심을 받게 되는 주요 계기가 되어 2006년부터 문해교육 지원사업이 추진되었고, 2007년 12월 14일 평생교육법이 제정되어 문해교육에 대한 법적 · 제도적 장치가 마련되었다.

(2) 평생교육법에 따른 성인문해교육 지원정책

① 문해교육의 제도화

우리나라의 문해교육에 대한 지원정책은 1970년대 이후에는 민간단체를 중심으로 문해교육의 필요성을 역설하였지만, 정부에서는 여전히 정책적으로 이를 반영하지 않았다. 2005년도 통계청의 총인구 조사를 통하여 우리나라 전체 인구(15세 이상)의 15.7%에 해당하는 인구가 중졸 이하의 저학력자로 밝혀졌다. 저학력 성인계층의 기초능력 부족 및 생애능력 개발 부족은 사회 양극화 심화 및 빈곤의 악순환으로 이어질 개연성이 존재한다(이경아 외, 2007). 학력 격차는 임금 격차 및 평생학습 참여율 격차로 연결되어 빈곤의 악순환을 일으켜 사회통합의 걸림돌로 작용하므로 이를 차단하기 위한 차원에서 문자해득 교육 프로그램에 대한 사회적 인정체제 및 지원체제 마련이 요구되었다. 이러한 필요성으로 '평생학습 진흥 기본계획의 영역 및 추진과제(2008~2012)'에 정책 영역 'II. 사회통합을 위한 평생학습 관련기관 참여 및 연계강화', 주요 추진과제 '3. 문해교육 등 성인기초능력 향상 교육의 체계화 및 실질화'가 포함되었다(교육과학기술부, 평생교육진흥원, 2008).

21세기 지식기반사회의 평생교육수요를 충족할 수 있는 평생교육법이 2007년 12월 14일에 제정·공포되었다. 동법에서 평생교육을 학력보완교육, 성인 기초·문자해득교육, 직업능력 향상교육, 인문교양교육, 문화예술교육, 시민참여교육 등을 포함하는 모든 형태의 조직적인 교육활동이라고 하여 평생교육에 문해교육이 포함됨을 명백히 하였다. 그리고 문해교육을 '문자해득교육'으로 용어를 바꾸어 제6장에 문해교육에 대한 법적 근거를 마련하였다. 동법에서 문해교육의 정의를 "일상생활을 영위하는 데 필요한 기초능력이 부족하여 가정·사회 및 직업생활에 불편을 느끼는 자를 대상으로 문자해득 능력을 갖출 수 있도록 하는 조직화된 교육 프로그램"으로 규정하고 있다. 또한 문해교육의 실시, 학력인정에 관한 사항을 규정하여 사회적 약자인 저학력 성인을 대상으로 국가와 지방자치단체가 문해교육에 관한 행·재정적인 지원 근거를 마련하였으며, 검정고시 없이도 일정 수준의 문해교육 프로그램을 이수하면 그에 상응하는 학력을 인정받을 수 있도록 하였다. 평생교육법 제6장 문자해득교육은 다음과 같이 규정하고 있다.

▪ **평생교육법 제6장 문자해득교육**

제39조(문자해득교육의 실시 등) ① 국가 및 지방자치단체는 성인의 사회생활에 필요한 문자해득능력 등 기초능력을 높이기 위하여 노력하여야 한다.

② 교육감은 대통령령으로 정하는 바에 따라 관할 구역 안에 있는 초·중학교에 성인을 위한 문자해득교육 프로그램을 설치·운영하거나 지방자치단

체 · 법인 등이 운영하는 문자해득교육 프로그램을 지정할 수 있다.

③ 국가 및 지방자치단체는 제2항에 따른 문자해득교육 프로그램을 위하여 대통령령으로 정하는 바에 따라 재정적 지원을 할 수 있다.

제40조(문자해득교육 프로그램의 교육과정 등) 제39조에 따라 설치 또는 지정된 문자 해득교육 프로그램을 이수한 자에 대하여는 그에 상응하는 학력을 인정하되, 교육과정 편성 및 학력인정 절차 등에 필요한 사항은 대통령령으로 정한다.

② 문해교육 실시에 대한 정부와 지방자치단체 등의 의무와 역할

국가 및 지방자치단체는 성인의 사회생활에 필요한 문자해득능력 등 기초능력을 높이기 위해 노력하여야 하고(평생교육법 제39조 제1항, 평생교육법은 이하 '법' 이라 한다), 재정적 지원을 문자해득교육 프로그램 실시기관 운영비, 문자해득교육 교재비 및 교구비, 문자해득교육 교원의 인건비 및 연수비 등에 지원할 수 있도록 하였다(법 제39조 제3항 및 법 시행령 제72조 제1항 및 제2항).

교육감은 문자해득교육 프로그램을 법 제30조에 따른 초등학교 · 중학교 부설 평생교육시설에서 실시하거나, 기존의 학교시설을 활용한 문자해득교육 프로그램을 설치 · 운영할 수 있다(법 제39조 제2항 및 법 시행령 제68조 제1항). 또한 교육감이 지정 운영할 수 있는 문자해득교육 프로그램은 "국가 · 지방자치단체 또는 그 소속 기관이 운영하는 문자해득교육 프로그램, 평생교육기관에서 운영하는 문자해득교육 프로그램, 문자해득교육을 주된 목적으로 하는 비영리 시설, 법인 또는 단체 등에서 운영하는 문자해득교육 프로그램, 그 밖에 교육감이 정하는 문자해득 교육프로그램" (법 제39조 제2항, 법 시행령 제68조 제2항)이다. 그리고 문자해득교육 프로그램의 설치 및 지정, 그 밖에 필요한 사항은 교육감이 정

하도록 하였다(법 시행령 제68조 제3항). 또한 교육감은 문자해득교육 프로그램 지정의 취소 또는 폐지에 대한 관리를 한다(법 시행령 제73조).

교육감은 문자해득교육 프로그램을 이수한 자에 대해 학력인정을 하고 필요한 경우에는 문자해득 수준을 측정할 수 있다(법 제40조, 법 시행령 제74조 제2항 및 제75조 제4항). 그리고 문자해득교육 프로그램 설치 · 지정 기준 및 그 충족 여부, 문자해득교육 프로그램 이수자의 학력인정 기준 및 그 충족 여부를 심사하기 위하여 교육감 소속 문자해득교육 심의위원회를 구성 · 운영한다(법 시행령 제76조 제2항).

평생교육진흥원에 문자해득교육 심의위원회를 두어 문자해득교육 제도의 개선, 문자해득교육 교원의 자격 인정 등에 관한 사항을 심의한다(법 시행령 제76조 제1항). 교육과학기술부는 2006년부터 성인문해교육 지원사업을 독립 사업으로 추진하여 현재 5년 차에 접어들고 있고, 매년 참여 기관 수가 증가하고 있다. 2006년 성인문해교육 지원사업은 총 61개 자치단체와 178개 문해교육기관을 선정하여 프로그램을 지원하였다. 그리고 2007년에는 총 108개 자치단체, 356개 기관을 선정하여 문해교육 프로그램과 기관운영비를 지원하였다. 2008년에는 참여 수가 증가하여 총 118개 자치단체, 439개 문해교육기관이 참여하였다. 2009년에는 20억 원으로 130개 기초자치단체와 353개 문해교육 기관을 지원하였다(교육과학기술부, 평생교육진흥원, 2009).

3 문자해득교육 프로그램의 설치 · 운영

교육감이 초 · 중학교 부설 평생교육시설 또는 초등 및 중학교의 기존 시설을 활용하여 운영하는 문자해득교육 프로그램(이하 '프로그램'이라 한다)을 제외하고는 법 시행령 제68조 제2항 각호에 해당하는 문자해득교육 프로그램을 설치 · 운영하고자 하는 자는 법 시행령 제69조 제1항에서 정하는 서류를 갖추어 교육감에게 신청하여 지정을 받아야 한다(법 제39조 제2항).

문자해득교육 프로그램 지정 절차는 프로그램을 설치 · 운영하고자 하는 자가 소정의 서류를 갖추어 프로그램 지정신청서를 교육감에게 제출하고, 제출된 서류는 교원의 자격인정 등에 관하여는 평생교육진흥원 문자해득교육 심의위원회의 심의를 받으며, 동시에 교육감은 소속 문자해득교육 심의위원회로 하여금 교원 배치 등 적정 여부를 조사 · 확인하게 한다. 이러한 절차를 거쳐 프로그램 지정서를 신청자에게 통보한다(법 시행령 제36조 제1항, 제68조 제2항 및 제3항, 제69조 제1항 및 제2항, 제70조 제1항 및 제2항, 법 시행규칙 제21조 및 제22조).

프로그램 지정 기준으로는 학급당 인원은 30명 이내이고 초등과정의 교사와 강사의 자격 기준으로 대졸자는 문자해득교육 연수 이수자, 고졸자는 문자해득교육 연수를 이수하고 문자해득교육 심의위원회의 심의를 받은 자다. 중등과정은 교원자격증 소지자로 문자해득교육 연수 이수자여야 한다. 교사의 배치는 초등과정은 학급당 1인이고 중등과정은 3학급까지는 3인이고 3학급 초과 시 1학급 증가마다 1.5인을 배치하여야 한다. 시설 · 설비는 학습시설로 수업실 1실 이상(수업실의 최소 기준면적은 30제곱미터로 하고, 동시 학습자 1명당 0.5제곱미터씩 추가한다), 교수 연구실 1실 이상, 그리고 학습에 필요한 시설 · 설비는 책상, 걸상, 칠판, 도서 등 학습에 필요한 제반 시설과 설비를 의미한다. 학습과목은 초등 또는 중학교 수준에 상응하는 교육과학기술부 장관이 개발한 성인문해교육과정 또는 이에 준하는 과정이다(법 시행령 제70조 제1항, 법 시행규칙 제22조 제1항 내지 제3항). 학력인정을 위한 교육과정은 개발 연구 중에 있다.

2006년부터 2009년까지 성인문해교육 지원사업에 참여한 문해교육기관의 프로그램의 수는 2006년 849개, 2007년 1116개, 2008년 1436개, 2009년 1292개로 매년 수적으로 증가하고 있다(〈표 13-2〉 참조). 2009년 성인문해교육 지원사업의 프로그램은 초등학교 1 · 2학년 수준에 해당하는 문해 1단계가 558개로 가장 많은 비중을 차지하고 있었고, 초등학교 3 · 4학년에 해당하는 문해 2단계는 416개, 초등학교 5 · 6학년 수준의 문해 3단계는 219개, 중학교 수준의 프로그램은 98개가 개설되었다. 2006년부터 2009년까지 성인문해교육 지원사업에 참여한 학습자도 매년 증가하였다(교육과학기술부, 평생교육진흥원, 2009).

표 13-2 2006~2009년 성인문해교육 프로그램 수

(단위: 개)

구분	2006년	2007년	2008년	2009년
프로그램 수	849	1,116	1,447	1,292
1기관당 평균 프로그램 수	4.8	3.13	3.30	3.66
학습자 수	14,668	18,832	27,843	22,664

출처: 교육과학기술부, 평생교육진흥원(2006-2009) 내부자료.

④ 프로그램 이수자의 학력인정

프로그램 이수자의 학력인정 대상자는 초등과정은 동 과정 미이수자로 18세 이상이고, 중등과정은 중등과정 미이수자로서 18세 이상의 성인이다. 학력인정 절차는 프로그램 이수자 또는 프로그램 실시기관이 프로그램 이수 학력인정신청서를 교육감에게 제출하고, 교육감은 학력이수가 적정(자격 있는 교원, 고시된 교육과정 이수 등)한지를 심사하여 해당 학력에 해당하는 학력인증서를 교부한다. 단, 교육감은 문자해득수준 측정을 위한 문자해득능력 검사를 실시할 수 있다. 이 경우 성인학습자의 부담을 최소화할 수 있는 평가방식을 활용하여야 한다(법 제40조, 법 시행령 제74조 제1항 및 제2항, 제75조 제1항 내지 제4항, 법 시행규칙 제1항 내지 제3항).

교육과정은 성인학습자의 학습 능력과 경험 등을 고려 교육과학기술부 장관이 정하고 초등학교 과정과 중학교 과정으로 구분하며, 이에 대한 세부 사항은 문자해득교육 심의위원회에서 정하여 시행하도록 하였다(법 시행령 제76조 제1항, 시행규칙 제22조 제1항 및 제2항). 학교 급별로 각각 3단계로 구성할 예정이며, 문자해득 교과용 도서의 개발 및 보급은 교육과학기술부 장관이 할 예정이다(교육과학기술부, 2008).

또한 교육과정의 이수인정은 법 시행령 제14조에 따른 학습계좌를 통한 과정 이수를 학력인정기준의 3분의 2 범위에서 인정할 수 있도록 하되, 학습계좌에 따른 인정절차 등에 필요한 사항은 교육과학기술부 장관이 정하여 시행하도록

하였다(법 시행령 제 75조 제3항).

3) 성인문해교육 지원사업

(1) 사업 추진 배경

성인문해교육 지원사업은 국민기초능력 향상과 사회통합을 목적으로 저학력 성인에게 제2의 교육 기회를 제공하기 위하여 2006년부터 시행하고 있다. 이러한 추진의 근거로 첫째는 2007년 12월에 제정된 평생교육법에서 평생교육의 하나의 범주임을 분명히 하여 별도의 장(제6장 문자해득교육)으로 하고, 문해교육에 대한 국가와 지자체의 기능과 역할을 명문화한 것이다. 둘째는 2005년 통계청 조사에 따르면 기초학력취득 기회를 놓친 저학력 성인이 약 599만 명으로 이들은 국민 누구나 갖고 있는 교육받은 권리를 누리지 못하고 있다. 또한 국제 결혼 및 외국인 주민의 증가 등 다문화 현상에 따른 성인문해교육 수요 집단의 증가는 문해교육의 필요성을 높이고 있다. 셋째는 이미 앞서 문해교육의 필요성에서 언급한 국제적 문해교육의 필요성 증대에 따른 정책에 기인한다(교육과학기술부, 평생교육진흥원, 2008).

(2) 지원사업 추진 개요

사업의 추진체제는 교육과학기술부에서 사업의 기본계획과 세부 사업 추진계획을 수립하고 국고보조금을 교부하며, 사업의 추진 상황에 대한 모니터링 등 동 사업에 대한 총괄 · 기획 · 조정을 담당한다. 평생교육진흥원은 세부 사업 추진계획을 수립하고 이를 추진하며, 사업 신청 접수 및 평가, 사업수행 지원 및 사후관리, 사업결과 및 보조금 정산 등 사업 수행을 전담한다. 지자체와 교육지원청은 사업 신청서 작성 및 신청, 프로그램 운영 예산 확보, 프로그램 운영기관 지도 점검, 세부 사업 추진 및 예산 집행, 결과 점검 등 사업 시행 주체의 역할을 담당한다. 그리고 문해교육 운영기관은 지자체로 사업 신청, 프로그램 운영, 사업비 집행결과 보고, 각종 자료조사 협조 등 실질적인 교육 프로그램의 수행을 담당한다. 이를 정리하면 〈표 13-3〉과 같다.

사업신청 및 선정 절차는 매년 교육과학기술부에서 사업계획을 수립하여 이를 공고하고 공고된 내용에 따라 각 기초지자체에서 교육지원청과 공동으로 평생교육진흥원으로 사업을 신청한다. 평생교육진흥원에서는 신청서를 심사하고 그 결과를 교육과학기술부에 통보하면, 교육과학기술부는 최종적으로 선정하고 예산을 지원한다.

지원사업은 임대료, 냉 · 난방비, 교구비, 공과금 등 운영비로 기관당 500만 원 내외에서 문해교육 전담기관에 지원한다. 복지관, 주민자치센터 등 지자체 및 국 · 공립 운영기관은 제외한다. 그리고 교 · 강사 인건비, 교재비, 교원 연수비, 수업 관련 비품비 등 프로그램 운영과 관련된 경비를 기관당 500만 원 내외에서 지원한다. 동 경비는 시설비 및 기관운영경비로 집행할 수 없도록 하였다. 지원경비는 수강인원, 운영 프로그램 수 등을 고려하여 차등 지원이 가능하도록 하였으며, 기초자치단체가 직접 수행하는 문해교육 프로그램 운영비는 1000만

표 13-3 성인문해교육 지원사업 추진체제

교육과학기술부 (총괄, 기획, 조정)	평생교육진흥원 (사업 전담기관)	지자체 및 교육지원청 (사업 시행 주체)	문해교육 운영기관 (사업 수행기관)
• 사업 기본계획 수립 • 사업 추진 상황 모니터링 등	• 세부 사업 추진계획(평가) 수립 및 추진 • 사업 신청 접수 및 평가 • 사업수행 지원 및 사후관리 • 문해교육심의위원회 운영	• 사업 신청서 작성 • 문해 프로그램 운영 및 국고 보조금 집행 • 문해교육기관 지도 · 점검 • 세부 사업 추진 및 국고 보조금 집행결과 점검 등	• 지자체로 사업 신청 • 프로그램 운영 • 사업비 집행결과 보고 • 각종 자료조사 등 협조
(협조) 시 · 도 교육청	• 시 · 도 교육청: 성인 학습자 학력 인정체제(문자교육 프로그램 지정 및 학력인정 실시), 문해교육심사위원회 운영		

출처: 교육과학기술부, 평생교육진흥원(2010), p. 137.

원까지 지원이 가능하도록 하였다.

(3) 사업시행 결과

연도별 투자예산은 총 106억 2400만 원(국고 51억 7500만 원, 대응자금 54억 4900만 원)이다. 국고 지원예산도 늘어나고 있으나, 지자체에서 부담하는 대응예산이 2006년 8억 2800만 원에서 30억 원으로 3배 이상 증가하였다.

참여 지자체는 2006년 61개에서 2008년은 118개로 증가하였고 참여기관 수는 2006년 178개 기관에서 2008년에는 439개 기관으로 2배 이상 증가하였다. 또한 참여 학습자는 총 7만 7646명이고 2006년 1만 4668명에서 2008년에는 3배 정도 증가하였다. 연도별 투자예산, 참여지자체 및 기관, 그리고 참여학습자는 〈표 13-4〉와 같다.

참여 학습자의 성별 비율은 2006년도 남성이 5%, 여성이 95%이고 2007년도에는 남성이 4.7%, 여성이 95.3%로 2006년도와 비교하여 참여자가 수적으로 늘어났으나, 남녀 간의 차이는 거의 없는 것으로 나타났다. 또한 연령대에도 80대를 제외하고는 2007년도에 학습자가 증가하였으며, 20대의 참여가 가장 높은 것으로 나타났다(허준, 2006).

참여 문해교육기관의 운영 주체는 국·공립기관이 2006년 49.1%(86개 기관)에서 2007년 40.7%(145개 기관)이고 사립은 2006년 50.9%(89개 기관)에서 2007년

표 13-4 연도별 투자예산, 참여지자체(기관), 참여 학습자

(단위: 천원, 개, 명)

연도	투자 예산			참여 지자체 (문해교육기관)	참여 학습자
	국고	대응	계		
2006	1,375,000	828,644	2,203,644	61(178)	14,668
2007	1,800,000	1,619,507	3,419,507	108(356)	21,294
2008	2,000,000	3,000,723	5,000,723	118(439)	25,579
2009	2,000,000	2,863,629	4,863,629	130(353)	22,664

출처: 평생교육진흥원 내부 자료(2009).

표 13-5 참여 문해교육기관 유형별 비율

연도	지자체 직영	성인문해교육 전담기관*	복지관	학교	문화센터, 종교기관 등 기타	합계
2006	9.6	34.8	33.7	1.1	20.8	100.0
2007	13.5	36.6	20.8	1.7	27.4	100

주: * 성인문해교육 전담기관은 전국야학협회, 한국문해교육협회 등에 소속된 교육기관으로서 한글교실 등 교육소외계층의 기초교육만을 전담하는 교육기관이다.
출처: 교육인적자원부, 한국교육개발원(2007), p. 128.

59.3%(267개 기관)이다. 이는 국 · 공립기관의 참여는 비슷하나 사립기관의 참여폭이 확대되고 있음을 알 수 있다. 기관의 성격에 따라 유형별 분류로는 기관의 성격에 따라 성인문해교육 전담기관이 전년도와 마찬가지로 36.6%로 가장 많았으며, 복지관의 문해교육 프로그램은 전년도에 비하여 33.7%에서 20.8%로 그 비율이 낮아졌다(〈표 13-5〉 참조).

교육 프로그램 수는 2006년도에는 178개 기관에서 849개 프로그램을 운영하여 단위 기관당 평균 4.8개를 운영하였다. 2007년도에는 356개 기관에서 1116개 프로그램을 운영하여 단위 기관당 1.9개로 단위 기관당 운영 프로그램은 축소되었다. 2008년도에는 439개 기관에서 1436개 프로그램을 운영하였다. 2009년도에는 353개 기관에서 1292개 프로그램을 운영하여 단위 기관당 평균 3.66개를 운영하였다. 평균 단계(초등 1~2년) 수준이 558개, 2단계(초등 3~4년) 수준이 416개, 3단계(초등 5~6년) 수준이 219개이고, 중학교 수준은 98개다(교육과학기술부, 평생교육진흥원, 2009).

4) 성인문해교육의 발전적 과제

우리나라의 성인문해교육에 대한 법적 근거 내용 및 새로운 문제점을 중심으로 발전적 과제를 제시하면 다음과 같다(교육과학기술부, 평생교육진흥원, 2007,

2008).

첫째, 문해교육의 제도적 정착화를 위한 행정적 뒷받침이다. 성인문해교육에 대한 법적인 제도의 정착화를 위해서는 이에 대한 조속한 행정적 뒷받침이 마련되어야 한다. 교·강사의 자격 연수, 교육과정 등 세부 기준을 조속히 마련하여야 한다. 학력인정 시범실시 등에 대한 운영방안 마련, 학습계좌제와 연계방안, 시·도 교육청의 성인문해교육의 효율적 수행을 위한 표준적인 조례안 마련, 프로그램 운영 지정 및 학력인정과 운영에 관한 매뉴얼 작성 등 필요한 행정적 뒷받침이 이루어져야 한다. 성인문해교육의 질과 효과성을 고려하여 학력인정 시스템을 구축하여야 한다. 학습 내용에는 노동의 유동성 증가에 따른 해외 취업 등 외국어 교육의 포함도 고려하여야 한다.

둘째, 재정 지원의 안정성·지속성을 보장하고 재원을 확충하여야 한다. 향후에는 성인문해교육을 생활중심 프로그램과 학력중심 프로그램으로 구분하여 운영하여야 한다. 그러므로 재정지원도 이원체제에 맞게 재정지원 정책을 구분할 필요가 있다. 재정지원이 교육감이 지정한 프로그램에만 이루어지면 지정을 받지 못한 기관은 제도권에서 벗어나 당연히 받을 권리인 문해교육을 정부가 외면하는 결과가 초래된다. 따라서 문해교육에 대한 재정을 더 많이 확충하여 이원체제로 지원하되 지역 간 또는 문해교육 기관 간 차별성과 균형성을 조화롭게 지원할 수 있는 합리적인 방안 등을 모색하여야 한다. 그리고 지원사업에 대하여는 점검과 사후 평가를 통하여 피드백을 통한 사업 개선을 제도화하여야 한다.

셋째, 민간단체 등이 운영하는 문자해득교육 프로그램도 인정을 받아야 한다. 상대적으로 여건이 열악한 민간단체 등이 운영하는 문해교육 프로그램 운영기관이 문자해득교육기관으로 지정받을 수 있도록 여건을 조성하고 이들에 대한 배려정책을 마련해야 한다.

넷째, 문해교육에 대한 사회적 책무 확산 등 홍보 활동을 강화하여야 한다. 문해교육의 중요성을 사회가 인식하도록 학교, 지역사회, 공공기관, 민간단체를 통한 홍보 활동을 강화하여 일반인이 갖고 있는 문해에 대한 그릇된 관념을 변화시켜야 한다. 그리고 문해교육 대상자는 당연한 권리임을 일깨워 참여를 촉진하고 문해교육 프로그램에 접근이 용이하도록 여건 조성을 해야 한다.

다섯째, '가족문해' 도입 등 문해의 개념을 확대하여 그 수혜대상을 늘리고 이에 부합하는 지원정책을 마련해야 한다. 가족문해의 도입에 대하여는 다문화 가정이 늘어남에 따라 그 필요성이 늘어나고 있다. 국제화 · 세계화로 국제결혼 이주 여성 등 외국인이 증가하는 추세에 맞추어 문해의 개념도 '가족문해'로 확대할 필요성이 제기되는 것이다. 국제 결혼한 외국 여성이 가능한 한 자국에서 쌓은 교육 경험을 최대한 활용하여 한국어와 우리나라 생활 등에 익숙해질 수 있도록 지원해야 한다. 그리고 우리와 다른 문화에 대한 수용의 폭을 넓혀 주는 교육적 · 사회적 운동이 학교, 지역사회, 국가 차원에서 이루어져야 한다.

2. 교육소외계층 지원

21세기로 진입하면서 우리나라도 평생학습의 중요성은 높아지고 있지만, 평생학습에 대한 기회가 계층 간 고르게 분포되지 못함에 따라 학습 기회의 형평성 문제가 제기되고 있다. 즉, 평생학습의 이념은 교육 기회를 놓친 사람들과 소외계층에게 제2의 교육 기회를 제공하고, 교육의 공공성을 증진하며, 민주시민으로서의 자질을 함양함으로써 교육의 사회통합성을 증진하는 데 있기 때문이다. 평생학습은 사회배제를 극복할 수 있는 최상의 디딤돌이자 사회갈등을 막을 수 있는 최상의 안전판이다.

평생학습 대상 소외계층 가운데 가장 대표적인 집단은 학령기 동안 교육 기회를 얻지 못했던 저학력 소집단이다. 성인학습자에 대한 평생교육 지원정책이 어떻게 전개되어 가고 있는지를 살펴보면 그 나라가 선진국인지, 개발도상국인지를 알 수 있을 것이다. 그만큼 국민에 대한 평생교육 지원은 중요하다고 말할 수 있다. 사실 우리나라는 지금까지의 경제발전을 이루기 위해서 성장지향 일변도의 정책을 실시해 왔고 1960년대의 경제개발 5개년 계획 이후 과거와는 비교할 수 없는 괄목할 만한 발전을 이루었다. 최은수(2007)는 한국에서의 평생교육정책 조류를 1945년부터 1950년대, 1960년대부터 1970년대, 1980년대부터 1990년대의 크게 세 구간으로 나누어 비교한 바 있다. 우리나라에서는 과거에 노인정책, 여성정책, 장애인정책 등이 실시되어 왔으나 『평생교육백서』에 정식으로 교육소외계층이라는 단어가 등장한 것은 2001년부터다(교육인적자원부, 한국교육개발원, 2001).

교육소외계층이란 말 그대로 교육의 기회를 얻지 못한 계층으로 이는 곧 빈곤과 연결되기 쉽고 이는 개인의 삶의 질 추구라는 측면에서나 국가 경쟁력 창출이라는 측면에서 모두에게 크게 저해 요소로 작용될 수 있다. 교육과학기술부는 소득별, 학력별, 연령별, 지역별로 증가하고 있는 교육 격차를 해소하기 위하여 상대적으로 교육 기회에서 소외된 저소득자, 저학력자, 고령자, 장애인을 대상으로 평생학습 참여 기회를 확대하기 위하여 지난 2001년부터 '소외계층 평생교육 프로그램 지원사업' 을 추진해 오고 있다. 소외계층 평생교육프로그램 지원사업은 타 부처 및 지방자치단체 지원사업과 중복을 배제할 수 있는 평생교육 프로그램을 선정 및 지원하는 데 중점을 두고 있다(교육과학기술부, 평생교육진흥원, 2008). 이에 여기에서는 교육소외계층에 대한 평생교육지원정책을 살펴보겠다.

1) 평생학습정책 대상으로서의 교육소외계층

평생학습도시 프로그램 측면에서 보면 여성, 노인, 장애인, 이주여성, 저소득층, 문맹자, 한부모, 외국인 근로자, 노숙인 등을 평생학습정책 대상으로서의 교육소외계층으로 다루고 있다(교육인적자원부, 평생교육진흥원, 2006).

평생교육 프로그램 측면과는 다른 관점에서 평생교육 지원 소외계층을 크게 전통적 사회 · 경제적 배제 계층, 노동시장 배제 계층, 특수 소외계층, 한시적 소외계층으로 구분할 수 있다. 이러한 각각의 범주는 다음과 같이 세부적으로 구분할 수 있다. 전통적 사회 · 경제적 배제 계층에는 저소득층, 저학력 · 저숙련 노동자, 여성(저학력, 저소득, 실업, 중고령), 비문해자, 노인 등이 포함되며, 노동시장 배제 계층에는 장기실업자, 비정규 근로자 등이 속하고, 특수 소외계층에는 학령기 장애인, 성인 장애인, 수용자 등이 관계되고, 한시적 소외계층으로는 새터민, 외국인 근로자 등을 들 수 있다.

평생학습 대상 소외계층 가운데 가장 대표적인 집단은 학령기 동안 교육 기회를 얻지 못했던 저학력 소외집단이다. 이들은 교육 기회의 확충에 따른 평균 교육년수의 향상에도 불구하고, 통계청의 2000년 인구 총 조사 자료에 따르면 15세 이상 전체 성인인구 가운데 약 18.3%인 약 665만 명이 중졸 이하의 학력을 가지고 있어서 이를 만회할 수 있는 교육 기회의 제공이 필요하다(교육인적자원부, 한국교육개발원, 2005). 또한 저학력 소외집단은 평생학습 기회 면에서도 더욱 현저한 격차를 드러내고 있다. 통계청(2004)에 따르면 평생학습 참여 비율에 있어서 초졸 이하 집단이 5%에 머무르고 있는 반면, 대졸 이상 집단에서는 약 43%가 참여 경험이 있는 것으로 나타났으며, 참여 횟수에서도 초졸 이하 참여자의 직장연수 연간 교육이수 일수는 약 5일이지만, 대졸 이상에서는 약 11일로 2배 이상 차이를 보였다.

교육과학기술부에서는 타 부처에서 지원 중인 소외계층에 대한 고려는 지양하고, 각종 교육 기회에서 이중으로 소외되고 있는 성인(저학력, 저소득, 장애인), 노인, 비문해자, 여성, 외국인 근로자를 우선적인 지원 대상으로 평생교육 프로그램 지원사업을 시행한다. 이를 위해 지난 2001년부터 '소외계층 평생교육 프로그램 지원사업'을 추진해 오고 있으며, 소외계층 평생교육 프로그램을 선정 및 지원하는 데 중점을 두고 있다(교육과학기술부, 평생교육진흥원, 2008).

2) 우리나라의 교육소외계층에 대한 평생교육지원정책

(1) 여성교육

한국의 교육소외계층에 대한 평생교육 지원정책은 여성의 평생교육 지원에서 시작하였다고 해도 과언이 아니다. 1921년에 설립된 '태화여자관'을 시작으로 1922년 '고려여자관', 1926년 '보혜여자관' 등의 민간여성회관은 여성의 지위 향상을 위해 여성 계몽 및 교육, 육아, 어린이 건강, 가정복지 등 여성중점사업을 실시해 왔다(교육인적자원부, 한국교육개발원, 2007). 여성회관의 설립 목적은 여성의 잠재능력을 개발하여 자질을 향상하고 저소득여성의 자립기반을 조성하며 여성의 사회참여 기회를 부여함으로써 여성 복지를 증진하는 것이다. 선발기준은 저소득 여성, 보훈대상자, 지체장애인, 고령자 우선의 여성으로 교육소외계층을 배려하였음을 알 수 있다.

최근에는 한부모 가정(12개 프로그램)이나 여성 외국인 근로자(2개 프로그램), 다문화 가정 여성(36개 프로그램)을 대상으로 한 프로그램이 많이 개설되어 있다(교육인적자원부, 한국교육개발원, 2007). 그리고 한국 여성의 경제 활동참가율이 남성에 비해 그리고 선진국 평균보다 낮아 정부 정책이 이의 개선을 위한 사업을 집중하고 있다. 노동부는 재직여성과 실업여성, 여성부는 비경제활동여성을 대상으로 하는 사업을 중점적으로 추진하고 있고, 교육과학기술부는 고학력여성을 대상으로 지역여성인재 육성사업을 수행하고 있다(교육인적자원부, 평생교육진흥원, 2008). 여성의 경력단절을 방지하고 경제활동 참가율을 제고하기 위해 남녀고용평등법을 남녀고용평등과 일 · 가정 양립 지원에 관한 법률로 개정하였고, 이에 따라 남녀고용평등과 일 · 가정 양립 기본계획(2008~2012)을 수립하였다. 또한 2008년 경력단절 여성의 경제활동 촉진법을 제정하여, 국가 · 지방자치단체는 경력단절 여성 등의 경제활동 촉진을 위한 종합적인 시책을 세우고 사업주는 경력단절 여성 등의 경제활동 촉진을 위한 근로환경 조성에 노력하도록 규정하였다. 동법에 의거, 여성부 장관과 노동부 장관은 5년마다 경력단절 여성 등의 경제활동 촉진에 대한 기본계획을 수립하여야 한다(교육인적자원부, 평생교육진흥원, 2008).

(2) 농어촌민

우리나라의 농어촌민에 대한 교육은 구한말부터 시작된 권업모범장에서의 지도활동이나 일제하의 농어촌계몽 및 야학운동 그리고 정부수립 이후의 현대 농어촌 지도사업 및 농어민교육활동으로 그 역사를 찾을 수 있다(교육인적자원부, 한국교육개발원, 1997). 최근에는 특성화된 농어촌 프로그램이라기보다는 일반적인 학력보충 제도(방송통신고등학교 등), 소외계층의 일반적인 프로그램(11개 프로그램), 저소득층을 위한 프로그램(12개 프로그램) 등을 개설하고 있다(교육인적자원부, 한국교육개발원, 2007).

(3) 장애인

장애 성인은 장애로 인한 불편을 줄이기 위하여 끊임없는 훈련을 받아야 하며 사회의 편견을 불식하고 일반인에 비해 상대적으로 불이익을 받지 않기 위해서 부단한 교육을 받아야 한다. 그리하여 1995년에는 장애인 대학입학 특별전형을 시행하였으며 2002년에는 장애인의 고등교육과 직업교육에 대한 욕구를 충족하기 위하여 재활전문대학을 설립하였다. 2006년에는 장애인을 대상으로 22개의 프로그램을 개설하였으며 2007년에는 31개의 프로그램을 개설하였다(교육인적자원부, 한국교육개발원, 2006; 2007).

(4) 노인

노인에 관한 국가 및 사회의 지원은 사회복지관의 설립과 함께 매우 밀접하게 전개되어 왔다. 1996년에 전국에 312개의 사회복지관이 있었으며 노인복지를 위하여 노인학교, 여가활동 지도, 노인 부업 알선 등이 이루어졌다. 그 밖에도 대한노인회 산하에 노인대학과 노인학교가 273개소, 학구 단위 노인교실이

3823개소가 있었으며 교회 등 지역사회 내에서 민간이 주축이 되어 운영되는 노인학교도 약 2000개소에 이를 만큼 활발하였다(교육부, 1997). 노인의 사회참여를 위해서 정부는 고령자 고용촉진법을 시행하고 노인취업알선센터를 설치하였으며 노인 공동작업장 등도 만드는 등 적극 노력하고 있다(교육부, 1998). 2000년대에 들어와서는 의료기술의 발달로 평균수명이 연장되어 노인 인구가 증가하게 되었으나 노후를 준비하지 못한 노인은 저소득층이 되어 학습 기회를 갖지 못하게 되는 경우가 발생하였다. 이에 교육과학기술부에서는 대학 같은 고등교육기관 등을 이용하여 노인을 위한 평생교육을 실시하였으며 노인이 평생교육원에 등록하면 수강료를 할인해 주었다(교육인적자원부, 한국교육개발원, 2001).

한편 퇴직자가 중심이 되어 구성된 금빛평생교육봉사단은 평생교육을 위하여 발족되었다. 특히 이들은 학교교육 지원에 306명(18%), 지역특화 평생교육에 237명(14%), 기타 526명(31%)에 종사하고 있으며, 특히 평생교육 사각지대에 놓인 사람에게 628%(37%)의 봉사단이 활약하였다(교육인적자원부, 한국교육개발원, 2002).

(5) 실직자

IMF에 따른 구조조정으로 실직한 사람들은 경제적 빈곤에 시달리게 되어 재취업을 위한 교육을 열망하게 되었다. 이에 1998년에는 열린 평생직업교육체제를 구축하고 교육과 취업을 연결하는 종합정보 네트워크를 구성하게 되었다. 또한 상담 기능을 강화하여 불안함과 심리적 갈등을 해소하도록 하였다. 실직자 지원예산의 가장 많은 부분은 실직자의 중·고등학생 자녀 학비지원으로 805억 6000만 원에 이르렀으나 산업체 재취업 교육 예산도 300억에 이르렀다(교육부, 1998).

(6) 재소자

재소자를 위한 평생교육은 갱생교육법이 1967년 1월에 제정되고, 이 법에 의하여 법무부와 노동부의 협조 아래 1969년 6월부터 19개의 감옥에 6개월 과정의 직업교육을 위한 시설 설비가 구축되면서 본격화되었다(교육인적자원부, 한국교육개발원, 2003). 1971년에는 법무부 단독으로 광범위한 직업교육 과정을 개설하였으며 1979년 가을에는 영등포구치소, 김해구치소, 청주 구치소에 태도가 우수한 수감자를 위한 복합적인 직업훈련소가 설립되었다. 직업훈련법은 1981년에 직업훈련을 위한 기본법으로 개정되었으며 다시 1999년 1월 1일을 기하여 근로자를 위한 직업교육법으로 바뀌어 현재까지 내려오고 있다(교육인적자원부, 한국교육개발원, 2003).

(7) 다문화 가정

국제결혼은 2004년 이후 급속히 확대되어 전체 결혼 건수의 11% 이상을 차지하였다(교육과학기술부, 평생교육진흥원, 2008). 다문화 가정은 21세기 한국 사회의 새로운 구성원으로 자리 잡아 가고 있기 때문에 한국 사회 적응에 필요한 기초문해능력이 절실히 요구된다. 교육과학기술부, 보건복지부, 통일부, 고용노동부, 문화체육관광부 및 지방자치 단체는 지역의 비정부기구(NGO)와 연계하여 평생교육을 제공하고 있다.

(8) 새터민

새터민(북한이탈주민)은 2008년 9월 현재 1만 4431명이다. 새터민은 2000년까지 남성 비중이 높았으나 이후 여성 비중이 높아지는 추세로 전환되어 현재 남성은 전체 새터민의 38%, 여성은 62%를 차지한다. 이 가운데 12%가 19세 이하 아동 청소년이고 새터민의 약 67%는 서울 및 경기 지역에 거주하고, 50% 이상이 제조업 분야에 단순 노무직으로 종사한다(교육과학기술부, 평생교육진흥원, 2008). 새터민 역시 21세기에 한국 사회의 새로운 구성원이기 때문에 다양한 평생교육 프로그램이 시급히 마련되어야 한다.

3) 소외계층 평생교육 프로그램 지원사업 분석

교육과학기술부에서 주관하는 소외계층 평생교육 프로그램 지원사업은 2001년부터 2007년까지 총 513개 프로그램에 30억 원을 지원하였다. 이 중 2001년에서 2004년까지 프로그램 지원 수를 보면 2001년 20개, 그 후 3년간은 변동 없이 25개를 지원하였고, 예산도 일정하게 매년 2억씩 지원하였다. 하지만 2005년부터는 프로그램 지원 수가 100개 이상으로 급격히 증가하였고, 지원 예산도 4억 9000만 원으로 2.5배 정도 많이 지원하였다. 또한 2005년부터 소외계층 평생교육 프로그램 지원 수와 평생교육 운영기관의 다양화가 이루어졌다.

(1) 평생학습 소외계층 대상별 지원 현황

2001년부터 2009년까지 지원한 소외계층 평생교육 프로그램은 총 1242개이며, 2009년의 경우 총 프로그램 수 194개 중 대상별 운영 프로그램 현황을 보면 장애인 대상 70개, 노인 대상 52개, 다문화 가정 31개, 저소득 계층 대상 프로그램 13개, 한부모 가정 대상 프로그램 7개가 운영되었다(교육과학기술부, 평생교육진흥원, 2009). 노인 대상 프로그램이 많은 것은 노인에 대한 지원 요구가 많았다는 것이며, 노인 인구가 많아서 그만큼 지원이 필요하다는 반증이기도 하다. 그리고 다문화 가정을 대상으로 31개의 프로그램을 지원한 것은 우리 사회를 구성하는 인구가 다양화되었고, 이들을 위한 사회적 배려가 많이 필요하다는 것이다. 또한 이들과 함께 어울리는 문화를 만드는 것은 우리 사회가 글로벌화되어 가는 방향에서 제고되어야 하는 필요에 따라 증가되었다고 볼 수 있다.

(2) 평생교육기관 유형별 소외계층 지원 현황

소외계층 평생교육 프로그램 지원사업 초기인 2001년에는 20개 프로그램 지원 사업 중 대학 및 부설 평생교육원 14개를 선정하여 운영하였고, 2002년에는 사회복지관을 많이 선정하였다. 그 뒤 2004년까지는 기관별 고르게 선정되었지만, 프로그램 지원 수가 급격히 확대된 2005년부터는 사회복지관과 지역평생교육정보센터가 다른 기관보다 월등히 많이 선정이 되었다. 이것은 기초자치단체에서 운영되고 있는 사회복지관 사업의 홍보 및 활성화, 기초자치단체장이 지역주민의 복지에 많은 관심을 가졌다고 볼 수 있다. 아울러 사회복지관은 그동안 소외계층 대상으로 활동해 온 축적된 프로그램을 이용하여 용이하게 소외계층을 위한 프로그램을 만들어 적용할 수 있었기 때문이라고 판단된다. 하지만 시 · 군 · 4구의 기초자치단체에서 운영하는 평생학습관은 2003년부터 2006년까지는 총 7개가 선정되어 운영되다가 2007년에서야 25개의 프로그램이 선정되어 운영되고 있다(〈표 13-6〉 참조).

표 13-6 평생교육기관 유형별 선정 프로그램 수

평생교육기관 유형	2001년	2002년	2003년	2004년	2005년	2006년	2007년	총계
대학 및 부설 평생교육원	14	3	2	5	10	10	18	62
지역평생교육정보센터	-	-	4	3	20	12	20	59
평생학습관	-	-	1	1	2	3	25	32
공공도서관	1	2	2	2	6	13	1	27
여성단체	-	2	1	3	3	3	9	21
시민사회단체	3	5	5	3	5	6	4	31
사회복지관	2	9	4	1	23	43	46	128
사회복지단체	-	-	-	-	-	4	16	20
사회교육기관	-	3	-	5	-	-	10	18
고등학교부설평생교육원	-	-	-	-	1	-	-	1
기타(직업학교, 연구소, 수련시설)	-	1	6	2	32	38	35	114
소계	20	25	25	25	102	132	184	513

출처: 교육인적자원부, 한국교육개발원(2007), p. 136.

(3) 소외계층 평생교육 지원 예산

소외계층 평생교육 지원사업을 시작한 2001년은 20개 프로그램에 2억 원을 지원하였지만 2009년에는 194개 프로그램에 9억 9000만 원을 지원하였다. 지원한 프로그램과 예산을 단순 비교하면 프로그램은 9배, 예산은 5배 정도 증가하였다. 이것은 프로그램 증가에 비례하여 예산 지원이 부족하였다는 것이고, 예산을 많이 지원하지 못한 것은 프로그램 운영의 내실화, 다양화를 효과적으로 가져오는 데 큰 걸림돌이 되었다고 볼 수 있다(〈표 13-7〉 참조).

표 13-7 소외계층 평생교육 지원 예산

(단위: 억 원)

분류	2001년	2002년	2003년	2004년	2005년	2006년	2007년	2008년	2009년	총계
지원액	2	2	2	2	4.9	7.2	9.9	9.9	9.9	49.8

출처: 교육과학기술부, 평생교육진흥원(2009), p. 197.

(4) 프로그램 유형별 소외계층 지원 현황

2001년부터 2004년까지는 소외계층 대상자의 계발활동(역량 갖추기) 위주로 프로그램을 운영하였지만 2005년부터는 자립(스스로 서기), 소통(공동체 만들기) 영역에서도 많은 프로그램이 개발되었고 2007년에는 세 영역을 고르게 운영하고 있다. 이러한 사실은 긍정적인 것으로 점점 자립할 수 있는 프로그램을 더욱 늘려야 하며, 학습을 마친 후 개인이 일자리를 얻는 데 유익한 도움이 되어야 더욱 활성화될 수 있다(〈표 13-8〉 참조).

표 13-8 소외계층 프로그램 영역별 선정 프로그램 수

구분	2001년	2002년	2003년	2004년	2005년	2006년	2007년	총계
자립(스스로 서기)	–	–	–	–	13	38	51	102
계발(역량 갖추기)	20	23	21	22	75	56	69	286
소통(공동체 만들기)	–	2	4	3	14	38	64	125
합계	20	25	25	25	102	132	184	513

출처: 한국교육개발원 내부자료(2007).

4) 교육소외계층 성인학습자에 대한 평생정책의 발전방향

(1) 주요 현황

평생교육의 전반적인 발전 방향은 연령을 뛰어넘어 누구나 교육 기회를 가질 수 있도록 그 대상의 범위를 확대하며 어디서나 쉽게 접근할 수 있도록 하는 데 있다. 교육 기회를 갖지 못한 청소년 및 성인학습자를 위해서는 학력인정 평생교육시설 설립을 지원하여 재학생 수가 계속하여 증가하고 있다. 방송통신고등학교의 수를 늘리고 있으며 방송중학교의 설립도 추진하고 있다. 방송통신고등학교는 2004년 통계로 전국 27개 시 및 1개 읍에 총 39개교를 설치 · 운영하고 있다(교육인적자원부, 한국교육개발원, 2004).

이러한 맥락에서 소외집단 평생학습 지원정책도 확대 추진해 왔다. 교육 격차 해소를 위하여 저소득층 교육에 대한 예산이 크게 늘어났다. 지원사업 현황을 연도별로 보면 2001년에는 2억 원으로 20개 프로그램을 지원하였으며, 2002~2004년에는 매년 사업비 2억 원으로 25개 프로그램을 지원하였다. 2005년에는 4억 9000만 원으로 102개 프로그램을 지원하였으며, 2006년에는 7억 2000만 원으로 132개 프로그램을 지원하였다. 2007년에는 사업비 9억 9400만 원으로 197개 프로그램을, 2008년에는 9억 9400만 원으로 193개 프로그램을, 2009년에는 9억 9500만 원으로 194개 프로그램을 지원하였다(교육과학기술부, 평생교육진흥원, 2009). 저소득층 지원 평생교육의 흐름을 보면 지난날과 비교하여 혁신적으로 정책이 변화되었다고 말하기는 어려우며 큰 변동 없이 꾸준히 확대 · 추진되어 왔음을 알 수 있다.

(2) 발전 방향

교육소외계층 성인학습자에 대한 평생정책의 발전 방향에 대해서는 여러 가지 관점에서 거론할 수 있다. 우선 저소득층을 위한 지원정책이나 추진을 위하여 조직을 통합하여야 한다. 실제적인 방법으로는 장애인을 위한 특수학습지원센터를 지역사회마다 만들어 정책적으로 지원할 수 있도록 체계화하고 실직자를 위한 프로그램을 설치하며 저학력자와 고학력자를 구분하여 각자에게 맞는 프로그램을 개설하는 것 등이 있다. 또한 지역사회학교나 평생학습관, 복지관 등을 활성화하여 선택의 폭을 넓혀 주어야 하며 질의 제고를 위하여 강사평가와 계약을 철저하게 시행하여야 할 것이다. ICT 활용교육을 통하여 인터넷 활용교육이나 각종 컴퓨터 기능교육을 실시하고 예산을 확보하여 PC를 보유하지 못한 가정에는 컴퓨터와 통신비를 지원하여 정보소양교육을 가정에서도 받을 수 있도록 하여야 한다. 평생학습도시를 확충하고 외국어교육을 강화하여 필요하다면 외국어까지도 배울 수 있도록 해야 한다. 특히 저소득층 여성의 교육 기회를 강화하여 그들의 잠재력을 이끌어 내어야 한다. 평생학습도시를 만들고 평생학습축제를 통하여 홍보함으로써 평생교육의 참여율을 높이는 일도 매우 중요할 것이다(최은수, 2004b).

제14장

학교평생교육정책

1. 초 · 중등교육 수준의 평생교육

1) 개념

학교평생교육은 일반적으로 초 · 중등학교 시설을 이용한 평생교육을 말하는데, 광의로 보면 학생을 대상으로 하는 정규 교육과정 이외의 학생, 학부모 및 지역주민 대상의 교육활동 전체를 의미한다. 즉, 학교라는 공간을 기반으로 다양한 대상에게 제공되는 다양한 내용과 형태의 교육활동 모두가 학교평생교육의 개념 범주에 포함될 수 있다.

학교가 평생교육을 담당해야 하는 이유는 첫째, 학교는 공공교육기관으로서 국민, 지역주민 전체의 요구를 충족할 필요가 있고, 둘째, 교육이 주된 기능인 학교가 다른 기관에 비해 평생교육 기능 수행에 더 유리하며, 셋째, 교육에 알맞은 인적 · 물적 자원을 구비하고 있으며 접근성이 용이하고, 마지막으로 학교와 교육자에 대한 높은 신뢰와 기대를 가지고 있기 때문이다(교육부, 1997). 또한 학교시설을 이용한 평생교육은 학교에서의 평생교육이 평생교육의 효과성과 능률의 극대화를 도모하기 위해 실시된다는 의미를 가진다(교육인적자원부, 한국교육개발원, 2002).

학교평생교육과 혼동하기 쉬운 개념으로 '평생학습학교'라는 개념이 있다. 평생학습학교는 평생교육의 이념에 기초하여 학교 운영의 혁신을 지향하는 학교를 말한다. '평생학습학교'에 대한 구체적인 논의는 Longworth 등(1996)이 제기하였다. Longworth 등(1996)에 따르면 평생학습학교는 학생과 교직원의 잠재력을 계발하기 위해 모든 사람이 이용할 수 있는 명문화된 조직전략을 갖추고, 학교가 수행하는 일에 있어서 양보다 질과 가치를 존중하는 문화 풍토를 기반으로 운영하는 학교다. 새로운 학습 기회를 창출하기 위해 정부관계자, 학부모, 기업가 등 지역 내 모든 인력의 지식, 기술, 역량을 활용하는 학교다. 또한 학생 스스로 생애 변화를 조절할 수 있는 교육과정을 개발하고 최신 정보 커뮤니케이션 기술을 활용한 다양한 유형의 훈련에 접근할 기회를 제공하고, 학생들에게 인내, 정의, 타 민족과 종교, 문화에 대한 이해를 증진하는 학교다. 지역사회 내 학생과 교직원을 학습 계발계획에 참여시키고 학습 도우미와 멘토를 활용하여 평생학습의 기회를 제공하며, 지역사회 내 학생과 교직원을 대상으로 다양한 문화 체험과 정규교과 이외의 체험활동을 제공하며, 학교 구성원 모두에게 전 생애에 걸친 학습의 중요성과 학습의 즐거움을 지속적으로 인식하게 하는 학교다.

이처럼 '평생학습학교'는 학교 경영 전반을 평생교육의 이념으로 추진하며, 학교교육을 위하여 지역사회 내 모든 교육자원을 효율적으로 활용하고, 학교구성원 모두와 지역사회 주민 모두가 평생학습의 중요성을 인식하게 하여 평생학습을 실천하게 하는 학교를 말한다(양홍권, 2006). 평생학습시대에 있어서 평생학습학교는 모든 학교가 지향해야 할 규범 차원의 지향점이지만, 학교평생교육은 한 학교가 평생학습학교의 이념을 지향하는가와 상관없이 학교에서 운영하는 평생교육 프로그램을 의미한다. 하지만 학교평생교육은 평생학습학교의 이념을 기반으로 전개될 때 더욱 이상적인데, 이는 기존의 학교경영 방식을 극복하고 평생학습 활성화의 관점에서 학교 변혁을 지향하는 활동의 일부분이기 때문이다.

학교와 지역사회와의 소통 강화는 시대적 요구다. 학교의 문호를 개방하며 지역주민이 학교의 문제를 지역의 문제로 인식하고 공동의 해결 노력을 모색해야 하는 상황에 처해 있다. 이와 같은 관점으로 교육과학기술부에서는 지역과 함께하는 사업을 추진하고 있는데, 이를 논의하기에 앞서 보편적으로 실시해 오고 있는 초 · 중등학교에서의 방과 후 학교와 평생교육 시범학교를 살펴보기로 한다.

2) 방과 후 학교와 평생교육 시범학교

방과 후 학교는 1996년 사교육이 보편화되고, 가정의 양육 기능이 약화되는 상황에서 학교가 정규 교육과정의 운영만이 아닌 사교육과 아동 보육 기능을 담당하기 위한 목적으로 추진되었다. 사교육비 절감, 아동의 학력 향상, 일자리 창출 등의 다양한 효과를 창출하였으나, 방과 후 학교에서 운영하는 프로그램의 다양성이나 프로그램의 질, 농산어촌의 경우 강사 확보의 어려움, 그리고 저소득층 자녀의 수강료 부담 등이 문제점으로 지적되었다. 향후 방과 후 학교가 활성화되기 위해서는 방과 후 학교에 대한 관련 집단의 시각을 정확히 정립하고 방과 후 학교에 대한 합의와 내재적 동기 유발이 중요하다.

평생교육 시범학교는 교육부와 시 · 도 교육청이 행 · 재정적 지원을 통하여 학교에서의 평생교육 프로그램을 운영하게 하는 사업으로 2001년도부터 추진되었다. 전국의 광역단위 시 · 도 교육청에 1개교씩 전체 16개교가 지정되면서 시작된 평생교육 시범학교는 각 시 · 도 교육청 주관 사업까지 합치면 120개교에 이른다. 평생교육 시범학교는 보통 1, 2년 단위로 운영되며, 매년 약 500만 원의 예산이 지원되고 있다. 지역주민에게 자아실현의 기회 부여와 자격증 취득을 통한 취업 기회를 제공하였고, 학교를 개방함으로써 지역문화센터의 기능을 수행하였다. 그리고 프로그램 참여 지역주민 간 학습 동아리를 결성함으로써 다양한 봉사활동을 전개하는 등 평생교육의 필요성 인식 및 홍보에 기여하였다는 점 등의 성과를 거두고 있다(교육인적자원부, 한국교육개발원, 2001).

그러나 평생교육 시범학교는 2001년 이후 2004년에는 26개, 2006년에는 19개교로 급속히 감소하고 있다. 이는 평생교육 시범학교 사업이 하나의 연구학교 사업과 같은 시범사업에만 머무르고 안정된 추진 기반을 확보하지 못하였음에 기인한다고 할 수 있으므로 정책과정의 분석이 필요하다. 가장 큰 문제은 사업이 오랫동안 지속되지 못하고 시범기간에만 운영되고 있으며, 사업의 인력, 조직, 예산 등이 정비되지 못한 상태에서 추진되기 때문에 운영상의 장애가 많다는 점이다(교육인적자원부, 한국교육개발원, 2006).

2006년부터 시작된 방과 후 학교의 평생교육 활동은 실생활에 유용하거나 자격증 취득이 가능한 다양한 프로그램이 학교와 지역의 여건을 고려하여 편성 · 운영되고 있다. 또한 최근에는 다문화 가정을 위한 프로그램도 제공하고 있고, 방과 후 학교를 위하여 대학, 지자체, 기업 등 지역사회의 다양한 기관, 조직이 인력 지원을 하고 있다(교육인적자원부, 한국교육개발원, 2007). 방과 후 학교 평생교육 활동 역시 2006년에 비해 2007년에는 참여 학교 수와 학생 수가 많이 감소한 것으로 보아, 방과 후 학교 평생교육 프로그램 활성화는 쉽지 않을 것으로 보인다. 최상근(2006)은 평생교육 시범학교 운영이나 방과 후 학교 평생교육 활동의 문제점을 다음과 같이 분석 · 제시하였다.

첫째, 학교시설을 활용한 평생교육 운영을 위한 구체적 마스터플랜이 없고 관련 법령 해석이 분명하지 않다. 예를 들어, 초 · 중등학교에서 학교교육을 우선해야 한다는 규정이 평생교육을 뒷전으로 생각해도 좋다는 자의적 해석을 두었고, 추진 주체나 기관의 집중화 또는 관련 기관 간의 협력이 부족하여 학교평생교육 발전계획에 있어서 장단기적 실천 전략이 부족한 결과를 가져왔다.

둘째, 현실적인 강사료 지급 능력의 부족으로 인하여 학교에서 능력 있는 강사를 구하기 어려우며, 학교평생교육을 전담하는 평생교육사가 배치되지 않은 상태에서 학교에서의 평생교육은 비전문가인 학교 교사의 잡무 정도로만 인식되어 시범운영 기간만 마치면 언제든지 그만둘 수 있는 상황이다.

셋째, 평생교육 시범학교나 연구학교의 경우 예산지원을 받지만, 대부분 학교는 자체 예산으로도 편성하지 않고, 예산 지출에 관한 규정도 미비한데, 이는 학교평생교육이 일시적인 사업임을 암시한다.

넷째, 학교는 학생 대상의 교육장소로 설계된 곳이라 성인에게는 부적합한 시설과 설비인 경우가 대부분이다. 전용 강의실은 물론 유아놀이방, 동아리방, 휴식시설 등이 전혀 없는 상태라서 타 기관 설치시설과의 경쟁력에서 뒤지는 형편이다.

다섯째, 일반 교사일 경우 인센티브 결여로 인해 기피 현상을 보이고 있다. 수업이나 잡무를 줄여 평생교육에 전념할 수 있도록 배려하면서 전담 인력을 고용 배치하는 것이 더 효과적인 원천적 해결책이 될 것이다.

마지막으로 관계자 인식의 문제점이다. 학교 관계자인 교장, 교감, 교사의 평생교육에 대한 관심이 저조하고 단순히 잡무로 인식하고 있다는 점이다. 지역주민은 교양과 취미 위주의 프로그램이라 인식하고 있으며, 학부모교육에 대한 전문적인 프로그램도 부족한 실정이다.

3) 발전 방안 및 과제

(1) 학교, 가정, 지역사회의 연계

학교는 지역사회에 여러 형태의 교육서비스를 광범위하게 제공한다. Chapman과 Aspin(1997)은 평생학습을 통하여 사회 개선, 민주적 책임감과 참여, 개인적 성장과 건전한 대인관계 형성 등의 세 가지 목적을 달성할 수 있다고 보았다. 평생학습의 성공은 개인은 물론 지역사회와 관련되어 있는 것이다.

평생학습사회에 들어오면서 시간, 장소, 지역, 연령의 장벽을 넘어선 학습 기회가 제공되고 있고, 지역사회의 어떤 장소에서도 배움 활동이 가능하다. 다양한 학습 경험은 학생들의 학습방식 안에 통합되어야 하며, 이것은 학교를 통해 이루어져야 한다. 학교와 교사가 지속적인 학습과 개선의 실제 모델이 되어야 하고, 지역사회기관과 동반자관계를 형성하고 공동 작업을 추구해야 한다.

가정도 평생학습의 기본 터전이 된다. 자녀교육을 통한 부모의 평생학습 증진을 위한 전략은 중요한 역할을 할 수 있다. 모든 부모가 이와 관련되어야 하고, 학교는 부모에게 자신들의 평생학습에 관여할 기회를 제공해야 한다. 학교는 부모에게 최근의 교육과정 변화와 교수 · 학습 방법, 학교조직에 대한 정보를 제공해야 하고 학교는 부모 관련 프로그램을 증진할 수 있는 방법을 모색해야 한다. 평생교육에서 학교와 부모의 동반자관계 형성에서의 장애물을 해결하는 일은 매우 중요하다. 교육자와 부모가 서로 동반자관계에서 효율적으로 일할 수 있는 공간이 필요하며, 부모와의 동반자관계에 대한 부분은 교사 양성과정에서도 다루어져야 할 것이다. 또한 글로벌 사회에서 평생학습이 이루어질 때 고려할 점은 문화가 다른 학습자의 차이를 존중하고 인정해야 한다는 점이다. 다인종 사회의 교육과정과 다문화 프로그램 기획 시 학교는 다양성이라는 가치를 강조해야 하고, 평생학습 기회의 제공에 있어 평등과 사회 정의를 추구해야 하며, 소외계층과 무능력자를 고려해야 한다.

미래의 학교는 지역사회의 기반을 강화하고, 역할을 확대하며, 타 집단에 대해 개방하여야 한다. 전통적인 방식에서 벗어나 일과 중이나 방과 후에도 학교를 개방하여 시설은 학교가 제공하고, 자원이나 직원 교육과정은 지역사회가 담당하는 평생교육을 실시하도록 한다. 지역사회센터, 도서관, 공공건물 등도 이용할 수 있는데 가장 중요한 것은 접근성이다. 지역사회의 모든 평생학습에 관한 정보 제공 역할을 수행하고, 지역사회의 문화, 민족, 종교 조직으로부터 자원, 조언, 도움을 받아 학습 환경을 유지하고 관리해야 할 것이다.

(2) 학교장과 교사의 역할 수행

평생학습사회에서의 학교장의 역할, 권위, 책임 측면의 변화는 평생학습정책과 프로그램 적용과 실행에 따르는 변화와 관련된다. 학교장에게 새로운 지식, 기술과 능력에 대한 요구가 증대되고 있으며, 특히 전략적 기획, 질 관리, 통제, 마케팅과 공공관계 증진, 지역사회와의 교류 등과 같은 핵심적인 공적 의사소통이 요구되고 있다. 학교, 개인, 가족, 지역사회 간에 공유되는 책임감과 파트너십의 창출은 매우 중요하다. 협의, 토의, 토론 등을 통하여 사람들의 교육적 비전을 전환하고, 사람들로 하여금 신선한 아이디어를 꾸준하게 분출할 수 있는 변화 풍토를 만들어 주려면 단순히 유기적이고 동적인 맥락이 아닌 평생학습을 통해 변혁을 찾는 관리자가 필요하다.

평생학습은 단순히 학교의 현재 내용과 과정에 일을 단순히 첨가함으로써 실현되는 것이 아니다. 동료 교장 사이에 연합할 동반자를 찾고 다른 비슷한 마인드를 가진 개인 및 조직과 네트워크를 개발해야 한다. 사회에서의 학교 역할 변화를 인식하고, 기존의 학교제도는 새로운 현실과 만나야 한다.

평생학습이 현실이 되려면 학교에서 학습 열정, 학습 가치 인식 등 보다 많은 것을 학생들에게 가르쳐야 하는데, 교장이 솔선수범해야 할 일은 다음과 같다 (Chapman & Aspin, 1997).

① 개인적 수행을 평생학습으로 보여 주고 유지한다. 학습이 가치 있는 환경을 만들고, 이것이 학교의 핵심 가치가 되도록 해야 한다. 교장이 바람직한 행동의 종류를 모델화함으로써 학습은 학창 시절에 제한되는 것이 아니고 성인이 몰두할 수 있는 즐거운 경험으로 보일 수 있다.

② 학교지역사회 구성원의 행동에 평생학습 가치를 주입하는 교육과정을 수립한다.

③ 변화의 시기 동안 과정에 참여하는 사람들은 도움과 지원이 필요하고, 새로운 기술의 도입만으로 실천적 변화로 이끌지 못함을 인식한다. 직원 그들이 업무에 적절한 기술을 개발할 수 있도록 여러 가지 방법으로 사람들을 독려해야 한다.

④ 학교의 효과적인 기능을 위하여 자원을 탐색하고 제공한다. 교장은 필요한 자원을 확인하고 그것을 얻은 후 학교의 목표달성을 위해 효과적으로 사용할 뿐만 아니라 학교 내 기존 자원의 효과적인 사용을 격려해야 한다.

⑤ 지역 내 평생학습 풍토 개발을 위해 이웃 교장과의 협조관계를 수립한다. 지역사회의 모든 구성원이 학습 사회의 창조물로 포함될 때 사회적으로 폭넓은 혜택을 제공할 수 있다.

⑥ 지역 내 공동체와 협력적인 관계를 수립한다. 교장은 그들의 중요성을 드러내고 이러한 연결을 수립하는 사람들을 인식하고 격려하여 지역매체가 학교의 노력을 지역사회에 알리도록 공식화할 수 있다.

⑦ 다른 교육적 조직과 협력관계를 수립한다.

⑧ 교장은 평생학습 성취를 위해 효과적으로 일하기 위하여 지역적 · 국가적 · 세계적인 교장 조직에서 적극적인 역할을 수행한다. 평생학습 개발을 격려하는 학교 분위기를 창출하기 위해 성공과 실패 사례에 관한 연구물이나 책자에 전 세계적으로 접근할 필요가 있다.

교사 역시 평생교육 활성화를 위하여 평생학습의 리더 역할을 수행해야 한다. 그들은 학생 진단을 위해 조직구성자, 코디네이터, 멘토 등 책임 있는 안내자가 될 것이다. 교사는 지식의 창고라기보다는 학습촉진자가 되어야 한다. 그들은 학습자원이 있는 곳을 발견하고, 그것을 적당한 시간에 함께 연결하는 데 숙달되어야 한다. 학교는 그들에게 네트워커로서의 교사 기술을 기대하기 때문에 전문적 생활태도와 문화의 변화를 요구할 것이다.

교사가 멀리 보고 폭넓은 접근을 할 필요를 느껴서 새로운 학습 전략과 기술을 사용하고, 지금 요구되는 변화되고 확장된 역할을 위해 자발적으로 움직이도록 시작하게 하려면 전문적 태도와 훈련에 있어서 상당한 변화를 가져야 할 것이다.

교사가 학습 공동체를 이끌고 모두를 위한 평생교육 기회를 제공하기 위해 수행해야 할 역할은 다음과 같다(Chapman & Aspin, 1997).

① 학교에서 확립된 학습 태도는 학생들 개인과 사회의 미래에 총체적인 영향을 미친다. 학생들이 교사에게서 교수 · 학습 활동에 헌신된 삶을 가진 첫 번째 성인을 발견하기 때문에 교사 스스로 모델로서의 역할을 인식해야 한다.
② 교사는 교실 안팎에서 많은 역할을 수행하게 되는데, 특히 교육과정 개발에 적극적으로 개입하는 것이 중요하다.
③ 학교와 지역사회의 상호작용은 상당히 높은 수준의 담론에 도달할 수 있는 잠재력이 있기 때문에, 교사는 학교 울타리를 벗어나 지역사회로 확대하여 협력학습을 수행할 수 있어야 한다.
④ 평생학습이 현실이 되기 위해서는 개념과 실천이 사회적으로 수용되어야 한다.

따라서 교사는 평생학습 증진을 위한 교육 토론에 참여하고, 지역사회와 소통할 능력을 개발해야 한다.

(3) 단위학교에서의 실천전략

평생학습사회는 학교의 기능 변화를 요구하고 있다. 우리나라는 학교 외 영역에서의 교육 운영 활성화와 함께 교육 내 영역에서 학교교육의 문제점이 발생하면서 학교경영의 전반적 모습 변화와 더불어 학교 운영 영역에 걸친 변화가 필요한 시점이다. 학령기 학생들이 미래의 삶을 준비하는 중심적인 교육기관에서는 학생뿐만 아니라 지역주민의 교육 장소이자 생활의 한 공간으로 기능할 것을 요구받고 있다.

평생교육은 학교가 할 일이 아니라는 생각이 아직도 일반적이라서 자체 예산을 잡아 놓지 않거나 구색만 맞출 정도로 적게 배정하는 경우가 종종 있다. 물론 최근에는 서울시나 구청에서도 방과 후 학교 평생교육 활동 지원사업을 하고 있기 때문에 외부 지원 예산을 구할 수 있는 방법도 많다. 문제는 그 일을 맡아 줄 사람을 발견하고 설득하는 작업이다. 잔업이라 생각하는 풍토가 개선되지 않는 상태에서 학교 자체 인력으로 운영하는 학교평생교육의 활성화는 기대하기 어렵기 때문이다.

평생교육이 활성화된 학교문화는 분명 새로운 조직문화가 될 것이다. 새로운 문화를 형성하기 위해서는 생각과 뜻을 같이하는 구성원이 많아야 하며, 그럴수록 더 빠른 시간 내에 평생학습 문화가 확산되고 평생교육이 활성화될 수 있을 것이다. 초 · 중등 수준에서의 학교평생교육 활성화를 위한 또 다른 실천전략 중 하나가 지역과 함께하는 학교사업을 통해 가능한데 이것이 바로 지역사회학교 운동이다.

2. 지역사회학교

1) 개념

지역사회를 인간 삶의 지역성 · 공간성을 띤 측면에서 보면, 하나의 지역적 틀 안에 모여 사회조직을 이루고 문화를 공유하며, 그 공동체에 대한 일체감을 지니는 삶의 터전이라고 말할 수 있을 것이다. 지역사회가 평생학습의 공간으로 강조되는 것은 성인이 일상생활의 거점이 되는 주거지에서 각각 자기에게 가장 적합한 방법을 이용해 어느 때든지 필요에 따라 학습을 용이하고 쾌적하게 행할 수 있어야 하기 때문이다(이희수 외, 2001).

지역사회학교는 원래 교과 지식을 체계적으로 교육하는 것을 주 임무로 하는 전통적인 학교와 대비되는 것으로 미국 미시간 주 플린트 시에서 학교시설이 1년 중 1/3은 방학과 공휴일로 유휴시설이 되어 사용되지 않고, 하루 중에는 8시간

밖에 사용되지 않는다는 점에 착안하여 시작하였다. 1935년경에 세계공황으로 인한 실업률이 증가하면서 지역사회의 황폐, 가정의 붕괴, 청소년 범죄의 증가 등의 사회문제가 급격하게 대두됨에 따라 플린트 시장인 Charles Stewart Mott는 기금을 설립하고, 가까운 집회나 학습의 장소 제공을 목적으로 한 공립학교의 사용·운영을 제창하였다. 도서관, 실험실 등 학교시설을 이용하여 지역사회의 필요에 의하여 교육과정을 구성하고 지역사회의 자원을 활용하여 활동하는 지역사회 학교의 보급을 시작하였던 것이다(최은수, 2004).

1965년 12월 파리 유네스코의 성인교육발전위원회(International Committee for the Advancement of Adult Education)에서 Lengrand이 평생교육에 관하여 발표한 「Leducation permanenté」이라는 제목의 기조논문은 커다란 관심을 모았다(Lengrand, 1965). Lengrand(1965)의 개념에는 교육의 통합성과 종합적인 교육체계가 강조되고 있다. 평생교육이 분열된 교육 영역을 통합하는 개념이라면 교육과 학교를 등식화해 온 생각의 전환이 필요하다. 산업사회에서 학교교육이 교육의 대표적인 형태였다면, 평생학습사회에서는 교육의 모습과 형태에 시간적·공간적 확장이 이루어지고 있다.

Olsen(1954)은 지역사회학교에 대해 전통적 학교의 교과서 중심의 주지주의적 교육의 폐단을 바로잡아 진보적 학교의 어린이 흥미 존중 사상이 가져온 사회적 노력의 결여, 안일, 무책임 등의 제 문제점을 해결하기 위한 학교라고 하였다. 또한 지역사회학교의 이념이 민주주의에 기초함을 강조하고 민주주의를 증진하는 장으로서의 역할을 해야 하는 기능을 수행해야 한다고 하였다. 이것은 지역주민의 삶의 질을 향상하기 위하여 생활의 문제를 교과과정으로 도입하고 지역사회를 학습의 장으로 활용하며 민주주의를 실천하고 증진하는 지역사회센터인 것이다.

지역사회는 삶의 현장이다. 인간은 삶의 현장에서 상호관계를 맺고 작용하면서 생존하기 위한 각기 다른 양식을 한 세대에서 다음 세대로 전수하는 생존방식을 가진다. 이러한 맥락에서 보면 지역사회는 문화적 유산의 버팀목으로서 교육을 활용하고 있고, 전수되는 생존방식은 사회화 혹은 교육으로 정의된다(최은수, 2004). 더구나 평생교육이 교육의 이상으로 자리하면서 지역사회에서 학교의 의미는 더욱 부각되었고, 이를 실천하기 위해 학교가 지역사회학교로 변모하는 것은 환경이 끊임없이 요구한 결과이기도 하다.

결국 지역사회학교는 학교와 가정과 사회 간의 밀접한 유대관계로 개개인의 성장을 돕고, 지역사회 전체의 성장과 발전을 도우며, 학생과 지역사회주민이 동시에 주인이 되는 학교다. 따라서 지역사회학교는 지역 생활중심의 평생교육 프로그램을 실천하는 학교로서 지역사회의 문제 해결과 발전을 위한 지도적 역할을 담당하는 곳이라고 할 수 있다.

2) '지역과 함께하는 학교'로서의 초·중등 평생교육

우리나라에서 지역사회학교의 문제가 본격적으로 논의되기 시작한 것은 1953년 유네스코-운크라(UNESCO-UNKRA)에서 한국에 파견한 교육계획사절단의 「대한민국의 교육 재건」이라는 보고서(유네스코-운크라 파한교육계획사절단, 1954)에 지역사회학교의 과제가 거론되면서부터다. 그 후 1961년에는 향토학교로, 1970년에는 온마을교육으로, 1978년에는 새마을교육으로, 그리고 1980년대는 지역사회학교, 새마을교육, 향토학교라는 이름이 혼용되었으나, 1990~2000년 이후에는 평생교육 시범학교, 선도학교 등의 다양한 이름으로 사업이 진행되었다. 결과적으로 '지역과 함께하는 학교'(교육과학기술부, 평생교육진흥원, 2008)라는 용어는 이와 같은 속성을 모두 포괄하는 개념이라고 할 수 있다.

우리나라의 지역사회학교 활동은 평생교육 시범학교 또는 방과 후 평생교육 활동정책과 연계되어 이루어지고 있다. 평생교육 시범학교는 지역주민에게 학교를 중심으로 평생교육 프로그램을 다양한 내용과 형태로 제공하고 학교를 지역사회의 중심으로 만들고자 하는 사업이다. 2006년부터 추진된 방과 후 학교사업은 '방과 후 학교에서 누구나 최고의 다양한 학습을'이라는 비전을 가지고 학교교육 기능 보완, 사교육비 경감, 교육복지 실현, 지역사회학교 실현이라는 목표를 달성하기 위해 추진되었다. 이 사업은 일차적으로 초·중·고등학교 학생들이 대상이지만, 이와 함께 지역주민을 위한 평생교육 프로그램도 운영하면서 '지역사회학교 실현' 이라는 목표와 관련하여 매우 다양한 평생교육 프로그램과 지역사회 연계·협력을 통한 방과 후 학교 활동이 진행되었다. 평생교육 프로그램 사례로는 주민의 자격증 취득을 돕거나 결혼이민자를 위한 한국어 멘토링, 다문화 가정 자녀의 한국민 정체성 향상 등을 들 수 있고, 지역사회 연계·협력을 통한 방과 후 학교 활동으로는 대학 위탁 방과 후 학교, 기업 동호회의 방과 후 학교, 섬마을 학생들의 멘토 활동 등이 있다.

2007년 처음 도입된 '지역과 함께하는 학교' 사업은 교육지원청 및 단위 학교에 대한 직접지원과 간접지원 사업으로 구분된다. 이 사업은 학교평생교육의 한계를 극복하고 학교와 지역이 함께 만들어 가는 지역학습공동체를 위한 학교평생교육사업으로서 학교평생교육 담당자의 전문성을 강화하고 학교와 지역과의 연계 평생교육 프로그램 운영모형 개발과 보급을 통한 법적 기반 정비, 재정 지원 확대, 전담 인력 배치, 교육지원청과 지자체의 협력체제 구축 등을 주요 목적으로 하고 있다. 이것은 기존의 단기적인 지원사업의 한계를 극복하기 위하여 단계적 재정지원을 확충하여 학교평생교육 활성화를 유도하기 위한 것이었다. 2007년 선정된 지역은 상대적으로 평생교육기관이 부족한 군 및 중소도시와 인구 25만 이하인 지역 중 주민의 평생학습 요구가 높은 평생학습도시 소개 교육청으로 선정하였고, 학교와 지역사회의 연계시스템의 구축을 통한 지역주민의 평생교육 참여 기회 제공을 위해 시작되었다. 1차년도(2007. 1.~2008. 8.)와 2차년도(2008. 9.~2009. 8.) 사업에 34개 교육지원청, 122개 학교가 참여하였다. 이 사업은 학교와 지역사회 간 네트워크 양상에 따라 학교 독립형, 학교 연계형, 마을-학교 밀착형, 지역기관·단체-학교 간 파트너십형의 네 가지 유형으로 구분할 수 있고, 지역적 특성에 따라서는 대도시형, 도농복합형, 농산어촌형의 세 가지 유형으로 구분할 수 있다.

2008년까지의 운영 성과를 정리해 보면 첫째, 학교에 대한 긍정적 이미지 전환 및 지역주민의 협력적 관계가 형성되었고, 둘째, 지역 내 평생교육 유관사업과의 연계를 통하여 지역 자원 활용의 효율성이 증대되었으며, 셋째, 주민의 학습역량이 강화되고 사회 참여 기회가 확대되었고, 넷째, 학교 및 지역사회에 대한 관심이 증가하고 공동체 의식을 함양할 수 있었다(교육과학기술부, 평생교육진흥원, 2008).

그러나 지역과 함께하는 사업이 지역사회에 제대로 뿌리 내리기 위해서는 지역의 평생교육 여건 분석을 통한 학교평생교육의 실천적 사례를 지속적으로 발굴함으로써 지역과 함께하는 평생교육에 대한 성과모형을 제시할 필요가 있다. '지역과 함께하는 학교'는 미래형 학교 운영을 위한 하나의 시도로서 학교가 지역사회 공교육기관으로서의 새로운 정체성을 확보하고, 학교교육의 효과를 극대화하기 위한 지역사회의 각종 자원의 연계 시스템을 만드는 데 그 목적이 있다고 볼 수 있다. 목적 달성을 하려면 주민의 자발적 참여를 이끌어 내야 하고, 지역과 학교의 유기적 관계를 제도화하며, 학교 중심 평생교육 유관사업 간의 조정 방법을 모색하기 위한 노력이 필요할 것이다.

3) 발전 방안 및 과제

지역사회학교란 그 용어 자체가 표현하듯이 지역사회를 바탕으로 그 지역사회주민을 위해서 또는 지역사회 발전을 위해서 세워지는 학교다. 즉, 지역사회학교는 지역사회 차원에서 이루어지고 있는 평생교육으로 학교가 소속해 있는 지역사회의 발달 및 지역사회 차원에서 학교와 지역사회 주민이 긴밀한 협조를 이루어 생활중심의 교육적 필요를 충족하는 것을 목적으로 한다. 지역사회학교의 활동은 지역사회주민 전체에 관계되는 공통 관심사와 요구 및 사회문제다.

이와 같은 관점에서 보면 지역사회학교는 주민 전체를 위한 교육적 기회와 지역사회의 발전을 위해서 봉사기관으로서의 존재 의의를 가진다. 따라서 지역사회학교는 지역사회의 모든 구성원, 모든 자원의 제반 내용과 상호 적절한 관계를 유지해야 된다고 실천적인 면을 강조한다. Minzey와 Tarte(1979)도 지역사회학교의 효과적인 실천을 위해서는 학교가 지역사회의 기관 및 단체의 프로그램 조정자의 역할을 수행해야 하며, 지역사회 자원봉사자 및 자원을 최대로 활용하여 지역주민과 학교와의 관계를 원활히 하여야 한다고 강조한다.

최근 사회적 배경으로 가장 크게 자리한 지식기반사회의 이데올로기는 평생학습 환경변화에 대한 평생학습 기회 확대를 위해 지역사회학교의 중요성을 더욱 부각하고 있으며, 평생교육체제의 형성에 대한 실천적 이념으로 지역사회학교의 역할을 강조한다. 특히 지방자치와 함께 교육자치의 실시는 지역사회학교의 자치적 역량을 함양하여 주체적이고 창의적인 운영으로 지역문화를 형성하는 데 최적의 기관이 될 수 있도록 하여야 할 것이다.

(1) 미래의 지역사회학교

Olsen(1954)은 지역사회학교를 학교와 지역사회 사이에 다리가 놓임으로써 양자가 연결된 상태의 학교에 비유하면서 외딴섬인 학교와 육지, 즉 생활의 본토인 지역사회가 필요한 다리를 통해 연결된 것을 지역사회학교라고 하였다. 그 10개의 다리를 나열하면 지역사회 문헌자료의 이용, 시청각 보조 자료의 활용, 자원인사의 방문지도, 면담 실시, 현장견학, 조사활동, 장기 조사 시행, 캠핑, 봉사활동, 직업경험 등이다. 지역사회를 학교로 끌어들이는 방법으로는 ① 지역주민에게 학교 개방, ② 지역의 교육자원 이용, ③ 지역사회의 구조나 문제 등을 중심으로 하는 교육과정 편성 등을 들 수 있다. 학교가 지역사회에 들어가는 것에는 ④ 학생 · 교사의 지역 활동 참가, ⑤ 학교에 의한 지역사회의 교육기관 · 교육활동의 조정과 지도, 협동사업, 가정과 지역 그리고 학교의 융합 · 협동, ⑥ 학교와 지역 간의 공동기획 프로그램 운영, ⑦ 지역과 학교시설운영 등이 있다.

지역사회학교로서 학교의 당면 과제는 학교 개방이다. 학교교육에 지장이 없는 범위에서 학교시설을 일몰 후 사용할 경우 학교시설의 관리 및 사용자의 안전을 위해 사용을 제한할 수 있어야 한다.

학교 개방의 역사는 영국의 대학확장운동과 미국의 지역사회학교운동에서 시작되었다. 영국의 경우 1873년 케임브리지 대학에서 순회대학을 시작하면서 런던 대학, 옥스퍼드 대학 등에서 대학 강좌를 적극적으로 공개하여 대학확장(university extension)운동이 시작되었다. 그 후 대학 확장에 머무르지 않고, 텔레비전 방송이나 통신교육 등의 다양한 학습 미디어를 통해 개방형 대학인 방송대학(open university)이 되었다. 프랑스, 스웨덴 등에서는 '순환교육'으로서, 미국에서는 이민자의 미국 시민화의 필요성에서, 공립학교에서는 성인교육의 추진운동으로서 중등교육 수준의 학교 개방이 추진되었다.

우리나라에서도 1995년 5 · 31 교육개혁에 의해 본격적으로 평생교육 차원에서 종합적인 학교 개방이 추진되어 현재 대다수 학교가 개방을 하고 있으나 적절하고 효과적으로 활용하는 방법에 대한 고려가 있어야 할 것이다. 학교와 지역사회의 연계는 시대를 넘어 지속되어 온 중요한 사업으로 향후 우리 교육의 위기를 총체적인 관점에서 극복할 수 있는 대안이 될 수 있다. '지역과 함께하는 학교'는 미래형 학교 운영을 위한 하나의 시도로서 학교가 지역사회 공교육기관으로서 새로운 정체성을 확보하고, 학교교육 효과를 극대화하기 위해서 지역사회의 각종 자원을 어떻게 연계해 갈 것인가를 구상하여 구체적인 시스템을 만들고자 하는 목적이 있다. 그러한 장기적인 목적을 달성하기 위한 과제를 들면 다음과 같다(교육과학기술부, 평생교육진흥원, 2008).

첫째, 학교에서 이루어지고 있는 비정규과정의 통합시스템으로서 지역사회학교를 만들어 나가야 한다. 현재 학교에서 이루어지고 있는 방과 후 사업이나 교육투자우선지역사업 등 학교평생교육 유관정책의 실행을 위한 하나의 통합 시스템이 만들어져야 할 것이다.

둘째, 교원연수 및 교사양성과정에 학교의 새로운 모습으로서 '지역과 함께하는 학교'를 제시하고 연구하여 교사가 학교 운영에 대한 새로운 시각을 가지고 학교로 배출되도록 해야 할 것이다.

셋째, 학교와 지역사회 연계를 위한 학교시설의 재구조화를 통하여 학교와 지역이 함께 사용할 수 있는 공유 공간을 확보해야 할 것이다. 학교 복합 시설화를 통해서 만들어진 공간은 지역주민의 교육적 요구를 통해 활용되어 주민참여형 교육 프로그램의 개발 및 운영이 이루어져야 한다.

넷째, 재정 지원이 끝나도 지속적인 운영이 되려면 지역과 협력관계를 유지할 수 있는 안정적인 시스템 마련이 필요하다. 자립할 수 있는 사업 구조로서 전담 인력의 배치(학교 평생교육사)와 주민의 자발적인 참여 등 순환 구조를 확립하는 것이 시급하다. 아울러 학교에서의 비정규 활동 근거를 마련하고 행·재정 지원의 제도적 기반을 마련한다면 학교평생교육이 더욱 활성화될 수 있을 것이다.

(2) 지역사회학교정책과 파트너십 구축

지역과 학교의 연계협력이 전통적으로 활발한 미국의 1988년 교육 파트너십법(Educational Parterships Act of 1988)은 효과적인 아동교육을 전개하기 위해서 초·중등학교가 고등교육기관과 기업 등 지역의 제 기관·단체와 적극적으로 연계하는 것을 촉진하는 목적으로 제정되었다. 또한 1994년의 2000년의 목표: 미국의 교육법(Goals 2000: Educate America Act)에는 모든 학교는 아동의 사회적·정서적·지적 발달을 위해 학부모의 참가를 활성화하는 파트너십을 촉진한다는 항목이 들어 있다.

지역공동체 형성은 학교와 지역사회의 교육력 회복, 학교의 재건을 목표로 한다. 학교와 지역사회의 파트너십 형성을 통한 지역사회학교는 지역의 교육력을 회복 재건하는 운동이라고 볼 수 있다. 학교는 지역에 의해서 발전하고, 지역은 학교에 의해서 성장한다.

학교의 지역이 하나의 유기체처럼 움직이기 위해서는 엔진을 가동할 수 있는 추진체제가 필요하다. 이들을 엮는 연계 협력체제가 이러한 역할을 하게 된다. 학교와 지역사회 기관의 협력 및 교육청과 지방자치단체의 협력, 시민 참여로 이루어진 지역사회학교발전협의회 등 지역사회와 학교를 연결하는 파트너십 체제가 구성되어서 서로 간의 의사소통을 위한 장을 만들어야 한다.

학교와 지역사회가 파트너십을 형성하여 지역사회학교를 운영할 경우의 기대효과는 다음과 같다.

① 지역사회 평생교육센터로서의 학교다. 청·장년에게 계속교육의 기회를 부여하고 사회변화의 요청에 따른 새로운 지식·기술을 습득할 수 있는 훈련의 장이 된다.
② 지역사회를 위한 봉사기관으로서의 학교다. 지역사회의 생활 개선을 강조하고, 발견된 요구·문제의 해결을 위한 공동 노력을 한다.
③ 지역사회 중심의 교육과정을 구성한다. 사회발전에 필요한 새로운 과정을 도입하여 교육과정의 재구성과 교수 방법의 개선을 도모한다.
④ 지역사회의 상담을 돕는다. 즉, 교육적·직업적 지식과 지도를 제공하고, 자신에 대한 올바른 이해·결단을 돕는다.
⑤ 지역사회의 목표와 부합될 수 있는 학교행정을 꾀한다. 지역사회의 욕구에 맞는 학교역할을 구성하고, 다른 사회집단과의 긴밀한 협조관계를 도모한다.
⑥ 민주주의 생활의 장으로서의 학교다. 민주주의 훈련이 생활과 노작을 통하여 강조될 수 있도록 한다.

지역사회의 모든 인적 및 물적 자원을 규합하여 지역사회의 교육적 요구와 필요를 충족함으로써 학교와 지역사회의 성장을 돕는 학교 중심의 지역사회 공동체가 되어야 한다. 학교는 학생만을 위한 장소가 아니라 지역주민과 학부모가 자유로이 정보를 공유하는 장소다. 학교와 교실 현장에 대한 책임을 교사에게만 맡길 것이 아니라 서로가 유기적 기능을 갖는 네트워크를 형성하고, 지역사회에서도 학교혁신에 관한 책임을 함께 고민하면서 국가 미래를 위한 경쟁력 있는 인적 자원의 개발을 위한 공동 노력이 필요하다.

3. 고등교육 수준의 평생교육

1) 개념

김재관(2000)은 지식 정보화 사회에서의 교육 패러다임의 변화는 열린교육 평생학습사회로의 전환과 이를 뒷받침하는 평생교육법령의 제정 및 시행에 기인한다고 보았다. 최운실(2004) 역시 이러한 교육 패러다임의 변화가 대학의 평생교육 수요를 증가시키는 원인이라고 분석하였다.

우리나라의 고등교육체제는 엘리트형에서 대중형으로, 다시 대중형에서 보편형으로 발전되어 가고 있다. 이는 대학 진학이 보편화되고 구성원의 학습 요구도 고도화 · 전문화되었으며, 이와 같은 사회적 요구로 대학 내부의 평생교육에 대한 관심이 급증하게 되었기 때문이다. 출산율의 감소로 인한 인구구조의 변화로 대학 입학자원이 감소하고 있으며, 대학은 생존을 위해 새로운 시장 개척이 필요하게 되면서 사회 일반인을 대상으로 하는 성인 대학으로 변모하는 등 대학의 생존을 위한 모색을 활발히 하게 되었다.

시간제 등록제와 학점은행제 등 평생교육 차원에서의 다양한 대안형 고등교육제도가 활성화되어 대학의 평생교육 수요가 더욱 늘어나는 추세다. 한국의 성인학습자는 대학의 평생교육을 가장 선호하는 것으로 조사되었고, 이는 대학이 전문적이고 특화된 교육을 제공해 줄 수 있는 고등교육기관으로서 인식되고 있음을 나타낸다(최운실, 2004). 대학은 우수한 교육시설과 교수요원을 보유하고 있어 지방자치단체나 지역의 산업체에서 위탁교육 요청이 선호되고 있고, 이에 대학의 지명도를 높이기 위한 노력 등으로 지역 네트워크 구축과 산학협력에 노력을 기울이게 되었다.

김재관(2000)은 대학의 평생교육 기능을 사회봉사 기능, 계속교육 기능, 보상교육 기능으로 나누고 있다. 대학의 사회봉사와 학문연구는 서로 대립하는 것이 아니라 대학과 사회공동체가 긴밀한 관계를 유지해야 하는 기관임을 나타내는 것이다. 계속교육 기능이라 함은 교육체제의 폐쇄성을 타파하고 교육과 노동을 유기적으로 통합하기 위해서 필요한 기능이다. 보상교육 기능은 정규대학 교육의 기회를 원하면서도 받을 수 없었던 사람에게 제2의 보상적 기회 제공이 필요한데, 이는 청년기에 대학 입학 기회를 놓친 성인학습자에게 대학교육 기회를 제공하기 위한 기능을 말한다.

따라서 고등교육 수준의 평생교육이란 대학의 평생교육으로 볼 수 있으며, 대학평생교육이란 대학이 위치하는 지역사회의 발전과 지역주민의 삶의 질 향상을 위한 역할과 책무성을 강조하는 대학 개방의 의미와 관련된다. 또한 대학평생교육이란 다양한 계층의 학습자의 교육요구를 충족할 수 있도록 대학 부설로 설립한 평생교육원에서 의도적이고도 체계적으로 실시하는 교육활동을 말한다. 대학은 고등교육을 위한 다양한 인적·물적 자원을 확보하고 있으며, 2008년도에 도입한 '평생학습중심대학 육성사업'과 '대학 부설 평생교육원 활성화사업'도 고등교육기관으로서의 대학평생교육 기능을 강화하는 목적으로 전개하고 있는 사업이다.

2) 대학 평생교육의 발달과정

대학의 평생교육은 대학의 기능과 역할이 변화되어 온 과정과 마찬가지로 새로운 사회에 대응하는 중심적인 역할수행 과정에서 나타났다. 이는 대학교육의 다원적·개방적·탄력적 체제 전환의 산물이며, 교육시장의 요구에 부응하기 위한 자기 변혁과정의 산물이다.

우리나라 대학 평생교육의 발전과정을 시기별로 지역사회봉사 및 개발 활동기, 지역사회교육 활동기, 평생교육 도입 및 확대기, 평생교육 정착 및 발전기 등의 단계로 구분할 수 있다(교육인적자원부, 한국교육개발원, 2004).

지역사회봉사 및 개발 활동기에는 1930년대 일제 통치하에 부나로드 운동을 주축으로 농촌에서 문맹퇴치, 민족자각운동 등이 있었고 이는 해방 후 농촌개발운동, 국민재건운동, 새마을운동으로 이어졌다. 1960~1970년대에는 일부 대학 정규교육과정에 대학의 성인교육 및 봉사과정이 들어가기도 하였다.

지역사회교육 활동기인 1970년대에는 외국대학과 같은 형태의 평생교육이 시도되었는데, 이는 주로 대학과 지역사회 공동 노력으로 지역주민을 위한 교육을 제공하는 것이었다. 이 시기의 특징은 교양교육, 농업교육, 시민교육을 위해 지역사회와 대학이 공동 노력하였다는 것인데, 그 예는 단기 지역사회교육 프로그램 제공 등이다.

평생교육 도입 및 확대기에는 1980년 헌법에 평생교육 조항을 삽입하고, 1982년 제정된 사회교육법에 대학의 사회교육 역할을 의무화하였다. 1984년 이화여자대학교에 평생교육원을 설치하여 운영하였고, 이후 사립대학을 중심으로 대학 평생교육기관을 설립하여 운영하게 되었다.

평생교육 정착 및 발전기에는 1990년대 중반 이후 국내 대학의 평생교육이 보편화되기 시작하였고, 일부 선도적 대학을 중심으로 프로그램이 다양화 및 전문화되고 양적 및 질적으로 성장하였다. 신교육체제 교육방안의 일환으로 학점은행제 도입, 시간제 등록, 원격교육 확대 등 열린교육체제가 구축되었으며, 각 대학 간 정보교류 프로그램 개발 공동 연구 활동을 위한 평생교육원 협의체를 구성하여 대학 평생교육의 정착과 발전에 더욱더 기여하였다.

대학 평생교육은 다른 평생교육기관에 비하여 운영되는 프로그램이 다양하여 교육 목적 및 내용에 따라 일반교양 및 문화 · 취미 과정, 직업 및 자격 관련 전문교육과정, 학위 및 학점 취득과정, 지역사회 봉사과정 등으로 분류할 수 있다. 또한 다양한 학점은행제 프로그램을 운영하고, 취업과 연관된 전문특화 프로그램의 집중 운영 및 다른 기관보다 체계적 · 전문화하여 프로그램을 개발하고 있다.

3) 평생학습 중심대학 육성사업

그동안 대학의 평생교육은 시간제 등록제, 산업체 위탁교육, 전문대학, 전공심화과정, 대학 부설 평생교육원 등을 통하여 확대되어 왔으나, 교육 내용이나 방법 면에서 성인의 재교육 수요에 부응하지 못했다는 평가를 받아 왔다. 따라서 2008년 9월 교육과학기술부의 평생학습중심대학사업이 시작되었다. 이 사업은 지역사회의 요구와 대학의 요구를 충족하는 것을 기본 사업목적으로 하며, 나아가 고등교육의 운영체제의 변화를 도모하여 평생학습시대에 걸맞은 교육구조의 변화를 추구하는 사업이다.

2009년 평생학습중심대학 육성사업은 제1차 사업과 제2차 추경 사업으로 나우어 추진되었다. 제1차 사업에는 전국 4개 권역별로 11개 대학이 선정되었으며, 총 53개 지자체와 연계하여 사업을 수행하고 있다. 사업에 투입된 총 예산은 대학 지원금 6억 8000만 원과 대학 및 대응투자 4억 1795만 원을 포함하여 총 10억 9795만 원의 예산으로 사업을 추진하였다. 제2차 평생학습중심대학 육성사업에서는 제1차 사업 대상인 11개 대학에 대한 계속 지원과 함께 신규로 30개 대학을 선정하여 각각 1억 원씩 지원하였다(교육과학기술부, 평생교육진흥원, 2009).

평생학습중심대학으로 선정된 대학과 전문대학은 지자체와 연계를 맺어서 다양한 교육과정을 운영하고 있는데, 예를 들어 인문교양과정, 지역사회참여과정, 직업능력향상과정, 자격증취득과정 등 성인과 지역사회의 요구에 부응하는 전문적인 교육과정이다. 운영 결과를 볼 때, 각 대학에서는 정규학생을 위한 교육 프로그램 외에 별도의 성인학습자 대상의 교육 프로그램을 운영하기 위한 관련 조직의 개편과 인력배치, 정규대학과는 다른 별도의 학사관리 체계화, 평생학습중심대학 교육과정 참여 학습자에 대한 지원 제도의 운용, 학습자 지원과 사후관리의 체계화 등이 이루어지고 있고, 지역의 학습자가 평생학습 참여 기회가 확대되고 있다.

이들 평생학습중심대학이 고등교육의 획기적 개혁에 공헌하기 위해서는 향후 해결해야 할 과제가 있다. 첫째, 평생학습중심대학사업의 목적을 명확히 하고 관련 대학이 이를 분명히 이해해야 한다. 학령기 학생 중심에 머무를 것이 아니라 그들과 더불어 일반 성인에게도 교육 기회를 제공하는 체제로 전면 개편하여 학위과정, 비학위과정, 전문성 제고과정, 취업 지원과정 등 다양한 목적의 교육과정을 개설하여 운영할 수 있어야 한다. 둘째, 사업의 체계화를 위해 학사관리, 교육과정, 교수인력, 시설, 학습결과인증, 학습지원 등과 같은 내용을 포함하는 표준운영안을 개발하여야 한다. 셋째, 고등교육의 개선이라는 궁극적 목적 달성을 위해 심도 있는 연구가 이루어져 우리 실정에 적합한 한국형 평생학습대학 모형을 개발하여야 한다(교육과학기술부, 평생교육진흥원, 2009).

4) 대학 부설 평생교육원 활성화 사업

우리나라 일반 국민의 대학 평생교육에 대한 요구는 높은 편이어서 성인이 평생직업훈련기관 중 선호하는 기관은 1순위가 공공훈련기관(21.2%), 2순위가 대학(18.6%)으로 나타나고 있다(교육인적자원부, 한국교육개발원, 2007). 그러나 대학 부설 평생교육원은 지역사회 평생교육기관으로서의 역할은 미흡한 편으로, 교양 프로그램 위주의 수익 창출형 프로그램을 운영하고 있기에 성인기초교육, 직업교육, 민주시민교육 등 지역사회의 다양한 평생교육에 대한 요구를 충족하지는 못하고 있는 형편이다.

대학 부설 평생교육원 활성화 사업은 대학 부설 평생교육원의 공공 역할을 강화하여 지역사회 내 사회소외계층에 대한 고등교육 수준의 학습 기회를 제공하고, 대학-지역 평생교육기관 간 네트워크를 통해 지역 평생교육의 질적 수준 제고 및 학습결과 인증을 위한 기반 조성을 목적으로 하고 있다. 본 사업에서 소외계층이라 함은 저소득층, 장애인, 노인, 다문화 가정, 조손 및 한부모 가정, 외국인 노동자, 노숙인, 새터민으로 보고 있으며, 이들을 대상으로 기초직업능력교육, 민주시민역량교육, 지역사회개발교육, 은퇴 후 생애설계교육 등을 제공함으로써 사업의 목적을 달성하고자 하는 것이다.

2008년 7월부터 12월까지 이루어진 대학 부설 평생교육원 활성화 사업 선정 결과 학습비 지원에 43개 기관이 선정되었고, 프로그램 개발에는 총 120개의 프로그램이 선정되었으며 3000명 이상의 학습자가 지원을 받았다. 소외계층에 대한 학습비 지원을 통해 대학 부설 평생교육원의 공공적인 역할 모델을 제시하였고, 지역사회와 연계할 수 있는 우수 프로그램을 개발했다는 점이 큰 성과라 할 수 있으나, 더욱 발전해 나가기 위한 방안을 모색하여야 한다. 이를 위해 우선 대학 부설 평생교육원이 소외계층에 대한 학습비 지원을 자발적으로 할 수 있는 공공 시스템 구축을 유도하여야 한다. 또한 학습비 지원 수혜층을 다양화하려는 노력이 필요하고, 대학과 지역사회 간의 구체적인 협의체 구축을 통해 연계 프로그램 개발을 구체화하여야 하며, 아울러 프로그램 개발비 지원의 목적이 고등교육 수준의 프로그램 개발과 보급이라면 대학만이 할 수 있는 특화된 프로그램에 대한 지원이 이루어져야 한다(교육과학기술부, 평생교육진흥원, 2008).

5) 전문대학의 평생직업교육 기능 활성화

우리나라의 경우 대부분 전문대학이 학령기 학생을 대상으로 한 직업교육을 중점적으로 수행하고 있는 실정이어서 전문대학이 조기 취업한 고졸 경력자 및 대학 미진학 성인 학습자의 평생학습 수요를 충족하는 데 한계가 있음을 보여주고 있다. 교육과학기술부는 '학교와 일터의 연계' 를 강화하고 전문대학의 평생직업교육 기능을 활성화하기 위한 다양한 정책을 추진하고 있다.

2008년부터 '전문대학 학사학위 전공심화과정' 제도를 운영하여 산업체 경력 1년 이상 된 성인의 학사학위 취득 기회를 확대하였고, '산업체 위탁교육' 제도 관련 규제를 완화하여 성인학생의 전문대학 진학 기회를 확대하였다. 또한 고등교육법 시행령을 개정(2007. 11. 15. 공포)하여 25세 이상 성인 또는 산업체 근무 경력이 2년 이상 있는 자를 학년별 입학정원의 5%까지 정원 외로 입학할 수 있도록 하는 근거를 마련하였다(교육과학기술부, 평생교육진흥원, 2008).

현재 전문계고 졸업 후 취업을 하더라도 야간이나 주말, 산업체 위탁교육 제도 등을 통하여 전문학사학위를 취득할 수 있고, 나아가 학사학위 전공심화과정 제도를 통해 직업분야 학사학위까지 취득할 수 있다. 이렇듯 교육과학기술부가 전문대학의 평생직업교육 기능 강화를 위해 제도적 · 재정적 지원을 계속하고 있는 상황에서 전문대학 자체적으로도 기존의 한계를 탈피하려는 노력을 기울여야 할 것이다. 자격증 취득과정, 단기과정, 심화직업교육과정 등 지역사회 내 성인이 요구하는 다양한 교육과정을 발굴하고 탄력적인 운영 등의 노력이 부응될 때 전문대학이 평생직업교육의 중심이 될 수 있을 것이다.

6) 원격대학

(1) 원격평생교육의 특징

원격평생교육이란 교육 기회를 확장하는 것뿐만 아니라 정보화에 필요한 능력을 제공하는 두 가지 목적을 동시에 달성할 수 있는 핵심 교육 영역이다. 아울러 등록금 · 수강료 등의 경제적 부담과 교육활동에 참여할 시간 부족 등의 여러 가지 성인의 평생학습과 고등교육의 장애 요인을 제거하고자 도입된 제도가 원격대학이다.

원격대학은 방송통신대학과 사이버대학 등과 같이 원격으로 수업이 이루어지는 고등교육기관을 통칭하는 용어다. 방송통신대학은 우리나라 최초의 고등교육기관이자 평생교육기관으로서 1972년 3월에 개교하였으며, 원격대학과 사이버대학이라는 정의는 고등교육법 일부 개정(2007. 10. 17.)에 따라 법적 근거가 마련되면서부터이나, 평생교육법 시행령 및 시행규칙 등이 개정(2008. 6. 5.)되면서 더 이상 평생교육법상에는 '원격대학'이라는 용어를 사용하지 않게 되었다(교육과학기술부, 평생교육진흥원, 2008).

(2) 한국방송통신대학교

한국방송통신대학은 1968년 11월 개정된 교육법에 근거하여 1972년 3월 9일 우리나라 최초의 평생교육기관으로 서울대학교 부설 한국방송통신대학교로 개교하였다. 개교 당시 2년제 초급대학 과정의 가정학과, 경영학과, 농학과, 초등교육과, 행정학과 등 5개과가 설치되었으며, 1981년 2월 24일 초급대학과정에서 5년제 학사과정(KACU)으로 개편되었다. 1982년 2월 15일 서울대학교에서 분리하여 독립 학사과정 3개 학과(경제학과, 법학과, 영어과) 및 전문대학과정 1개 학과(유아교육과)가 증설되었다.

1991년 12월 31일 5년제 학사과정에서 4년제 학사과정으로 개편하고, 1992년 3월 6일 학부제 운영을 실시하면서 인문과학부를 비롯하여 5개 학부를 설치하였다. 1993년 3월 1일 '한국방송통신대학'에서 '한국방송통신대학교'로, '학장'에서 '총장'으로 명칭을 변경하였고, 1996년 9월 2일 방송대학 TV(open university network: OUN, 채널 47)를 개국하였으며, 1999년에는 방송대학 위성 TV 채널 운영을 시작하였다.

1997년 5월 20일 한국방송통신대학교 평생교육원이 설립되었고 이듬해 국립교육평가원이 관장하던 독학에 의한 학위취득 업무를 이관받아 운영하다 2008년 2월 15일 평생교육법 개정으로 인하여 평생교육진흥원으로 이관하게 되었다. 2000년 5월 9일 한국방송통신대학교 종합교육연수원 설립과 아울러 2001년 9월 1일 고등교육법 시행령 및 한국방송통신대학교 설치령을 개정하여 원격교육 형태의 석사학위과정으로 한국방송통신대학교 평생대학원을 개원(4개 학과)하였고, 가상교육지원센터를 설립하였다. 방송통신대학이 다른 원격대학과 가장 차별화된 시설은 출석수업과 시험을 치르기 위한 지역대학과 시 · 군 학습관이다(교육인적자원부, 한국교육개발원, 2006).

2007년 기존의 TV와 라디오 방송을 제작 · 송출하던 OUN과 e-러닝센터를 통합한 디지털미디어센터를 설립하였다. 이를 계기로 방송통신대학은 강의 편성의 복잡성, 통합적 매체전략 부재, 평가체제 미구축, 장기적 연구체제 결여 등을 해결할 수 있는 변화를 가져왔다. 방송강의 및 프로그램 운영위원회의 기능이 미디어센터 운영위원회로 통합되면서 운영위는 매체별 운영방식의 원칙과 과목별 강의 매체의 선정기준을 지속적으로 갱신하고 최종적으로 강의매체에 따라 결정할 수 있는 권한을 가지는데, 이전의 매체 선정방법과 비교할 때 상당한 정도로 매체 선정의 조직화가 이루어졌음을 알 수 있다.

그 밖에도 방송통신대학 역사관 건립, 국제관계 강화, 학생지원체제 변화, 심리상담실 운영 강화 등을 통해 고등평생교육 공간으로 기능하고 있다. 강의 평가, 교육과정 개편, 고사관리제도, 교수-학습, 튜터링 및 멘토링 제도, 중장기 교육매체 전략 수립 등에 대한 질 관리 업무 및 모니터링 업무가 증설될 것으로 보이는 등 자체 노력도 계속하고 있다. 향후 방송통신대학은 일반 사이버대학과는 달리 저렴한 등록금, 높은 연령대의 학습자 등 국가적 차원의 지원이 필요한 사람에게 교육 기회를 제공한다는 의미를 살리면서 사이버대학과 차별적인 교육모델 개발에 노력을 기울여야 할 것이다(교육과학기술부, 평생교육진흥원, 2008).

(3) 사이버대학교

사이버대학의 전신인 원격 형태의 교육시설은 2000년 12월에 개교한 9개교를 시작으로 2008년까지 4년제 15개와 2년제 2개가 운영되었다. 2008년 10월 1일 기준 학위수여자는 총 4만 5173명으로 학사가 3만 8110명, 전문학사가 7063명에 이르고 있고, 원격대학 형태의 평생교육시설의 등록생에 대한 연령별, 학력별, 지역별, 직업별 분포 현황을 보면 전반적으로 30대 이상의 연령대가 증가하고 있으며, 전문학사 졸업생의 편입이 지속적으로 증가하고 있다. 사이버대학은 서울 중심에서 전국 단위로 확대되고 직장인에서 전업 학생이나 주부층으로 학생층이 증가하고 있는 상황이어서, 경제적 또는 개인적 사정으로 고등교육 기회를 상실한 성인이나 재교육을 위한 학습자에게 고등교육 기회를 제공하는 평생교육기관으로서의 역할을 충실히 수행하는 것으로 볼 수 있다(교육인적자원부, 평생교육진흥원, 2008).

원격대학 형태의 평생교육시설로 운영되던 사이버대학은 2007년 10월 개정된 고등교육법(법률 제8638호)에 따라 한국방송통신대학과 같은 법적 지위를 갖게 되었다. 2008년에 11개교가 전환 인가되었고 1개교가 신설되어 고등교육법상의 사이버대학은 총 12개이며, 이들 대학은 2009년부터 고등교육법의 사이버대학으로 전환하였다.

4. 방송통신고등학교

방송통신고등학교는 방송 · 정보통신에 의한 수업을 기반으로 비적령기 성인이나 일반 고등학교의 중도탈락 학생이나 부적응 학생을 대상으로 고등학교 교육과정을 이수할 수 있는 기회를 제공하고 있다. 수업이 방송 · 정보통신에 의한 원격수업, 출석수업, 첨삭지도 등으로 이루어진다는 점과 일반 고등학교 교육과정의 80%를 이수한다는 점을 제외하면 일반 고등학교와 동일하게 학사 일정이 적용되고 있다.

방송 · 정보통신에 의한 원격수업(연간 240일 기준)은 평일에 자율학습을 할 수 있도록 인터넷 강의와 라디오 방송 강의를 제공하고 있으나, 라디오 강의는 방송통신고등학교 사이버교육 시스템이 구축되면서 2010년에 점진적으로 폐지되었다. 원격수업 외에 출석수업과 첨삭지도가 이루어지는데, 출석 수업은 격주로 2회씩 총 24일이 운영되고 있으며 1일 8시간의 수업을 받고 있다. 또한 라디오 방송강의를 청취한 학생은 의무적으로 수업내용을 요약 · 정리한 수강요지를 출석 수업일에 제출해야 하며, 담당교사는 라디오 방송 강의에 대한 수업 내용을 출석 수업일에 첨삭지도를 하고 있다.

방송통신고등학교는 1974년 서울과 부산의 11개 공립고등학교에 부설로 처음 설치되어 1987년 전국에 총 50개교까지 그 수가 늘었으나 1990년 이후 감소 추세를 보여 2008년 기준 40개교가 전국 공립고등학교에 설치되어 있다.

2004년부터 구축되기 시작한 사이버교육 시스템을 통해 2008년에는 모든 학년에 원격교육을 적용하고 있으며, 학사 일정은 온라인과 오프라인의 학사 운영을 병행하고 있고, 현재 입학 신청부터 교과 활동과 행사 활동까지 온라인을 중심으로 하며, 오프라인을 통한 활동도 일부 병행하고 있다. 사이버교육을 활성화하기 위한 연구학교도 2004년부터 운영하고 있으며, 2008학년도부터 3개 학년 모두에 제공하고 있다. 2010년도 방송통신고등학교 운영사업은 방송통신중학교와 특수학교 부설 방송통신고등학교 설립과 학업중단 학생과 다문화 가정 지원을 위한 방송고 운영 방안 마련을 중점으로 추진되었다. 아울러 장애인을 위한 특수학교에 방송중 · 고를 설치하고, 중학교 학력이 없는 성인학습자를 위한 방송통신중학교를 설립하여 방송통신고등학교, 방송통신대학교로 연계되는 학제 라인을 구축함으로써 평생학습 차원의 원격교육 학제를 완성하고자 하는 과제를 가지고 있다.

제15장

평생학습문화 확산정책

1. 문화예술시설 평생교육

1) 개념

복합적인 인간능력을 단순화하는 현재의 교육 관행을 극복하고, 지식교육 · 인성교육 · 예체능교육의 균형 발달에 이바지하는 새로운 교육체계가 필요한데, 이 새로운 교육체계의 이념을 통칭해서 '문화예술교육'이라 정의할 수 있을 것이다. 여기에서 문화는 평생교육의 내용적 영역임과 동시에 학습이 이루어지는 토양이기도 하다. 따라서 형식교육적 측면에서의 문화교육에 접근하는 경우는 문화와 예술, 미학 등의 콘텐츠를 내용으로 하는 프로그램과 기관에 대해 주목하게 된다.

그러나 문화교육은 박물관교육과 미디어교육과 같은 비형식교육에 대한 관심, 더 나아가 의례의 학습, 축제와 학습, 공연과 학습 등의 '문화적 학습' 일반

에까지 확대되어야 하는데 이는 학제적인 접근과 관심을 통해 가능하다. 문화교육은 인간 주체와 세계 간 전달의 소통을 삶의 질과 주체 지향성이라는 비전을 가지고 주체와 문화, 예술, 미학과의 생산적인 수용관계와 직업, 교양능력으로서의 문화적 · 예술적 역량의 성숙이라는 관점에서 탐구하게 된다.

우리나라의 경우 2000년 당시 문화관광부가 정책적으로 도입한 개념으로 이해할 수 있으며, 학문적으로는 문화교육(cultural education) 또는 예술교육(art education)이라는 개념을 사용하고 있다. 문화교육과 예술교육의 관계는 대체로 문화교육을 상위 개념으로 인식하고 있으며 다만 협의의 의미로 문화교육이라는 개념이 사용될 때는 예술교육과는 차별화되는 것으로 이해된다. '미적 체험과 감상, 미적 차원의 표현 및 제작 능력의 습득을 목적으로 하는' 예술교육이 장르 중심의 성격을 띤 것이라고 본다면 최근에는 단지 문화나 예술 영역에 국한되는 것이 아니라 문화와 예술을 생성하고 그것을 가능하게 하는 사회적 맥락으로 확대된다.

문화예술교육의 흐름은 기존의 본격 예술이 주로 창작자 위주에서 수용자를 함께 포용하는 정책으로 이행하고, 지방자치제 이래 지속적으로 늘어나고 있는 공공문화기반시설을 효율적으로 활용할 수 있다. 또한 평생교육 측면에서 볼 때 엘리트예술 생산 중심의 고등예술교육 패러다임을 시민의 예술적 감수성 향상을 위한 보편적 교육의 패러다임으로 이행할 수 있는 계기를 마련한다는 점에서 의미가 있다.

2) 발달과정

과거의 문화정책이 문화유산의 보존, 작품창작의 공급 정책에 주안점을 두었다면, 1990년대 지방분권화가 이루어지면서 전국적으로 문화기반시설이 건립되는 등 문화매개정책이 이어졌다. 서구에서는 시민을 위한 문화예술교육이 박물관이나 미술관, 도서관, 공연시설 공간에서 가장 중요한 프로젝트가 되어 있고, 예술기관을 지원하는 재단에서도 이 사업을 지원의 중요한 기준으로 놓고 있다. 그러나 우리나라는 지역의 문화기반시설에서도 시민을 위한 문화예술교육 프로그램을 운영하고 있다.

문화예술교육에 대한 수요 부문의 정책 형성은 2000년대 초반 당시 문화관광부에 문화예술교육이라는 주무 부서를 설치하고 문화예술교육진흥법을 수립한 데서 출발하였다고 볼 수 있다. 2003년 7월 문화관광부와 교육인적자원부 공동으로 교육인적자원개발회의에서 '문화예술교육 활성화 공동사업 추진계획'을 상정하였고, 학교와 지역의 문화기반시설 및 문화예술단체와의 연계를 강화하는 '학교예술교육시범사업'을 실시하였다. 2004년 문화예술교육지원법을 제정하고, 2005년 한국문화예술교육진흥원을 설립하면서 다양한 문화예술교육 정책과 사업을 추진하고 다양한 주체 간의 네트워크, 협력을 지원할 수 있게 되었다.

학교예술강사를 파견하는 소위 '강사풀제 사업'도 문화예술사업의 큰 부분을 차지한다. 2000년부터 국악에서 시작된 강사풀제 사업은 연극과 영화를 거쳐 현재는 무용과 만화, 애니메이션으로 확대되었으며, 앞으로 서예와 같은 분야에도 확장될 예정이다. 강사풀제는 예술강사를 창의적 재량활동과 같은 학교의 정규교육과정과 연계하여, 운영하고 싶은 학교에 국가가 강사료와 기자재를 지원해주는 프로그램이다. 또한 매년 수천 명씩 배출되고 있는 문화예술 관련 학과의 졸업생이 모두 엘리트 예술가가 될 수 없는 점을 고려한다면, 이 인적 자원을 효과적으로 현장에서 활용할 수 있는 인력정책의 새로운 대안으로 보편적 시민문화교육으로서의 문화예술교육은 그 핵심 사안이 될 수 있다. 그런 점에서 새로운 세기에 예술의 발전과 패러다임은 시민의 접근과 참여의 기회를 높일 수 있는 교육 목적을 실현하는 방향을 중요한 실천 정책의제로 기획하는 것이 대단히 중요해졌다고 말할 수 있다.

2007년 프랑스 모델에 기초한 지역문화교육지원센터가 시행되었고, 소외계층을 대상으로 하는 문화적 · 예술적 리터러시 교육을 '사회문화예술교육'이라는 이름으로 추진하고 있는데, 소외계층 평생학습지원사업과 유사하지만, 문화예술교육을 특성화하고 있고 문화예술 영역의 인력이 대거 참여하고 있다는 점에서 교육과학기술부의 사업과 차이가 있다. 사회 취약계층 문화예술교육에서 학습자는 정의적 · 인지적 · 사회적 영역에서 변화를 나타냈는데, 특히 개인의 상황적 맥락과 문화예술 활동이 연계되어 개인적 치유와 사회 소통으로 연계되는 양상이 많이 나타나고 있다. 2008년 현재 우리나라에서 문화예술교육이 이루어지고 있는 주체를 살펴보면 문화기반시설을 통한 문화예술교육사업을 실시하고 있는 공공도서관, 지방문화원, 문예회관, 박물관, 미술관 등이 있고, 사회문화예술교육 활성화 사업으로 예술강사지원사업과 교육수행단체를 통한 문화예술교육 지원사업, 지역사회 연계 지원사업 등이 있다(교육과학기술부, 평생교육진흥원, 2008).

3) 발전 방안 및 과제

문화예술교육은 평생학습의 한 영역으로서 문화적 창의성과 문화적 해득력을 길러 주어 지식기반사회에 필요한 창의적 인재를 양성할 수 있다. 문화기반시설에서 제공되는 교육 프로그램의 주 대상은 여성, 노인, 어린이, 남성이며 청소년을 위한 프로그램은 상대적으로 빈약하다. 프로그램 내용이나 운영형식이 운영주체별로 차별화되지 못하여 수요자의 선택 폭이 제한된다. 또한 문화예술교육정책이 제정되면서 사회문화예술교육은 취약계층에게 집중적으로 지원되는 경향이 있는데 영역을 좀 더 확장하여 누구나 잠재적인 창의력을 계발하고 누릴 수 있는 기회를 제공할 필요성이 있다.

특히 평생학습사회로의 진입은 학교 인력만으로는 학생의 다양한 소질과 적성 계발 및 문화국민으로서의 기초 · 기본교육 수요를 공교육이 충족하지 못하고 있음을 인식하게 하였다. 또한 주5일 수업제 등 사회환경 변화에 따라 학교 밖의 지역사회 인적 · 물적 문화예술자원을 활용한 체험활동 환경이 요구되고 있다.

학교와 지역사회 연계 문화예술교육 지원사업은 이러한 환경 변화에 부합되는 사업이다. 2005년 5월부터 2007년 2월까지 학교와 지역사회 연계 문화예술교육 시범사업을 실시함으로써 교육과학기술부, 문화관광부, 지방자치단체, 지역문화예술단체가 협력사업에 동참하였다. 초·중등학교 교과, 재량 및 특별활동, 특기·적성교육, 방과 후 학교 등과 연계한 학교문화예술교육 프로그램을 운영하고 지역사회시설과 연계된 학교 밖 문화예술체험학습 프로그램을 지원하였으며, 농어촌 등 문화예술 여건 낙후 지역과 저소득층 자녀를 위한 방과 후 교실 프로그램 및 토요 문화예술교육 프로그램을 지원하였다(교육과학기술부, 평생교육진흥원, 2008).

향후 학교와 지역사회 문화예술자원 간에 인적 자원과 시설 등의 물적 자원이 효율적으로 연계되어 지속될 때, 투자비용을 최소화하면서 학교문화예술교육을 활성화할 수 있을 것이며, 전반적인 문화예술교육의 질적 수준 향상을 위하여 학교 외부의 문화예술 전문 인력, 시설, 프로그램 등을 활용한 교육을 강화해야 할 것이다.

2. 지역평생교육기관 교육

1) 개념

지역사회는 생활양식, 전통규범 등을 개인에게 전수함으로써 사회적 의미의 개인을 형성하고, 개인은 한 사람의 구성원으로서 자신의 의지에 따라 지역사회를 변화시킬 수 있기 때문에 지역사회의 평생교육적 기능의 구체적인 요구가 점차 증대되고 있다. 더구나 1990년대 이후 지방자치와 교육자치가 실현되면서 주민의 자발적인 자치의식 및 지역공동체 의식의 고양이 지역사회의 우선 과제가 되었다. 따라서 지역사회는 주민 개개인의 자유로운 활동과 학습을 돕고 그러한 과정을 통해 지역사회에 대한 자주적인 의식을 싹 틔우기 위해 다각적인 평생교육적 접근을 해야 할 것이다.

지역사회에서의 평생교육은 주민의 삶의 질을 높이고, 자율적이고 자유롭게 학습활동을 할 수 있도록 하고, 주민 누구나 평등하게 평생학습 기회에 접근할 수 있어야 하며, 지역사회 내 구민회관, 사회복지관, 주민자치센터 등의 평생교육시설은 주민 개개인의 학습권 향수 지원은 물론 주민 상호 간의 연대성, 공동성이 자발적으로 표출될 수 있도록 다양한 역할 및 노력을 해야 한다. 지역 평생교육기관은 주민의 학습을 지지하기 위해 적극적이고 창조적인 역할을 추구해 나감으로써 궁극적으로는 지역사회의 문제를 해결하는 데 선두주자로서의 역할을 해 나가야 한다.

Olsen(1954)은 지역사회교육을 일정한 지역사회 내 모든 주민의 복지에 영향을 주는 모든 활동과 관련된 과정으로 규정하면서 지역사회의 욕구, 문제 및 부족을 발견하고 전체 지역사회의 개선 목적을 위한 시설, 프로그램, 실무자 및 지도자의 개발을 돕는 프로그램으로서의 성격을 강조하였다.

2) 구민회관, 사회복지관 및 주민자치센터

(1) 구민회관

지방자치법에 근거한 지역문화시설인 구민회관은 지역사회 구성원의 화합의 장인 동시에 종합복지, 편익시설의 제공, 선진문화의 정착을 위한 교육의 장으로 지역문화의 중심 역할 및 환경을 제공하고 있다. 우리나라 최초의 시 · 군 · 구민회관은 1964년 제주시민회관이며, 서울시의 구민회관은 각 구의 자치법규에 따라서 구민회관의 설치 및 운영에 관한 조례 및 시행규칙을 통하여 1986년 관악구민회관의 개관을 시작으로 계속 건립되었다.

구민회관은 전체 지역구민을 대상으로 소수 특정 계층이 아닌 지역사회주민이 직접 참여하고 활동하는 중심 공간이어야 하고 또한 누구든지 쉽게 접근하여 이용할 수 있어야 하며, 지역사회에 대한 소속감을 확인해 줌과 동시에 지역 특성을 반영한 다양한 콘텐츠를 담고 있어야 한다. 구민회관은 그 지역의 문화를 상징하는 중요한 요소이자 척도가 되며, 생활권 내 문화환경의 중심이자 주민을 통합하는 상징적 의미를 지닌다. 대부분 주부를 위한 취미교실, 부녀교실, 교양강좌 등으로 이용되고 있어 편중된 이용 경향의 개선이 필요하며, 낮은 이용률을 높이기 위해서도 자치구별 설치된 구민회관별로 구민의 요구와 선호도 분석을 통해 특화되고 차별화된 프로그램을 개발하여야 한다. 이를 통해 구민회관이 지역사회 평생교육기관으로 거듭날 수 있을 것이고, 이에 따른 적극적이고 다양한 홍보가 뒷받침되었을 때 주민의 호응도 또한 그만큼 높아질 것이다.

(2) 지역사회복지관

사회복지시설을 통한 평생교육은 일반적으로 지역사회복지관, 노인복지관, 장애인복지관 등 이용시설 중심으로 이루어지고 있다. 특히 사회복지사업법에 의해 설치된 지역사회복지관은 전문 인력과 자원봉사자의 활동을 통하여 종합적인 사회복지서비스를 제공하고 있는데, 평생교육의 범주에서 명시하고 있는 평생교육의 내용과 대부분 일치한다(교육과학기술부, 평생교육진흥원, 2008).

우리나라 최초의 사회복지관인 태화여자복지관이 1921년 설립된 이래 80여 년의 사회복지관 역사가 진행되어 오면서 주로 민간 차원에서 소지역사회를 중심으로 활동해 왔으나 1982년을 기점으로 정부의 저소득계층에 대한 보호대책의 매개체로 기능하게 되면서 정책사업의 하나로 등장하게 되었다. 2008년 현재 전국 410개의 지역사회복지관이 있다. 비록 초기의 사회복지관이 사회문제의 해결이라는 목표를 두고 시작되었지만, 여성의 열악한 사회적 지위를 사회 · 교육적 프로그램을 통해서 해소하고자 한 것은 평생교육적 의미가 크다.

사회복지관의 교육 · 문화 사업적 기능은 다음과 같다(교육과학기술부, 평생교육진흥원, 2008). 첫째, 평생교육기관으로서의 기능이다. 지역주민과 가까이에 있는 지역사회복지관은 저렴한 비용으로 공신력 있는 강사진을 구성하여 원하는 주민에게 적절한 교육서비스를 제공하는 비영리 교육기관으로서의 기능을 담당하고 있다. 둘째, 물적 자원 확보의 기능이다. 지역사회복지관의 프로그램은 무료와 유료 프로그램으로 나누어지는데 유료 프로그램의 경우 수강료 책정이 일반 교육기관의 40% 정도에서 정해진다. 결과적으로 지역사회복지관은 수입금을 포함한 재원을 확보하고, 이렇게 확보된 재원은 소외계층을 위한 복지사업에 후원하게 된다. 셋째, 복지 마인드 형성 및 인적 자원 확보의 기능이다. 지역사회복지관의 평생교육사업은 지역주민의 역량을 강화하여 자신의 지역문제를 발견하고 대안을 모색하며 스스로 문제를 해결해 가도록 돕는 지역 조직사업의 바탕을 이룬다. 이는 지역주민의 복지 마인드 강화와 참여활동의 촉진을 유발한다. 넷째, 회원 개인의 복지 설계 및 자문의 기능이다. 개인은 사회복지관에서 적절한 복지 서비스를 설계받기도 하고, 개인의 복지 관리 기능을 보장받기도 한다. 다섯째, 바람직한 지역문화의 대안을 창출 및 파급 기능이다. 지역사회복지관은 가족 중심의 문화활동, 더불어 나누기 등의 건전한 문화의 대안을 모색하고 지역주민의 문화활동에 참여하도록 할 수 있다.

지역사회복지관은 교육 · 문화 사업적 기능에 맞추어 지역사회문제를 파악 · 해결하는 역할, 중개자 · 대변자의 역할, 평생교육센터로서의 역할, 직업지도센터로서의 역할 등의 실질적 역할을 수행해 나가야 한다. 지역사회복지관에서는 대체로 기능교육 및 자격증 취득을 위한 교육 등 성인기능교실사업과 아동, 청소년, 노인을 대상으로 하는 각종 교육 및 취미교실 운영사업 등의 프로그램이 진행되고 있는데, 평생교육과 복지적 접근이 동시에 제공된다는 점에서 일반 문화센터나 동사무소 주민자치센터에서 제공되는 프로그램과 차별성이 있다. 그동안 다양한 평생교육 문화 프로그램을 통하여 평생교육 네트워크로서의 기능과 역할을 감당해 온 복지관이지만, 사회복지관의 수를 늘리는 데 중점을 두고 정책이 시행되어 온 결과 양적으로는 팽창되었으나 질적으로는 아직도 미흡한 부분이 많다.

따라서 질적인 평생교육기관으로서의 역할을 하도록 개선하기 위해서는 첫째, 교육과학기술부가 인정하는 평생교육기관으로 지정되어 학교 시스템과 원활한 협력관계를 유지할 수 있도록 지원해야 한다. 둘째, 가족중심의 건전한 여가활동이 가능하도록 탄력적 근무시간을 적용하고 다양한 프로그램을 신설해야 한다. 셋째, 공식적 시스템이 미비한 틈새를 위한 다양한 교육 프로그램을 개발하여 지역사회 밀착형 프로그램을 실시하여야 한다. 넷째, 지역단위별, 기관별 평생교육 전담강사 인력풀을 구성하고 상호 간 협력체제를 구축하며 서비스 질을 확보하는 방안을 마련하여야 한다(교육과학기술부, 평생교육진흥원, 2008).

(3) 주민자치센터

주민자치센터는 1998년 국민의 정부가 시작되면서 새 정부 100대 국정 개혁과제로 추진된 것으로서, 1999년 읍 · 면 · 동 사무소의 기능을 전환하여 읍 · 면 · 동의 기능 중 시 · 군 · 구의 기능과 중복되는 사무, 시 · 군 · 구의 행정 지시나 명령 등에 의해서 집행되는 사무 등을 대폭적으로 시 · 군 · 구로 이전하고, 이로 인해 여유가 생기는 시설 및 공간을 주민을 위한 문화 · 복지 · 편익시설로 활용하고자 설치하였다.

운영 목적은 첫째, 주민의 문화 · 복지 · 편익시설 등으로 꾸며 주민이 편리하게 이용할 수 있도록 하여 주민의 삶의 질을 높이고, 둘째, 주민자치센터 운영에 지역주민의 적극적인 참여를 통해 주민자치 활동의 장, 지역공동체 형성의 구심체로서 역할을 할 수 있도록 하는 데 있다. 단순히 프로그램 운영만을 의미하는 것은 아니고 어려운 이웃 돕기, 서먹했던 이웃 간의 대화 나누기, 지역의 각종 대소사 의논 등 각박해져 가는 도심 속에 여유와 나눔의 장소를 제공하여 주민이 함께 지역공동체를 가꾸어 가는 주민자치 실현을 목적으로 하고 있다(교육과학기술부, 평생교육진흥원, 2008).

주민자치센터 설치 및 운영 조례 준칙 개정안(2002. 3. 7.)에 따르면, 주민자체센터는 주민자치 기능, 문화여가 기능, 지역복지 기능, 주민편익 기능, 시민교육

기능, 지역사회진흥 기능 등이 있다. 이 중 시민교육 기능에서는 주민자치센터가 민주시민 육성 및 개인의 삶의 질 향상이라는 두 가지 측면에서 지역주민에 대한 일상적인 교육 기회를 제공하는 평생교육센터로 활용될 수 있음을 강조하였다. 주민자치센터는 반드시 시설을 설치하여 운영하는 것에 한정하지 않으며, 물적 시설이 아닌 다양한 프로그램을 지역 실정에 맞게 운영할 수 있다.

주민자치센터는 2008년 기준으로 전국 3567개가 설치되었으며, 주민자치센터에서 운영되고 있는 프로그램은 총 3만 1746개로 그중 문화여가 프로그램이 1만 6829건(53%), 시민교육 5815건(18%), 그 외 지역복지, 주민자치, 주민편익, 지역사회 진흥 프로그램 순으로 비중을 차지하였다(교육과학기술부, 평생교육진흥원, 2008).

주민자치센터 설치 초기에는 중앙행정부가 행정기능 재편을 위한 기준과 지침을 제시하고 설치에 소요되는 예산의 많은 부분을 지원하였지만, 어느 정도 행정기능 재편이 완료된 시점부터는 중앙정부의 관심과 지원은 줄어들고, 민간 시민단체와 지방자치단체의 활동은 적극적으로 증가하였다. 그동안 주민자치센터를 통한 주민의 학습과 활동은 양적 성장을 가져왔고 그 중요성이 부각되어 왔지만 향후 주민자치역량의 성숙을 위한 평생학습의 역할을 강화함으로써 질적 성장을 도모할 필요가 있다.

이를 위한 과제는 다음과 같다(교육과학기술부, 평생교육진흥원, 2008).

첫째, 주민자치센터 프로그램은 지역주민의 문화복지 요구에 부응하고 지역사회공동체 형성을 위한 다양한 프로그램과 지역사회개발 과제 등 각종 사업 프로그램을 활성화하여 주민자치활동의 장으로서 그 역할을 다할 수 있도록 해야 한다. 주민의 취미, 교양강좌 운영뿐만 아니라 조기퇴직자, 퇴직을 앞둔 주민에게 창업 강좌를 운영하는 등 주민의 삶의 질을 높이고 주민자치를 활성화하여 지역공동체 형성에 기여할 수 있도록 프로그램을 발전시켜 나가야 할 것이다.

둘째, 지역주민의 역량 배양과 리더십 육성을 위한 교육 과정과 방법 개발에 힘을 쏟고 민간전문가와 시민단체의 참여와 협력이 용이한 환경을 조성해야 한다. 주민자치센터 운영 주체의 전문성 확보를 위한 교육도 필요하다. 전담 실무자는 주민자율단체의 운영 경험이나 프로그램 기획 및 집행 등에 전문성을 갖춘 담당자여야 하며, 전담 실무자를 위한 계속적인 연수와 교육을 전개할 수 있으려면 단순한 지식을 전달하는 교육과정이 아닌 실천지향적 교육과정이어야 할 것이다.

셋째, 주민자치센터의 활동을 센터 공간 내에 한정하지 말고 지역사회 전체의 모든 시설·공간·기관·인적 자원 간의 네트워크를 구성하여 운영의 다양성을 추구해야 한다. 지방자체단체의 기획실, 평생학습과, 자치행정과, 주민생활지원과 등 관련 부서 간의 유기적 협조체제와 공동의 지역비전 설정 그리고 지역의 자치역량 강화를 위해 민간사회와의 파트너십을 효과적으로 개발하여야 한다.

지역사회 평생교육기관인 구민회관, 사회복지관, 주민자치센터 등은 독립적으로는 존재할 수 없다. 지역사회의 공식, 비공식 서비스 공급자의 네트워크 형성을 통해 욕구와 자원의 효과적인 연계, 서비스의 중복이나 누락의 방지를 위한 효율적인 조정, 복합적인 욕구 충족을 위한 서비스의 통합화가 필요하다. 기존의 독자적 운영방식에서 탈피하여 상호 정보교환 등을 통하여 서비스 제공자에 대한 사항을 신속하고 정확하게 파악할 수 있으며, 각 기관의 독특한 프로그램을 공유함으로써 서비스의 전문성 향상에도 기여할 수 있다. 이렇듯 서로의 부족한 자원과 과잉된 자원의 적절하고 합리적인 분배를 가능하게 하는 긴밀한 연계망이 구축되어 있어야 상생이 가능할 수 있을뿐더러 지역사회 주민에게 보다 나은 서비스를 제공할 수 있을 것이다.

3) 시민사회단체

(1) 개념

시민사회단체는 일반적으로 공익을 목적으로 시민의 능동적 참여를 통해 설립된 개방적인 조직체를 말하지만, 그 범주를 어디까지 확대 · 해석할 것이냐에 따라 그 개념이 달라진다. 가장 넓은 범위로는 정부기구가 아닌 모든 비정부기구(non governmental organization: NGO)를 말한다. 이 경우 시민사회단체에는 공익보다 사익을 우선하는 기업이나 특수 이해집단까지 포함된다. 그러나 비정부기구란 표현은 오늘날 세계시민사회운동 단체의 반발을 사고 있다. 외교적 지위를 갖지 않는 모든 단체를 부르는 권위주의적이고 차별적 용어로 간주되기 때문이다. 또한 정부기관이 아닌 모든 단체를 포괄하다 보니 기업이나 특수한 이해집단까지 포괄하게 돼 시민사회운동의 특수한 사회적 지위를 드러내지 못하는 약점도 지닌다(유재현, 1996). 좁은 의미의 규정으로 권력에 의해 매개되는 국가, 자본에 의해 매개되는 시장과 달리 연대, 공감 및 불특정 다수에 대한 관심 등에 의해 매개되는 시민사회 가운데 공적 영역에 속한 단체만을 가르치는 경우다. 공익실현을 목적으로 시민의 자발적이고 능동적인 참여로 이루어진 조직(Civil Society Organization: CSO)이라 명명할 수 있다. 통상 '시민단체'로 불리며, 비정치성, 비영리성, 자발성 및 공공성 등을 특징으로 한다. 따라서 시민단체의 개념 안에는 정치적 단체, 정당 및 지방자치단체, 기업 관련 단체나 기성 종교, 사회복지단체 혈연, 지연 및 학연으로 모인 단체, 특정 집단의 이익을 추구하는 단체 등이 배제된다.

현재 평생교육법 제36조에 따르면, 시민사회단체를 ① 법인인 시민사회단체, ② 법령에 의하여 주무관청에 등록된 시민사회단체, ③ 회원 수가 300명 이상인 시민사회단체가 일반 시민을 대상으로 하는 평생교육시설을 설치 · 운영할 수 있다. 시민사회단체 부설 형태의 평생교육시설은 시민단체 고유의 성격에 기반을 두어 다른 기관에서 쉽게 다루지 못하는 시민 생활과 밀접한 정치, 경제, 사회문제를 중심으로 다양한 교육을 지역주민에게 제공하는 교육기관이다.

(2) 발달과정

성인교육의 한 형태로서 시민사회단체의 성인교육을 중요시하게 되는 이유는 학교나 여타 성인교육기관에서 실시하는 성인교육과 달리 시민단체는 고유한 성격으로 인하여 민주시민을 위한 풀뿌리교육을 실시하기 때문이다. 그러나 이러한 시민사회단체의 평생교육 필요성에도 불구하고 원천적으로 우리 사회에서는 시민사회단체의 역사적 깊이가 일천하고, 항구적 지원체제도 마련되어 있지 않으며, 시대 상황에 따라 정체성 확립에 어려움을 겪어 왔다.

1970~1980년대 군사 정권하에서 이루어진 시민교육은 주로 반공과 국민윤리를 중심으로 국가에 대한 충성심 함양을 강조하였다. 이러한 제도교육에 대한 반발로 의식화 교육으로 불리던 시민교육은 주로 사회구조에 대한 비판적 사고 형성을 주된 목적으로 하였다. 그러나 1987년 한국 사회의 민주화, 1991년 지방자치제 부활을 계기로 수많은 사회단체가 다양한 영역과 지역에서 활동하게 되었다. 이러한 단체는 과거와 달리 시민의 생활과 밀접한 문제 중심으로 활동하게 되고, 이에 따라 과거의 의식화된 소수에서 일반 시민을 대상으로 생활세계의 다양한 문제를 다루게 되었다.

2006년 한국민간단체총람에서 조사된 시민단체의 현황을 살펴보면 절반가량이 임의 단체였다. 또한 시민사회단체 중 불과 4% 정도만이 평생학습시설에 등록된 것으로 나타났듯이 시민사회단체 시민교육은 아직 제도화 · 체계화되어 있지 못하였다. 이는 제도 밖에서 자치적인 활동을 기본으로 하는 시민사회단체의 속성상 시설등록 자체에 큰 의미를 두고 있지 않은 것으로 보인다. 시민사회단체는 다른 교육기관과 달리 재정 확보가 열악한 실정이고, 속성상 권력과 대립되어 항상 위기에 노출되어 있다. 또 시민사회단체에 적합한 교육 모델이 개발되어 있지도 않고, 이를 유지할 전문 인력도 확보되어 있지 못하다. 이러한 조건에도 불구하고 시민사회단체의 시민교육 독특성과 중요성은 두드러지고, 참가자 중심 교육을 확산하는 성과도 보이고 있다(교육과학기술부, 평생교육진흥원, 2008).

(3) 발전 방안 및 과제

향후 시민사회단체의 시민교육은 복잡한 사회변화를 구조적인 측면에서, 사회현실 측면에서, 시민생활 측면에서 바라보고 시민 스스로 주체적인 삶의 태도를 형성할 수 있도록 새롭게 개발하여야 한다. 다양한 영역에서, 다양한 모습으로 살아가는 풍부한 삶의 이야기가 토론이나 영상 자료로 자체 제작되어 건강한 사회 건설에 기여할 수 있도록 시민사회단체의 시민교육에 대한 제도적 · 사회적 지원체제가 마련되어야 할 것이다.

4) 학습동아리

(1) 개념

학습동아리는 스웨덴이나 미국의 스터디서클(study circle) 또는 호주의 학습서클(learning circle), 일본의 자주학습조직(自主學習組織)과 유사어로서 일정한 인원의 성인이 자발적으로 모임을 구성하여, 정해진 주제에 대한 학습과 토론을 위해 정기적으로 만나는 모임을 지칭한다.

학습동아리는 주제의 내용이 무엇이든 간에 궁극적으로 모든 활동은 나 혼자만의 삶이 아니라 더불어 사는 사회를 지향한다. 나라 또는 상황에 따라 조금씩 다르지만, 본래는 같은 지역사회에 살고 있는 시민이 함께 부딪히는 문제에 대하여 공동의 해결방법을 찾거나 생각해 보는 이슈 중심 토의가 일반적이다.

이지혜(2002)는 학습동아리에 대한 기준을 일정한 인원의 성인이 자발성에 의해 모임을 구성하고 정해진 주제에 대해 정기적인 만남을 통해 학습과 토론이라는 뚜렷한 목적을 지니는 집단으로 한정하였다. 학습동아리의 참여자는 스스로 배우며 서로 가르치며 배운다. 그들은 각자 자신의 생각과 경험을 공유함으로써 서로를 가르치는 것이다. 따라서 학습동아리는 학습자의 자발성과 내적 동기, 학습자 중심의 민주적이고 솔직한 태도를 요구하며, 참여자 간의 상호작용을 통해서 학습한다고 볼 수 있다.

국가와 지역사회에서 주목을 받고 있는 평생학습의 중심에는 타율적이 아닌 자율적으로 지역경제 개발에 참여하는 지역주민의 자조조직으로서 지역평생학습공동체 구축에 주도적 역할을 수행하는 학습동아리에 대한 관심이 높아지고 있다. 무엇보다도 학습동아리를 통한 지역평생학습공동체 구축은 지역 인적자원개발, 주민의 평생학습 기회 확대, 소규모 조직화된 학습을 통한 지역공동체 형성, 그리고 토론문화 정착을 위한 민주시민사회 형성 등에 기여할 수 있다는 데 그 의의를 두어야 할 것이다.

(2) 발달과정

학습동아리 운동의 근대적 모습은 1960년대 이후 다시 나타나기 시작하였다. 당시의 학습동아리 운동에서는 두 흐름을 찾아볼 수 있는데, 하나는 국민계몽운동의 일환으로 시작된 것이고, 다른 하나는 당시 태동하기 시작했던 저항운동 맥락에서의 의식화 운동의 일환이었다. 전자의 대표적인 사례는 1960년대에 전개되었던 독서회 중심 마을문고운동에서 찾아볼 수 있다. 또 다른 흐름은 1960년대부터 대학생을 중심으로 형성된 '학습서클', 즉 학회다. 1960년대 4 · 19운동을 거치면서 성장한 학생운동은 서클을 중심으로 농촌문제, 분단문제를 중심으로 고민을 진행해 나갔다. 1970년대 경제 성장과정을 거치며 계층 분화가 심해지고 정치적 갈등이 고조되면서 사회 변혁을 지향하는 성격으로 변화하였다. 이는 1980년대에 활발했던 학생운동 및 사회운동의 토대가 되었다.

1990년대 이후 사회 변화를 겪으면서 학습동아리 운동 역시 새로운 변화의 계기를 맞이하게 된다. 이 시기의 주요 특징은 비영리 민간단체 중심, 즉 시민 영역에서의 학습동아리 운동이 활성화하기 시작했다는 점이다. 정치적 양극화가 깨지고 국민의 소득과 교육 수준이 높아지면서, 시민참여 활동과 자원 활동이 다양한 영역으로 넓어졌고 학습동아리 운동도 조금씩 반경을 넓혀 가기 시작하였다. 특히 YMCA의 학습공동체 운동, 지역사회교육협의회와 생활협동조합에서의 동아리 활동 등은 매우 주목할 만하다.

2000년대는 학습동아리 운동을 평생교육 관점에서 본격적으로 접근하기 시작한 시기다. 평생교육 기관 및 단체의 소모임과 후속 모임, 평생교육자와 관련 활동가의 네트워킹을 위한 조직 활동, 온라인과 오프라인상의 동호회 활동 등의 형태로 학습동아리 운동이 활발해졌다.

2001년 당시 교육과학기술부가 평생학습진흥종합계획에서 전통적인 계모임을 학습동아리 운동으로 승화하는 방안을 향후 장기 정책 추진과제의 하나로 수립한 후 관련 정책연구가 뒤따랐다(이지혜 외, 2001).

2001년부터 2004년까지 19개 평생학습도시에서 2003년 560개, 2004년 총 902개, 2010년 3548개로 등록 학습동아리의 수가 계속적으로 증가하는 경향을 보였다. 2009년 제8회 전국평생학습축제에서 학습동아리 경연대회가 청소년, 성인, 노인 부문으로 나누어 성인 학습동아리 사례발표대회, 학습동아리 작품 전시 경진대회 등으로 개최된 데 이어 2010년에도 같은 유형으로 개최되었다(교육과학기술부, 평생교육진흥원, 2010).

학습동아리 활동을 하여 구성원 개개인은 스스로의 참여를 통해 각자가 지닌 개인적인 능력을 향상하며, 학습 주체가 소외되면서 느끼는 좌절감을 극복하게 하고, 학습자가 지역공동체에서 주체적인 행동과 성공적인 활동을 할 수 있게 한다. 그리고 다양한 교육 프로그램을 통하여 여러 가지 사회적 제약 요소로 인해 성취도가 약한 학습자에게 성취동기를 부여하고 사회봉사의식을 함양하여 지역사회공동체의 주체가 되도록 돕는다. 학습동아리가 이러한 역할을 수행할 때 평생학습시대의 학습 형태로서 적합한 의미를 가지며, 사회적으로는 공동체성 회복이라는 부수 효과를 거둘 수 있으리라 기대된다.

(3) 발전 방안 및 과제

지역평생교육 진흥과 학습문화 확산을 위한 노력의 일환으로 국가 단위의 관심은 물론 지역과 기관 차원에서 학습동아리의 육성과 활성화가 진행되고 있다. 학습동아리는 학습공동체로서 구성원이 서로 인정하고, 상대방의 학습을 위해

협동하는 가운데 성장하게 된다.

학습동아리 정책의 효율적인 운영을 위한 과제를 살펴보면 다음과 같다(교육과학기술부, 평생교육진흥원, 2008, 2010).

첫째, 학습동아리는 참여자의 자발성이 있어야 한다. 즉, 학습동아리가 운영되기 위해서는 각 개인이 상당한 정도의 학습의욕을 가져야 한다.

둘째, 학습동아리 활동에 계획성이 있어야 한다. 학습동아리는 쉽게 형성될 수 있는 조직이 아니다. 학습동아리가 구성되어 운영되고 있다는 것 자체는 상당한 정도의 학습의욕과 구성원의 수준을 반영한다. 학습동아리 종합발전계획을 수립하고 전국 단위의 학습동아리 DB를 구축하는 일이 필요하다.

셋째, 학습동아리 지원담당 실무자 및 지도자 연수를 실시하여야 한다. 학습동아리에 리더가 있고 그 역할이 중요하다. 리더가 반드시 내용의 전문가일 필요는 없지만, 리더는 모임을 잘 이끌어 나갈 수 있는 회의 진행법, 토론 운영법 등 학습동아리 운영에 대한 책임감이 있어야 한다. 일반적으로 학습동아리의 성패는 리더의 역할과 능력에 따라 많은 영향을 받는다고 할 수 있다. 또한 기관 단위에서의 학습동아리 육성에 대한 중요성을 인식하여 실무자를 배치하여 지속적으로 지원하여야 한다.

넷째, 학습동아리 활성화를 위하여 재정적 지원, 모임 장소 제공, 실천 활동을 통한 정보 제공 등의 지원을 확대해야 한다. 자발성에 기초하여 소요 비용을 참여자가 부담하고 있지만, 최소한의 필요경비 지원을 통해 학습동아리 활동의 동기를 부여할 수 있다. 학습동아리가 학습공동체의 기능을 수행할 수 있기 위해서는 이들 간에 상호작용 공간이 있어야 하며, 학습동아리 구성원 간의 정기적인 만남의 장소가 있어야 한다.

마지막으로 학습동아리 활동의 중요성 홍보, 학습동아리 발굴과 육성, 학습동아리 지도자 양성 및 파견 등 지역단위의 학습동아리 활성화를 위한 적극적인 지원이 이루어져야 한다. 학습공동체를 형성하고 학습문화를 조성하는 노력은 학습자 개인의 지속적인 성장과 지역사회의 발전을 이끌어 낼 것이다.

제16장

사회소외계층 능력개발정책

1. 여성능력개발

1) 여성능력개발의 현황

여성평생교육에는 여성의 일과 여가, 사회참여를 위한 다양한 영역이 있으나 정부가 예산을 지원하는 사업 중 대표적인 것은 직업능력개발 사업이다. 고용노동부는 재직여성과 실업여성, 여성부는 비경제활동여성을 대상으로 하는 사업을 중점적으로 추진하고 있고, 교육과학기술부도 고학력 여성을 대상으로 지역여성인재 육성사업을 수행하고 있다(교육과학기술부, 평생교육진흥원, 2010).

한국 여성의 경제활동 참가율은 2007년 말 당시 50.9%, 남성의 경제활동 참가율은 74.25%로 남성과 여성의 격차가 23.3%에 달하고, OECD 여성 경제활동 참가율 평균수준인 60.8%에 비해 약 10% 낮다. 여성의 연령별 경제활동 참가율은 25~29세 69.4%, 30~34세 56.1%, 35~39세 60.2%, 40~44세 66.2%, 45~

49세 66.5%로 30대 여성인력의 노동시장 퇴장이 심각하다(교육과학기술부, 평생교육진흥원, 2010).

노동연구원의 조사결과에 따르면 한국 성인의 평생학습 참여율은 여성 19.5%, 남성 23.8%로 선진국에 비하여 매우 낮은 것으로 보고되고 있다(곽삼근 외, 2007). 이처럼 성인의 평생학습 참여율이 낮은 것도 문제지만, 국가 인적 자원의 중요한 축을 차지하는 여성평생교육에 대한 부실한 정책은 더 심각한 문제가 아닐 수 없다.

2) 우리나라 여성평생교육의 역사

여성평생교육은 여성이 한 개인으로서 독립적이고 주체적인 삶을 살아갈 수 있도록 전문 능력을 부여하여 경제력을 갖출 수 있게 하고, 나아가 남녀 평등사회를 실현할 수 있다면 그 목적을 달성했다고 볼 수 있다. 여성평생교육은 1950년대 비문해 퇴치교육, 1960년대 교양 및 기술교육, 1970년대 직업 · 기술교육, 1980년대 여성의식교육으로 나눌 수 있다.

1950년대의 비문해 퇴치교육은 정부의 문맹퇴치 5개년 계획 추진의 일환으로 실시된 것으로 여성평생교육도 이에 중점을 두고 추진되었다. 1960년대부터는 전국의 여성단체에서 교양 및 기술 위주의 여성평생교육이 실시되었다. 1970년대에는 산업화 및 공업화로 인한 사회적 여건의 형성으로 여성에 대한 직업 · 기술 교육이 실시되었다. 1980년대 들어서는 여성의 주체성 함양을 위한 여성의식교육이 주를 이루었다.

여성평생교육이 현대적 의미의 조직적인 형태를 갖춘 것은 1922년에 창설된 YMCA에서의 광복 후 청소년이나 성인을 위한 교육이 효시였다. 프로그램으로는 다음과 같은 것이 있다.

① 교육 프로그램과 직업훈련

② 여가선용 및 취미활동

③ 보건체육활동

④ 고아원, 공민학교, 윤락여성 선도 등의 사회봉사 프로그램

⑤ 외국인 또는 외국 기관과의 국제친선 프로그램

광복 후의 여성평생교육은 여성을 대상으로 하되, 주제에 따라 남성도 참여할 수 있는 정규학교 이외의 교육기관에서 행해지는 조직적인 교육활동으로서, 학교교육의 한계를 극복하고 사회변화에 따른 새로운 교육요구에 부응하는 데 주안점을 두었다. 나아가 학교에서의 성차별적 교육 내용의 극복을 통하여 여성의 삶의 질을 향상하고, 여성의식을 높이며, 여성의 능력과 자질을 개발하여 남녀평등사회를 구현함으로써 여성의 인간화를 도모하는 데 목적을 두고 전개되어 왔다(교육인적자원부, 한국교육개발원, 2002).

곽삼근 등(2007)의 연구는 그동안 우리나라 대부분의 여성평생교육이 지나치게 개인적인 취미생활에 치우쳐 있음을 지적하였다. 또한 여성의 평생학습 참여율은 교양교육에서는 높지만 직장연수(36.2%:62.3%)나 직업훈련(5.9%:13.5%)에서는 남성과 현격한 차이로 낮은 참여율을 보이고 있다고 하였다. 이를 볼 때 한국의 여성평생교육이 성인 여성이 왜 배워야 하고, 무엇을 배워야 하는가에 대한 진지한 고민을 하지 않고 여기저기서 산발적으로 제공되는 취미 및 오락과정으로 왜곡되어 실시되고 있음을 알 수 있다.

따라서 이제는 인적자원개발 측면에서 여성평생교육은 예전처럼 꽃꽂이나 요리, 컴퓨터 기초 기능 익히기나 논술 지도 등과 같은 교양교육 또는 단순 직업기술에서 벗어나야 한다. 지금의 한국의 여성평생교육은 국가 차원에서의 인적자원개발이나 사회참여의 연계가 미흡하며, 이는 곧 여성평생교육의 진정한 본질에 도달하는 데 상당한 노력이 필요함을 말한다. 즉, 우리나라의 여성평생교육은 개인적 여가 활용에서 벗어나 여성의 사회 참여를 유도하고 여성 지위 향상과 여성문제 및 지역사회 문제 해결을 지향하는 사회참여형 여성평생교육이

되도록 하여야 할 것이다.

3) 여성평생교육

(1) 여성평생교육의 정책 현황 및 성과

여성평생교육 차원에서 고학력 경력단절 여성을 위한 정부 차원의 노력은 다른 선진국보다는 다소 늦은 편이나, 교육과학기술부와 여성가족부의 본격적인 시도는 2006부터 시작되었다. 여성의 경력단절을 방지하고 경제활동참가율을 높이기 위해 남녀고용평등법을 남녀고용평등과 일 · 가정 양립 지원에 관한 법률로 개정하였고, 이에 근거해 남녀고용평등과 일 · 가정 양립 기본계획(2008~2012)을 수립하였다. 교육과학기술부는 2006년 고학력 경력단절 여성의 재취업 지원과 진로 개발을 돕는 교육 프로그램을 개발하였고, 2007년에는 고학력 경력단절 여성 커리어 코칭 사업을 시작하였으며, 2008년에는 경력단절 여성 등의 경제활동 촉진법을 제정하여 중앙정부와 지방자치단체에서 이들을 위한 종합적인 대책을 마련하기에 이르렀다(교육과학기술부, 평생교육진흥원, 2008).

고학력 경력단절 여성 커리어 코칭 사업은 지방자치단체가 중심이 되어 해당 지역의 출산 · 육아 등으로 경력이 단절된 전문대졸 이상 여성에게 맞춤형 직업교육을 제공하여 재취업을 할 수 있도록 지원하는 것이다. 2007년 선정된 4개 지역은 고학력 경력단절 여성의 직업역량개발에서 취업지원에 이르기까지 통합 서비스를 제공하기 위하여 대학을 비롯한 교육훈련기관, 교육청, 산업체, 고용지원센터 등과 협력체계를 구축하고, 직업기초교육과 취업전문교육, 직업현장 체험까지 포함한 맞춤형 직업교육과정을 실시하였다.

이 밖에도 교육과학기술부는 여성의 역량개발을 위해 중 · 고 여학생의 이공계 진출을 지원하는 'WISE(Women into Science and Engineering) 사업', 공대 여학생의 역량개발을 목적으로 하는 '여학생 공학교육 선도대학 지원사업', 여

대생 진로지도를 위한 '여대생 특화 진로교육과정 지원사업' 및 30세 이상 여성의 역량개발을 위한 '지역여성인재 개발사업'과 '유아-중고령 여성 협력망사업'을 시행하고 있다(교육과학기술부, 평생교육진흥원, 2008).

여성가족부의 인력개발사업은 지자체 산하시설인 여성인력개발센터와 여성회관을 중심으로 전업주부, 미취업 성인여성의 훈련과 취업 지원에 초점이 모아지면서 여성 잠재인력의 활용도 제고 및 중소기업의 인력난 해소를 도모하기 위한 전업주부 재취업훈련 지원사업이 2004년부터 시행되어 왔다. 이 사업은 30~40대 여성을 중심으로 사회서비스 분야 여성 취업 지원, 지역사회 맞춤형 취업 지원, 전업주부 중소기업 취업 지원, 전문 직종 교육훈련사업 지원에 역점을 두고 있다. 2007년부터는 고학력 미취업 청년 여성 및 경력단절 여성을 대상으로 문화서비스 및 고급 IT 등 남성 집중 직종 중심의 교육훈련 시범사업을 실시하고 있으며, 2008년 현재 여성회관의 기능 합리화, 여성경력개발을 체계적으로 지원하는 시스템 구축사업 등을 추진 중이다(교육과학기술부, 평생교육진흥원, 2008).

이상에서 살펴보았듯이, 교육과학기술부와 여성가족부의 고학력 경력단절 여성을 위한 평생교육정책은 상당하지만, 실제로 프로그램을 눈여겨 살펴보면 주로 방과 후 학교 논술지도교사, 과학 · 수학 강사 양성 프로그램, 유휴 간호사 재취업을 위한 프로그램 등으로 대동소이하고 매우 제한적임을 알 수 있다.

(2) 고학력 경력단절 여성의 평생교육정책의 문제점

박성정 등(2005)의 연구에 따르면, 기혼여성은 취업정보 제공, 취업알선 기능 강화, 여성 유망 직종 취업과정의 개설, 직업 훈련교육과정의 다양화, 교육훈련비 지원, 훈련시간의 다양화 등을 희망하였다. 특히 30대 고학력 집단은 훈련 내용과 전문성을 중요시한 것으로 나타났고, 연령이 낮으면서 고학력일수록 창업이나 자영업을 희망하는 것으로 나타났다. 또한 김영경(2007)에 따르면 첫째, 고학력 경력단절 여성은 좋은 직장을 갖겠다는 의식에서 좋은 직업을 갖겠다는 의식의 전환을 이루고 있으며, 둘째, 경력 계획과 관리는 전공, 특기, 취미, 선호하는 분야의 교차 지점에서 이루어지고 있으며, 셋째, 소득보다는 자아성취와 자기계발이 되는 경력을 희망하고, 넷째, 전문가 또는 전문 프리랜서라는 일관된 경력의 목표를 추구하는 것으로 나타났다. 또한 이들이 원하는 교육 프로그램으로 첫째, 쓰임새나 목적성이 뚜렷한 맞춤형 과정, 둘째, 능력 검증과 장기적인 경력개발이 가능한 '전문 자격증 과정'이나 '시험 준비과정' 셋째, 최신 직업정보를 고려한 공신력 있는 전문교육, 넷째, 기혼여성의 여건을 고려한 인터넷 전문창업교육과 계속교육, 다섯째, 교육적 접근의 용이성 등을 요구하는 것으로 나타났다.

결국 고학력 경력단절 여성평생교육을 위한 정책으로 다음과 같은 것을 제안할 수 있다(교육인적자원부, 한국교육개발원, 2007).

① 고학력 경력단절 여성을 위한 직업능력개발과 취업알선의 원스톱 서비스 체제의 구축 필요
② 거주지를 중심으로 접근 가능한 직업과 훈련과정의 개설 및 훈련자 모두에게 개별적인 상담과정을 필수로 제공
③ 프로그램의 질을 높이기 위하여 개발과 운영에 대한 체계적 관리와 지원 강화, 장기적인 프로그램의 개발 필요
④ 장기간 노동시장에서 이탈된 경력단절 여성의 특수성을 감안하여 교육훈련 후 가능한 한 인턴 경험을 가지도록 지원
⑤ 고학력 여성의 전문성이나 특성을 발휘할 수 있도록 하기 위하여 여성에게 적합한 직종의 개발, 창업의 지원, 새로운 고용 형태의 개발을 통한 취업알선 등의 방안 강구
⑥ 고학력 경력단절 여성의 취업을 강화하기 위한 고용의 안정성과 지속성이 담보되는 단시간 근로제도와 같은 새로운 제도 도입

현재 정부지원 여성평생교육사업은 성인초기 여성의 직업능력개발에 집중되고 있지만 향후 여성평생교육사업은 생애 주기별 여성의 요구를 반영하고, 일, 교양, 여가, 사회참여 등 다양한 삶의 영역을 균형 있게 지원할 수 있도록 사업을 다각화하여야 할 것이다. 그리고 향후 교육과학기술부의 사업이 고학력 성인 여성 평생교육의 장으로서 대학의 기능과 역량을 강화하는 데 중점을 두는 방향으로 발전되어야 할 것이다(교육과학기술부, 평생교육진흥원, 2010).

2. 중장년 및 중도퇴직자 능력개발교육

1) 중장년 및 중도퇴직자 능력개발교육의 현황

우리나라의 직업능력개발정책은 1967년 직업훈련법이 제정된 이래 산업화에 필요한 기능 인력을 양성 · 공급하여 경제발전의 견인차 역할을 수행하였으며, IMF 위기 극복과정에서 청년 및 중장년 실업자 훈련의 확충을 통해 근로자 고용안정에도 크게 기여해 왔다. 1995년 고용보험제도로 직업훈련 의무제도가 흡수 · 통합되고, 1999년 근로자직업훈련촉진법(현 근로자직업능력개발법)이 제정되면서 직업훈련정책은 중고령자 및 중도퇴직자 등 다양한 소외계층을 대상으로 하는 평생직업능력개발사업으로 확대되었다. 그러나 정부 재정이 교육공급자에 대한 지원 · 위탁 교육방식으로 이루어짐에 따라 프로그램의 다양성과 질적인 문제가 야기되었고, 수요자를 고려한 평생직업능력개발 교육의 인프라 구축이 요구되는 상황이다(나영선, 2007).

'제2차 국가인적자원개발 기본계획(2006-2010)'에서는 학습사회, 인재강국 건설-인적자원분야 국가경쟁력 10위권 달성을 정책 비전으로 하면서 전 국민의 평생학습능력 향상을 위하여 평생직업교육 · 훈련체제 혁신을 강조하고 있다. 이 계획에서는 정책과제로서 인적자원개발 최적화를 위한 직업교육 · 훈련 · 평생학습체제의 혁신 및 중장년층 인적자원개발 촉진 등 평생학습과 관련된 과제를 다수 설정하고 있다(교육인적자원부, 한국교육개발원, 2006).

최근 우리나라의 중장년층은 조기 퇴직과 실직 그리고 최근 FTA 협상 체결로 인한 외국 근로자의 국내 기업 유입 촉진 등과 같은 국내·외의 환경적 요소로 자발적 혹은 비자발적 퇴직에 대한 고용불안을 가지고 있으며, 국가는 이들의 고용불안을 해소하여 직업생활이 연장될 수 있는 다양한 정책과제를 구상하고 있다. 저출산·고령화 사회에서 우리나라의 경우 중장년층의 노동시장 참여 확대와 활성화 정책이 단순히 고용 연장이나 많은 일자리를 주는 양적인 정책성과에 치우쳐 국가 차원에서 중장년층의 고용 능력과 관련된 지원정책은 미흡한 실정이다(김기홍 외, 2006).

중장년 및 중도퇴직자의 직업능력개발은 개인적인 측면에서 개인의 퇴직 전 직업과 관련한 변화에 대한 대처능력과 직업 전문성 확보 및 안정적 직업경력관리 등의 효과를 거둘 수 있을 뿐만 아니라 퇴직 후의 이·전직과 같은 재취업 가능성을 확대할 수 있다는 측면에서 중요하다.

2) 중장년 및 중도퇴직자 능력개발교육의 현황

사전적 정의에 따르면 중년은 40대에서 50대 사이의 연령인 사람을 말하며, 장년은 나이가 많은 사람으로 막연하게 지칭되고 있다(주인중, 2001). 고령자 고용촉진법 시행령 제2조 및 제15조(고령자 및 준고령자의 정의)에 따르면, 준고령자라 함은 50세 이상 55세 미만인 자이며, 고령자라 함은 55세 이상인 자로 규정하고 있다(주인중, 2001). 이렇게 중·장년층의 연령 범위는 보는 관점에 따라 다양하게 제시되고 있어 이들의 연령 구분을 명확하게 정의하기에는 한계가 있지만, 여기에서는 중장년층의 범위를 좀 더 광의적으로 보아 40세 이상 65세 미만의 중고령층으로 정하였다.

우리나라 중장년층의 경제활동참가율은 비교적 높은 편이며, 실업률도 청년

실업률에 비해 높지 않다. 이러한 이유로 중장년층의 노동시장 문제와 이들을 위한 정책에 대해서는 크게 관심을 두지 않고 있는 상태지만, 구조조정 및 인구의 고령화 추세에 발맞추어 중장년의 노동시장 문제에 대해서는 대비하여야 한다. 중장년 및 중도퇴직자의 전직 지원을 통한 재취업 현황은 취업훈련과 창업훈련으로 구분된다. 공공직업훈련기관의 취업훈련은 실업자 재취직, 고용 유지, 직업 전환, 훈련 지원 등 4개 과정에 걸쳐 이루어지며, 창업훈련은 창업교육과 사회적응 등 2개 과정으로 진행되고 소규모 제조업과 비교적 간단한 체인점 사업 등을 시작할 수 있도록 지원한다(교육인적자원부, 한국교육개발원, 2005).

중장년의 노동시장 실태를 경제활동 참가율 변화, 취업자 수 및 실업률 추이, 직종별 임금 수준 및 비율, 교육 수준, 직종별 경력 수 등을 중심으로 살펴보면 다음과 같다(교육인적자원부, 한국교육개발원, 2005).

첫째, 1998년 외환위기 시작 이후 중장년층의 경제활동 참가율은 급격히 떨어진 것으로 나타났으며, 그 이유는 기업의 구조조정 여파가 중장년층의 조기퇴직에 영향을 주었기 때문이다.

둘째, 취업자 수 및 실업률 추이에서는 2001년에 비해 2002년 중장년층의 경제활동 참가율이 완만하게 증가하는 것으로 나타났는데, 이는 고령화의 진전에 따른 중장년 인구증가로 비경제활동 인구수와 취업 인구수가 동시에 늘었기 때문이다. 한편 중장년층의 실업률은 청년실업률에 비해 낮은 편이었지만, 이들 실업자의 특성을 보면 실직 전에 일용근로자, 임시근로자, 단순노무직이었던 비율이 높아 중장년의 노동시장 진입 가능성에 구조적인 제약이 있었다.

셋째, 직종별 교육 수준에서는 중장년층의 경우 학력이 낮을수록 생산 관련 직종의 비중이 높고, 학력이 높을수록 사무 관련 직종의 비중이 높다.

넷째, 직종별 경력에서는 중장년층의 생산 관련 직종 근로자 중 1년 미만이나 1～5년 미만의 경력자 비중이 전 연령평균 비중보다 높게 나타났는데, 이는 정년퇴직이나 구조조정 등의 이유로 새로운 직종으로 전환하였기 때문이다. 반면 중장년층의 사무 관련 직종 근로자 중 1년 미만이나 1～5년 미만의 경력자 비중이 전 연령평균 비중보다 매우 낮게 나타났는데, 이는 사무 관련 정년퇴직 연령이 생산 관련 직종보다 길거나 구조조정 비율이 낮은 데 그 이유가 있었다.

3) 중장년 및 중도퇴직자 능력개발교육의 문제점

1997년 하반기부터 시작된 IMF 경제위기 이후 저성장 기조의 지속, 능력 위주의 고용유지정책, 성과 위주의 연봉제 도입, 노동시장의 유연화 현상 등으로 중장년층의 조기 퇴직문제는 심각하였다(최은수 외, 2000). 2008년에 이르러서도 세계금융위기의 여파로 주로 40대에서 50대층의 중장년층에 대한 구조조정이 심화되었다. 이들은 노동시장에서 청년층 실업문제와 더불어 새로운 소외계층으로 등장하였다. 이들의 이 · 전직과 창업을 통한 재취업에 대한 법 · 제도적, 행 · 재정적 지원체제는 여전히 매우 열악한 상태다. 현실적으로 중장년 퇴직자가 빠른 시일 내 재취업을 하지 못할 경우 '실망 실업' 형태로 전락하여 아예 취업을 포기하거나 실업 상태가 장기화하는 문제가 발생하게 된다. 중장년 및 중도퇴직자와 관련하여 다음과 같은 문제점이 제기된다(교육인적자원부, 한국교육개발원, 2005; 김기홍 외, 2006).

첫째, 중장년층 직업능력개발의 중요성에도 불구하고 공공과 민간 직업훈련기관, 기업의 직장 내 전직지원 프로그램, 대학 평생교육시설에서의 교육훈련 프로그램의 대부분은 기초 정보를 제공하는 수준에 머물러 있으며, 참여 학습자의 특성이나 요구를 반영하지 못하여 실효성이 떨어지는 상태이다.

둘째, 우리나라 임금 근로자가 실업자가 되거나 고용주와 자영업자, 무급 가족종사자 등 비임금 근로자로 전환되는 퇴출 연령은 평균 35세로 OECD의 국가 평균인 45세보다 10년이나 빠른 것으로 나타나고 있다. 퇴직 관련 시스템의 문제를 살펴본 결과 다양한 퇴직제도 미흡, 퇴직 후 지원 시스템 미흡, 짧은 정년, 퇴직 사전교육 부족 등이 나타났다.

셋째, 우리나라도 선진국과 같이 상시 구조조정 시대에 진입하여 이직과 퇴직

등 인력의 유동화가 본격화되고 있으나, 근로자의 감원에만 치중할 뿐 근로자의 재취업이나 창업을 위한 전직지원 서비스 제도와 퇴직관리 측면에는 소홀한 실정이다. 창업지원제도와 관련한 문제점으로는 복잡한 창업지원 장려금 신청 절차, 창업지원제도에 대한 예산 부족, 홍보 부족, 창업지원 프로그램의 다양성 결여 등이 있었다.

넷째, 전직지원제도와 관련한 문제점으로는 전직지원제도에 대한 근로자의 인식 부족, 대기업 중심의 전직지원제도, 전직지원 프로그램 부족, 복잡한 전직지원 장려금 지원절차 등이 있었다. 일부 국내 기업이 도입하고 있는 전직지원 서비스는 퇴직자의 성공적인 변화관리를 지원하는 컨설팅 프로그램으로 퇴직으로 인한 심리적 충격을 완화하며 상담을 통해 재취업이나 창업 등 새로운 진로를 개척할 수 있도록 도와주고 있으며, 이러한 전직지원 서비스는 더 많은 기업으로 확산되어야 한다. 또한 중장년 및 중도퇴직자를 위한 공공기관의 전직지원 프로그램은 미흡한 실정으로 민간 기업에서 전직지원 프로그램을 실시하는 기업은 소수이며 주로 전문컨설팅 업체에 위탁 형식으로 이루어지고 있다.

다섯째, 중장년 임금 관련 제도의 문제점으로는 연공서열식 임금제도, 임금피크제 도입 미비, 임금제도의 다양성 부족, 성과주의 임금체계 도입에 대한 노조 반발 등이 있었다.

여섯째, IMF 이후 일부 대학의 평생교육원에서 중장년을 위한 퇴직 준비교육훈련 프로그램으로 창업 관련 과정이나 퇴직 예정자 사회적응교육 프로그램을 운영하였으나, 현재는 거의 전무한 상태다.

이상에서 살펴본 내용을 종합해 보면 중장년층의 전직 및 퇴직 준비 프로그램 미비, 중소기업의 지원서비스 미흡, 종합 정보망 부족, 컨설팅에 국한된 전직 및 퇴직 준비 프로그램 실시, 전직 및 퇴직 준비 지원 프로그램의 낮은 효과성, 전직 및 퇴직 준비제도 홍보 부족 등이 전직 및 퇴직 준비 지원제도의 문제점으로 나타났다.

중장년층 인구의 빠른 증가와 젊은 생산활동인구의 지속적인 감소는 중장년 인력의 효율적인 활용 방안과 대책 마련을 요구하는데, 중장년층의 노동시장과 평생학습에 대한 실태에서 다음과 같은 시사점을 찾을 수 있다(교육인적자원부, 한국교육개발원, 2005; 이의규, 2006).

첫째, 중장년 조기 퇴직 예정자나 퇴직자가 취업을 통해 자신의 개인적 능력을 발휘하거나 사회적으로 적재적소에 활용될 수 있도록 여건을 마련해 주어야 한다. 예를 들어, 중장년 근로자가 변화하는 직업환경과 새롭게 개발된 기술에 잘 적응함으로써 직업수명을 연장할 수 있도록 집중적인 기술교육과 직무교육을 제공해야 한다. 또한 현직에 있는 중장년 근로자의 직무재교육에 걸림돌이 되는 경제적 · 시간적 문제를 해결하기 위하여 교육휴가제를 시행하여야 한다.

둘째, 노동시장과 연계된 중장년 조기퇴직자를 위한 평생학습 지원정책의 법적 근거를 마련하여야 한다.

셋째, 중장년 인력의 재취업을 위한 경력개발과 훈련 기회가 이루어질 수 있도록 제도적 보완을 해야 하는데, 예를 들어 평생직업 능력개발교육을 장려하고 지원하는 기업에 세제지원이나 사회보장분담금 감면, 교육훈련 비용 지원 등 국가 차원에서 다양한 인센티브제를 시행해야 한다. 다시 말해, 중장년(조기 퇴직 예정자나 퇴직자) 개인 직업경력개발의 기회를 확대하기 위해서는 퇴직 이전 직장에서의 퇴직 전 준비교육과 퇴직 이후의 퇴직교육을 철저하게 해야 하며, 이러한 퇴직 전/후 교육이 실행될 수 있는 법적 · 행정적 · 재정적인 유인체제를 구축하여야 한다.

넷째, 중장년층의 직업능력개발교육에 대한 높은 참여 유도를 위해서는 중장년층의 직업교육 참여가 자신의 취업과 성공에 실질적으로 도움이 될 수 있어야 한다. 따라서 중장년층의 평생교육에 대한 참여 활성화를 위해서는 인프라 정비 및 재정지원을 확대해야 하며, 정부 관련 부처 간과 민간 차원의 지원 협력체제를 구축하여야 한다.

4) 중장년 및 중도퇴직자 능력개발교육의 정책과제

노동시장과 연계한 중장년 평생학습 촉진과 조기퇴직자의 전직지원정책은 크게 다음과 같은 몇 가지 기본 방향에서 찾을 수 있다(교육인적자원부, 한국교육개발원, 2005; 김기홍, 2003; 최은수 외, 2000a).

첫째, 평균수명의 연장과 출생률 감소, 장기 불황으로 인한 노동시장의 유연화 등 노동시장의 변화에 대응하여 중장년 인력의 효율적 활용과 이들이 노동시장에서 배제되지 않도록 하는 교육 · 노동 · 복지 등을 통합하는 다양한 정책을 마련하여야 한다. 또한 중장년층이 사회의 중추적 인력으로 활동적인 고령화를 실현할 수 있도록 사회적 인력 활용 시스템을 재편하고, 그들이 필요한 교육 프로그램에 자유롭게 참여할 수 있게 정책적 지원과 노동의 질을 향상하여 항시적 고용 가능성을 높이는 평생학습체제를 구축해야 한다.

둘째, 노동시장과 연계된 중장년층의 평생학습을 활성화하기 위해서는 국가의 평생교육 진흥을 위한 책무성을 강조하여야 한다. 그러나 평생교육법에는 교육의 대상적 차원에서 중장년과 노인의 교육에 대한 내용이 포함되어 있지 않다. 그러나 이들을 위한 교육도 법에 의해 그 중요성이 강조되고, 또한 이들을 위한 교육기관도 평생교육시설로 인정하여 교육의 전문성과 정체성을 확보할 수 있도록 해야 한다.

셋째, 노동시장에서 중장년층의 재취업 기회를 막고 있는 사회적 편견, 기업의 인사 관행 등을 해결할 수 있는 법 · 제도를 개선하고 이들의 고용을 원활하게 지원할 수 있는 행 · 재정적 지원을 해야 한다. 최근의 노동시장은 신규 취업자보다는 퇴직자가 더 많아 청년층 취업문제와 더불어 중장년층의 고용안정과 사회복지문제가 사회적 관심으로 등장하고 있다.

넷째, 중장년 조기퇴직자가 갖게 되는 여러 가지 문제를 해결하기 위해서 적극적인 교육훈련과 같은 공급 측면의 직업경력개발 정책을 마련해야 하며, 동시에 고용주가 실업기간을 근로자의 능력을 판단하는 선별기준으로 삼거나 근로자가 장기간의 실업에 따라 근로의욕 저하 문제가 생길 경우 고용주의 부정적 태도를 극복하고 노동시장과의 연계를 유지할 수 있는 일자리를 마련하는 수요 측면의 정책이 필요하다. 장기 실업자에 대한 이러한 공급과 수요 측면에서의 직업경력개발은 실업자에 대한 사회보호와 함께 인력개발을 통해 취업능력을 제고하는 적극적인 노동시장정책의 기능을 수행하여야 한다.

다섯째, 개인의 직업경력개발을 위해 참여하는 근로자나 퇴직자의 교육훈련 비용 부담을 낮추고 교육훈련 수요를 촉진하기 위해서는 교육훈련 프로그램의 다양화와 자율적으로 선택하는 유인체제 및 교육훈련의 우대 지원, e-러닝(e-Learning)의 확대, 학습휴가제 도입 등 재정적 · 시간적 지원 방안을 마련하여야 한다.

3. 생산적 노인인력 양성

1) 생산적 노인인력 양성의 배경과 중요성

노인평생교육은 1972년에 종로의 서울평생교육원이 개설한 노후생활강좌로 시작되었고, 1981년 한국성인교육협회가 대한노인회로 흡수되면서 노인교실을 설치 · 운영하였으며, 현재는 교육과학기술부의 평생학습정책과와 보건복지가족부의 노인지원과에서 행정관리를 담당하고 있다(교육과학기술부, 평생교육진흥원, 2008).

우리나라의 65세 이상 노인인구는 2008년 7월 1일 현재 10.3%(501만)로 고령화 사회를 넘어 급속히 고령사회로 진입하고 있는 추세다(통계청, 2008). 이러한 경향은 더욱 가속화되어 2018년에는 14.3%로 '고령사회', 2026년에는 20.8%로 초고령 사회에 도달할 전망이다. 이러한 인구의 고령화 속도가 세계적으로 그 유래를 찾아보기 어려울 만큼 매우 빠르게 진행되고 있음에도 노인은 강제적 혹은 자발적으로 노동과 사회참여에 대한 기회를 박탈당하는 처지에 놓여 있다.

우리보다 먼저 인구고령화를 경험한 OECD 국가는 인구고령화가 서서히 이루어져 사회제도적인 기반을 마련할 충분한 시간을 확보할 수 있었으나, 우리나라의 경우는 인구고령화가 급속하게 진행되어 이를 미리 대비하지 못함으로써 정부에서도 단기적이고 임시적인 처방으로 일관하고 있다. 2001년부터 교육과학기술부에서 추진 중인 '소외계층 평생교육 프로그램 지원사업'은 현재 중앙정부 차원에서 시행하는 유일한 노인평생교육 지원사업이며, 그 외에는 노인복지관, 대한노인회 산하 노인교실, 대학 평생교육원, 종교기관 및 평생학습관 등에서 노인평생교육 프로그램을 운영하는 실정이다(교육과학기술부, 평생교육진흥원, 2008).

오늘날 우리나라의 산업사회는 역할 상실 및 여가문제, 수입 감소 및 경제적 의존문제, 건강문제 및 사회적 고립과 소외 등의 노인문제를 유발하고 있다(이혜영, 2006). 이러한 노인 문제 중에서 우리나라 노인이 겪고 있는 큰 고통 중의 하나는 경제적 어려움이다. 특히 급속히 감소하고 있는 전통적인 노부모 부양의식과 급속한 인구 고령화에 미처 대비하지 못한 정부의 노인 소득보장제도의 미비로 인해 나라의 경제발전과 노부모 및 자녀부양에 자신을 희생하면서 노후준비를 하지 못한 현재의 많은 노인은 경제적 어려움에 직면하고 있다.

이와 같은 노인빈곤 또는 노인의 생계문제는 노인 인력의 사회적 활용, 특히 노인의 적극적인 경제활동인 취업을 통해서 그 해결책을 찾을 수 있는데, 정부에서는 1980년대부터 노인문제와 고령인력 활용에 공식적인 관심을 갖기 시작했다. 노인복지법과 고령자고용촉진법, 고용보험법을 제정하여 고령자의 취업장려에 현실적인 대안이 될 수 있는 기틀을 마련하였고, 2005년에는 저출산 · 고령사회기본법을 제정하여 노후소득보장체제 구축 및 노인 일자리 창출을 위한 필요 조치를 강구하고 있다.

그러나 우리나라의 취업정책은 주요 선진국의 수준에 비해 상당히 열악하여 노인에게 경제적인 도움을 주지 못하고 있는 실정이며, 몇 년째 지속되는 경제

불황으로 실업이 증가하면서 노인의 취업은 청년실업과 맞물려 경쟁이 치열해지고 있다. 노인인구의 급증에도 불구하고 노인 취업과 관련한 정책이 부진한 원인을 찾아내기 위해서는 노인 취업과 관련한 정책의 집행 실태와 기관별 노인 취업 프로그램의 운영 실태가 어떠한지를 통계자료에 기초해 분석한 후, 부진한 노인 취업의 저해 요인이 무엇인지를 찾아내고, 그 저해 요인을 해결함으로써 노인 취업을 활성화할 수 있는 구체적인 방안을 제시하는 것이 필요하다.

앞으로 노인복지는 요보호 노인에 대한 접근뿐만 아니라 노인이 자신의 적성과 능력에 맞는 맞춤형 일자리에 취업해서 임금소득이 늘어날 수 있도록 노인 취업에 대한 활성화 방안을 강구함으로써 노인이 건강하고 독립적인 삶을 누릴 수 있게 제공되어야 한다.

2) 생산적 노인인력 양성의 현황 및 문제점

(1) 고령화 사회와 노인문제

흔히 노인문제를 노인의 사고(四苦)라고 표현한다. 즉, 노인이 되면 사회적 역할이 상실되고 이로 인하여 수입이 감소되며, 평균수명은 연장되었으나 노화에 따른 건강 약화로 유병장수(有病長壽)하고, 노년기의 여러 가지 상황 변화로 쉽게 소외와 고독감에 빠지게 된다. 노인이 겪는 가장 어려운 문제에 대하여 조사한 바에 따르면, 경제적 어려움이 44.6%로 가장 높고, 건강문제 30.1%, 외로움 · 소외감 6.4%, 소일거리 없음 6.3%, 직업 없음이 4.9% 순으로 나타났다(통계청, 2005).

① 수입 감소

현대사회에서 퇴직이 제도화되면서 노인은 퇴직 전에 비하여 줄어든 소득으로 인해 경제적 어려움을 겪고 있다. 통계청의 2005년도 사회통계조사 자료에 따르면, 2005년 현재 전체 국민의 3.0%가 국민기초생활보장 혜택을 받는 데 비해 65세 이상 노인의 경우에는 8.4%가 기초생활보장수급자다. 전체 국민기초생활보장법 수급자 중 65세 이상 노인은 25.8%로 나타나 노인의 소득 수준이 상대적으로 열악함을 알 수 있다. 사회보장제도가 일찍이 자리를 잡은 서구사회에서는 대부분의 노후생활비를 연금에 의존하는 반면, 우리나라에서는 아직까지 자녀에게 의존하거나 재취업 등으로 직접 일을 하여 마련하는 비율이 높다.

2 건강 약화

한국보건사회연구원의 전국 노인 조사에 따르면, 65세 이상 노인인구의 90.9%가 만성질병을 한 가지 이상 앓고 있으며, 주요 만성질환의 종류를 보면 관절염(43.1%)이 가장 많으며, 그다음으로 고혈압(40.8%), 요통 · 좌골통(30.6%), 당뇨병(13.8%) 등 장기치료나 요양이 필요한 만성퇴행성 질환을 갖고 있다(정경희, 2005).

3 역할 상실

과거 전통사회에서 노인은 가정의 중요한 일의 결정자, 전통의 전수자, 손자녀의 교육자, 집안문제의 조정자, 주요 행사의 주관자 등 중요한 역할을 해 왔다. 그러나 현대사회에서 가족제도가 대가족에서 핵가족으로 바뀌면서 노인은 가정 내에서 보조적, 주변적 역할만 담당하게 되는 경향이 있다. 특히 여성노인은 집안일과 손자손녀 돌보기 등의 역할을 도맡아 하는 경우가 많다(모선희 외, 2005).

4 소외 및 고독

교육 수준에 따른 세대 간 지식 수준의 차이와 사고방식의 차이로 인해 대화단절과 노인집단의 소외감을 초래하게 되었다. 또한 현대화의 특징 중 하나인 도시화는 젊은 세대의 지리적 이동을 유발하여 세대 간의 공간적 고립을 가져왔다(모선희 외, 2005).

5 부양 · 보호 문제

과거 농경사회의 노인은 장남 혹은 아들 가족과 살면서 부양과 보호를 받아 왔지만, 현대사회에서는 대체로 자녀와 별거하여 노인 혼자 또는 노부부끼리만 사는 노인 단독세대의 비율이 늘어나는 추세다. 최근 전국노인 조사에서도 3세대 동거는 31.8%인 데 비해 노인 단독세대는 51.2%로 나타났다(정경희, 2005).

6 여가활용 문제

현재 노인세대는 적극적 여가활동을 실천하고 있지는 못하다. 이들의 대부분은 평생교육 프로그램의 참여나 자원봉사활동, 컴퓨터 및 인터넷 활용과 같은 활동보다는 TV 시청이나 가족과 시간을 보내고 있으며 이를 통해 즐거움을 느끼고 있는 것으로 나타났다. 그리고 평생교육이나 자원봉사 등에 참여하고 있는 노인의 비율이 4%대로 매우 낮으며, 향후 희망률도 높지 않게 나타났다. 그러나 사회가 급격히 변화하면서 65세 이상의 노인일지라도 전기 노인층과 후기 노인층 간에는 건강, 경제, 교육수준에 차이가 있을 뿐만 아니라 노후에 대한 가치관에도 큰 차이가 나고 있다. 즉, 점차 전기 노인층일수록 쉬면서 보내는 노후보다는 적극적으로 활기찬 노후 생활을 희망하고 있으므로 이에 대한 새로운 정책이 요구된다(정경희, 2005).

(2) 우리나라 노인 취업 현황

우리나라 노인도 평균수명의 증가와 영양 상태의 개선, 의학의 발달로 경제적 활동을 할 수 있음에도 IMF 이후 기업의 정년퇴직 및 구조조정으로 인한 조기퇴직이 급증하여 취업이 어려운 실정이다. 이러한 노인 취업의 총괄적인 현황을 살펴보겠다.

1 경제활동 참가 현황

2005년도 통계자료를 보면 2005년도 65세 이상 경제활동 참가율은 30.0%다.

1998년 IMF 영향으로 27.5%의 경제활동 참가율을 보이다가 경제가 회복되면서 노인의 경제활동 참여가 늘어 2002년 한일월드컵 때에는 30.7%까지 증가하였다. 그러나 경제 불황에 따른 기업의 구조조정 등의 영향으로 2003년에 28.7%로 감소되었다가 이후 조금씩 회복되고 있는 추세다(통계청, 2006).

2 산업별 · 직업별 취업 현황

2005년도 65세 이상 노인의 산업별 취업자의 구성을 보면, 농림 · 어업이 52.7%로 가장 많고, 사업 · 개인 · 공공 서비스업이 18.5%, 도소매 · 음식 · 숙박업이 12.2%, 광공업이 5.3% 등의 순으로 나타났다. 산업의 발달로 농업인구가 감소하면서 젊은 노동력이 비농업 부문으로 이동하게 되면서 고령층은 생산성이 낮은 농업에 종사하며 대부분 저소득층으로 전락하고 있다(통계청, 2006).

3 직종별 월 급여 수준과 인기 직종

2004년도 60세 이상 고령자의 직종별 월 급여 수준을 보면, 임금근로자의 직종별 평균에 비해 20.4%가 낮은 79.6%로 나타났다(통계청, 2006).

4 취업 의사 및 취업 이유

노인의 취업 욕구는 성별, 고용 상태, 연령 등에 따라 크게 차이가 있다. 55세 이상 고령자를 대상으로 한 통계청의 자료에 따르면, 57.9%가 취업을 원하고 있으며, 취업 이유는 생활비 보탬이 34.3%, 일하는 즐거움이 17.4%로 나타났다. 연령별 취업 의사를 보면 55~64세는 무려 71.4%, 65세 이상은 훨씬 줄어든 43.1%가 취업을 원하고 있다. 이와 같이 아직까지도 65세 이상 노인의 과반수가 취업하기를 원하지 않음을 알 수 있다(통계청, 2005).

(3) 노인 취업 관련 법적 근거

정부에서는 노인 취업을 촉진하기 위하여 노인복지법, 고령자고용촉진법, 고용보험법, 고용정책기본법, 저출산 · 고령사회기본법, 근로자직업능력개발법 등에 있는 규정을 근거로 정책을 수립하고 프로그램을 운영하고 있다.

① 노인복지법

노인복지법 제23조에서 "국가 또는 지방자치단체는 노인에게 적합한 직종의 개발과 그 보급을 위한 시책을 강구하며 근로능력이 있는 노인에게 일할 기회를 우선적으로 제공하도록 노력하여야 하고, 노인 취업의 활성화를 기하기 위하여 노인복지 관계기관에 대하여 필요한 지원을 할 수 있도록" 의무를 부여하고 있다.

② 고령자고용촉진법

고령자고용촉진법은 "고령자가 그 능력에 적합한 직업에 취업하는 것을 지원 · 촉진함으로써 고령자의 고용안정과 국민경제의 발전에 이바지함"을 목적으로 하고 있다. 이에 따라 고령자의 직업능력개발 · 향상과 작업시설 · 업무 등의 개선을 통하여 고령자에게 능력에 상응한 고용 기회를 제공함과 아울러 정년연장 등의 방법으로 고령자의 고용이 확대되도록 노력하고 근로자의 모집, 채용 또는 해고를 함에 있어 고령자임을 이유로 차별하지 말 것을 명시하고 있다.

또한 고령자고용촉진법 제4조의3에서 정부가 5년마다 '고령자의 고용촉진에 관한 기본계획'을 수립하도록 의무화하였으며, 또한 제11조의4에서 고령자에 적합한 사회적 일자리 창, 고령자의 자영업 창업지원, 고령자를 대상으로 하는 취업박람회 지원, 고령자 고용촉진과 고용안정에 관한 정책의 수립과 제도 개선에 필요한 조사와 연구, 고령자인재은행, 중견 전문인력 고용지원센터 등 관련기관의 종사자에 대한 교육 또는 필요인력의 양성, 고령자고용 강조기간의 설정 · 추진, 고령자 고용 우수기업의 선정 · 지원을 하도록 하였다.

③ 고용보험법

고용보험법 제18조에서 고용노동부 장관은 고령자 노동시장에서 취업이 특히 곤란한 자의 고용을 촉진하기 위하여 고령자를 새로이 고용하거나 기타 이들의 고용 안정에 필요한 조치를 취하는 사업주에게는 필요한 지원을 한다. 지원 종류는 고령자고용촉진 장려금, 신규고용촉진 장려금, 중장년훈련수료자채용 장려금, 임금피크제 보전수당이 있다.

④ 고용정책기본법

고용정책기본법 제16조에서 국가는 고령자 등의 고용촉진을 위하여 그 취업에 적합한 직종의 개발, 직업능력개발 기회의 확대, 고용정보의 제공, 기타 필요한 조치를 하도록 하고, 사업주 기타 관계자에 대하여 고령자 등의 고용 기회를 확대하고 작업환경 및 업무개선을 촉진하기 위하여 관련 자료를 제공하는 등 필요한 지원을 하도록 하고 있다.

⑤ 저출산 · 고령사회기본법

저출산 · 고령사회기본법은 저출산 및 인구의 고령화에 따른 변화에 대응하는 저출산 · 고령사회정책의 기본 방향과 그 수립 및 추진체제에 관한 사항을 규정함으로써 국가 경쟁력을 높이고 국민의 삶의 질 향상과 국가의 지속적인 발전에 이바지함을 목적으로 하고 있다.

⑥ 근로자능력개발법

근로자능력개발법은 근로자직업훈련촉진법에서 2005년 1월 1일 자로 법명을 개정한 법으로 고령자를 직업능력개발 훈련에서 중요하게 다루어야 할 대상자로 포함하고 있다. 제12조에서 국가 및 지방자치단체가 고용 촉진 및 안정을 위하여 고령자에게 직업능력개발 훈련을 실시할 수 있도록 규정하였다.

3) 노인 취업의 실태와 저해 요인

노인 취업을 늘리기 위하여 관련 법령에 따라 많은 정책이 시행되고 있는데, 노인 취업과 가장 연관이 많은 주요 정책의 추진 실태를 살펴보고 노인 취업을 저해하는 요인을 분석하였다.

(1) 고령자 기준 고용률

고령자고용촉진법에서 상시 300인 이상의 근로자를 사용하는 사업주는 고령자 기준 고용률을 제시하여 일정 비율 이상의 고령자를 채용하도록 권장하고 있다. 고령자고용촉진법에 의거해 상시 300인 이상 근로자를 사용하는 사업주가 고령자 기준 고용률을 지킨다면 노인의 취업은 증가할 것이다. 고용노동부의 2005년도 통계에서도 나타났듯이 기준 고용률을 초과한 사업장보다 미달한 사업장이 더 많다. 이는 노인인구의 증가에 비하여 기준 고용률이 너무 낮게 책정되어 있다는 것과 고령자 고용촉진을 위하여 기업체에서 지급되는 장려금의 효과가 미미하기 때문이다.

(2) 직업훈련

고령자고용촉진법 제6조 및 근로자직업능력 개발법 제12조에 의하여 국가 및 지방자치단체가 고령자에게 직업능력개발 훈련을 실시하고 있다. 고령자를 위한 직업훈련으로는 현직 근로자에게 제공되는 직업능력개발 훈련이 있으며, 실업자 및 취업희망자를 대상으로 하는 실업자 직업훈련, 취업 지원훈련, 정부위탁훈련, 기능사 양성훈련 등이 있다.

그러나 노인취업과 관련하여 여러 가지 부족한 점이 발견되고 있다(나영선 외, 2005).

첫째, 대부분의 직업훈련 기관이 체계적인 학습 프로그램을 가지지 못한 채 단기적인 훈련에 치중하고 있다. 따라서 새로운 능력개발이 불가하고 급여를 많이 받을 수 있는 직종으로 전직하기도 어렵다.

둘째, 노인 직업훈련 전문기관이 부족하다. 현재 서울시 노인취업훈련센터를 제외하면 전문 노인전담 직업훈련기구가 없다. 한국고용정보원이나 고령자 인재은행에서도 55세 이상의 고령자를 위한 직업훈련은 실시하고 있으나 65세 이상의 노인에 대한 별도의 프로그램은 운영하지 않고 있다.

셋째, 직업훈련에 대한 홍보가 부족하고 훈련 직종이 다양하지 않아 참여자가 부족하다. 한국고용정보원의 통계자료에도 나와 있듯이 실업자 직업훈련은 전체 훈련자의 1.4%, 직업능력개발훈련은 전체 참여자의 0.15%에 불과함을 볼 때, 직업훈련에 대한 홍보가 부족하고 기업체에서 고령자가 참여할 수 있는 여건을 제공하지 않는 것으로 보인다.

4) 노인취업 프로그램

노인취업과 관련된 프로그램을 운영하는 기관은 4개 기관으로 보건복지부, 고용노동부, 서울시, 한국경영자총협회다. 먼저 보건복지부에서는 일자리전담기관인 한국노인인력개발원을 설치하여 노인일자리사업을 추진하고 있으며, 취업지원센터를 운영하고 있다. 시니어클럽과 노인 공동작업장은 보건복지부에서 추진하다가 지방자치단체에 이양하였다. 고용노동부에서는 고용지원센터, 한국고용정보원, 고령자 인재은행을 운영하고 있으며, 서울시에서는 고령자취업알선센터를 운영하고 있다. 그리고 한국경영자총협회에서는 고급인력정보센터를 운영하고 있다.

(1) 보건복지부 소관 사업

① 노인일자리사업

이 사업의 운영 주체는 보건복지부, 한국노인인력개발원, 광역자치단체, 기초자치단체, 사업수행기관으로 나눌 수 있다. 보건복지부에서는 노인일자리 정책 결정 및 종합계획 수립, 노인일자리사업에 대한 법령 및 제도 운영, 지방자치단체, 사업수행기관의 노인일자리사업 지원, 대국민 홍보를 수행하고 있다. 한국노인인력개발원에서는 전국 노인일자리사업 추진 총괄 및 지원, 지역의 수행기관 간 연계 · 조정, 노인일자리 개발 및 평가, 노인일자리 관계자 교육 및 정책 포럼 개최, 노인인력에 대한 정책개발, 노인인력 전산시스템을 구축하는 업무를 수행하고 있다.

광역자치단체에서는 시 · 도 노인 일자리사업 추진계획 수립 및 재정 지원, 박람회 개최, 사업수행기관 전담인력 교육을 맡고 있다. 기초자치단체에서는 시 · 군 · 구의 노인일자리사업 추진계획 수립, 사업 수행기관 선정, 운영관리 및 재정지원, 노인일자리사업 발대식 수행, 참여자 통합소양교육 실시 지원, 노인 일자리 박람회 개최 지원 등의 업무를 수행하고 있다.

노인일자리사업은 크게 공익형, 교육형, 복지형, 시장형, 인력파견형으로 구분된다. 공익형은 지방자치단체가 운영 주체가 되며, 교육형과 복지형은 노인복지회관에서 수행하는 것을 원칙으로 하되 지역 특성에 따라 비영리단체 또는 기관에 위탁하여 수행할 수 있다. 시장형은 시니어클럽이 수행하는 것이 원칙이나, 노인복지관 등 비영리단체 및 기관에서도 운영할 수 있다.

노인일자리사업은 일자리전담기관인 한국노인인력개발원을 설치하고 일자리 창출에 심혈을 기울여 매년 일자리가 늘어나고 노인취업이 증진되는 효과가 나타나고 있다. 그러나 이러한 노인일자리사업에도 몇 가지 문제점이 있다(나영선 외, 2005).

첫째, 공익형 일자리에 치우쳐 있으며 급여 수준이 매우 낮다. 인력파견형과 시장참여형은 구직자의 능력에 따라 더 많은 급여를 체결하여 소득이 높지만, 국가예산으로 지급하는 공익, 교육, 복지형은 월 20만 원 이내로 지급하고 1년에 7개월만 일할 수 있도록 지침이 되어 있기 때문에 용돈 수준인 월평균 12만 5000원 이내의 소득을 얻고 있다. 둘째, 일자리 창출 실적이 낮다. 2002년 대통령 공약 당시에는 2007년까지 30만 개의 노인일자리를 만들겠다고 하였는데 실제 2007년의 목표는 1/3의 수준인 11만 개에 머물렀다.

② 시니어클럽

시니어클럽은 한국 시니어클럽협회와 37개 지역사회 시니어클럽으로 조직되어 있다. 협회에서는 시니어클럽의 균형적인 발전과 활성화를 위하여 업무를 지원하고, 시니어클럽 종사자와 사업 참여자의 권익을 보호하며, 노인일자리 및 시니어클럽의 운영 관련 정책 사항을 건의한다. 지역사회 시니어클럽은 지역 노인일자리 전담기관으로서의 기능 및 역할을 수행하고, 지역 특성에 적합한 시장형 노인일자리사업을 전문으로 수행하며, 지역사회의 노인인력을 활용하기 위한 교육훈련 및 사후관리와 일하는 노인을 위한 지역연대 및 기타 관련 사업 등을 하고 있다(한국노인인력개발원, 2007).

시니어클럽은 노인일자리사업 중에서 지역 특성에 적합한 시장형 일자리사업을 전문으로 수행하는 기관으로서 일자리사업 추진과 노인일자리 개발에 특별한 성과를 거두고 있다. 그러나 몇 가지 문제점이 제기되고 있다(한국노인인력개발원, 2007). 첫째, 실적관리가 미흡하다. 매년 클럽별로 3000만 원의 예산이 지원되고 있으며, 한국노인인력개발연구원에서 노인일자리사업 전체를 통합 관리하고 있는데 실적관리가 제대로 되지 않는 형편이다. 둘째, 시니어클럽이 지역 특성을 살려서 시장형에 주력하고 있기 때문에 인력파견형에 대한 일자리 발굴 실적이 저조하다. 셋째, 전국을 관할하기에는 기관이 매우 부족하다. 광역시, 도별 1~5개의 기관이 있기 때문에 5~6명의 직원이 해당 시 · 군 · 구 이외의 다른 지역까지 관할하기가 어렵다.

(2) 노동부 소관 사업

① 고용지원센터

고용지원센터는 취업 전반에 걸친 업무를 시행하고 있기 때문에 취업을 희망하는 고령자가 많은 편이고, 매년 취업률이 늘어나고 있다. 65세 이상 노인에 대한 취업 현황을 보면, 2004년에 12.8%, 2005년에 14.9%, 2006년에 17.9%로 2~3%씩 취업률이 증가하고 있으며, 취업자는 2004년 557명에 비하여 3.3배 증가한 1868명이었다. 하지만 고용지원센터는 취업 업무뿐만 아니라 고용 전반에 걸친 업무를 취급하기 때문에 취업 분야만을 전문으로 취급하는 보건복지가족부의 취업지원센터의 67.4%나 고령자 인재은행의 56.4%에 비하면 훨씬 낮은 취업률을 보이고 있다. 또한 취업 상담 및 알선을 워크넷(Work-net)에 지나치게 의존해서 상담과 알선을 하고 있기 때문에 정보 제공에는 도움을 주지만 맞춤형 취업은 어렵다(노동부, 2007).

[2] 한국고용정보원

한국고용정보원은 취업 사이트인 워크넷을 총괄하고 있으며, 이 사이트를 이용하여 취업을 알선하고 있기 때문에 인터넷을 이용하지 못하는 노인은 취업정보가 부족하여 취업을 할 수가 없다. 그리고 취업사이트인 워크넷만을 이용하여 취업을 알선하기 때문에 알선 실적은 많지만, 구인자와의 연결 부족으로 취업 실적은 10%에도 미치지 못한다.

5) 노인 취업 활성화 방안

노인 취업을 활성화할 수 있는 방안으로 다음 세 가지 관점을 생각해 볼 수 있다(교육과학기술부, 평생교육진흥원, 2008; 교육인적자원부, 한국교육개발원, 2006).

(1) 정책적 관점

인간은 일을 통하여 자아를 실현하고 자기만족을 얻으며, 경제적 생활수단을 확보하여 삶을 영위하는 존재다. 이렇게 보면 노인이라고 할지라도 일할 수 있는 한 일을 하도록 하는 것이 복지정책의 기본 방향이라고 할 수 있을 것이다.

첫째, 노인취업정책을 일원화하여야 한다. 국가 차원에서 종합적인 노인고용정책을 수립하여야 하고, 효율적인 전달체계를 구축하여야 한다.

둘째, 고령자 기준 고용률을 10% 이상 점진적으로 상향 조정하는 것을 100인 이상 기업체로 확대하여야 하고, 이에 따른 강제적 규정을 강화하여야 한다. 또한 65세 이상 노인의 의무고용제와 조세감면 및 장려금 지원을 확대하여야 한다.

셋째, 정년연장의 법적 장치를 마련해야 한다. 1단계로 60세 정년의 보편화, 2단계로 65세까지 고용, 그리고 장기적인 관점에서 정년을 폐지하여야 한다.

넷째, 고령자 고용촉진에 대한 장려금 지원을 확대해야 한다. 정년퇴직 후 재고용에 대한 장려금을 확대하고 고령자 신규채용 및 다수고용촉진 장려금의 지원대상과 지급원칙을 정비해야 한다.

다섯째, 직업훈련사업을 개선해야 한다. 직업훈련 연계체제를 개발하고, 전문 훈련 직종의 개발 및 훈련 실시 기관을 전문화하여야 한다. 그리고 노인 훈련 참여자에 대한 대폭적인 지원이 필요하며, 노인 훈련교육은 지역을 기반으로 하고 홍보를 충분히 해야 한다.

여섯째, 고령자 우선 고용 직종을 개선해야 한다. 직무의 구조를 바꾸고, 고령자 유망 직종을 개발하여 노인이 우선으로 취업할 수 있도록 배려하고, 고령자 우선 고용 직종과 노인일자리사업을 구분하여야 한다.

일곱째, 노인복지 예산을 확대해야 한다. 노인복지예산을 선진국 수준으로 확보하기는 어렵지만 노령인구의 증가 비율만큼은 노인복지 예산을 늘려야 할 것이며, 필히 노인취업과 관련된 예산을 확대해야 한다.

여덟째, 현행 시설 중심으로 되어 있는 관리체제에서 탈피하여 기능 중심의 관리체제로 전환하야 하며, 노인 평생교육에 대한 역할과 기능 및 체제를 명확히 규정하는 방향으로 법령을 개정해야 한다.

(2) 프로그램 운영의 관점

취업욕구가 있거나 취업을 하지 않고서는 생계가 어려운 노인을 위하여 현존하고 있는 노인취업 프로그램에 대한 다각적인 활성화 방안을 마련해야 한다(교육과학기술부, 평생교육진흥원, 2008).

첫째, 노인취업 대상자를 일원화하여야 한다. 고용노동부와 보건복지부에서 사업 대상으로 삼는 노인과 고령자의 기준 나이를 보건복지부의 65세로 일원화해야 한다.

둘째, 노인일자리 제공 사업의 수요와 공급의 양 측면을 고려한 일자리를 창출 · 유지 · 개발하고 훈련 · 교육 · 배치의 전 과정을 지속적이고 체계적으로 관리하기 위해서는 노인일자리 정보화체제를 구축해야 한다.

셋째, 노인취업알선기관에서 노인의 퇴직 전 직종, 건강 상태, 희망 직종, 희망 재취업 훈련, 임금 등을 고려하여 심층적으로 상담하고 맞춤형 취업을 알선하기 위해 취업 직종을 다양화하여야 한다.

넷째, 취업희망노인에 대한 자료를 기능별로 구축하여 기업이 요구하는 인재를 지체 없이 공급하기 위해서 취업알선 전문 인력을 확충해야 한다. 이를 위해서는 정부의 예산지원 확대가 필수다.

다섯째, 취업알선기관을 통합하여야 한다. 분산되어 있는 취업알선기관을 통합하여 장애인 취업을 활성화하기 위해 만든 장애인고용촉진공단처럼 별도의 노인취업관리공단을 만들어야 한다.

(3) 구인 · 구직자 관점

우리나라의 노인문제도 선진국과 마찬가지로 가정의 범주를 벗어나 사회문제로 확산되어 가고 있어 사회적 차원에서 해결 방안을 찾아야 한다. 중고령자 스스로 활동적 고령화를 실천함으로써 고령화의 질을 높이도록 노력해야 하며, 정부에서도 중고령자가 지닌 자원을 적절히 활용하여 사회적 효과를 극대화할 수 있도록 다양한 직종과 직능개발, 자원봉사 분야를 다음과 같이 구체적으로 개발해야 한다(교육과학기술부, 평생교육진흥원, 2008; 교육인적자원부, 한국교육개발원, 2006).

첫째, 연공서열형 임금구조를 개선해야 한다. 근로자의 능력개발과 생산성 향상 노력을 유인하는 직무급 · 연봉제와 일정 연령이 되면 생산성을 감안해 임금을 줄이는 임금 피크제를 고려해 볼 필요가 있다.

둘째, 직무 재설계로 근무 환경을 개선해야 한다. 그 방법으로는 숙련된 기술이 필요한 작업과정의 개발, 기업 내에 노인이 함께 모여 일할 수 있는 작업장 마련, 시간제 근무와 도급제 실시 등이 있다.

셋째, 노인 직업교육 및 자원봉사 교육의 활성화를 추진하여야 하며, 노인 평생교육의 다양성 확보를 위한 연구 지원 및 전문성을 갖춘 인력 양성 · 교육 및 배치 체제를 개선해야 한다.

제17장

평생직업 능력개발정책

1. 군 인적자원개발과 군 평생학습체제

1) 군 평생학습의 개념과 중요성

군 평생학습은 광의로는 군사교육을 포함하는 모든 교육과 학습 활동이 군 기간 내내 지속되는 것으로 볼 수 있고, 협의로는 군사교육을 제외한 모든 형태의 조직적인 학습활동으로 분류할 수 있다. 2002년도 육군을 중심으로 시작된 군 인적자원개발정책은 21세기 지식기반사회 국가발전전략인 제2차 국가인적자원개발 기본계획의 핵심 정책과제 중 하나로서 범정부 차원의 지원과 협력 속에서 추진되고 있다. 여기서 군 인적자원개발정책은 군 장병의 능력개발, 활용, 관리의 선순환을 통하여 군 장병 개개인 및 군 조직의 발전을 도모하고 나아가 국가발전에 기여함을 목표로 하고 있다. 군 인적자원개발은 다음과 같은 측면에서 중요하다(교육인적자원부, 한국교육개발원, 2007).

첫째, 매년 28만여 명의 장병이 군에 입대하고 사회로 배출되는 점과 군에 입대하는 장병의 82%가 대학 및 대학교에서 공부하고 있는 학생이라는 점 등을 고려할 때, 복무 장병에 대한 군 인적자원개발의 문제는 곧 국가·사회적으로 관심을 갖고 추진하여야 할 국가자원개발의 중요한 정책 대상이다.

둘째, 지식기반사회에서는 지식과 정보의 생성과 소멸 주기가 점점 더 단축된다. 따라서 군 복무의 기회비용을 개인 차원에서 그리고 국가·사회 차원에서 최소화할 수 있는 범정부 차원의 군 인적자원개발정책을 마련해야 한다.

셋째, 군의 평시업무가 교육과 훈련이라는 점을 고려할 때, 군 교육훈련과 복무 경험이 사회에 전이될 수 있도록 국가·사회 차원의 인적자원관리체제를 구축해야 한다.

현재 군 평생학습정책은 다음의 주요 5대 중점 분야를 핵심적으로 추진 중이다(〈표 17-1〉 참조).

표 17-1 군 평생학습정책 5대 중점 분야

중점 분야	세부 내용
중단 없는 학습 여건 제공	• 대학학점 취득 지원 • 군 교육훈련 학점 인정 • 군 리더십 역량강화
학습 인프라 구축	• 사이버지식 정보방 구축 • e-러닝 학습콘텐츠 제공 • 학습계좌제 도입 추진
산·학·군 기술인력 육성	• 군 특성화고 육성 • e-밀리터리 U 도입
군 자격제도 개선	• 국가기술 필기시험 면제 확대 • 군 전문분야 국가 자격화 • 국방자격법 제정
지역↔군 협력연계 강화	• 평생학습축제 참가 • 군·지자체 교류 확대 • 군 가족교육 확대

출처: 교육과학기술부, 평생교육진흥원(2008), p. 345.

2) 정책 추진의 현황과 성과

(1) 군 평생학습 전개

1950년대 말에는 약 20%의 군인이 군대에서 한글을 배웠으며, 1950년대에는 연평균 1만 2500명의 병사가 국민학교(현 초등학교) 수준의 교육을, 1960년대에는 연평균 1만여 명의 병사가 중학교 수준의 교육을 받았다. 1970년대 초반부터 1990년대 중반까지 군은 국가산업기술인력의 양성에 주력하였고, 1975년부터 1996년까지 18만여 명이 군을 통해 국가기술자격증을 취득하여 사회에 진출하였다. 최근 군은 기계, 통신, 전기, 전자, 항공, 산업운용, 건축분야 등 총 110개 분야에 걸쳐 기술교육을 실시하고 있는데, 군에서 부여된 주특기에 의해 배양된 기술은 약 50% 정도가 민간 부문에서 활용될 수 있으며, 특히 해군과 공군의 주특기는 직접 민간 부분에 전이될 수 있는 것으로 평가되고 있다(이희수 외, 2006; 최병욱, 2007).

(2) 군 인적자원개발사업 추진

국가 차원의 군 인적자원개발사업이 최초로 논의된 시점은 2002년으로 당시 육군은 인사참모부를 중심으로 능력개발을 위한 민간 위탁교육의 확대, 군사학과 설치, 학점은행제 추진, 군 교육훈련의 수월성 제고, 군 내 평생교육 추진, 부사관 능력개발, 제대군인 취업 지원확대 등의 군 인력의 정예화를 위한 다양한 사업을 추진하였다(〈표 17-2〉 참조).

2003년도 들어서는 더욱 본격적으로 교육인적자원부, 노동부 등 정부기관과 한국교육개발원, 한국직업능력개발원 등 국책연구기관, 학계, 산업체 등 인적자원개발 전문가가 참여하여 국가·사회 차원에서의 군 인적자원개발의 의의, 협력 추진의 논리와 정책 방향 등을 논의하였다.

2003년 5월에는 육군, 한국교육개발원, 한국직업능력개발원 간에 '국가·군 인적자원 개발을 위한 공동학술연구 협약'을 체결함으로써 군 인적자원개발을

표 17-2 군 인적자원개발 주요 추진 경과

시기	추진 경과
2002. 12.	군 인적자원개발 정책 추진 검토(육군본부)
2003. 5.	군 인적자원개발 공동연구 협약 체결 (육군, 한국교육개발원, 한국직업능력개발원)
2004. 3.	산 · 군 인적자원개발 위원회 구성(육군, 전경련)
2004. 12.	군 인적자원개발 공동협약 체결(교육인적자원부, 국방부 등 9개 부처)
2005. 7.	군 인적자원개발 종합계획 승인(인적자원개발회의)
2006. 1.	2차 국가인적자원개발 기본계획에 군 인적자원개발 반영
2006. 1.	군 인적자원개발 정책 추진위원회 구성
2007. 4	관련 법령의 개정(병역법, 고등교육법)

출처: 교육인적자원부, 한국교육개발원(2007), p. 220.

공식적으로 연구 · 논의하는 장을 마련하였다. 이 협약을 기점으로 약 2년 반 동안 군 인적자원개발의 방향을 탐색하고, 군 내외의 의견 수렴 및 공감대를 형성하기 위한 공동 정책 연구를 수행하였고 관계 정부 부처와 대학협의회 등 유관기관과 함께 세미나와 워크숍을 수행하였다(교육인적자원부, 한국교육개발원, 2007).

2004년 2월에는 군 인적자원개발에 대한 전문가 의견을 수렴하고 관련 정부부처 및 산 · 학 · 연 간 네트워크 구축을 목표로 전문가 15인으로 구성된 '육군 인적자원개발정책 자문회의'를 구성하였다. 또한 2004년 3월에는 군 복무기간을 통한 우수 산업인력의 양성과 청년 실업문제에 대한 대처를 목표로 전국경제인연합회와 함께 '산 · 군 인적자원개발위원회' 를 구성 · 운영하였고, 2005년 5월부터 12월까지 전국경제인연합회의 후원 아래 3개 사단 8개 중대를 대상으로 '군 자기계발교육 시범사업'을 통하여 군 인적자원개발사업의 가능성을 분석하였다. 또한 2005년 12월, 육군은 사(여)단급 1개 부대와 전경련 산하 1개 회사가 군 인적자원개발의 효과적 시행 여건 보장을 위한 '1사 1부대 결연지원사업'을 발족하여 추진해 오고 있다(교육인적자원부, 한국교육개발원, 2007).

국방부는 그동안 육군을 중심으로 추진해 왔던 군 인적자원개발정책에 대한 분석, 그리고 교육인적자원부와의 6개월간의 공동 연구를 토대로 2005년 6월 '군 인적자원개발 종합계획'을 수립하였고, 정부는 이를 2005년 7월 제3차 국가인적자원개발회의에서 의결하고, 2006년 1월 10일 향후 5년간의 국가정책사업인 '제2차 국가인적자원개발 기본계획(2006-2010)'에 군 인적자원개발을 10대 핵심 과제 중 하나로 선정하여 발표하였다(교육인적자원부, 한국교육개발원, 2007).

아울러 국방부는 교육인적자원부와 함께 그동안 군 복무 중 중단 없는 학습이 가능하도록 꾸준히 법령 정비를 추진해 왔고, 군 복무 중 취득한 학점을 인증할 수 있도록 고등교육법과 학점인증 등에 관한 법률 및 시행령 개정을 추진하여 2007년 4월 20일 고등교육법 시행령을 개정 완료함으로써 복무 중 중단 없는 학습을 위한 법적 기반을 모두 갖추게 되었다.

(3) 현행 군 평생학습의 구조와 운영의 실제

① 중단 없는 학습 여건 제공

중단 없는 학습 여건 제공을 위한 정책은 군사교육훈련을 이수할 때 군사학 학위를 취득할 수 있도록 학점은행제를 통하게 하였으며, 직업군인을 위해서는 잠재능력개발을 위한 학위취득 지원, 전직지원교육, 기타 능력개발 학습지원 프로그램을 지원하고 있다(교육과학기술부, 평생교육진흥원, 2008).

잠재능력개발을 위한 학위취득 지원은 직업군인의 민간대학 및 대학원의 학위교육을 지원하고 있다. 2008년 10월 기준 지상전학, 군사행정학, 군수관리학으로 구분된 군사학 학사를 취득한 인원은 1384명으로 나타났다.

전직지원교육은 노동부, 보훈처와 협조하여 10년 이상 장기복무 전역 예정 간부에게 사회적응교육과 1년간의 직업보도교육을 실시하고 있으며, 중기 복무자는 5일간의 사회적응교육을 실시하고 있다. 그러나 실태조사 결과 제대군인의 64%는 직업보도교육을 전혀 받고 있지 않은 것으로 드러났고, 이수한 인원도 직업보도교육이 군 경력과 연계되지 않고 교육의 내용과 수준이 취업에 별 도움이 되지 않는다고 언급한 것으로 보고되고 있다(육군사관학교 화랑대연구소,

2003). 기타 능력개발 학습지원으로는 어학능력 향상을 위해서 '밀리털리 캠프', '찾아가는 영어마을' 프로그램을 운영하고 있고, 교육 대상도 점차 확대할 계획이다(교육인적자원부, 한국교육개발원, 2007).

2 학습 인프라 구축

학습 인프라 구축을 위한 주요 정책으로는 사이버지식정보방을 구축하여 병사에게 군 복무 중 인터넷을 통한 정보를 공유하게 하며 학습 여건을 제공하는 것인데, 2008년에 703개의 사이버지식정보방과 7327대의 PC가 설치되었다(교육과학기술부, 평생교육진흥원, 2008). 또한 병을 대상으로 하는 프로그램은 e-러닝을 통한 원격학습, 군사교육 · 훈련의 사회적 인증, 어학능력개발 지원 등으로 구분된다. 각 프로그램은 아직 초보 단계에서 인프라를 구축하고 있는 과정에 있다고 볼 수 있다.

e-러닝을 통한 원격학습은 크게 두 가지 유형으로 구분되는데 어학, 자격증, IT 등 비학위 교육과정에 대한 학습과정을 수강하는 경우와 학위교육과정에 대한 것으로 복무 중 대학교육과정을 온라인으로 수강하는 경우다. 그리고 군사교육 · 훈련의 사회적 인증은 군 복무 경험이 사회에서 사장되지 않도록 군에서 받은 교육과 훈련 및 경력을 학점 및 자격으로 인증하는 사업을 추진하고 있다. 또한 어학능력개발지원에 대해 군은 e-러닝을 통한 어학학습을 추가하여 '경기영어마을'과의 협약 아래 장병의 영어교육을 강화하고 있다(교육인적자원부, 한국교육개발원, 2007).

3 산 · 학 · 군 기술인력 육성

산 · 학 · 군 기술인력육성 관련 정책은 군 특성화고등학교 운영과 e-밀리터리 U 제도로 대표되는데 구체적인 내용은 다음과 같다(교육과학기술부, 평생교육진흥원, 2008). 군 특성화고등학교는 입대 전부터 우수한 유급지원병 확보를 위해 전문계고를 운영하는 제도로 현재 총 10개교이며, 총인원은 500명이다. e-

밀리터리 U 제도는 유급지원병에게 전문학사학위를 취득할 수 있도록 지원하는 제도로 학비를 50% 감면해 주고 학군 제휴 협약대학의 경우 노트북을 지원하고 있다. 또한 산업기능요원이 전역 후 해당 기업체에 원복할 수 있도록 활용체계를 효율적으로 개선하였다.

④ 군 자격제도 개선

군 자격제도 개선에 대한 정책 현황은 다음과 같다(교육과학기술부, 평생교육진흥원, 2008). 첫째, 2007년 군 우수 직무분야 종사자에게 국가기술 필기시험 면제를 확정했는데 지게차 운전, 항공전자 정비, 자동차 정비 등 16개 종목이 포함된다. 둘째, 군 전문분야 국가 자격화를 위해 2008년 국방 분야 국가 자격을 신설하였다. 셋째, 국방 및 방위산업 관련 분야에 대한 체계적 인증 및 자격화 관리를 추진하기 위해 국방자격법 제정을 추진하였다.

⑤ 지역과 연계한 군 평생학습체제 구축 및 운영

지역사회와 군사도시 간 평생학습 문화 확산을 위해 평생학습축제, 지역인적자원개발사업을 추진하였고, 군과 지자체 사이의 단위 학습 네트워크 연계협력으로 평생학습 지원과 프로그램 공유 및 활용을 지원하였다. 특히 건양대학교 평생학습관에서 계룡대의 군인이나 가족을 위해 학습 프로그램을 운영한 것은 학습하는 군사도시로의 변화를 시도하는 모범 사례라 할 수 있다(교육과학기술부, 평생교육진흥원, 2008).

3) 중 · 장기 군인의 퇴역준비교육

(1) 퇴역준비교육의 역사적 배경과 실태

과거 퇴역준비교육은 제대군인에 대한 지원이라는 개념으로 1961년에 군사원호청이 창설되면서 전상자 및 전몰군경 유가족의 생계를 지원한 것에서 출발했다. 1980년대 초 특별원호법을 일부 개정하면서 제대군인 중에서도 사회정착이 어렵다고 판단되는 계층, 즉 20년 이상 장기복무 후 제대한 부사관을 대상으로 취업보호, 자녀교육보호 등의 사업을 시행하기 시작하였으며, 1985년에는 국가유공자 예우 등에 관한 법률이 제정되어 군사적 희생과 헌신에 대한 지원정책이 예우시책으로 전환되는 변화가 이루어졌다. 이후 1993년 참전군인 등 지원에 관한 법률을 제공 · 공포하여 사회적 무관심 속에 생활의 어려움을 겪고 있는 참전군인의 명예선양과 복리증진을 위한 토대를 구축하였으나, 구체적인 지원에는 미치지 못하였다. 2000년 1월 참전군인 등 지원에 관한 법률을 개정하여 참전유공자에 대한 실질적인 복리증진사업 근거를 마련하였으며, 고령 및 생계곤란 참전유공자에 대한 생계보조비 지급, 의료지원 확대 등 실질적인 지원 근거를 마련하였다. 이러한 기틀을 바탕으로 우리나라 취업지원에 대한 정책이 만들어졌으며 퇴역준비교육으로는 전직지원 형태로 1986년도에 육군이 최초로 제한된 군내 직업훈련을 실시하였다. 당시에는 5개 과정으로 군내 직업훈련을 실시하였으며 과정은 공인중개사/경영회계, 주택관리사, 중기정비, 자동차 정비, 위험물 취급이었다(최병욱, 2007).

이후 1990년대를 보면 1991년에는 '전역 전 직업훈련 지침'을 제정하여 10년 이상 장기복무 후 전역하는 간부 중 희망자를 대상으로 6개월의 직업훈련기간을 지원하였고, 1992년에는 '군 직업보도 업무지침'을 제정하여 직업보도와 관련된 국방부 및 각 군의 규정을 체계화하고 1993년도에 전군으로 전역 전 직업교육제도를 확대하여 고용촉진훈련에 위탁하거나 사설전문학원에 수강하도록 개선하였다.

1994년에는 '직업보도교육' 조항을 신설하고 1995년에는 6개월의 직업보도기간을 부여하는 조항을 군인사법 시행령에 만들었으며, 국방부 훈령 제512호로 '군 직업보도 업무에 관한 규정'을 제정하여 체계적으로 시행하는 초안을 마련하였다. 1998년에는 군 인사법을 개정하여 기존 6개월에서 12개월로 연장하는 등 절차와 기준을 보완하였다. 2000년도에는 직업보도교육 기간과 범위, 취업자 관리 등을 추가하였고, 2004년에는 취업추천 절차를 보완하고 2006년에는 직업보도교육 지원비 지급절차를 개선하였다.

퇴역준비교육을 다양하게 지원했음에도 최근 3년간 제대군인 전체 취업률은 37.4%로 비교적 낮은 실정이다. 또한 제공하고 있는 지원 사항이 중복되고 있다는 점과 일대일 취업지원 방식의 한계가 문제점으로 지적된다(국가보훈처, 2006).

(2) 퇴역준비교육의 체계 및 내용

퇴역준비교육의 체계는 법률 체계와 행정지원 체계에 따른 분류로 나눌 수 있다. 먼저 법률적인 부분을 보면 국가보훈처 중심 퇴역준비교육 관계 법령으로 제대군인지원에 관한 법률은 2005년 12월 가결, 2006년 5월 시행, 2007년 7월에 일부 개정되었다. 이 개정 법률은 첫째, 5년 이상 10년 미만 현역으로 복무하고 장교・준사관 또는 부사관으로 전역하는 중기복무 제대군인에 대한 직업교육훈련, 취업지원 및 창업지원을 지원하고 일부 신설하였다(제2조, 제3조, 제14조, 제17조). 둘째, 제대군인에 대한 지원 및 그 인적자원의 활용에 대한 주요 사항을 심의하기 위하여 국무총리를 위원장으로 하는 제대군인지원위원회를 설치・운영하고 있다(제9조~제12조). 셋째, 10년 이상 현역으로 복무하고, 장교・준사관 또는 부사관으로 전역한 장기복무 제대군인도 생활안정을 위해 교육・의료・대출・주택우선분양・공공시설의 이용 등에 대한 지원을 하였다(제19조~제23조).

제대군인에 대한 행정적 체계에 따른 지원은 국가보훈처, 국방부, 고용노동부 등에서 실시하고 있다.

첫째, 국가 보훈처는 제대군인국 산하의 제대군인정책과, 제대군인취업과, 제대군인지원과의 3개 과에서 지원하고 있다. 과별 주요 지원 내용을 보면 제대군인 정책과의 경우 제대군인 지원 및 기본계획을 수립하고 정책기획에 대해 총괄, 법령 정비, 정책수요/생활실태 조사 및 지원 프로그램 연구・개발, 제대군인 지원위원회 운영 등에 대해 지원하고 있다. 제대군인취업과는 제대군인 취업 추진 및 지원, 제대군인상담, 진로지도, 사회적응교육, 취・창업교육 총괄 조정을 주 업무로 지원하고 있다. 제대군인지원과는 제대군인 및 자녀 교육보호 총괄, 제대군인 의료보호, 대부/주택지원을 주 업무로 지원하고 있다.

둘째, 국방부의 행정지원체제는 국방부, 국방취업지원센터, 각 군(육군/해군/공군)으로 분류되어 있다. 국방부를 살펴보면, 한 개 팀에서 정책개발/법령 제·개정 등의 업무, 군 내·외 취업직위 확대 개발, 직업보도교육 개발감독, 국방취업지원센터 운영감독, 퇴직금지원 및 한국군사문제연구원 업무지도감독에 대한 내용을 주 업무로 지원하고 있다. 국방취업지원센터를 보면 3개의 팀(취업정보, 취업개발, 교육지원)으로 나뉘어 국방부 취업지원업무 위탁대행, 취·창업 정보 제공, 기업 구인처 개발 및 홍보, 취업상담/알선, 취업 전산망 운영 및 개발·보완하는 것을 주 업무로 지원하고 있다. 마지막으로 각 군은 육군의 경우 제대군인지원처, 제대군인정책과, 직업보도과, 예비역협력과, 전직지원 상담관(서울, 대전)을 중심으로 제대군인 정책수립 건의, 군내 외 취업직위 개발, 직업보도교육 집행, 취업상담 및 교육안내 등의 업무를 지원하고 있다. 해군의 경우 제대군인정책과, 직업보도실을 중심으로 제대군인 정책수립 건의, 군 내외 취업직위 개발, 직업보도교육 집행, 예비역 행정 지원을 주 업무로 지원하고 있다. 공군의 경우 제대군인정책과, 제대군인지원실, 제대군인지원센터(대구)를 중심으로 육군이나 해군과 유사하게 지원하고 있다.

셋째, 고용노동부의 행정지원은 지방노동청, 한국고용정보원, 고용지원센터로 구분하여 볼 수 있다. 고용노동부 산하의 한국고용정보원은 국가보훈처와 2007년 7월에 협약을 체결하여 제대군인의 특성에 맞는 적합한 일자리 제공을 지원하고 있다. 대표적 고용지원센터인 대전종합고용지원센터는 육군본부와 2006년에 '군·관 교류협약' 체결을 함으로써 제대(예정)군인의 전직지원을 위한 사업을 하고 있다.

4) 향후 발전방안 및 개선과제

군대는 또 하나의 국가 차원의 중요한 평생교육기관이며, 급격한 사회 변화

가운데에서 조직의 역량을 극대화하고 이를 국가경쟁력으로 승화하는 조직이다. 이때 군은 사회의 변화 속도에 발 빠르게 보조를 맞추고 필요시 이를 선도할 수 있어야 한다. 향후 군 평생교육을 위한 발전방안 및 개선과제는 다음과 같이 제시할 수 있겠다(교육과학기술부, 평생교육진흥원, 2008).

첫째, 군 복무 중 중단 없는 평생교육 여건 보장을 위해 원격 강좌 개설대학을 확대하도록 추진해야 한다. 원격 강좌를 통한 학점인정 활성화를 위해 대학 간 상호 학점을 교류할 수 있도록 제도적 지원을 마련하여야 한다.

둘째, 군 자격제도 개선을 위해서 자격기본법에 의거해 국방 분야 자격 신설이 가능하도록 관계 부처와의 협력이 필요하다.

셋째, 산 · 학 · 군 기술 인력 양성을 위하여 전문하사 기간(18개월) 중 학위취득(조기졸업)을 할 수 있도록 관계 부처와 협력해야 한다. 전역 후 취업 프로그램 개발에 관계 부처의 동참 및 협력이 요구된다.

넷째, 군과 지역사회의 연계 프로그램 시범사업에 대한 예산 지원을 확대하며, 군과 지역의 평생학습 연계 및 협력 강화 조항을 평생교육법에 포함해야 한다.

2. 성인직업평생교육학원 운영

1) 성인직업평생교육학원의 기능과 필요성

학원은 학원의 설립 · 운영에 관한 법률 제2조에서 대통령령이 정하는 수(10인) 이상의 학습자에게 30일 이상의 교습과정(교습과정의 반복으로 교습일수가 30일 이상이 되는 경우를 포함)에 따라 지식 · 기술(기능 포함) · 예능을 교습하거나 30일 이상 학습 장소로 제공되는 시설이다(교육부, 2000). 그러나 사회교육법 제26조 규정에 의하여 학교에 부설한 시설, 직업훈련기본법에 의한 직업훈련시설, 기타 사회교육에 관한 다른 법률에 의하여 설치된 시설은 학원시설에서 제외하도록 규정되어 있다.

학원은 해방 이후 우리나라의 대표적 사설교육 훈련기관으로서뿐만 아니라 개인의 직업능력개발에서도 중요한 역할을 수행해 왔다. 사교육기관으로서 학원은 우리나라 국민의 높은 교육열에 기초하여 공교육을 보완하는 역할을 이행하면서 교육발전에 공헌해 왔으며, 해방 이후 사회의 다변화 속에서 문맹퇴치교육, 기업기술 및 기능교육, 예술과 체육교육 등 정규학교 외의 활동을 통한 평생교육기관의 역할을 수행해 왔다.

학원이 담당하고 있는 평생교육 기능의 규모와 역할 그리고 그 비중이 나날이 확대됨에 따라 그 발전 방향이 여러 가지로 인식되고 있다. 학교교육의 보완 기능 차원에서의 학원교육의 합리적인 운용 방안을 모색하는 데서부터 시작하여 평생교육의 일환으로 학원교육을 육성 · 지원하는 노력에 이르기까지 많은 교육정책적 관심이 집중되고 있다.

성인평생직업교육기관으로서의 학원은 학점은행제, 일반계고 비진학 학생의 직업위탁교육, 실업자 재취업훈련 등 정부가 제공하는 평생교육 서비스의 중요한 일익을 담당해 왔다. 특히 1998년부터 시행된 학점은행제에 참여함으로써 학원교육을 통한 고등교육 참여의 기회를 제공하고 있을 뿐만 아니라, 정부의 예산지원을 받는 각종 직업교육과정 운영을 통해 평생직업교육기관의 역할을 수행해 오고 있다.

2) 성인직업평생교육학원의 역사

(1) 태동기(8 · 15 해방~5 · 16 군사혁명)

개화기 이후에 조직되기 시작한 학술강습회, 강습소 또는 야학이 오늘날 학원의 출발이다. 그러나 민중교육의 성격을 갖는 사설강습회 운동은 1920년대와 1930년대에 그 절정에 달했고, 해방 직후인 1946년에 강습소 및 학원을 지도 ·

감독하기 위하여 각종 강습소 및 학원을 공민학교로 통합하였다. 6 · 25 한국전쟁 후에는 미용 · 양재 · 편물 · 속기 · 자동차 · 타자 등의 교육 수요가 증가하여 각종 학원이 설립되었고, 고시제도의 채택으로 고시학원이 발달하였다. 1960년까지의 각종 강습소와 학원은 법적으로 공민학교나 각종 학교 범주 안에 속하거나 혹은 교육부가 아닌 타 부처의 지도감독을 받기도 하였으나 대부분 자유롭게 운영되었다(교육인적자원부, 한국교육개발원, 2007).

(2) 발전기(1960년대~1980년)

5 · 16 군사혁명 후인 1961년 국가재건최고회의는 사설 강습소에 관한 법률(법률 제719호)을 제정 · 공포하였다. 이 법률은 당시 학원의 정상 운영과 질적 향상을 위하여 정부가 학원의 설립을 통제하고 그 운영을 감독하고자 한 것이었다. 이러한 법 · 제도 체계의 정립과 함께 학원 수도 증가했고, 학원이 담당하는 교육수요도 더욱 격증되어 1970년에 1421개던 학원 수가 1975년에는 2977개소, 1980년에는 5854개소로 확대되었다(교육인적자원부, 한국교육개발원, 2007).

(3) 팽창기(1980년대~현재)

학원의 수는 꾸준한 증가 추세를 보여 1985년에는 1만 3566개소로 증가하였고, 1987년의 민주화 조치 이후 더욱 급증하여 1990년에는 3만 2895개소가 설립되었다. 학원의 계열별 또는 전공 과정별로 두드러지게 증가한 영역은 속셈학원과 독서실 그리고 예능계 학원이다. 1997년까지 그 수가 늘어나던 학원은 1998년도에 이르러 점차 감소하기 시작하였다. 보통교과 · 행정 · 경영 · 어학 등이 포함되는 문리계 및 예능계 학원의 수는 큰 폭으로 증가하였으나, 속셈 · 주산 · 타자 등이 포함된 경영 실무계 및 2개 과정 이상을 교습하는 종합학원의 수는 급격히 감소하였다. 이러한 학원 설립 규모상의 변화는 보통교과를 교습해 왔던 주산 및 속셈 학원이 소규모 입시학원인 보습 또는 단과 학원으로 전환했기 때문이다(교육인적자원부, 한국교육개발원, 2007).

3) 성인직업평생교육학원의 현황과 문제점

(1) 성인직업평생교육학원의 현황

1960년에서 1990년대까지 산업발전에 중요한 역할을 해 온 기술계 학원은 산업환경의 변화, 고학력화 등으로 급격한 변화를 겪고 있다. 2006년 이루어진 학원법 개정으로 기술계 학원이 성인의 직업능력개발을 위한 평생직업교육학원으로서 통제보다 지원의 대상이 된 것은 고무적인 변화라 할 수 있다. 그러나 환경의 변화에 대한 기술계 학원의 대처, 그리고 기술계 학원의 영세성 등으로 인해 기술계 학원의 수는 점차 감소하고 있는 실정이다(교육인적자원부, 한국교육개발원, 2007). 이러한 기술계 학원의 환경 변화와 함께 1997년 IMF 위기 발생 이후 1998년부터 실업자 훈련이 공공 훈련기관뿐 아니라 민간 훈련기관으로 확대 실시되면서 운영의 어려움을 겪고 있는 기술계 학원이 노동부가 인정하는 실업자 훈련에 참여하는 사례가 증가하고 있다.

학원의 수는 1960년대부터 꾸준히 증가 추세를 보여 2007년 기준 약 7만 5000여 개에 이르고 있다(〈표 17-3〉 참조). 그러나 학원 수의 꾸준한 양적 성장에도 불구하고 계열별로는 다른 양상을 보이고 있는데, 2000년도와 비교해 입시보습, 국제화, 인문사회 등 문리계열 전체는 증가세를 보인 반면, 직업기술 계열, 경영실무 계열, 독서실 등은 감소세를 보이고 있다. 이 중 특히 직업기술과 경영실무의 경우 지속적인 감소 추세가 뚜렷이 나타난다. 전체적으로 볼 때 사교육 기능을 주로 수행하는 입시계열 학원의 수는 여러 가지 규제에도 불구하고 지속적으로 증가하는 한편, 직업기술계 학원의 수는 지속적으로 감소하고 있는 실정이다.

2006년에는 학원의 교습과정을 학교교과 교습학원과 평생직업교육학원으로 구분함에 따라 평생직업교육학원에 대하여는 수강료 통제를 폐지하고 이와 함께 운영 자율화를 실시하도록 하였다(〈표 17-4〉 참조).

표 17-3 **계열별 학원 수의 변화**

구분		2000년	2001년	2002년	2003년	2004년	2005년	2007년
직업 기술		6,938	6,824	6,221	5,480	5,112	4,496	3,952
문리	국제화	2,773	4,010	4,884	5,174	5,138	5,368	6,804
	인문사회	393	411	470	562	579	593	568
	입시보습	11,882	14,135	17,226	19,398	20,474	24,592	30,394
경영실무		8,864	6,630	4,461	3,610	3,353	2,764	1,828
예능		26,301	26,353	26,310	26,005	25,641	24,932	23,852
종합		2,028	2,839	3,260	3,300	3,671	4,110	4,032
독서실		3,905	3,668	3,582	3,596	3,663	3,800	4,521
계		63,084	64,870	66,414	67,125	67,601	70,655	75,951

출처: 교육인적자원부, 한국교육개발원(2007), p. 226.

표 17-4 **학원법 시행령에 명시된 교습과정**

종류	분야	계열	교습과정
학교 교과 교습 학원	입시 · 검정 및 보습	보통교과	초등학교 · 중학교 · 고등학교의 교육과정에 속하는 교과로서 예 · 체능계 및 실업계 고등학교의 전문교과 제외
	국제화	외국어	보통 교과에 속하지 않는 교과로서 유아 또는 초등학교 · 중학교 · 고등학교 학생을 주된 교습 대상으로 하는 실용외국어
	예능	예능	음악, 미술, 무용
	독서실	독서	독서실(유아 또는 초등학교 · 중학교 · 고등학교 학생을 주된 대상으로 하는 시설)
	특수교육	특수교육	특수학교 교육과정에 속하는 교과 및 치료교육 활동
	기타	기타	기타 법 제2조의2 제1항 제1호에 해당하는 교습 대상으로 교습을 하거나 같은 호에 해당하는 교육과정을 교습하는 학원

평생직업교육학원	직업기술	산업기반기술	기계, 자동차, 금속, 화공 및 세라믹, 전기, 통신, 전자, 조선, 항공, 토목, 건축, 의복, 섬유, 광업자원, 국토개발, 농림, 해양, 에너지, 환경, 공예, 교통, 안전관리
평생직업교육학원	직업기술	산업응용기술	디자인, 이·미용, 식음료품, 포장, 인쇄, 사진, 피아노조율
평생직업교육학원	직업기술	산업서비스	속기, 전산회계, 전자상거래, 직업상담, 사회조사, 컨벤션 기획, 소비자전문상담, 텔레마케팅
평생직업교육학원	직업기술	일반서비스	애견미용, 장의, 호스피스, 항공승무원, 병원코디네이터
평생직업교육학원	직업기술	컴퓨터	컴퓨터, 게임, 로봇, 정보처리, 통신기기, 인터넷, 소프트웨어
평생직업교육학원	직업기술	문화관광	출판, 영상, 음반, 영화, 방송, 캐릭터, 관광
평생직업교육학원	직업기술	간호보조기술	간호조무사
평생직업교육학원	직업기술	경영·사무관리	금융, 보험, 유통, 부동산, 비서, 경리, 펜글씨, 부기, 주산, 속셈, 속독
평생직업교육학원	국제화	국제	성인 대상 어학, 통역, 번역
평생직업교육학원	인문사회	인문사회	대학편입, 행정, 경영, 회계, 통계, 성인고시
평생직업교육학원	기예	기예	국악, 전통무용, 서예, 꽃꽂이, 꽃기예, 만화, 연극, 모델, 화술, 마술(매직), 실용, 음악, 성악, 현대무용, 바둑, 웅변
평생직업교육학원	독서실	독서	학교교과 교습학원 교습과정에 속하지 않는 독서실

출처: 학원법 시행령(2007.3. 23. 일부개정, 대통령령 제20003호).

(2) 성인직업평생교육학원의 문제점

성인직업평생교육기관으로서의 학원에 대하여 다음과 같은 몇 가지 문제점이 지적되고 있다(교육인적자원부, 한국교육개발원, 2007).

첫째, 학원의 다양한 기능에도 불구하고 과외금지 등 사교육을 억제하려는 차원에서 규제 중심으로 시행됨에 따라 기술계 학원은 나날이 퇴조하고 있어 2000년 당시 전체의 10%를 넘던 기술계 학원이 2005년에는 전체 학원의 6.7%로 축소되었다. 성인평생직업교육기관으로서 학원에 대한 이 같은 일괄적 규제의 적용은 평생교육기관 간의 형평성 문제, 대상에 대한 규제의 적합성 문제 등으로 거론되어 왔다.

둘째, 다른 성인평생교육기관과 비교해 볼 때 평생직업교육학원은 유사한 역할을 수행하고 있는 공공직업전문학교, 직업훈련원과 경쟁관계에 있으면서도 사설기관이라는 특성상 정부의 지원에서 상대적으로 배제되어 왔다. 또한 실업대책에 대한 정부지원 사업 초기에 공공직업 훈련원이나 대학 · 전문대학, 기업연수원 등 다른 직업교육훈련기관에 비해 상대적으로 지원비가 낮게 측정됨으로써 이에 대한 형평성 문제가 제기되어 왔다.

셋째, 성인평생직업교육기관인 학원의 경우 정부의 특별한 제도적 밑받침이 부재하므로 학원을 지원하는 데 있어서 난점으로 작용하고 있다.

4) 성인평생직업교육학원의 정책과제

학원은 지금까지는 인적자원, 자본, 생산재의 세 요소를 가미한 기업 형태로서 사기업 활동으로 간주되어 기업 경영 측면의 이익 구축 관련 사업의 일환으로 관리 · 통제되어 온 측면이 많다. 그러나 이러한 관리 · 통제와 함께 학원도 교육서비스라는 무형의 재화를 생산하는 평생교육기관으로서의 역할을 인식할 필요가 있다. 특히 지식기반사회에 대비하는 평생학습교육의 전개의 장으로서도 학원의 교육적 역할이 강조되어야 할 것이다.

학원교육의 발전 의지는 평생교육 관점의 강조에서 지속적으로 추출된다. 학원의 입장에서는 학원 수의 양적 팽창에 맞는 학원교육 운영의 질적 국면에 대한 자체의 재조명이 필요한 시점이다. 즉, 학원의 미래 발전에 대한 시각적 인식은 학원 안에서 추출되어야 한다. 양적 성장 면을 보면 학원교육의 장점과 가능성은 충분히 부각되고 있다. 그러나 단기적 운영체제, 학원 학습자의 잦은 전입과 퇴출, 그리고 그에 따른 학원 운영의 난맥상이 자주 노출되고 있고 앞으로도 지속적으로 노출될 가능성이 산재해 있는 것이 학원교육이 지니는 단점이다. 게다가 정규교육에 대한 경쟁의 확보, 영리성에 비판적인 시각을 견지하고 있는 사회적 인식을 타파해야 한다는 위협적인 요소도 갖고 있다.

평생교육 차원에서 학원교육의 발전을 위해서는 다음과 같은 정책과제의 효율적 해결이 선행되어야 한다(교육인적자원부, 한국교육개발원, 2007).

첫째, 학원 기능의 미래화를 위한 학원의 교육서비스 기능의 다양화를 모색해야 한다. 학원 설립·운영상의 요건을 정비함으로써 학원의 신규 교육수요를 수용할 수 있는 태세를 지원해야 한다.

둘째, 학원교육은 정규 학교교육과의 협업과 분업의 가능성을 제고하는 선에서 그 기능의 활성화를 도모하여야 한다. 특기 적성 교육활동을 학원과 연결하여 좀 더 다양한 강사와 시설·설비, 교육 프로그램을 공유하거나 다방면에서 협업체제를 갖추어야 한다.

셋째, 다른 평생교육기관과의 형평성을 확보하고 미래 지식기반 경제사회 및 평생학습사회 구축을 위해 학원에 대한 행·재정 지원체제를 정비하고 보완하여야 한다. 즉, 성인평생교육기관으로서의 학원이 평생교육기관의 독립적인 범주로 취급받을 수 있도록 제도를 마련하여야 한다.

넷째, 학습 시스템의 개발 및 보급을 지원하고, 세금공제 혜택·면세·근로소득 공제를 통한 학원교육 발전 기반을 구축하며, 학원교육에 대한 사회적 평가제도의 도입을 적극 검토하여야 한다.

다섯째, 사설교육기관으로서 현재 학원이 지닌 장점을 살리고 다양한 교육과정 제공 및 신축성 있는 운영이 가능하도록 평생직업교육학원에 대한 규제보다는 지원 위주의 제도를 마련하여 성인직업교육 활성화를 도모해야 한다.

3. 기업에서의 평생교육

1) 기업평생교육의 중요성

(1) 기업환경의 빠른 변화

기업이 당면하고 있는 경영환경은 빠르게 변화하고 있다. 서브프라임 모기지 부실로 야기된 미국발 금융 불안의 여파로 50년 역사의 세계적 투자은행인 리먼 브러더스 사의 도산을 대표적 예로 들 수 있을 것이다. 이처럼 기업의 내일을 보장하는 것은 기업의 유구한 역사도, 어제의 실적도, 그리고 회사의 규모도 아니다. 단지 그 조직이 경영 환경 변화에 얼마나 잘 적응하고 있는가다.

(2) 창의력이 기업경쟁력의 핵심 원천

IT 사업의 발달에 따라 지식 · 정보의 양이 하루가 다르게 증가하고 있다. 이러한 엄청난 양의 정보를 빠르게 소화하여 새로운 방식으로 사업을 전개하지 않으면 기업의 생존이 어려운 상황이다. 따라서 기업은 창의력을 발휘하여 신제품을 개발하고 경쟁기업과 차별화된 방식으로 사업을 확대 발전시켜 나가야 하는데, 이를 위해 지식과 정보를 습득 · 창출하는 학습조직이 되어야 한다.

(3) 학습조직의 중요성

기업은 하나의 학습조직으로서 구성원이 지속적으로 학습할 수 있도록 학습 기회를 부여하고, 학습체제를 구축하여 제도적으로 지원해야 한다. 실제로 근래에 많은 기업이 성과관리 시스템을 제도적으로 도입하여 직원의 역량개발을 위해 노력하고 있다. 성과관리란 구성원이 업무목표와 개발목표를 스스로 설정하여 진척관리와 평가관리를 통하여 업무목표와 개발목표를 달성하도록 하는 관리제도를 뜻한다. 이미 앞서 가는 기업에서는 구성원의 역량개발을 관리자 평가의 중요한 기준으로 설정하고 있다.

(4) 인재육성의 효과성 확인

기업이 조직구성원의 능력개발에 투자하는 것이 시설 등 물적 자원에 투자하는 것보다 더 높은 수익률(rate of return)을 가져온다. 직원의 창의적 아이디어가 조직의 미래를 보장하며 직원의 보유능력과 발휘 역량이 기업경쟁력의 원천이 되는 것이다. Collins(2001)는 100년 이상의 기업 역사를 가진 세계적 기업은 공통적으로 인재를 중시하는 조직문화를 갖고 있다고 했다.

실질적으로 기업의 인적자원개발(human resources development: HRD)은 기업의 경쟁력을 결정하는 핵심 요인이 되고 있다. HRD에 대한 중요성의 인식에 따라 HRD와 관련된 다양한 컨퍼런스(ASTD), 포럼(세계지식포럼), 발표회(삼성, LG 등), 대회(인재개발대회) 등이 성황리에 열리고 있다.

(5) 교육 생산자이자 소비자로서의 기업

기업은 자신의 조직에서 일하는 근로자의 역량개발을 통하여 기업의 전략을 성공적으로 수행할 수 있다. 즉, 기업은 근로자를 교육하는 생산자인 동시에 교육한 근로자를 통해 수익을 창출하는 교육소비자다. 학교는 단순히 교육을 하는 기관으로 교육생산자의 역할만 하지만 기업은 교육을 통하여 자신의 부가가치를 극대화할 수 있다는 점에서 다른 평생교육기관과는 성격을 달리한다. 따라서 기업은 교육에 대한 프로컨슈머의 개념을 가지고 적극적으로 근로자에 대한 학습을 지원해야 할 것이다.

2) 기업평생교육의 현황

기업평생교육은 평생교육법 제35조(사업장 부설 평생교육시설)에 기초해 사내대학을 설치 · 운영하도록 하고 있으며, 근로자직업능력개발법에 기초해 직업능력개발원사업으로 근로자 평생교육을 촉진하기 위한 인적자원개발체제의 구축과 기업 내 학습조직을 실시하고 있다. 이러한 법령하에서 기업평생교육은 다음과 같은 특징과 배경을 갖고 발전해 왔다.

(1) 기업이 요구하는 인재상의 다양화

한국 사회가 개방화, 세계화, 창조화 사회로 전환함에 따라 기업이 원하는 인재상도 예전의 '성실인'이라는 획일적인 인재상에서 벗어나 '창조인, 학습인, 세계인' 등으로 다양해지고 있다. 실질적으로 한국을 대표하는 기업은 끊임없이 변화에 대응해 나갈 수 있는 학습인, 세상의 현상을 남과 다르게 보는 관점과 아이디어를 창출하는 창조인, 세계적인 안목과 글로벌 경쟁력을 가진 국제인, 그리고 세계시민으로 도덕성과 윤리성을 갖춘 인재를 요구하고 있다(송영수, 2006).

(2) 기업평생교육 프로그램

기업평생교육은 인적자원개발로 기업 또는 조직 내에서 이루어지는 교육 및 훈련을 의미하며, 전통적으로 인적자원개발 영역은 개인개발(individual development: ID) 혹은 종업원개발(employee development: ED), 조직개발(organization development: OD), 경력개발(career development: CD)로 구분된다. 그리고 각 영역에 따라서 다양한 교육 프로그램을 운영하였다. 구체적인 프로그램의 내용을 살펴보면 〈표 17-5〉와 같다.

최근에는 〈표 17-5〉에서 제시한 세 가지 영역 구분과 상관없이 한 프로그램이 두 개 이상의 영역을 포함하는 경우가 많아졌다. 또한 기업이 요구하는 인재상의 변화에 따라 학습 내용도 많이 달라졌다. 예전의 직무중심교육 프로그램에서 벗어나 리더십 개발, 조직 활성화, 글로벌 교육 등 다양한 목적을 가진 여러 가지 교육 프로그램이 개발 · 운영되고 있다. 특히 경영환경이 빠르게 변화함에 따라 변화와 관련된 창의성 프로그램, 혁신 프로그램, 직원의 의사결정을 돕는 핵심 가치 공유 프로그램, 그리고 다양한 욕구를 가진 직원을 동기 부여할 수 있

표 17-5 전통적인 ID, OD, CD 영역별 프로그램

영역	프로그램의 예
ID	기초기술 및 문해교육 프로그램, 컴퓨터 훈련, 기술 및 지식 훈련, 안전 훈련, 품질 훈련, 판매 훈련, 의사소통 기술향상 훈련, 고객관계 기술향상 훈련, 팀워크 훈련, 경청기술 훈련, 위임기술 훈련, 성폭력 방지 훈련 등
OD	팀워크 향상 훈련, 조직문화 변화 훈련, 조직문화 활성화 훈련, 조직비전 공유 훈련, 학습조직 구축 훈련, 지식경영 활용 훈련 등
CD	경력상담 프로그램, 경력진단 프로그램, 멘토링 프로그램, 재취업알선 훈련, 특수계층 프로그램(여성, 은퇴자 등)

출처: 교육인적자원부(2007), p. 230.

는 감성개발 프로그램 등 수많은 리더십 관련 프로그램을 개발 · 운영하고 있다. 교육 대상도 예전에는 하급직 직원이 교육의 핵심 대상이었다면 최근에는 핵심 인재나 차세대 리더 등 경영자 중심으로 바뀌면서 교육 대상층이 더욱 축소되고 있다.

(3) 평생교육시설

기업의 요구에 부합되는 인력을 더욱 체계적이고 효율적으로 확보하기 위하여 기업체 내에서는 제도화된 형태의 평생교육을 실시하고 있는데, 현재 우리나라에는 사내대학, 기술대학, 사내기술대학(원)이 있다. 〈표 17-6〉에서 보듯이 각 시설은 법령의 근거 및 설치기준, 학력인정 여부, 교육 대상자의 범위 등에서 다소 차이를 보이고 있다.

표 17-6 기업체의 평생교육 시설비교

구분	사내 대학	기술대학	사내 기술대학
도입 배경	• 평생교육	• 교육개혁위원회의 '신대학' • 산업체 근로자의 계속 교육과 전문 인력양성	• 기업의 기술력 제고를 위한 자체 기술인력 양성

근거 법령	• 평생교육법 • 동 시행령 및 시행규칙	• 고등교육법 • 기술대학설립 운영규정 • 동 시행규칙	• 과학기술부 고시
설립 주체	• 종업원 300명 이상으로서 상법 또는 특별법에 의하여 설립된 법인인 사업장	• 산업체, 산업체 법인, 산업체, 대학 및 전문대학 공동	• 사업장
인가 여부	• 인가	• 인가	• 과기부 장관 인정
학위 수여	• 학위 · 학력 인정	• 학위수여	• 학력 미 인정, 기업이 자체적으로 상응한 대우
비용 부담	• 고용주	• 학교법인, 산업체	• 고용주
과정	• 전문학사, 학사	• 전문학사, 학사	• 전문대학, 대학, 대학원
교육 대상	• 종업원 • 당 사업장에서 1년 6개월 이상 근무한 종업원만 가능	• 산업체 근무한 자 • 당 산업체 이외의 자도 가능	• 당해 사업장 종업원
교육 기간	• 학사(2년 또는 4년)	• 학사(2년)	• 6개월
설치 계열	• 전문학사(2년) • 인문 · 사회 · 예체능 계열 • 자연과학 · 공학계열	• 전문학사(2년) • 사회실무계열 • 자연공학계열	• 4년까지 다양 • 이공계 중심

출처: 교육인적자원부(2000), p. 217.

(4) e-러닝 등 학습방법의 변화

IT 통신기술의 발달에 힘입어 기업의 직원능력개발에서도 시공간에 제약을 받지 않는 장점을 지닌 e-러닝 교육의 활용도가 높아지고 있다. 기업에서 e-러닝을 활용하는 비중이 2005년에는 중소기업과 대기업을 포함하여 50.3%에서 2006년에는 73%로 급격히 증가했다(교육인적자원부, 한국교육개발원, 2007).

최근 기업에서는 e-러닝과 집합교육을 혼합한 블렌디드 러닝(blended learning)이 증가하는 추세인데, 이는 상호작용 학습이 가능한 집합교육의 장점과 저비용으로 학습효과를 낼 수 있는 e-러닝을 혼합하여 교육 효과의 극대화를 이끌어 내고자 한 것이다.

(5) 학습조직 활동

학습조직이란 조직 구성원에게 권한을 위임하고 품질개선 운동과 노동의 질을 통합함과 동시에 학습을 위한 공간을 만들고 서로 협력하면서 이익을 공유하고 탐구심을 고양하며 지속적으로 학습하는 조직을 뜻한다(Watkins & Marsick, 1993). 정부는 근로자직업능력개발법에 의거해 근로자의 평생학습과 중소기업의 다양한 직업능력개발 활동을 촉진 · 지원함으로써 기업의 경쟁력 강화에 기여하기 위한 목적으로 학습 조직화 지원사업을 진행하고 있다. 이는 고용보험법 시행령 제12조 규정에 의한 우선지원대상 기업의 사업주를 대상으로 자발적인 학습활동에 재정지원을 하고 학습인프라를 구축하며 학습 조직화 우수 사례를 발굴 · 포상함으로써 기업에 인적자원개발을 유도하고 있다.

(6) 교육투자 비용의 증가 추세

교육훈련 부문에 대한 기업의 투자는 지속적으로 증가하는 추세에 있다. 이는 기업이 변화 적응을 위한 다양화된 교육욕구를 충족하고자 직무교육 이외에 조직 활성화 프로그램, 리더십 개발 프로그램 등 교육투자를 늘린 것에 기인한 것으로 보인다. 또한 직원능력개발에 대한 정부정책인 직업능력개발사업의 지원 덕분에 기업의 교육 부문에 대한 투자도 증가하게 되었다.

전체적인 교육투자는 증가하고 있지만, 대기업과 중소기업을 비교해 보면 중소기업이 전체 기업의 99.7%를 차지하고 전체 근로자 수의 81.9%를 차지함에도 근로자의 교육훈련 참가율은 대기업이 77.2%인 데 비해 중소기업 직원의 교육훈련 참가율은 8%에 불과하다. 또한 중소기업의 교육훈련비도 대기업의 1/5 미만으로 대기업직원과 중소기업 직원 간의 교육시간과 교육비용의 현격한 차이를 발견할 수 있다(교육인적자원부, 한국교육개발원, 2007).

(7) ROI에 대한 관심 증대

기업경영에서 성과관리 시스템이 도입되고 교육투자비용이 증가됨에 따라 교육투자에 대한 투자 수익률(return on investment)에 대한 관심이 커지고 있다. 대기업을 중심으로 인적자원개발에 대한 투자평가는 경영자의 지속적인 관심의 대상이 되고 있으며, 몇몇 선진 기업에서는 ROI에 대한 다양한 기법과 모델을 개발하여 실행하고 있다.

(8) 경력개발제도

경력개발제도는 조직의 발전과 개인의 발전이란 목적하에 조직 차원에서는 특정 분야의 전문성을 가진 인재를 확보 · 육성하고, 조직구성원 측면에서는 자신의 전문성을 개발하며 자아실현을 할 수 있는 제도다. 직원의 경력개발을 위해 기업에서 도입하고 있는 대표적 프로그램으로는 멘토링, 핵심인재 육성, 차세대 리더개발 프로그램 등이 있다. 특히 멘토링 제도는 신입사원을 조기 전력화하고 이직률을 낮추는 데 효과가 있기 때문에 여러 기업에서 도입하여 실시하고 있다.

(9) HRD 부서의 기능

기업의 HRD 부서의 기능이 확대 변화되면서 지식창조 시대의 HRD는 구성원 개인의 학습 차원뿐만 아니라 조직학습 차원으로 그 영역이 확대되고 있다. HRD가 구성원의 능력개발(training and development)에 국한되지 않고 인적자원관리(human resources management: HRM) 영역으로 확대됨에 따라 경력개발은 교육훈련의 관점에서 학습과 성과(learning and performance) 관점으로 초점이 모이고 있다(이기성, 2006). 이에 따라 기업의 학습조직화가 HRD의 중요한 이슈로 부각되었고, 조직의 현장 문제를 해결하는 것이 HRD의 중요한 과제가 되었다.

개인 경력개발의 방향도 종래의 제너럴리스트 중심의 경력개발에서 스페셜리스트 양성으로 전환되고 있다. 즉, 과거의 기업교육이 다양한 직무 경험을 가진 보편적 인재양성을 목적으로 하였다면 최근에는 구성원이 체계적으로 전문성을 구비하도록 하기 위한 경력개발을 목적으로 한다. 이상과 같이 HRD 부서의 관심이 구성원의 능력개발에서 개인의 성과, 나아가 조직의 성과로 확대됨에 따라 조직구성원은 조직의 전략적 파트너 역할을 맡게 되었다.

이와 같이 HRD 부서의 기능이 강화되고 그 중요성이 증대되고 있음에도 한국 기업의 HRD 부서의 설치 현황을 보면 인력개발 담당자가 상근하는 기업은 전체 기업 중 24.1%에 불과하다. 특히 50인 미만의 중소기업의 경우 관련 부서 없이 담당자만 임명된 경우는 29%이고, 아예 담당자를 두지 않은 기업도 38.4%나 된다(교육인적자원부, 한국교육개발원, 2007).

3) 기업평생교육의 문제점과 발전과제

우리나라 기업평생교육의 문제점과 이를 위한 발전과제 중에서 주요한 사항을 살펴보면 다음과 같다.

(1) 기업 내 평생교육 소외계층의 증대

핵심인재론이 대두되면서 기업 내 교육소외계층의 수가 증가되고 있는 것은 기업의 평생교육이 당면하고 있는 아주 심각한 문제점이다. 특히 조직 구성원은 동일한 업무를 수행하면서도 정규직, 비정규직으로 구분되어 상대적으로 비정규직 신분의 직원은 질 좋은 교육을 받을 수 있는 기회를 박탈당하고 있다. 또한 정규직 내에서도 기업의 핵심인재로 선발된 소수의 근로자만이 체계적인 경력개발 혜택을 받고 있기 때문에 대다수의 직원은 상대적으로 불이익을 받고 있다.

기업은 조직의 영리추구를 위해 효율성을 기준으로 경영하여야 한다. 그러나 기업은 영리만을 추구할 수는 없다. 기업이 평생교육기관으로서의 역할을 수행하고 사회적 책임을 완수하려고 한다면 평생교육의 가치 기준이 되는 자유성, 평등성, 공정성 관점에서 직원의 평생교육을 조명할 필요가 있으며, 기업 내 상대적 약자인 비정규직, 비핵심 인재에 대해서도 능력개발을 위한 학습 기회를 제공해야 할 것이다.

(2) 구성원 개인의 지식 격차 확대

정보기술의 발달로 인하여 구성원이 습득해야 할 지식과 정보의 양이 빠른 속도로 증가함에 따라 조직 구성원 간의 지식 격차도 심해지고 있다. 실질적으로 기업 내에서의 구성원 간 지식 격차가 객관적 기준인 학력 수준에서도 고졸부터 대학원졸업의 박사까지 넓은 범위로 분포되어 있고, 대기업-중소기업 간에도 상당한 격차를 나타내고 있다.

기업은 이러한 점을 인식하여 기업 내 교육소외자 내지 학습부진자에게 학습 기회를 적극적으로 제공해야 하며, 정부에서도 기업 간 지식 격차를 해소하기 위해서 정책적인 지원을 아끼지 말아야 할 것이다. 그러나 아무리 기업과 정부가 구성원에게 학습 기회를 제공한다고 하더라도 학습은 개인적으로 이루어지는 활동이기 때문에 구성원 개인이 학습의 필요성을 인식하고 능동적이며 적극적인 자세로 학습에 임해야 할 것이다.

(3) 정부의 기업평생교육 활동에 대한 지원 부족

기업의 사회적 책임이 강조되면서 기업이 지역사회 발전에 기여하고 평생교육기관으로서의 역할을 해 줄 것을 정책과 여론은 요구하고 있지만, 현재까지 정부의 지원은 미약한 실정이다. 기업이 평생교육기관으로서 책임과 역할을 할 수 있게 하기 위해서는 그에 상응하는 정책적 배려와 지원을 해야 한다(교육인적자원부, 한국교육개발원, 2007).

(4) 기업 내 HRD 전문 부서와 전문가의 부족

HRD가 직원의 능력개발이란 단순한 기능에서 구성원의 경력개발과 조직개발, 나아가 경영진의 전략적 파트너로서의 역할까지 요구받고 있다. 그러나 한국 기업에서는 HRD 부서가 설치되지 않았거나 관련 전문가가 매우 부족한 현실이다. 현재 전담 조직이 설치되어 있는 기업이 전체 기업 중 1/4 수준에 불과하며 전담 인력을 두고 있는 조직도 전체 기업 중 29% 수준에 그치고 있다(교육인적자원부, 한국교육개발원, 2007).

전담 조직과 전문 인력 없이는 HRD의 기능을 체계적이고 효율적으로 기획하며 실행하는 것은 불가능하며, HRD를 위한 기본 인프라와 전문 인적자원을 확보하지 않은 상태로는 질 좋은 프로그램을 운영하기가 어렵다. 또한 질이 보장되지 않은 프로그램의 운영으로는 기대하는 성과를 낼 수 없다.

따라서 기업은 HRD 기능을 수행하는 전담 인력을 채용하고, HRD 전담부서의 설치를 우선적으로 고려하여야 한다. 정부도 기업이 부담을 적게 가지고 평생교육, 즉 HRD 전문 인력을 채용할 수 있도록 지원책을 마련하고 기업교육 인프라를 구축할 수 있는 방안을 마련해야 한다.

(5) 기업과 산업교육기관의 연계 부족

기업의 조직구성원 역량개발을 돕기 위하여 KMA, 대한상공회의소, 한국생산성본부, 중소기업진흥공단 등 수많은 정부출연 및 사설교육연수기관이 활동하고 있다. 근래에는 정부기업지원사업인 중소기업직원 무료교육사업의 추진으로 새로운 교육기관이 많이 생겨났으며, 적극적으로 정부의 중소기업직원 무료교육사업에 참여하고 있다.

수많은 산업교육기관에서 기업의 구성원 능력개발을 위한 고객만족 프로그램, 관리자 능력개발 프로그램 등 다양한 프로그램을 개발·판매하고 있지만, 기업에서는 이러한 프로그램에 대한 이해가 부족하여 실질적으로 필요한 교육을 받지 못하는 경우가 종종 생기고 있다. 따라서 기업과 산업교육기관의 긴밀한 네트워크를 구축하고 이러한 네트워크를 기반으로 교육기관과 기업이 상호 정보를 교류하여 기업에 실질적인 도움을 줄 수 있는 프로그램이 운영될 수 있도록 해야 한다.

(6) 기업교육과 학점은행제의 연계

기업과 산업교육기관이 인증한 교육 프로그램을 조직의 구성원이 이수한 경우에는 이를 학점으로 인정하여 교육과학기술부가 주관하는 학점은행제도의 혜택을 볼 수 있도록 해야 한다. 다시 말해, 산업교육기관이 주관하는 교육과정도 학점은행제 설립 취지에 맞는 교육 프로그램으로 인정될 경우 그 프로그램을 이수한 학습자에게 학점을 인정함으로써 구성원의 학습 참여도를 높이고 교육성과 또한 더욱 높일 수 있을 것이다.

(7) 기업 구성원 변화에 따른 교육 내용의 변화

기업교육의 대상자가 중장년 남성 중심에서 노령자, 여성으로 다양화됨에 따라 이를 감안한 차별화된 교육 프로그램을 제공해야 한다. 현재까지의 교육 프로그램이 주로 중장년 남성 근로자를 대상으로 개발 운영되었다면, 앞으로는 여성 근로자와 고령 학습자의 특성 및 그들의 요구를 고려한 프로그램이 개발되어야 할 것이다.

결론적으로 기업은 개인과 조직의 비전, 전략과 연계된 리더십 개발, 경력개발, OJT, 멘토링, e-러닝 등 다양한 프로그램을 개발 · 운영해야 하며, 정부는 기업의 평생교육 활성화를 위해 기업평생교육이 안고 있는 과제를 해결하려는 적극적인 노력을 기울임과 동시에 학습조직 지원사업 등 다양한 평생교육정책을 수립하고 지원해야 한다.

참고문헌

강성국(2006). 학점은행제 학습자 만족도 분석 연구. 수탁연구 CR2006-64. 서울: 한국교육개발원.

고병헌(2006). 성인 교육교사 개념 개발을 위한 한국-덴마크 공동연구. 수탁연구 CR 2006-36. 서울: 한국교육개발원.

고영상(2007). 자생체제모형에 터한 한국 평생학습도시 정책의 지속가능성 탐색. 서울대학교 대학원 박사학위논문.

곽삼근, 김재인, 최운실, 김경희(2000). 평생학습사회에서의 여성의 평생교육기회 격차 분석. 교육정책연구과제 00-07. 서울: 교육인적자원부.

곽삼근, 차윤경, 김재인, 이숙원(2007). 국가인적자원개발을 위한 여성평생교육의 비전과 주요과제. 정책연구과제 07-지정-1. 서울: 교육인적자원부.

교육개혁위원회(1995). 신교육체제 수립을 위한 교육개혁 방안. 서울: 교육개혁위원회.

교육과학기술부(2008). 평생교육법 해설자료. 서울: 평생교육진흥원

교육과학기술부(2008). 평생학습진흥기본계획(2008-2012). 서울: 교육과학기술부.

교육과학기술부, 노동부(2008). 평생학습계좌제 도입 방안. 제1차 평생학습계좌제협의회 자료.

교육과학기술부, 평생교육진흥원(2010). 평생교육백서, 제13호. 서울: 교육과학기술부, 평생교육진흥원.

교육과학기술부, 한국교육개발원(2008). 평생교육백서 제11호. 서울: 교육과학기술부, 평생교육진흥원.

교육과학기술부, 한국교육개발원(2009). 평생교육백서 제12호. 서울: 교육과학기술부, 평생교육진흥원.

교육부(1997). 평생교육백서 제1호. 서울: 교육부.

교육부(1998). 평생교육백서 제2호. 서울: 교육부.

교육부(1999). 평생교육백서 제3호. 서울: 교육부.

교육부(2000). 평생교육백서 제4호. 서울: 교육부.

교육인적자원부, 한국교육개발원(2001). 평생교육백서 제5호. 서울: 교육인적자원부, 한국교육개발원.

교육인적자원부, 한국교육개발원(2002). 평생교육백서 제6호. 서울: 교육인적자원부, 한국교육개발원.

교육인적자원부, 한국교육개발원(2003). 평생교육백서 제7호. 서울: 교육인적자원부, 한국교육개발원.

교육인적자원부, 한국교육개발원(2004). 평생교육백서 제8호. 서울: 교육인적자원부, 한국교육개발원.

교육인적자원부, 한국교육개발원(2005a). 평생교육정책 자료집. 서울: 교육인적자원부, 한국교육개발원.

교육인적자원부, 한국교육개발원(2005b). 학습국가 건설을 위한 평생교육 정책 방향과 과제. 연구자료 RM 2005-60. 서울: 교육인적자원부, 한국교육개발원.

교육인적자원부, 한국교육개발원(2006). 평생교육백서 제9호. 서울: 교육인적자원부, 한국교육개발원.

교육인적자원부, 한국교육개발원(2007). 평생교육백서 제10호. 서울: 교육인적자원부, 한국교육개발원.

구영철(1997). 교육행정에 있어서 합리성의 비판적 고찰. 전남대학교 대학원 박사학위논문.

국가평생교육진흥원(2012). 학점은행제 사업보고 내부자료.

권두승 외(2004). 평생교육법 통합 · 정비 방안 연구. 서울: 교육인적자원부.

권이종, 이상오(2001). 평생교육(실제편). 서울: 교육과학사.

김기승(2003). 한국기업의 여성인력 활용과 향후 과제. 서울: LG경제연구원.

김기홍(2003). 노동시장과 연계한 중고령자 평생학습 모델 개발 연구. 서울: 한국직업능력개발원.

김기홍, 임언, 이정표(2006). 중고령자 진로전환 지원 체제 연구. 서울: 한국직업능력개발원.

김란수(1997). 교육구좌제 도입 방안 연구. 서울: 교육부 중앙교육심의회 평생교육분과위원회.

김소영(2006). 청소년실업대책사업 집행에 관한 연구: 청소년직장체험프로그램 연수지원제를 중심으로. 조선대학교 정책대학원 석사학위논문.

김신복 외(1996). 교육정책론. 서울: 한국교육행정학회.

김신일 외(1990). 평생교육 실현을 위한 평생교육관련법령 정비에 관한 연구. 한국평생교육협회 연구보고서. 서울: 한국평생교육협회.

김신일, 한숭희 편(2001). 평생교육학: 동향과 과제. 서울: 교육과학사.

김영경(2007). 고학력 경력단절여성의 경력개발계획과 재취업교육 요구분석 연구. 여성연구, 73(2), 85-118.

김영아(2007). 평생학습도시 정책의 형성과정 평가 연구. 전북대학교 대학원 박사학위논문.

김영준(2006). 국가 평생학습 정책 분석: 2006년 교육인적자원부 정책을 중심으로. 평생교육학연구, 12(1), 145-168.

김장호 편(2005). 한국의 인적자원(도전과 새 패러다임). 서울: 법문사.

김재관(2000). 한국 대학평생교육의 현황과 과제. 한국동북아논총, 17(1), 163-182.

김종서, 주성민(1990). 지역사회학교의 이론과 실제. 서울: 교육과학사.

김종서, 황종건, 김신일, 한숭희(2000). 평생교육개론. 서울: 교육과학사.

김종철(1989). 한국교육정책연구. 서울: 교육과학사.

김진화, 고영화(2007). 정착기 한국 평생교육학의 발전과 과제(2000년 이후). 한국평생교육학회 하계학술연차대회(2007년 7월 20일) 발표논문.

김현철(2007). 평생학습 개인조사체제 수립 및 운영방안 연구. 수탁연구 CR 2007-7. 서울: 한국교육개발원.

나영선(2007). 노동부: 직업능력 개발정책 성과 평가. 직업과 인력개발, 10(3), 66-75.

나영선, 이상준, 김용하(2005). 역적합형 고령자 직업훈련 및 취업지원모델 개발. 서울: 한국직업능력개발원.

남정걸 외(1998). 지역사회교육 활성화 방안과 프로그램 개발 연구. 평생교육연구, 13(1), 133-159.

노동부(2007). 고용지원센터 취업알선실적(2004-2006). 서울: 노동부.

노화준(2006). 기획과 결정을 위한 정책분석론(제3전정판). 서울: 박영사.

노화준(2007). 정책학원론(제2전정판). 서울: 박영사.

모선희, 김형수, 유성호, 윤경아(2005). 현대노인복지론. 서울: 학지사.

박경실 외(2010). 평생교육론. 서울: 학지사.

박봉목(1984). 교육과 철학. 서울: 문음사.

박성정(2001). 여성의 평생교육 활성화 지원정책 개발을 위한 연구. 서울: 교육인적자원부.

박성정(2002). 평생교육정책 및 프로그램의 성 분석(Gender Analysis) 모형. 평생교육학연구, 8(1), 97-119.

박성정, 김남희, 이소연, 김미경(2005). 중장년층 여성인적자원개발 실태와 정책과제. 서울: 한국여성개발원.

박주희(2008). Best-HRD의 이해. 서울: 대학서림.

배호준(2005). 고령인력활용정책의 평가와 정책대안에 관한 연구. 세종대학교 대학원 박사학위논문.

백은순(1998). 학점은행제 운영방안 연구. 수탁연구 CR 97-58. 서울: 한국교육개발원.

백은순(2007). 학점은행제의 성과와 전망. 학점은행제 Issue paper, 1(1). 서울: 한국교육개발원.

백은순(2005a). 학점은행제 교육훈련기관 실태조사 연구 자료집. 연구자료 RM 2005-49. 서울: 한국교육개발원.

백은순(2005b). 학점은행제 학습자 특성 분석연구 결과자료집. 연구자료 RM 2005-48. 서울: 한국교육개발원.

백은순(2006). 2006년도 학점은행제 운영사업 결과보고서. 기술보고 TR 2006-40. 서울: 한국교육개발원.

백은순 외(2005). 군 인적자원 개발계획 수립연구. 서울: 한국교육개발원.

백은순 외(2007). 군 평생학습체제 정립 및 구축방안 연구. 서울: 한국교육개발원.

변종임(2005). 지역 발전을 위한 평생학습도시 운영 실태 분석 연구. 서울: 한국교육개발원.

변종임(2007a). 교육계좌제 추진방안 연구. 서울: 한국교육개발원.

변종임(2007b). 사회통합을 위한 학습 · 노동 · 복지 연계방안 연구. 서울: 한국교육개발원.

변종임(2007c). 평생학습결과 표준화 시범운영사업 결과보고서. 기술보고 TR 2007-17. 서울: 한국교육개발원.

변종임 외(2004). 지역발전을 위한 평생학습도시 운영실태 분석 연구. 연구보고 RR 2005-11. 서울: 한국교육개발원.

변종임 외(2005). 평생학습도시 향후 추진 전략 연구. 서울: 한국교육개발원.

보건복지가족부(2007). 노인보건복지사업 안내 및 보도자료. 서울: 보건복지가족부.

부산광역시, 부산광역시교육청(2007). 부산지역 평생학습 중장기 발전계획. 부산: 부산광역시, 부산광역시교육청.

송영수(2006). 학습조직, 우선 패러다임부터 전환하자. HRD, 195(11), 20-21.

안해균(2001). 정책학원론(3판). 서울: 다산출판사.

양병찬 외(2003). 건강한 지역교육공동체 조성을 위한 지역사회학교 운영 방안에 대한 연구. 충남 공주: 공주대학교 교육연구소.

양은아, 김재웅(2003). 지역사회 평생교육의 문제 및 발전방안: 구리시 · 남양주시를 중심으로. 평생교육학연구, 9(3), 7-13.

양홍권(2004). 지역혁신형 학습도시시스템 구축과정에 관한 연구. 서울대학교 대학원 박사학위논문.

양홍권(2006a). 평생학습도시 유형별 조성전략에 관한 비교연구. 비교교육학연구, 16(1), 155-180.

양홍권(2006b). 학교평생교육의 효과적 운영모형. 학교평생교육의 현황진단과 발전전략 탐색 (pp. 63-88). 연구자료 RM 2006-29. 서울: 한국교육개발원.

오석홍, 김영평(2000). 정책학의 주요이론(2판). 서울: 법문사.

유네스코-운크라(UNESCO-UNKRA) 파한교육계획사절단(1953). 지역사회학교의 구상. 대한민국의 교육재건. 최종보고서. 문교월보 특집, 3.

유재현(1996). 지구시민사회운동과 한국 시민운동. 크리스천아카데미 한국 사회교육원(편), 지방화와 지구화 그리고 시민운동(pp. 37-76). 서울: 한울.

육군사관학교 화랑대연구소(2003). 중장기 전역자 직업능력 개발체제 연구. 서울: 육군사관학교 화랑대연구소.

윤기찬, 박혜영(2006). 지방정부 여성평생교육 프로그램 평가에 관한 연구: 만족도 및 재이용 의도에 미치는 영향요인을 중심으로. 평생교육연구, 12(4), 47-71.

이경아 외(2007). 평생교육 공공성 강화를 위한 비영리단체와 공공평생교육협력 방안 연구. 서울: 한국교육개발원.

이광수(1982). 정책결정에 대한 Allison model의 적용성. 경북대학교 대학원 박사학위논문.

이기성(2006). 한국기업의 경력개발제도 운영 현황과 개선방향 탐색. Andragogy Today, 9(2), 173-192.

이돈희, 조화태(1998). 교육정의론. 서울: 고려원.

이만희 외(2003). 군 인적자원의 개발과 학점은행제의 연계체제 국축 방안 연구. 서울: 한국교육개발원.

이병호(2009). 지역사회 발전을 위한 평생교육정책 과정 추이(推移) 분석: 새마을교육과 평생학습도시 정책을 중심으로. 숭실대학교 대학원 박사학위논문.

이양교(2002). 평생교육정책론. 서울: 학문사.

이의규(2005). 주요국의 중고령층 직업능력 개발 정책과 프로그램. 서울: 한국직업능력개발원.

이의규(2006). 활동적 고령화와 고등교육. 서울: 한국직업능력개발원.

이정표 외(2004). 군 인적자원의 효율적 획득배치 체계 구축. 서울: 한국직업능력개발원, 육군본부.

이정표 외(2005). 군 전역간부의 사회취업활성화. 서울: 한국직업능력개발원.

이종만(1992. 8.). 한국의 평생교육, 그 법 · 제도적 기반. 교육월보, 128, 32-35.

이지혜(2002). 학습공동체를 통한 학습권의 실현. 사회교육연구, 19, 248-259.

이지혜(2004). 교육취약계층을 위한 평생교육 지원방안 연구. 수탁연구 CR 2004-49. 서울: 한국교육개발원.

이지혜 외(2001). 성인여성의 학습동아리 활동 시범지원 방안에 관한 연구. 여성교육 정책연구과제 2001-08. 서울: 교육과학기술부.

이지혜, 채재은(2007). 다문화가정시대 문해교육의 대안적 접근: 영미의 가족문제 사례를 중심으로. 비교교육연구, 17(1), 29-52.

이혜영(2006). 노인복지론. 서울: 창지사.

이혜영 외(2006). 가정, 학교, 지역사회 연계 협력 강화 방안 연구. 서울: 한국교육개발원.

이희수(2002a). 지역평생학습사회의 실현 방안 연구. 수탁연구 CR 2002-14. 서울: 한국교육개발원.

이희수(2002b). 지역평생학습활성화를 위한 평생학습도시 시범 사업의 평가 및 모델도시 구축 · 운영방안 연구. 수탁연구 CR 2002-50. 서울: 한국교육개발원.

이희수(2007). 시민주도 평생학습도시 조성에 있어서 임파워먼트 효과에 관한 연구. 성신여자대학교 대학원 박사학위논문.

이희수 외(1999). 평생학습지원체제 종합발전방안연구. 서울: 한국교육개발원.

이희수 외(2001). 평생학습체제 종합발전방안II. 서울: 한국교육개발원.

이희수 외(2003). 한국의 문해교육실태와 OECD 국제비교연구. 비교교육연구원, 13(2), 193-214.

이희수, 최병욱, 박효순(2006). 군 인적자원개발 정책 효과에 관한 연구. 서울: 국회 국방위원회.

이희수, 히고 코우세이(2007). 초기 평생교육학의 태동과 발전(해방 후~1970년대). 한국평생교육학회 하계학술연차대회(2007년 7월 20일) 발표논문.

장욱민(2004). 부동산 정책 결정과정에 관한 연구: Allison 모델에 의한 분석. 연세대학교 공공정책대학원 석사학위논문.

장원섭(2006). 지역 평생학습 촉진을 위한 민 · 관 · 산 · 학 학습 파트너십 구축 방안 연구. 서울: 한국교육개발원.

장진호(1979). 사회교육의 방향. 서울: 정익사.

장헌일(2004). 커뮤니티 행정을 위한 주민자치센터 운영에 관한 연구. 전남대학교 대학원 박사학위논문.

정경희(2005. 3.). 2004년도 노인생활실태 및 복지욕구조사: 주요 조사결과와 정책적 함의. 보건복지포럼, 101, 49-65.

정우현, 권두승 외(1994). 평생교육법 및 학원 관련 법령 개정에 관한 연구. 교육부 정책연구보고서. 서울: 교육부.

정일환(2000). 교육정책론: 이론과 적용. 서울: 원미사.

정일환(2003). 교육행정학의 탐구. 사울: 원미사.

정정길(1999). 정책학원론. 서울: 대명출판사

정진환(2005). 한국 평생학습체제 구축을 위한 방향 모색. 교육행정연구, 23(3), 553-576.

정태범(1999). 교육정책분석론. 서울: 원미사.

제9회 전국평생학습축제운영위원회(2010). 제9회 평생학습축제 평가보고서.

조용하, 안상헌(2001). 평생교육의 이해. 서울: 동문사.

주인중(2001). 중장년층 훈련 활성화 방안. 서울: 한국직업능력개발원.

진규동, 최은수(2007). 기업의 학습조직 활동과 조직구성원 특성과의 관계에 대한 연구. 평생교육 · HRD연구, 3(1), 1-33.

채재은, 허준(2012). 평생학습시대의 다문화교육의 방향 탐색. 비교교육연구, 21(1), 1-23.

최근열 (2003). 주민자치센터의 프로그램 활성화 방안: 울산광역시 사례를 중심으로. 한국사회와 행정연구, 14(1), 242-265

최돈민(2003). 평생학습: 지식강국으로의 첫걸음. 현안보고 OR 2003-8. 서울: 한국교육개발원.

최돈민(2006). 국가단위 평생학습 추진을 위한 전담기구 현황 분석 및 개선방안 연구. 정책연구 2006-공모-17. 서울: 교육인적자원부.

최돈민(2006). 평생학습 실태와 참여 촉진 방안 연구. 수탁연구 CR 2006-48. 서울: 한국교육개발원.

최병욱(2007). 군 평생학습의 현황과 발전방향. 국가평생학습체제와 연계한 군 인적자원개발정책을 위한 세미나 자료집.

최봉기(1988). 정책의제 형성론: 이론과 실제. 서울: 일신사.

최봉기(2004). 정책학연구: 변화와 혁신의 전략. 서울: 박영사.

최봉기(2008). 정책학개론. 서울: 박영사.

최상근(2006). 학교평생교육 활성화를 위한 운영체제 개발 연구. 연구보고 RR 2006-20. 서울: 한국교육개발원.

최상덕(2006). 교육계좌제 시행을 위한 평생학습 인증체제 구축방안 연구. 수탁연구 CR 2006-62. 서울: 한국교육개발원.

최상덕(2007). 평생학습사회 실현을 위한 고등교육체제 혁신 방안 연구. 서울: 한국교육개발원.

최성모(1991). 정책집행이론개발을 위한 대안적 시도: 정책내용, 정책백락, 집행스타일을 중심으로. 한국행정학회 월례회의 발표논문.

최운실(2004). 한국의 대학평생교육 발전 모델 탐구. 평생교육학연구, 10(4), 47-86.

최운실(2007. 7. 20.). 산파기로서의 1980-1990년대 한국 평생교육학의 동향. 한국평생교육학회 하계학술연차대회 발표논문.

최운실 외(1990). 한국문해교육실태와 문해교육. 연구보고 RR 90-14. 서울: 한국교육개발원.
최운실 외(2000). 교육계좌제 실행 방안 연구. 교육정책연구 2000-일-07. 서울: 교육부.
최운실 외(2005a). 평생교육법 개정 방안 연구. 수탁연구 CR 2005-10-1. 서울: 한국교육개발원.
최운실 외(2005b). 학습국가 실현을 위한 평생교육법의 합리적 개선방안. 학습국가를 위한 성공전략 2005년 제3차 평생교육 포럼 자료집. 서울: 한국평생교육학회, 한국교육개발원.
최은수(1992). 재정적 공정성을 위한 교육재정정책. 교육행정학연구, 9(2), 143-161.
최은수(1998). Adult participation in Korean and U.S. higher education: Credit Bank System within educational policies for adult education. Andragogy Today, 1(1), 267-285.
최은수(2002). A system of Korean Lifelong Educational policies with special reference to the lifelong education law. Andragogy Today, 5(4), 95-119.
최은수(2004a). 학교와 지역사회. 지방행정, 53, 30-37.
최은수(2004b). Korean Lifelong Educational cities toward community learning and development and the case study of Kwangmyung city. Andragogy Today, 7(4), 101-126.
최은수(2007). 학점은행제 성과분석 연구. 수탁연구 CR 2007-49. 서울: 한국교육개발원.
최은수(2008). Trends and policy process of lifelong educational policies in Korea. Andragogy Today, 11(1), 219-254.
최은수 외(2000a). 고학력 실업자 인력개발정책: 한미 비교분석. 서울: 교육과학사.
최은수 외(2000b). 고학력 실업자 구제를 위한 인력개발정책에 대한 한·미 비교 연구. Andragogy Today, 3(1), 142-181.
최은수, 박미애(2007). The degree completion program of the United States in comparison with the Credit Bank System in Korea. 비교교육연구, 17(4), 25-48.
최희선(2006). 교육정책의 탐구논리. 서울: 교육과학사.
통계청(2004) 사회통계조사보고서. 서울: 통계청.
통계청(2005, 2006, 2007, 2008). 고령자통계. 서울: 통계청.
하인호(1989). 교육정책과 기획. 서울: 문우사.
한국교육개발원(2006). 지역 평생학습 촉진을 위한 민·관·학 학습 파트너십 구축 방안 연구. 연구보고 RR 2006-17. 서울: 한국교육개발원.
한국교육개발원(2007). 평생학습도시 성공전략 길잡이. 기타자료 MP 2007-5. 서울: 한국교육개발원.
한국교육개발원(2008). 평생학습결과 표준화 시범운영사업 공통프로그램 개발을 위한 관계자 워크

숍. 연구자료 RM 2008-4. 서울: 한국교육개발원.
한국교육개발원 평생교육센터(2002a). 평생학습도시로 가는 길. 연구자료 RM 2002-33. 서울: 한국교육개발원 평생교육센터.
한국교육개발원 평생교육센터(2002b). 지역을 살리기 위한 평생학습마을 · 도시 만들기. 연구자료 RM 2002-9. 서울: 한국교육개발원 평생교육센터.
한국교육개발원 평생교육센터(2005). 국가 평생학습의 총체적 진단과 개선방향. 연구자료 RM 2005-38. 서울: 한국교육개발원 평생교육센터.
한국교육개발원, 교육인적자원부(2007). 학점은행제 시행, 그 성과와 앞으로의 과제. 학점은행제 제10주년 기념 학술회의 자료. 연구자료 RM 2007-51. 서울: 한국교육개발원.
한국노인인력개발원(2007). 2007년도 노인 일자리사업 종합안내. 서울: 한국보건사회연구원.
한국여성평생교육회(2005). 여성평생교육의 이론과 실제. 서울: 교육과학사
한숭희(2004). 평생교육론. 서울: 학지사.
한숭희(2007). 평생학습 지표개발 및 통계조사체제 수립 연구. 수탁연구 CR 2007-6. 서울: 한국교육개발원.
한준상(1998). 앤드라고지: 현실과 가능성. 서울: 학지사.
허범(1991). 공공정책의 형성과 집행. 성균관대학교 사회과학연구소(편), 행정학개론. 서울: 대명문화사.
허준(2006). 사회운동에 나타난 공동체학습과정의 특성에 관한 연구. 서울대학교 대학원 박사학위논문.
황종건 외(1994). 사회교육의 이념과 실제. 서울: 정민사.

Allison, G. T. (1971). *The essence of decision: Explaining the Cuban missile crisis.* Boston: Little, Brown and Company.
Anderson, C. (1979). The place of principles in policy analysis. *American Political Science Review, 73,* 711-723.
Anderson, J. E. (2003). *Public policy-making* (5th ed.). Boston: Houghton Mifflin.
Avis, J. (2007). *Education, policy and social justice.* New York: Continuum International Publishment Group.
Bagnall, R. G. (2004). *Cautionary tales in the ethics of lifelong learning policy and management.* The Netherlands: Kluwer Academic Publishers.
Behn, R. D. (1985). Policy analysis, clients, and social scientists. *Journal of policy analysis and management, 4*(3), 25-46.

Belanger, P. (1995). Adult education and the changing role of UNESCO and of the UN organizations. In B. B. Cassara (Ed.), *Adult education through world collaboration* (pp. 3-21). Malabar, FL: Krieger Publishing Company.

Belanger, P., & Valdivielso, S. (1997). *The emergence of learning societies: Who participates in adult learning?* Oxford: Pergamon and UNESCO Institute for Education.

Bell, L., & Stevenson, H. (2006). *Education policy*. New York: Routledge.

Bentham, J. (1789). *An introduction to the principles of morales and legislation*. edited by J. H. Burns and H. L. A. Hart (London: Athlone, 1970).

Berlanger, P., & Tuijnman, A. (1997). *New patterns of adult learning: A six-country comparative study*. Oxford: Pergamon and UNESCO Institute for Education.

Berman, P., & McLaughlin, M. W. (1976). Implementation of educational innovation. *The Educational Forum, 40,* 345-370.

Blau, P. M. (1970). Weber's theory of bureaucracy. In D. W. Wrong (Ed.), *Max Weber* (pp. 141-145). Englewood, NJ: Prentice-Hall.

Chapman, J. D., & Aspin, D. N. (1997). *The school, the community and lifelong learning*. London and Washington: Cassell.

Chapman, J. D., Cartwright, P., & Mcgilp, J. E. (Eds.). (2006). *Lifelong learning, participation and equity* (vol. 5). Netherlands: Springer.

Chomsky, N. (1976). *Aspects of the theory of syntax*. Cambridge: The MIT Press.

Collins, J. (2001). Level 5 leadership, the triumph of humility and fierce resolve. *Harvard business review, 79*(1), 66-76.

Coombs, F. S. (1981). The bases of noncompliance with a policy. In J. K. Grumm & S. L. Wasby (Eds.), *The analysis of policy impact*. Lexington, MA: Heath.

Dave, R. H. (Ed.). (1976). *Foundations of lifelong education*. Oxford: Pergamon Press.

Dewey, J. (1933). *How we think*. Boston: D.C. Heath.

Dewey, J. (2007). 민주주의와 교육(이홍우 역). 서울: 교육과학사. (원저는 1915년 출판)

Dror, Y. (1968). *Public policy-making reexamined*. San Francisco: Chandler Publishing.

Dror, Y. (1971). *Design for policy sciences*. New York: American Elsevier.

Dunn, W. (1981). *Public policy analysis*. Englewood Cliffs, NJ: Prentice-Hall.

Dye, T. R. (2008). *Understanding public policy* (12th ed.). Upper Saddle River, NJ; Prentice-Hall.

Easton, D. (1965). *A systems analysis of political life.* New York: John Wiley & Sons.

Easton, D. (1969). Flow characteristics of policy-making. In F. J. Lyden et al. (Ed.), *Politics, decisions and organizations.* New York: Appleton-Centry-Crofts.

Easton, D. (1975). An approach to the analysis of political system. In P. W. Woll (Ed.), *American government: Readings and cases*(5th ed.). Boston: Little, Brown and Company.

Easton, D. (1988). 정치생활의 체계분석(이용필 역). 서울: 법문사. (원저는 1965년 출판)

Edwards, G. C. III, & Sharkansky, I. (1978). *The policy predicament: Marketing and implementing public policy.* San Franciso: W. H. Freeman.

Edwards, R., Miller, N., Small, N., & Tait, A. (Eds.). (2002). *Making policy work: Supporting lfelong learning, 3.* New York: Routledge Falmer.

Elias, J. L., & Merriam, S. B. (1995). *Philosophical foundations of adult education* (2nd ed.). Malabar, FL: Krieger Publishing Company.

Elmore, R. (1979-1980). Backward mapping: Implementation research and policy decisions. *Political Science Quarterly, 94*(4), 601-616.

Evans, N. (Ed.). (2000). *Experiential learning around the world: Employability and the global economy.* London: Jessica Kingsley Publishers.

Fowler, F. C. (2007). 교육정책의 이론과 실제(신현석, 한유경 공역). 서울: 아카데미 프레스. (원저는 2004년에 2판 출판)

Fowler, F. C. (2000). *Policy studies for educational leaders.* Englewood Cliffs, NJ: Prentice-Hall.

Friedman, M. (2007). 자본주의와 자유(심준보, 민동기 공역). 서울: 청어람미디어. (원저는 1962년 출판)

Gordon, I., Lewis, J., & Young, K. (1977). Perspectives on policy analysis. *Public administration bulletin, 25,* 58-70.

Griffin, C. (1999). Lifelong learning and social democracy. *International Journal of Lifelong Education, 18*(5), 329-342.

Hansen, A., & Tuijnman, A. (1997). Adult education participation: A policy overview. In P. Belanger & A. Tuijnman (Eds.), *New patterns of adult learning: A six-country comparative study* (pp. 229-247). Oxford: Pergamon.

Harmon, G. (1984). Conceptual and theoretical issues. In J. R. Hough (Ed.), *Educational policy: An international survey* (pp. 13-28). New York: St. Martin's Press.

Hasan, A. (2001). Lifelong learning: a monitoring framework and trends in participation. In D. Aspin, J. Chapman, M. Hatton, & Y. Sawano (Eds.), *International Handbook of Lifelong Learning* (pp. 379-402). Boston: Kluwer Academic Publishers.

Held, W. G. (Ed.). (1979). *Decision-making in the federal government: The Wallace S. Sayre model*. Washington, DC: The Brookings Institution.

Hodgson, A. (Ed.). (2000). *Policies, politics and the future of lifelong learning*. London: Kogan Page.

Hogwood, B. W., & Gunn, L. A. (1984). *Policy analysis for the real world*. New York: Oxford University Press.

Hogwood, B. W., & Peters, B. G. (1983). *Policy dynamics*. Brighton: Harvester.

Hood, C. (1976). *The limits of administration*. London: Wiley & Sons.

Hooker, C. P. (Ed.). (1978). *The courts and education: The seventy seventh yearbook of the national society for the study of education*. Chicago: University of Chicago Press.

Hough, J. R. (Ed.). (1984). *Educational policy: An international survey*. New York: St. Martin's Press.

IIEP/UNESCO-KRIVET. (2003). International policy seminar "*Making Lifelong Learning a Reality*" materials.

Jenkins-Smith, H. (1990). *Democratic politics and policy analysis*. Pacific Grove, CA: Brooks/Cole.

Jones, C. O. (1977). *An introduction & the study of public policy*(2nd ed.). North scituate, MA: Duxbury Press.

Kaplan, T. J. (1986). The narrative structure of policy analysis. *Journal of Policy Analysis and Management, 5*(4), 35-47.

Knapper, C., & Cropley, A. (1999). *Lifelong learning in higher education* (3rd ed.). London: Kogan Page.

Koo, K. S. (2003). Policy directions and tasks of lifelong learning in Korea. Presentation paper of International Policy Seminar on Making lifelong learning a reality (24-26 June 2003).

Korean Educational Development Institution. (2003). *Adult learning in Korea: Review and agenda for the future*. CR 2003-11. Korean Educational Development Institution.

Krone, R. M. (1980). *Systems analysis and policy sciences*. New York: John Wiley & Sons.

Lasswell, H. D. (1970). The emerging conception of the policy sciences. *Policy Sciences, 1*, 34-48.

Lengrand, P. (1970). *Introduction to lifelong education*. Paris: UNESCO.

Lindblom, C. E. (1959). The science of "muddling" through. *Public Administration Review, 19*(2), 79-88.

Lindblom, C. E. (1968). *The policy-making process*. Englewood, NJ: Prentice-Hall.

Longworth, N. (2000). *Making lifelong learning work: Learning cities, learning century* (2nd ed.). London: Kogan Page.

Longworth, N.(2006). *Learning cities, learning regions, learning communities*. London: Routhledge.

Longworth, N., & Keith, D. W. (1996). *Lifelong learning: New vision, new implications, new roles for people, organizations, nations and communities in the 21st century*. London: Kogan Page.

MacRae, D. J., & Wilde, J. A. (1979). *Policy analysis for public decision*. Belmont, CA: Wadsworth.

McLaughlin, M. (1976). Implementation as mutual adaptation. In W. William & R. Elmore (Eds.). *Social program implementation*(pp. 167-180). New York: Academic Press.

Mill, J. S. (1992). 자유론(김형철 역). 서울: 서광사. (원저는 1859년 출판)

Mingat, A., Tan, J-P., & Sosale, S. (2003). *Tools for education policy analysis*. Washington, DC: World Bank.

Minzey, J. D., & Le Tarte, C. E. (1979). *Community education: From program to process to practice*. Midland, MI: Pendell Publishing Company.

Monk, D. H. (1990). *Educational finance: An economic approach*. New York: McGraw-Hill.

Nagal, S. (1986). Conceptualizing public policy analysis, In W. Dunn (Ed.), *Policy analysis: Perspectives, concepts and methods*. Greenwich, CT: JAI Press.

Nakamura, R. T., & Smallwood, F. (1980). *The politics of policy implementation*. New York: St. Martin's Press.

Niebuhr, R. (2006). 도덕적 인간과 비도덕적 사회(이한우 역). 서울: 문예출판사. (원저는 1932년 출판)

Nordhaug, O. (1989). Equality and public policy: Ideals, realities and paradoxes. *International Journal of Lifelong Education, 8*(4), 289-300.

Okun, A. M. (1975). *Equality and efficiency: The big tradeoff.* Washington, DC: The Brookings Institution.

Olsen, E. G. (1954). *School and community.* Englewood, NJ: Prentice Hall.

Parsons, W. (1995). *Public policy: An Introduction to the theory and practice of policy analysis.* Cheltenham, UK: Edward Elgar.

Pasternack, L. (Ed.). (2002). *Immanuel Kant: Groundwork for the metaphysics of morals in focus.* London and New York: Routhledge.

Pressman, J., & Wildavsky, A. (1973). *Implementation.* Berkeley: University of California Press.

Psacharopoulos, G., & Woodhall, M. (1985). *Education for development: An analysis of investment choices.* New York: Oxford University Press.

Quade, E. S. (1982). *Analysis for public decisions* (2nd ed.). New York: North-Holland.

Radway, L., & Mass, A. (Summer, 1949). Gauging administration responsibility. *Public Administration Review, 9*(3), 182-193.

Rawls, J. (1999). *A theory of justice* (revised edition). Cambridge, MA: Belknap/Harvard.

Ripley, R. B., & Franklin, G. A. (1982). *Policy implementation and bureaucracy.* Chicago: Dorsey Press.

Salisburg, A. (1968). The analysis of public policy: A search for theories and roles. In A. Ranney (Ed.), *Political science and public policy.* Chicago: Markhan.

Sandel, M. J. (2010). 정의란 무엇인가(이창신 역). 서울: 김영사. (원저는 2009년 출판)

Schuman, H. (1967). *Economic development and individual change: A social-psychological study of the Comilla experiment in Pakistan.* Cambridge, MA: Center for International Affairs, Harvard University.

Sharkansky, I. (1972). *Public administration: Policy-making in government agencies* (2nd ed.). Chicago: Rand McNally College Publishing Company

Simon, C. A. (2007). *Public policy: Preferences and outcomes.* Boston: Pearson Education.

Smith, J. A. (1991). *The idea brokers: Think tanks and the rise of the new policy elite.* New York: The Free Press.

Taylor, F. W. (1911). *Principles of scientific management.* New York: Harper & Row.

Trigg, R. (1998). 인간본성에 관한 10가지 철학적 성찰(최용철 역). 서울: 자작나무. (원저는 1988년 출판).

Tuijnman, A., & Schuller, T. (Eds.). (1999), *Lifelong learning policy and research: Proceedings of an international symposium*. London: Portland Press.

Tuijnman, A., & Schuller, T. (Eds.). (1999). *Lifelong learning policy and research, 75,* 1-42. London: Portland Press.

UNESCO Principal Regional Office for Asia and the Pacific. (1993). *Continuing education: New policies and directions*. Bangkok: Author.

Watkins, K., & Marsick, V. (1993). *Sculpting the learning organization: Lessons in the arts and science of systemic change*. San Francisco: Jossey-Bass.

Wholey, J. S. (1979). *Federal evaluation policy*. Washington, DC: The Urban Institute.

Wildavsky, A. (1979). *Speaking truth to power: The art and craft of policy analysis*. Boston: Little Brown and Company.

Wolff, J. (2006). 로버트 노직: 자유주의 정치철학(장동익 역). 서울: 철학과 현실사. (원저는 1996년 출판)

Young, O. R. (1979). *Compliance and public authority*. Baltimore, MD: Johns Hopkins University Press.

찾아보기

인 명

내 용

저자 소개

최은수

숭실대학교 영문과를 졸업하고, California State University, Fresno에서 언어학 및 국제정치학, Indiana University, Bloomington에서 사회언어학을 전공하고, University of Southern California에서 교육학 전공 철학박사 학위(Ph.D. in Education)를 받았다.
현재 숭실대학교 평생교육학과 교수와 인문대학장을 맡고 있다. 주요 경력으로 숭실대학교 교육대학원장, 한국성인교육학회 회장 및 공동대표, Oklahoma State University 객원교수, 교육인적자원부 평생교육정책 자문위원, 국가평생교육진흥원 운영위원 등을 지냈다.
주요 저서 및 역서로는 『한국교육행정의 현안문제』, 『한국성인인력개조론』(공저), 『교육혁신리더십』(공역), 『고학력 실업자 인력개발정책』(공저), 『성과중심 인적자본 투자전략』(공역), 『성인교육의 현재와 미래』(공저), 『성인학습자』 등이 있으며, 주요 논문으로는 「Trends and Policy Process of Lifelong Educational Policies in Korea」 등 90여 편이 있다.

평생교육정책론

2012년 10월 25일 1판 1쇄 인쇄
2012년 10월 30일 1판 1쇄 발행

지은이 • 최은수
펴낸이 • 김진환
펴낸곳 • (주) 학지사
121-837 서울특별시 마포구 서교동 352-29 마인드월드빌딩 5층
대표전화 • 02)330-5114 팩스 • 02)324-2345
등록번호 • 제313-2006-000265호

홈페이지 • http://www.hakjisa.co.kr
커뮤니티 • http://cafe.naver.com/hakjisa

ISBN 978-89-6330-669-8 93370

정가 18,000원

저자와의 협약으로 인지는 생략합니다.
파본은 구입처에서 교환해 드립니다.

이 책을 무단 전재 또는 복제 행위 시 저작권법에 따라 처벌을 받게 됩니다.

인터넷 학술논문 원문 서비스 **뉴논문** www.newnonmun.com